경영학의 이해

이동철 · 권혁기 · 한나영

Understanding of Business Administration

도서출판
청람

| 머리말 |

21세기는 지식정보화사회를 축으로 모든 경제활동이 지식을 매개로 이루어지는 사회로서 기업의 경제활동에 새로운 변화를 요구하고 있다. 산업사회에서 천연자원이나 노동, 자본 등의 생산요소가 없는 국가 및 기업이 발전을 이루지 못했던 것처럼, 지식정보화사회에서 지식이 없거나 정보의 흐름이 느린 국가 및 기업은 경쟁력 우위를 확보하지 못할 것이다.

미래의 성공을 위한 바람직한 기업은 어떤 모습일까? 현재의 지식 및 정보, 운영시스템으로 다가올 미래환경에서도 경쟁우위를 달성할 수 있을까? 요즘 기업 경영자들을 고민하게 만드는 최대 이슈 중 하나이다. 경영환경에 유연하게 대응할 수 있도록 인문학적 지식을 바탕으로 한 상상력, 미래의 맥을 짚어내는 혁신적인 아이디어를 보유하고 적절한 조직 운영시스템을 갖추는 것이야말로 기업의 미래 경쟁력 확보의 초석이라 할 수 있다.

오늘날 우리나라에서 전개되고 있는 경영학은 이론과 실무가 어우러져 발전되어 온 학문으로, 미국의 실천적 경영현상을 분석하고 규명한 연구들이 시간이 흐르면서 이론으로 정립되어 왔다. 그런데 이러한 이론들이 우리 사회나 문화 등의 정서에 맞지 않는 부분들로 인하여, 학교에서 배운 이론이 현실에 적용될 때 어려움이 발생할 수 있다. 따라서 이런 부분에 대한 격차를 최대한 줄이려는 노력이 필요하다. 그리고 최근 들어 작은 정부를 통하여 사기업의 창의성과 경쟁력을 제고시킬 수 있는 효율적인 경영세계에 대한 연구도 진행되고 있다. 뿐만 아니라 과거에는 안정적이고 국가단위의 경영환경에 따라 수익을 제고하던 전략이 이제는 개방화, 국제화, 정보화됨에 따라 경영환경은 매우 불안정하고 불확실하게 되었다.

그러므로 새로운 환경에서 과거의 안정적인 경영환경 속에서 구사해 왔던 경영 틀에서 벗어나지 못해 도태되는 현실을 보면, 많은 기업의 CEO들은 새로운 경영환경에 적응할 수 있는 경영전략을 추구하기 위한 배움이 필요하다. 치열해지는 국가 간, 기업 간 또는 개인의 부(富)나 가치 경쟁에서 과거 농경사회에서는 100년이 소요되던 전쟁이 산업화시대에서는 10년으로, 오늘날 정보화사회에서는 6일 정도면 그 승패가 결정된다고 한다.

우리나라 기업의 최고경영자(CEO)들을 대상으로 서울경제신문사가 '한국을 움직이는 100인의 경영자'를 선정하여 그들의 공통된 특성을 조사한 바에 따르면, 우리나라 기업의 CEO 자리는 3,000명 가운데 단 한 사람에게만 그 기회가 주어지는 3,000분의 1에 불과한 수치로, 그들은 개인적으로나 사회적으로 '성공한 사람'임에 틀림없다. 그들의 성공비결을 요약하면, ① 시간만 나면 체력유지를 위해 등산, 골프, 수영 등을 즐겨하고, 최신 경영정보를 접하기 위해 바쁜 일정 속에서도 1주일에 2~3권씩의 책을 탐독한다. ② 환경의 변화에 앞서 변화를 선도하며, 형식과 고정관념을 깨고 부하직원들의 목소리에 귀 기울일 수 있는 열린 마음을 가지며, 상대기업은 경쟁자인 동시에 함께 일할 수 있는 동업자라는 '윈-윈(Win-Win, 상생)전략'에 매우 적극적이다. ③ 이들은 어떤 사안을 결정하기에 앞서 철저한 분석과 깊은 생각을 통해 결론을 내리며, 일단 결정된 목표는 과감하게 밀어붙인다. 즉, '생각하는 불도저'이다. 이들은 실패를 두려워하지 않으며, 도전하지 않는 것을 가장 큰 죄악으로 여긴다. ④ 많은 CEO들은 '과감한 권한이양'을 강조하며, 이를 실천하기 위한 다양한 책임경영체제를 도입하고 있다. ⑤ 이들은 생산, 판매, 기술개발의 현장을 찾아다니며 고객을 찾아 뛰어다닌다. 뛰면서 아이디어를 찾는다. 책상머리에 앉아 이것저것 지시하는 경영자의 시대는 이미 지나갔으며, 한 발 앞서 현장을 뛰어야 남보다 앞서갈 수 있음을 실천하고 있다. ⑥ 이들은 스스로에 대해 큰 자부심을 갖고 있으며, "다시 태어나도 기업인이 되겠다"는 사람이 대부분이다. 업무에서는 열정 그 자체이며, 취미가 곧 '일'이라고 생각한다. 업무를 열정 그 자체로 생각하며, 가장 먼저 출근하고, 달성해야 할 일이 있으면 몸을 사리지 않고 전력투구한다. ⑦ 이들은 한결같이 사람을 아끼며, 인재를 키우기 위해 과감히 투자하며, 사람과의 관계를 매우 중시한다. 이 때문에 부하들로부터 가장 존경받는 인물로 꼽히는 사람이 많다. ⑧ 이들은 과거의 성공이나 실패에 연연하기보다는 미래를 내다보며 대비한다. 따라서 이들이 남들과 다르게 가지고 있는 특유의 직관력이 중요한 자산이다.

즉, 이러한 개인이나 조직의 생존권이 신속하고 합리적인 의사결정과정(경영시스템)을 얼마나 오랫동안 지속하는가에 달려있게 되었다. 이처럼 급변하는 국제적 경영환경 속에서 기업의 경쟁력 제고와 나아가 구성원들의 '삶의 질'을 높일 수 있는 경영전략을 구사하기 위한 경영의사결정의 유익한 사고의 틀이 요구된다.

기업이 그 역할을 점점 더해가는 자본주의사회에서 우리의 경영학 교육이 좀 더 경쟁력을 가지기 위해서는 형식적이고 주입식이며 외국 사례 위주의 교육보다는 오늘의 현실에 충실한 내용이 필요하다. 따라서 이 책이 여기저기 흩어지고 난삽한 경영학 내용들을 가능한 최신의 정보들을 포함하여 이해하기 편하도록 정리하였다. 또한 독자들의 눈높이에 맞춰 재미있고 유익하게 읽고 음미할 수 있도록 각 장의 첫 부분에는 '경영이야기'를, 끝에는 '토의문제'도 함께 서술하였다.

끝으로 많은 사람들이 우리 사회의 커다란 기둥인 기업의 현실세계를 올바르게 이해하고 보다 가치를 높이는 의사결정에 유익한 사고의 토대를 마련하는 데 도움이 되기를 바란다. 앞으로 많은 젊은이들이 세계시장에서 큰 꿈을 가지고 멋진 CEO로 활동할 것을 기대하면서 이 책의 출간을 위해 많은 협조를 해주신 도서출판 청람의 이수영 대표님께 감사의 인사를 드린다.

2023년 7월

저자 일동

| 차 례 |

Part 01

경영의 기초

Chapter 01 조직과 경영

Chapter 02 경영자

Chapter 03 경영학의 특성 및 경영학이론의 발전과정

Chapter 04 경영환경

Chapter 05 기업 유형과 기업결합

Chapter 06 기업의 사회적 책임과 경영자윤리

Part 02 경영의 관리과정

Chapter 07 계획수립과 의사결정

Chapter 08 조직화와 조직변화

Chapter 10 평가와 통제

Part 03 경영활동의 실제

Chapter 11 인적자원관리

Chapter 12 생산운영 및 품질관리

Chapter 13 마케팅관리

Chapter 14 재무관리 및 회계원리

Chapter 15 전략 및 글로벌경영

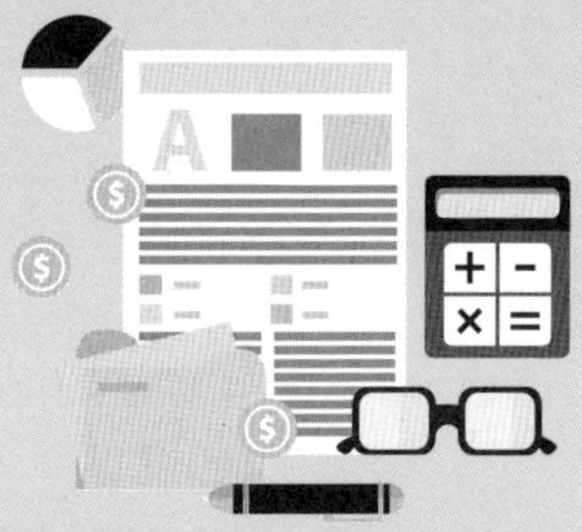

Part 01

경영의 기초

"경영(매니지먼트)은 서양문명 자체가 그대로 존속하는 한은 기본적이면서도 유력한 제도로 계속 남아있게 될 것이다

-피터 드러커-"

Chapter

01

조직과 경영

경영이야기 1

경영은 사람이다

기업마다 엘리트 코스라는 것이 있다. 엘리트 코스는 그 기업이 처해 있는 상황이나 경영진의 철학에 따라 달라진다. 그렇다면 효과적인 조직이 되기 위해서는 어떤 사람을 중용해야 하는가? 시대가 급변하고 사업이 복잡해지면서 한 사람이 모든 의사결정을 하기란 불가능하다. 그보다는 적합한 사람을 찾아 그에게 모든 것을 위임하는 것이 안전하다. 그렇기 때문에 사람을 제대로 알아보는 것의 중요성은 날로 커지며 탁월한 인사전문가가 필요한 것이다. 기업의 근본은 사람이기 때문에 사람을 어떻게 채용하고 관리할지에 대한 명확한 철학과 제도가 필요하다. 인사에서 가장 중요한 것은 자격 있는 사람을 고르는 것이다. 대충 고른 후 교육시키고 동기를 부여해봤자 효율성은 떨어진다. 그러나 어떤 기준에 따라 행해야 제대로 된 채용인가에 대한 정답은 없다. 기업의 상황에 맞는 나름대로의 채용기준 · 방법 · 프로세스를 생각하고 다듬는 것이 CEO의 역할이고 따라서 모든 CEO는 탁월한 인사전문가가 되어야 하는 것이다.

사업의 방향을 가속화할 수 있는 한 방향으로 정돈된 인사전략을 갖고 이를 일관되게 추진하는 것이야말로 기업의 성패에 중요한 영향을 미친다. 이를 위해서는 채용 후에 직원들의 배치도 적절히 이루어져야 한다. 배치에서 주의할 점은 무조건 전공만 보고 배치하거나, 함께 일할 사람의 의견을 무시한 배치는 위험하고, 순환보직도 사람이나 회사 상황에 따라 달라져야 한다는 것이다. 또한 앞으로 키울 인재에 대해서는 도전적인 과제를 부여하고 약점보다는 강점에 초점을 맞추어 배치해야 한다.

채용 · 배치뿐 아니라 직원교육도 철저한 전략과 계획을 갖고 실행되어야 하며, 회사가 추구하는 방향과 일치해야 한다. 직원들이 아무리 교육을 받아도 CEO가 변하지 않으면 직원들은 좌절하게 된다. 그렇기 때문에 CEO가 가장 많은 공부를 해야 한다. 유능한 직원들이 회사를 떠나는 이유는 무능한 상사들 때문이다. 교육은 직급이 높은 순서로 시키고 여유가 있으면 낮은 직급으로 내려가야 한다. 임원이 교육을 받고 그 내용을 직원에게 전달하거나 행동으로 보여주면 조직은 저절로 쫓아온다. 그것이 바로 '폭포수효과'이다. 매니저 교육에 많은 시간과 비용을 투입하는 글로벌 기업의 경쟁력은 바로 회사목표와 한 방향으로 정렬된 교육에서 온다. 교육의 목적은 행동변화이다. 행동의 변화를 추구한다면 교육은 장기적인 차원에서 계획되고 운용되어야 한다. 교육은 강의장에서만 이루어지는 것이 아니다. 오히려 현장이 가장 좋은 교육의 장이다. 그런 의미에서 CEO의 역할, 임원과 팀장의 역할이 중요하다.

피터 드러커는 "사람을 바꿀 수 있는 것은 평가뿐이다"라고 했다. 그만큼 평가는 인사에서 중요한 틀이다. 평가는 회사가 추구하는 방향 · 인재상 · 요구사항과 일치해야 한다. 단순하면서도 메시지가 명확하고 평가자와 피평가자 모두 동의하는 평가가 가장 좋은 평가이다. 이 방면에서는 GE가 발군이다. GE는 '세션 C'라는 제도를 갖고 있는데, 이는 임직원의 능력 및 업적을 통해 급여인상 · 승진 · 교육파견 여부 · 주요 직책 승계가능성 등을 따지는 과정이다. 사업부, 직급별로 모든 직원이 A · B · C 세 등급으로 나뉘는 것도 이 과정을 통해서이다. A등급은 B등급에 비해 두 배 이상의 급료와 스톡옵션, 승진 기회를 제공받는다. 반면 하위 10%의 C등급을 받은 사람은 회사를 떠날 각오를 해야 한다. '세션 C'는 GE의 차세대 리더를 골라내어 기르는 과정이기도 하다. 상위 500개 관리직은 체스판에 놓인 말을 고르듯 각각의 자리에 후보자 명부를 미리 만들어 놓는데, 회장은 '세션 C'를 통해 얻어진 인사정보를 활용해 후보자 명부 작성에 직접 관여한다.

기업이 갖게 될 여러 위험 중 가장 큰 위험은 준비되지 않은 사람이 영향력이 큰 자리에 오르는 것이다. 신입사원을 잘못 뽑은 것은 쉽게 만회가 되지만 CEO를 잘못 뽑으면 그 기업은 존폐의 기로에 놓이게 된다. 결국 기업은 사람이 이끌어 간다. 기업의 장기 비전과 미래를 위해 가장 중요한 것은 인사전략의 성공여부다. 성공적인 인사전략을 위해서는 유능한 인사전문가의 확보가 필요하고, 인사전문가는 기업현실과 비전에 부합하는 인력의 채용과 배치, 그리고 인력의 역량개발을 위한 교육과 평가를 위해 수시로 제도와 전략을 정비해야 한다. 올바른 인사전략만이 기업의 장기적인 생존을 보장할 수 있다.

출처 : BBC가 엮은 '경영의 최전선을 가다'에서 인용

경영이야기 2

제조업 재고 증가율, 외환위기 이후 최고, 수출 · 내수 부진 이중고, 규제개혁 · 지원 확대로, 혁신생태계 구축 서둘러야

기업은 망하기 전에 가장 먼저 재고가 쌓인다. 제품이 팔리지 않아 재고가 늘면 공장 가동과 인력을 줄인다. 투자 계획을 유보하거나 철회한다. 손실을 감수하고 떨이로 제품을 처분하기도 한다. 그래도 재고를 줄이지 못하면 문을 닫아야 한다. 재고 증가는 기업들에 위험한 시그널이다. 대한상공회의소에 따르면 올해 2분기 제조업의 재고지수 증가율은 18%로 외환위기 이후 26년 만에 가장 높았다. 재고는 계절 요인이나 경기 변동에 따라 늘거나 줄기 마련인데 작년 2분기 이후 1년 동안 증가세가 꺾이지 않고 있다. 산업 생태계의 상부에 있는 대기업 재고가 더 빠르게 늘고 있는 것도 불길하다. 전자와 정유 등 주력 수출 업종의 2분기 재고 증가율은 50%가 넘었다. 그 여파는 곧 중소 협력업체로 확산될 것이다. 문제는 상황이 더 나빠질 수 있다는 사실이다. 모든 경제지표가 기업을 압박하는 쪽으로 향하고 있기 때문이다. 8월 미국 소비자물가지수(CPI) 증가율은 8.3%로 시장 예상치를 웃돌았다. 에너지 가격이 떨어졌는데도 미국 물가가 잡히지 않고 있다. 코로나19 극복을 위해 풀었던 막대한 자금이 여전히 물가를 자극하고 있는 것이다. 미국 실업률은 3%대를 유지하고 있다. 아직 경기 침체를 염려할 정도가 아니다. 미국이 기준금리를 0.75%포인트 이상 올리는 등 고강도 긴축 기조를 이어갈 가능성이 높은 이유다. 미국의 금리 인상으로 글로벌 투자와 수요가 위축되면 수출로 먹고사는 한국 기업들은 힘겨운 보릿고개를 넘어야 한다. 이 와중에 원 · 달러 환율은 치솟고 있다. 대부분의 원자재를 해외에서 들여오는 우리 기업들의 생산 비용은 높아질 수밖에 없다. 고환율은 국내 물가를 끌어올려 내수 경기에도 타격을 준다. 기업은 미국의 금리 인상 여파로 수출이 줄고 국내 판매도 부진한 이중고를 겪게 된다. 미국과 중국의 패권 전쟁으로 유발된 공급망 재편도 우리 기업들을 위협하고 있다. 최근 반도체 기업의 고위 임원은 이런 고충을 털어놓았다. "조 바이든 대통령이 '메이드 인 아메리카'를 밀어붙이고 있는데 솔직히 미국에 공장을 짓는 것은 불리하다. 다른 나라에 비해 인건비 등 생산 비용이 높아지기 때문이다. 미국 시장을 잃지 않기 위해 어쩔 수 없이 가는 것이다." 한국 기업이 짧은 기간에 성장할 수 있었던 배경엔 자유무역에 기반한 세계무역기구(WTO) 체제가 있었다. 한국만 혜택을 본 것은 아니다. 중국은 '세계의 공장'으로 급성장할 수 있었고, 미국과 유럽 소비자들도 싼값에 양질의 제품을 구매할 수 있었다. 이제 WTO 체제는 지나가 버린 '좋은 시절'이 될 위기에 처했다. 미국과 중국을 선택해야 하는 지금의 상황은 한국 기업들에는 고통스러운 일이다. 두 곳 모두 중요한 생산기지이자 거대 시장이기 때문이다.

해법은 없을까? 위기 요인이 복합적이라 쉽지는 않지만 길이 없는 것은 아니다. 혁신을 통해 생산성을 획기적으로 높이면 된다. 인공지능과 로봇, 빅데이터 등 4차 산업혁명 기술을 활용해 새로운 비즈니스를 창안하고 한발 앞선 시장 예측으로 수요를 창출하는 것이다. 우리 기업들은 그렇게 할 수 있는 혁신 역량을 갖추고 있다. 다만 정부와 정치권의 안이한 대응이 걱정이다. 반도체 산업만 해도 다른 나라들은 신속하게 지원 정책을 펼치고 있는데 우리는 말뿐이다. 반도체특별법은 발의된 지 한 달이 넘었는데도 국회에서 심의조차 하지 않고 있다. 우리 기업의 불이익을 막을 경제외교도 불안하기만 하다. 혁신의 걸림돌이 되는 규제 환경도 마찬가지다. 규제 개혁을 외치는 소리만 요란할 뿐 성과는 별로 없다. 우리 경제와 기업에 어떤 위기가 덮칠지 알 수 없다. 지금은 정부와 기업이 힘을 합쳐 위기를 기회로 바꿀 혁신생태계를 서둘러 구축해야 한다. 그러지 않으면 한국 기업들은 글로벌 경기 침체의 높은 파고에 휩쓸려 난파할 수 있다.

출처 : 매경포럼, 2022.9.20.

1 조직

조직(organization)은 목적하는 바를 성취하기 위해서 체계적으로 활동하고 있는 두 사람 이상의 모임이라고 정의할 수 있다.

웨버(M. Weber)는 조직을 "특정목적을 가지고 그것을 달성하기 위하여 조직 구성원 간에 상호작용하는 인간의 협동집단"이라고 정의하였다. 바나드(C.I. Barnard)는 조직을 "공동의 목적을 달성하기 위해 공헌할 의욕을 가진 2인 이상의 인간이 상호 의사전달하는 집합체"라고 정의하고, 카츠와 칸(D. Katz and R. Kahn)은 "공동의 목표를 가지고 내부관리를 위한 규제장치와 외부환경관리를 위한 적응구조를 발달시키는 인간의 집단"으로 정의하고 있다. 예를 들면, 가정이라는 조직을 보면, 부부 혹은 부모와 자녀들이 모여서 보다 행복한 삶을 영위하기 위해 의식주를 같이 하고 있다. 여기에는 행복이라는 공통의 목표가 설정되어 있으며, 구성원 각자에게 역할이 주어져 있고, 부모와 자식 간에 서로 다른 권한과 책임이 있다. 부부로 구성된 가정의 경우에 남편과 아내가 "둘이 함께 하면서 가정을 통해 행복을 추구한다"라는 공동의 목표를 포기하거나 각자의 역할을 저버리게 되면 이혼을 통해 조직이 해체된다.

학교는 교육을 목적으로 해서 모인 사람들의 조직이다. 대학의 봉사동아리는 대학생들이 봉사활동을 보다 체계적으로 수행하기 위해 모인 조직이다. 동창회는 같은 학교의 졸업생들이 친목을 도모하고 모교를 발전시키는 일에 협력하기 위해 모인 조직이다. 시청은 시의 경영을 보다 원활하게 수행함으로써 시민만족을 도모하기 위한 조직이고, 교회는 기독교의 복음을 나누고 전하면서 하나님의 은총을 누리고자 하는 종교인들의 모임이다.

이러한 관점에서 보면 조직이란 사회적 존재이며, 우리는 적어도 하나 이상의 조직에 속하여 살아가고 있다. 사실 인간은 본능적으로 어떠한 조직에 소속하고자 하는 욕구를 갖고 있다. 또한 사회생활을 통해서 혼자이기보다는 둘 이상이 함께 공동체를 이루어 살아가는 게 더 나음을 학습하고 있다. 그래서 우리는 좋은 성적을 거두기 위해 학습동아리를 조직하고, 혼자이기보다는 결혼을 선택하며, 인생의 대부분을 조직에 속해 남과 더불어 살아간다. 이러한 조직들의 내면을 자세히 살펴보면 다음과 같은 특성을 관찰할 수 있다.

1) 공통의 목표(common goals)

모든 조직은 목적을 가지고 있으며 조직구성원은 그 목적을 달성하기 위해 노력한다. 그리고 조직의 구성원들은 다 함께 그 가치를 느끼고 지속적으로 추구해 나가기를 원하는 목표를 공유하고 있다. 그것은 “함께 있어서 행복하다”거나 “남을 위해 봉사한다”, “친목을 도모한다”는 등의 비영리적이거나 사적인 목표일 수도 있고, “고객만족을 통해 기업을 성장시킨다”거나 “경쟁사보다 신제품을 먼저 개발한다”는 것처럼 영리적이거나 공적일 수도 있다. 사람들의 성격이나 가치관이 천차만별인 것처럼 조직마다 추구하는 목표도 다양하다.

2) 인간들이 상호작용하는 사회적 집단(social group)

조직은 인간으로 구성되어 있다. 인간은 유형자산인 건물이나 공장 등과 무형자산인 기술이나 노하우(know-how) 등보다 중요한 조직의 자산이다. 유형자산, 무형자산의 경우 단지 조직이 그 목적을 달성하기 위하여 수단으로 사용하는 자원에 불과하다. 조직은 공동의 목표를 가지고 그것을 달성하기 위해 상호작용하는 다수의 인간이 모인 집단이다.

3) 권한체계(chain of authority)

조직은 목표를 달성하기 위해 과업을 분류하여 다른 부서에 부과하고, 구성원의 역할을 규명하고 그 역할 간의 관계를 결정하는 규정과 절차 등을 가지고 있다. 이렇게 체계화된 구조의 테두리를 바탕으로 조직구성원이 상호작용하면서 조직의 목표를 달성하게 된다. 또한 조직은 구성원에게 각자의 역할에 따라 상이한 지위와 권한을 부여한다. 구성원 간에 갈등이 발생할 때 조정을 하거나 업무성과에 따라 차등의 대우를 하기 위해서이다. 이러한 체제를 통해 조직은 업무를 보다 효율적으로 수행해 나갈 수 있다. 경영효율성이 상대적으로 높은 기업과 낮은 기업을 비교해 보면, 전자의 경우가 대체로 권한위양이 잘 되어 있고 개인별 생산성이 높은 특징을 나타내고 있다. 또한 비교적 조직이 민주적이고, 구성원들의 역량이 우수한 것으로 평가된다.

4) 개방시스템(open system)

조직은 외부환경과 상호작용을 하며 변화함으로써 생존해 나가는 개방시스템이다. 시스템이란 상호 관련된 부분들이 모여서 하나의 큰 개체를 이루고 있는 것이다. 예를 들어, 사람의 몸은 머리와 팔, 다리, 몸체, 오장육부 등으로 구성되어 있는데, 이 중에 어느 하나라도 잘못되면 몸으로서의 기능을 제대로 수행할 수가 없다. 또한 외부로부터 위협을 받으면 움츠리거나 날씨가 더워지면 땀을 흘리는 등 외부와 상호작용을 한다. 그 과정에서 환경과 잘 적합하면 건강하게 살아갈 수 있지만 부적합하면 병에 걸리거나 죽게 된다.

이처럼 조직도 외부환경과 상호작용이 원활한 개방성을 가지며, 조직을 구성하는 부문들이 유기적으로 연결되고 공통목표가 분명할 때 건강한 조직으로 지속성을 유지하게 된다.

5) 시너지효과(synergy effect)

조직은 구성원들이 공통의 목표를 달성하는 데 시너지효과를 발휘할 수 있도록 한다. 시너지효과란 두 가지 이상의 요소들이 결합해서 보다 큰 힘을 발휘하는 상승작용을 말한다. 부부가 만나 자녀를 얻는 것은 대표적인 시너지효과이다. 원래 이 용어는 인체의 근육, 뼈, 신경 등이 결합되어 새로운 힘을 발휘한다는 뜻으로 사용되었다.

따라서 조직은 개인적으로 목표를 달성하는 것보다 더 나은 가치를 창조할 수 있다고 판단될 경우 형성되는 동시에 시너지효과가 유지되는 범위 내에서 존속될 수 있다.

2 경영

경영(management)이란 기업에서 성과를 내는 일련의 과정이다. 기업에서 이익은 목적이 아니라 성과를 내는 과정에서 나온 결과물이다. 기업은 기업이 존재해야 하는 사명을 정해야 한다. 무엇을 위해 기업이 존재하는지를 알아야 제대로 일을 할 수 있다. 사명이 있어야 가치를 만들 수 있다. 가치는 스스로 만드는 것이 아니라 외부에서 고객이 부여하는 것이다. 고객이 인정하는 가치를 만들기 위해 사업모델을 만든다. 사업모델은 가치를 찾아가는 것이다. 상품 자체는 가치가 없다. 고객이 인정하는 가치를 만드는 사업모델에서 나온 상품이 되어야 가치가 있다.

사람들은 보통 '경영'에 대해 "기업에서 만든 물건을 많이 팔아서 이윤을 극대화하는 모든 노력" 정도로 인식하고 있다. 하지만 이는 조직을 기업에 한정시켜 경영을 매우 제한적으로 정의한 것에 불과하다. 이를 보다 폭넓게 관찰해 보면, 경영은 우리들의 생활에서 만나게 되는 모든 조직을 대상으로 지속적이고 합리적으로 그 목적을 달성시켜 나가는 과정임을 알 수 있다.

따라서 경영이란 조직을 잘 다루어 나가는 과정이라 할 수 있으며, 이를 보다 구체적으로 정의하면, "같은 목적을 가진 구성원들이 목표를 달성하기 위하여 환경과 관련하여 경영자원을 효율적으로 계획하고 조직하며 지휘하고 통제하는 모든 과정과 활동"이라고 할 수 있다. 그리고 이를 기업조직과 연계해서 설명하면 환경과의 끊임없는 교류와 하위시스템(subsystem) 간의 상호작용을 통해 외적 효율성과 내적효율성의 균형이 함께 이루어질 때 건강하게 생명을 유지할 수 있다는 개방시스템으로서의 조직특성이 강조된다. [그림 1-1]에서 보는 것처럼 "사람, 건물, 돈, 시간, 정보, 지식 등의 경영자원을 여러 기술을 통하여 고객이 원하는 새로운 가치(제품이나 서비스)로 변환하는 총체적 노력"이라 할 수 있다.

그림 1-1 개방시스템 모형

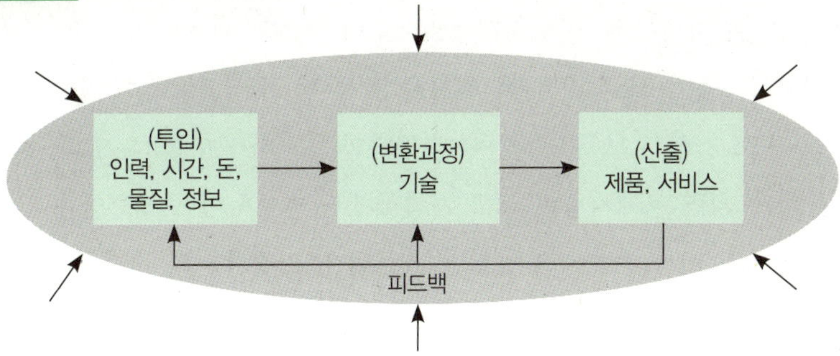

따라서 경영의 대상은 [표 1-1]에서 보듯이 영리를 추구하는 기업뿐만 아니라 가정, 학교, 종교단체, 관청, 군대, 병원, 심지어는 교도소와 같은 비영리조직을 포함하고 있다. 이렇게 그 대상을 확대시켜 보면 각 조직에 따라서 목표가 달라지며 구성원들이 추구하는 목표에 따라서 경영의 행동지침이나 과정이 달라진다. 예를 들면, 정부조직은 공공성의 목적을 달성하기 위해 경영활동을 수행하지만, 기업조직은 수익성으로 대표되는 구성원들의 공통목적을 달성하기 위해 노력한다. 그리고 가정은 온 가족이 화목하고 행복한 보금자리를 이루어 나가는 가정경영(home management)의 목표를 성취하기 위해 존속한다고 할 수 있다.

표 1-1 경영의 대상

조직의 유형	경영 형태	조직의 목적
정부	• 행정 • 공기업경영	• 공공성 • 공공성/수익성
기업	• 영리 : 기업경영 • 비영리 : 학교, 병원, 종교집단, 기타	• 수익성/성장성/안정성 • 특정목적의 달성
가계	• 가정경영	• 수입 · 지출의 조정 • 화목한 가정 분위기

여기에서는 경영의 개념을 보다 쉽게 이해할 수 있도록 가정의 경우를 예로 들어보자. 가정의 경영자로서 가장은 구성원들의 목표인 행복한 가정을 가꾸고 유지하기 위해 한 여자의 남편으로서, 가정을 꾸려나가기 위한 수입원으로서, 자녀들의 리더로서 어떠한 역할을 할 것인가? 또 다른 가정경영의 책임자로서 주부

는 한 남자의 아내로서, 가정의 살림꾼으로서, 아이들의 보모로서 어떻게 해야 할 것인가? 또 자녀들은 가정의 구성원으로서 어떠한 역할을 해야 하는가? 이러한 가족구성원들이 서로 맡은 바 역할을 잘해 낼 때는 훌륭한 가정이 이루어지고, 아울러 그 가정은 모든 가족들에게 행복한 보금자리가 될 수 있다. 하지만 그렇지 못하게 되면 문제가정이 되고 가족해체가 발생하며 구성원들은 사회의 좋은 시민(good citizen)이 되지 못한다. 오랫동안 가정생활의 지침처럼 전해져 내려온 '가화만사성'이란 말을 통해서도 잘 알 수 있듯이, 우리 사회의 가장 기본은 바로 가정이다. 특히 오늘날과 같은 핵가족시대에는 가정의 개념이 더욱 중요하게 인식되고 있다. 따라서 가정의 구성원들이 현대사회에서 좋은 시민이 되기 위해서는 가정 내에 '경영' 개념을 도입할 필요가 있다.

또한 환경변화의 몸살을 심하게 겪고 있는 사립대학의 경우, 과거처럼 "내가 만든 학교이니까 내가 마음대로 한다"라는 생각으로 행동하면 많은 갈등과 문제에 직면한다. 이는 지금까지는 학교의 주변환경(학교 간 경쟁관계, 지원율 경쟁, 등록금 결정, 학교경영의 독자성 등)이 그러한 생각을 수용할 수 있을 정도로 학교조직에 호의적이었지만, 대학의 모집인원보다 진학을 희망하는 학생 수가 적어지고 외국대학들이 경쟁적으로 진입해 들어오는 오늘날의 상황에서는 기업의 '경영' 개념을 도입하지 않으면 생존까지 위협받을 정도이기 때문이다.

3 경영의 특성

이상에서 논의된 경영의 개념은 영리조직이나 비영리조직의 특성 및 목적에 상관없이 공통적으로 활용할 수 있는 요소를 추출한 것이다. 그럼에도 불구하고 경영이 [그림 1-1]에서처럼 기업경영의 관점에서 고찰되는 것은 기업이 계속적으로 유지되고 발전하기 위해서는 유한한 경영자원을 어떻게 효과적으로 활용할 것인가 하는 점이 경영의 키포인트이기 때문이다. 그리고 영리조직으로서 기업이 장기적으로 이익을 실현해 나가기(long-term profit maximization) 위해서는 다른 어떤 조직 형태보다 많은 변수를 다루어야 하고, 효율적이어야 하며, 복잡할 뿐만 아니라 우리 사회에서 차지하는 비중이 절대적으로 크기 때문이다.

이러한 경영의 개념을 정리하면 다음과 같은 특성으로 구성된다.

첫째, 경영은 영리, 비영리 어느 조직에서나 활용이 가능하다. 즉, 경영은 모든 조직에 적용이 가능한 기술이자 과학이다.

둘째, 경영은 효율성(efficiency)과 효과성(effectiveness)을 함께 내포한다. 여기에서 효율성은 조직의 목적을 달성하는 데 있어 자원의 사용을 최소화하는 능력을 말한다, 즉, 수단(means)이 얼마나 경제적으로 활용되었는지에 초점을 맞추어 평가된다. 성과를 위해 지불한 비용이 상대적으로 높았다면 효율적이지 못한 경영이 된다. 효과성은 적절한 목적을 결정하는 능력을 일컫는다. 의도적 목적(ends)에 비추어 본 성과이다. 즉, 효율성이 일을 바르게 하는 것(doing things right)이라면, 유효성은 올바른 일을 하는 것(doing the right things)이다. 이와 관련해서 피터 드러커(P. Drucker)는 조직의 성과를 좌우하는 것은 "유효한 효율적 경영"이라는 말을 하고 있다. 이를테면 기업의 경우 경영을 잘한다는 것은 투입하는 자원에 비해 산출을 많이 해서 생산성을 높이는 것도 중요하지만 그 산출물이 목표로 하는 수익성과 고객만족을 달성할 수 있어야만 하는 것이다. 소형차의 수요가 증가하는 시장환경에서는 아무리 중형차를 효율적으로 생산한다고 하더라도 고객의 욕구를 충족시키지 못해 유효성을 제대로 살릴 수가 없다. 아무리 효율성이 높은 경영을 하더라도 유효성의 부족을 메울 수는 없으므로 경영에 있어서는 효율성과 효과성의 적절한 조화가 필요하다. 이 점에서 헨리 포드(Henry Ford)의 검은색 T형 자동차는 기업경영에서 효율성과 효과성의 조화가 얼마나 중요한지를 실증적으로 보여주는 사례가 된다.

셋째, 경영은 계획(planning), 조직(organizing), 지휘(leading), 통제(controling)라는 네 가지 요소가 반복되는 과정이다. 여기에서 계획은 조직의 비전과 목표를 제시하고 이를 달성하기 위한 방법과 절차를 결정하는 과정이다. 설정한 목표를 달성하기 위해 무엇을 어떻게 해야 할 것인가 하는 행동의 내용을 규정하는 것으로, 조직이 미래에 달성하고자 하는 목표를 현재 상황과 연결해주는 역할을 한다.

조직화는 구성원들이 조직의 목표를 달성할 수 있도록 조직 내 업무와 권한, 자원들을 배치하고 조정하는 과정이다. 일반적으로 조직화의 관리내용은 과업이나 업무수행에 영향을 미치는 경영환경 및 제약요소를 극복해가면서 누가 어떻게 과업을 수행할 것이며, 그 과업을 능률적으로 수행하기 위해서 부서 간의 협력이나 조정은 어떻게 해야 할 것인가 등을 규정하는 것이 중요하다.

지휘는 설정한 목표를 달성하기 위해 조직의 모든 구성원이 그들의 능력을 최대한 발휘할 수 있도록 하는 관리활동이다. 효율적인 지휘가 이루어지기 위해서는 구성원들이 조직의 목표달성을 자발적으로 수행하도록 동기부여(motivation)를 해주어야 하며, 구성원들이 스스로 조직의 목표달성을 위해 헌신할 수 있도록 리더십(leadership)을 발휘해야 하고, 구성원들이 수직 · 수평적으로 자유롭게 의사소통(communication)할 수 있도록 조직문화를 구축해야 한다.

통제는 구성원들이 제시된 목표를 향해 계획대로 업무를 수행하고 있는지 관찰하고 시정하고 대책을 강구해 나가는 과정이다. 효율적인 통제를 위해서는 계획의 내용이 객관적으로 설정되어야 하며, 기업조직이 보유한 자원의 사용방법 등이 명확해야 하고, 계량적으로 수치화될수록 유리하다.

넷째, 경영은 이해관계자의 만족을 통해 장기적인 이익의 극대화(long-term profit maximization)를 도모한다. 여기에서 이해관계자는 종업원, 소비자, 고객 등을 모두 포괄하고 있으며, 이들의 만족을 전제로 하고 경영활동을 수행해야 영속기업(going concern)으로서 그 존재를 보장받으면서 안정적인 이익을 지속적으로 추구할 수 있는 것이다.

토 | 의 | 문 | 제 |

01 조직의 특성 5가지는 무엇인가?

02 경영이란 무엇인가?

03 개방시스템은 무엇인가?

04 경영의 특성 4가지는 무엇인가?

05 효율성과 효과성의 차이점은 무엇인가?

첫걸음은 자신에 대한 존경심에서

자신을 대단치 않은 인간이라 폄하해서는 안 된다. 그 같은 생각은 자신의 행동과 사고를 옭아매려 들기 때문이다. 오히려 맨 먼저 자신을 존경하는 것부터 시작하라. 아직 아무것도 하지 않은 자신을, 아직 아무런 실적도 이루지 못한 자신을 인간으로서 존경하는 것이다. 자신을 존경하면 악한 일은 결코 행하지 않는다. 인간으로서 손가락질당할 행동 따윈 하지 않게 된다. 그렇게 자신의 삶을 변화시키고 이상에 차츰 다가가다 보면, 어느 사이엔가 타인의 본보기가 되는 인간으로 완성되어 간다. 그리고 그것은 자신의 가능성을 활짝 열어 꿈을 이루는 데 필요한 능력이 된다. 자신의 인생을 완성시키기 위해 가장 먼저 스스로를 존경하라.

자신을 표현하는 세 가지

자기표현이란 자신의 힘을 나타내는 것이기도 하다. 그 방법은 크게 세 가지로 나눌 수 있다. 베푼다, 비난한다, 부순다. 상대에게 사랑과 자애로움을 베푸는 것도 자신의 힘을 표현하는 방법이다. 상대를 비방하고 괴롭히며 무시하는 것도 자신의 힘을 표현하는 방법이다. 당신은 어떤 방법으로 자신을 표현하고 있는가?

출처 : 『니체의 말』 중에서

Chapter 02

경영자

1. 경영자
2. 경영자의 유형
3. 경영자의 역할과 능력
4. 성공적인 경영자의 조건
5. 기업가와 기업가정신

경영이야기 1

일론 머스크에 열광할 수밖에… 4차 산업혁명 시대 CEO 팬덤

■ 2010년 6월 29일, 테슬라 상장을 앞두고 열린 언론 인터뷰

기자가 일론 머스크에게 5년 후 테슬라의 모습을 물었다. 일론 머스크는 충분히 시장성 있는 전기자동차 시장을 만드는 것(To make mass market electronic vehicle)이라 말했다. 사업 시작 후 쌓인 2억 6,000만 달러에 이르는 적자를 어떻게 보느냐는 질문이 이어졌다. 그는 "전기 엔진만 기존 자동차 회사에 판매했다면 이익을 빨리 볼 수 있었겠지만, 그렇게 하지 않기로 결정했다. 직접 전기자동차라는 완제품을 만들어 충분한 시장을 형성해 성장시키기로 했다. 그런 측면에서 이익을 모두 투자해 혁신을 해나가는 게 되려 투자자에게 단기 이익을 내는 것보다 더 안심되는 행동"이라 답했다. 테슬라는 '천슬라(주당 1,000달러)'를 넘더니, 순식간에 '이천슬라(주당 2,000달러)'에 도달했다. 상용차 회사 중 시가총액 1위이던 토요타를 넘어섰다. 토요타의 24분의 1도 안되는 생산량으로 말이다.

테슬라 하면 떠오르는 단어는 물론 전기차라는 상품이다. 이에 못지않게 많은 사람들은 일론 머스크라는 한 개인을 떠올린다. 일론 머스크는 테슬라 주가는 과대평가된 거품이고, 자동차 품질, 특히 마감은 JD파워 품질조사에서 최하위라고 거침없이 '자폭'한다.

그러나 몇 번의 자율주행 사고에도 불구하고, 테슬라 주주와 소비자들은 테슬라 지지를 좀처럼 철회하지 않는다. 오히려 열광한다. 바로 일론 머스크라는 개인 브랜드가 있기에 가능했다. 테슬라는 길지 않은 회사의 역사 속에서 적지 않은 위기를 맞았다. 이때마다 일론 머스크는 '과연 저게 가능할까?' 싶은 파격적인 아이디어와 거침없는 실행으로 위기를 넘어서 회의적인 시선을 무색하게 만들었다.

그는 과거 애플의 스티브 잡스에 이은 4차 산업혁명의 리더로 CEO 팬덤을 일으켰다.

리더는 전문성, 관리능력, 보상 등 다양한 요인으로 영향력을 발휘한다. 가장 공고한 리더십은 '내면화'와 '동일시'에서 나온다. 리더의 아이디어와 방향에 공감하고, 나도 리더처럼 되고 싶은 동일 욕구가 높을 때 팬덤이 형성된다. 이는 리더의 사소한 실수나 실패에도 좀체 식지 않는다.

일론 머스크가 제시하는 미래지향적인 가치와 통찰력, 끊임없이 새로운 요소를 가미해 새로운 비즈니스 생태계를 형성시키는 과정, 이를 시의적절하게 대중들에게 직간접적으로 알리고 적극적으로 커뮤니케이션하는 스타일 등이 팬덤의 원천이다.

디지털로 대변되는 4차 산업혁명 시대 CEO는 높은 관리 역량을 갖춰야 한다. 더불어 대중의 마음을 읽고 연예인 버금갈 정도의 팬덤을 불러일으킬 능력도 지닐 필요가 있다. 스토리, 즉 콘텐츠에서 나온 팬덤을 얻은 CEO가 던지는 혁신과 제품에 사람들은 열광할 것이기 때문이다.

스타트업 활성화, 사업가 기질이 장려되는 사회적 풍토가 있어야 한국에서도 팬덤을 얻는 리더가 나온다. 다시 말해 오너, 사업가, 경영자 세 역할을 모두 수행하는 CEO가 팬덤의 주인공이 될 확률이 높다.

출처 : 매경이코노미, 2020.8.31.

경영이야기 2

'매출 3조 원' 이끈 함영준 회장…강하고 선한 오뚜기 만들어

매출 2012년 1조 6,866억 원→지난해 3조 1,833억 원 두 배 뛰어
라면 사업 강화하고 건기식 · 가정간편식 등 사업다각화에 힘써
'인류에 필요한 기업' 꿈꾸던 고 함태호 명예회장 경영철학 계승

함영준 오뚜기 회장에게 2022년은 기업인으로서 가장 의미 있는 해다. 오뚜기가 1969년 창립 이후 53년 만에 처음으로 매출 '3조 원 시대'를 열었기 때문이다. 지난해 오뚜기의 매출은 3조 1,833억 원이다. 10년 전인 2012년 1조 6,866억 원의 약 두 배다.

함 회장은 지난해 러시아-우크라이나 전쟁, 글로벌 인플레이션에 따른 원재료값 인상 등 대외적 리스크에도 불구하고 라면과 가정간편식(HMR) 등 주력 제품의 성장을 이끌며 매출을 끌어올렸다.

함영준 오뚜기 대표이사 회장

출생	1959년생
경력	2016년~오뚜기 최대주주 2010년~오뚜기 대표이사 회장 2000년 오뚜기 대표이사 사장 1999년 오뚜기 대표이사 부사장 1977년 오뚜기 입사

함영준 회장은 창업주 고(故) 함태호 명예회장의 장남으로 한양대 경영학과와 미국 서던캘리포니아대 경영학 석사 과정을 마친 후 1977년 오뚜기에 입사했다. 이후 오뚜기 대표이사 부사장, 대

표이사 사장을 거쳐 2010년 대표이사 회장이 됐다.

함 회장은 2010년 3월 경영권을 승계받은 이후 차와 건강식품 등으로 사업 영역을 확대하고, 냉동식품 통합브랜드 '스노우밸리'를 론칭했다.

또 레토르트 카레가 주력 상품이던 오뚜기를 라면 회사로도 성장시켰다. 그는 취임 후 라면마케팅 팀을 분리하고 사업 강화에 나서 3년 만인 2013년 라면업계 점유율 2위이던 삼양을 제치는 성과를 올렸다. 그가 라면 시장점유율을 높이기 위해 2011년부터 2013년까지 세 차례에 걸쳐 진라면 맛을 리뉴얼했다는 일화는 식음료업계에서 유명하다.

함 회장은 국내 가정간편식 시장점유율도 굳건히 지켜냈다. 국내 가정간편식의 최초가 오뚜기에서 1981년 출시한 '3분카레' 및 동 시리즈 제품이었던 만큼 해당 시장에서 오뚜기는 일찍감치 강자로 자리잡았다. 함 회장은 이에 그치치 않고 가구 변화와 소비자 동향에 맞는 간편식 라인업을 늘리며 간편식시장 트렌드를 주도했다.

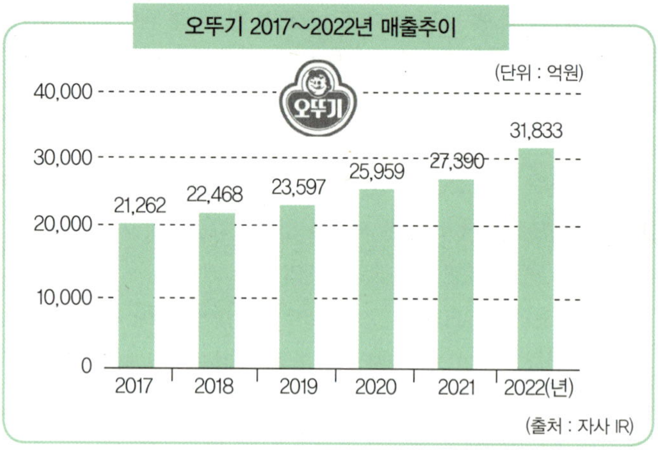

함 회장은 이 밖에 2020년 8% 수준이었던 오뚜기의 해외 매출액을 지난해 20% 수준으로 끌어올렸다. 오뚜기는 국내 매출의 의존도가 높아 경쟁기업들보다 해외 매출 비중이 낮은 문제점이 있었다. 함 회장은 주력제품 중 하나인 라면시장이 국내에서 이미 포화 상태에 이르자 해외로 돌려 매출을 확대하며 리더십을 입증했다.

탁월한 경영 능력을 보여준 함 회장은 선친의 유지를 받들어 장학 사업과 심장병 어린이 후원에도 앞장서고 있다. 고 함태호 명예회장은 오뚜기를 '인류에 필요한 기업'으로 만들기를 꿈꾸며 다양한 사회공헌활동을 펼쳐왔다. 1996년 설립된 오뚜기재단은 현재까지 1,000명이 넘는 학생에게 약 70억 원의 장학금을 지원했다. 오늘날까지 오뚜기로부터 후원을 받은 선천성 심장병 어린이 수는 5,000명을 넘어섰다.

함 회장은 재정투명성 확보와 ESG(환경 · 사회 · 지배구조) 경영에 주력하며 '착한 기업'의 이미지를 이어가고 있다. 함 회장이 2016년 아버지로부터 증여받은 오뚜기 주식 약 46만주와 계열사 주식 약 2만주에 대한 상속세 1,500억 원을 성실히 완납했다. 회사의 비정규직 비율도 1.5%로 여전히 낮은 수준을 유지하고 있다.

함 회장은 몇 년 전부터는 장애인 기본권 증진에 나서고 있다. 오뚜기는 작년 12월 시각장애인을 위해 업계 최초로 제품에 점자를 도입했다. 최근에는 자회사 '오뚜기 프렌즈'의 장애인 근로자 전원을 정규직 채용하기도 했다.

함 회장은 올해 국내 농가와의 '상생'도 추진한다. 함 회장은 신년사에서 "국내 농가와의 상생 협력으로 우리 농업의 국제 경쟁력 제고를 위한 협력도 강화할 것"이라고 말한 바 있다.

이를 실천하기 위해 오는 29일 열리는 오뚜기 정기주주총회에 '종자, 묘목 생산 및 판매업'을 신규 사업목적으로 추가하는 안건을 상정했다. 수익과 무관하게 국내 농가와의 상생 프로젝트를 본격화하기 위해서이다.

출처 : CEO SCORE DAILY, 2023.3.24.

1 경영자

경영자(manager)는 경영관리활동을 통해 조직을 이끌고 그 결과에 대해 책임을 지는 사람이다. 즉, 경영자는 조직의 목표를 수립하고, 그 목표를 효과적으로 달성하기 위해 인적 · 물적 자원을 적절하게 조직화하고, 지휘하고, 통제하는 사람이다. 이 점에서 경영자는 조직의 계획 입안자(planner), 조직화 담당자(organizer), 리더(leader), 통제자(controller)라고 할 수 있다.

샤인(E.H. Shine)은 경영자가 수행하는 역할에 초점을 맞추어 경영자의 개념을 다음과 같이 보다 구체적으로 정의하고 있다.

첫째, 경영자는 의사결정을 내리는 사람이다. 경영자는 불확실한 상황에서 조직의 목표설정과 이를 달성하기 위한 수단의 선택에 관하여 의사결정을 내리는 동시에 결과에 대한 책임도 지게 된다.

둘째, 경영자는 혁신을 추구하는 사람이다. 경영자는 보다 나은 경영성과를 얻기 위하여 끊임없이 새로운 일들을 도모해 나가야 한다. 일찍이 번함(J. Burnham)은 경영자의 사회지배라는 경영자 혁명(managerial revolution)을 부르짖은 바 있는데, 사실상 자본주의의 발전은 경영자의 혁신적인 기능에 의하여 이루어지고 있다.

셋째, 경영자는 사회적 책임을 수행하는 사람이다. 경영자의 의사결정이나 경영활동은 기업윤리나 사회규율에 근거하여 이루어진다. 기업은 사회를 떠나서 존재할 수 없기 때문에 경영자는 기업의 경제성뿐만 아니라 종업원의 복지와 사회적 공공성의 이념을 바탕으로 경영정책을 수행해 나가야 한다. 경영자가 이러한 역할을 제대로 수행해 나갈 때 기업은 계속해서 생존하고 발전할 수 있게 된다.

2 경영자의 유형

경영자는 크게 업무에 따라 라인과 스태프로 구분되고, [그림 2-1]에서와 같이 전반관리자와 전문(부문)관리자로 나뉜다. 라인계층의 관리자는 제품의 생산 라인에 직접적으로 관계하는 생산과 마케팅 관련 관리자를 말하고, 스태프관리자는 라인계층을 지원하는 회계, 재무, 인사, 법률, 기획, 연구개발, 홍보 등의 관리자를 말한다. 전반관리자(generalist, general manager)는 회사 전체의 전략계획이나 경영정책을 수립하는 데 관계하는 경영자를 말하며, 전문관리자(specialist, functional manager)는 회계, 인사, 재무, 자금, 생산, 마케팅 같이 조직의 특정한 활동영역에서 전문직능을 수행하는 전문가를 말한다.

그림 2-1 경영자의 분류

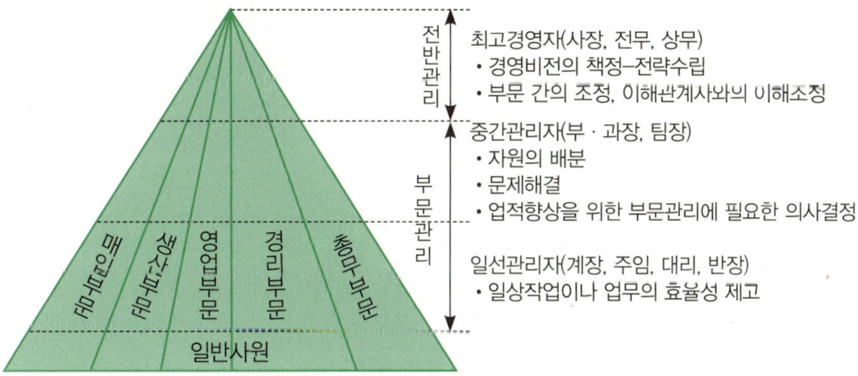

또한 경영자는 계층에 따라 최고경영자(top manager), 중간관리자(middle manager), 일선관리자(first-line manager)로 나뉜다. 최고경영자는 조직계층의 최상위에 존재하는 경영자로서 조직의 전반적인 경영에 책임을 지는 사람이다. 조직의 비전을 제시하고, 경영정책을 수립하고, 부서 간의 갈등과 알력을 조정하며, 이해관계자와의 조정을 행하는 회장, 사장, 전무, 상무 등의 임원 계층을 말한다. 미국에서는 전문경영자의 역할을 담당하는 최고의사결정책임자(CEO : Chief Executive Officer)를 칭한다. 중간관리자는 최고경영층에서 수립된 경영방침을 일선관리자가 실천할 수 있도록 부문계획과 관리를 담당하는 부서장, 부장, 과장, 팀장, 점장 등의 관리층을 말한다. 일선관리자는 현장관리자라고도 불리며, 근로자들의 작업일정을 조정하고, 작업일선에서 경영자원의 효율적인 운영을 직접 지휘 통제하는 직무를 수행한다. 주로 공장의 생산부서를 감독하는 작업반장이나 사무실의 계장, 주임, 대리 등의 사무감독자를 말한다.

한편 경영자는 출자된 자본의 소유여부에 따라 소유경영자와 전문경영자로 나뉜다. 고전적 자본주의 경제체제에서는 자본의 출자자가 동시에 경영자이기도 하였다. 그러나 기업의 규모가 커지고, 특히 주식회사제도가 발전하면서 소유와 경영의 분리가 이루어져 전문적인 지식과 능력을 바탕으로 한 전문경영자(expert manager, professional manager)가 소유경영자(owner manager)를 대신하게 되었다. 지금도 개인기업이나 규모가 그다지 크지 않은 조직에서는 소유경영자가 효율적일 수 있지만, 대량생산에 의한 대규모의 기업에서는 전문경영자의 전문적인 경험과 지식을 필요로 하고 있다.

이와 관련해서 벌과 민즈(Berle & Means)는 대규모 주식회사에 대한 실증적 고찰을 통하여 주식회사가 발달하여 규모가 커지면 출자자인 주주는 주식을 소유할 뿐이고, 생산활동에 대한 관리는 경영자에게 위임됨으로써 점차 주식회사는 소유와 경영이 분리된다는 점을 밝히고 있다.

그러면 소유경영자와 전문경영자는 어떠한 차이점을 갖고 있을까? 샤인(E.H. Schein)에 의하면 소유경영자는 경영활동을 자기중심적이고 위험선호적(risk-taking)이며, 직관적이고 장기적인 관점에서 경영혁신을 추구한다. 대인관계에 있어서는 구성원들과의 각별한 유대관계를 통하여 전체적인 공동체의식을 형성하며, 공식적인 규칙이나 직무규정보다는 개인적인 친분과 신뢰에 바탕을 둔 업무처리를 한다. 반면에 전문경영자는 계획을 세우고 정상적인 의사결정과정을 통하여 합리적이고 공식적인 업무를 처리한다. 비교적 단기적인 관점에서 구체적인 전략방향을 설정하고 구성원들의 협조와 참여 속에서 기업의 규칙과 질서를 중시 여기는 경향이 있다.

그러다 보니 일부 학자들은 전문경영자들이 소유경영자와는 다르게 단기적인 성과 위주로 자신들의 지위 안정과 이익에 급급함으로써 오히려 기업의 소유와 경영의 분리가 경영성과에 부정적인 영향을 미친다는 주장을 하고 있다. 하지만 오늘날 세계경제를 선도하는 대표적인 기업들이 전문경영자를 영입하고 있고, 우리나라의 기업들도 창업주에서 2세로 넘어가게 되면 전문경영체제로 전환하는 움직임을 보이고 있다. 소유경영자의 책임감과 전문경영자의 전문성을 골고루 갖춘 소위 퓨전(fusion)경영자가 필요한 시점이다.

3 경영자의 역할과 능력

민츠버그(H. Mintzberg)는 [그림 2-2]에서와 같이 경영자의 역할을 크게 대인관계 역할(interpersonal roles), 정보전달 역할(informational roles), 의사결정 역할(decisional roles)로 분류하고 있다. 경영자들은 주어진 업무를 수행하면서 자신이 담당하고 있는 조직 내에서 권한을 행사하는데, 그 권한이 조직 내에서의 지위를 형성하게 된다. 그리고 그 지위를 통해 상급자, 동료, 하급자 간의 대인관계를 형성하고 의사결정에 필요한 정보를 얻게 된다.

여기에서 대인관계 역할은 기업을 대표하는 얼굴이나 상징으로서의 역할, 조직목표를 달성하기 위한 조직의 리더 역할 및 기업 외부의 고객, 정부, 공급업자, 주주 등 이해관계자와의 매개 역할을 말한다. 정보전달 역할은 기업 내외 환경변화와 관련한 정보를 수집하고 분석하여 이를 기업 내에 전파하는 역할과 기업의 내부정보를 외부에 알리는 역할을 말한다. 끝으로 의사결정 역할은 새로운 사업이나 제품을 추진하고, 노사관계나 공급업자의 파산, 고객의 계약파기 등과 같은 문제를 협상하고 해결하며, 기업 내의 부서 간 예산이나 인적 · 물적 정보자원의 효율적 안배를 위한 역할을 말한다.

그림 2-2 경영자의 역할

대인관계 역할 | 정보전달 역할 | 의사결정 역할

한편 헬리겔과 슬로컴(Hellriegel & Slocum)은 각 계층의 경영자들이 주어진 역할을 수행해 나가는 데 필요한 능력으로 [그림 2-3]에서와 같이 전문기술(현장실무능력), 대인관계기술, 의사소통력, 상황판단력을 들고 있다.

먼저 전문기술(technical skill)은 기업 내의 특정분야에서 활용되는 제품 설계, 시장조사, 원가분석, 회계보고, 자금관리, 컴퓨터 프로그램 작성 등의 전문분야에 관한 지식으로 일선관리자일수록 중요한 능력으로 생각된다.

대인관계기술(interpersonal skill)은 과업을 달성하기 위하여 구성원들의 갈등을 해소하고, 나아가 작업성과를 높이기 위해 적절한 동기부여를 제공할 수 있는 능력을 말한다.

의사소통력(communication skill)은 조직의 아이디어나 정보 등이 부서 간이나 상하 간에 자유롭게 전달될 수 있도록 하는 능력을 말한다. 경영자가 자유로운 조직분위기를 조성함으로써 종업원들은 개인의 창의력을 발휘할 뿐만 아니라 조직의 의사결정에도 적극적으로 동참하게 된다.

상황판단력(conceptual skill)은 점차 복잡하고 치열해지는 경영환경을 분석하고 고객의 욕구와 경쟁상황을 예측하여, 기업의 미래를 위한 정책을 수립할 수 있는 능력을 말하는 것으로, 특히 최고경영자들에게 많이 필요한 능력이다.

그림 2-3 경영자의 능력

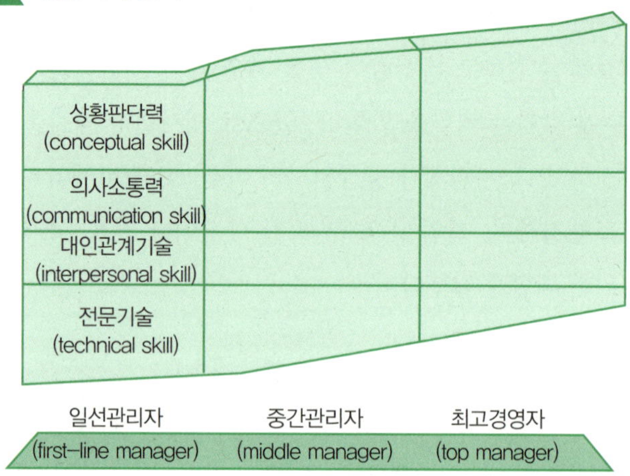

특히 이규상 교수는 우리나라 기업의 경영자들을 대상으로 한 연구를 통해 경영자의 지위가 높아질수록 인성과 경영능력에서 요구되는 바가 많음을 주장하고 있다. [그림 2-4]에 제시된 것처럼 가로축을 인격과 인성으로 보고 세로축을 지식과 경영능력으로 보면, 일선경영자에게는 경영학의 각론적인 전문지식과 컴퓨터 조작 등의 기능과 외국어 실력 등이 요구된다. 중간경영자는 이외에 업무 집행능력과 정보관리 및 인화와 창의성이 중요한 능력으로 포함된다. 최고경영자에게는 전략수립과 책임감이 중요한 능력으로 대두되며, 끝으로 그룹을 이끄는 회장은 사명감이나 역사의식을 바탕으로 논리적인 분석을 초월한 개인의 직관이

그림 2-4 경영자의 지식과 인격

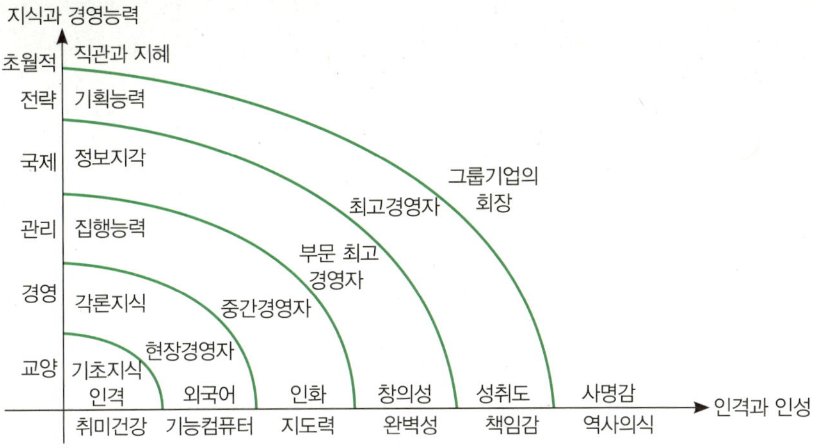

나 경험에서 오는 지혜가 중요한 능력으로 제안된다.

이 밖에 헨리 패욜(H. Fayol)은 최고경영자에게 요구되는 자질로 기술적 자질, 대인관계 자질, 개념적 자질을 들고 있다. 여기에서 기술적 자질이란 특정분야의 과정, 지식, 기술 등을 활용하는 능력을 발한다. 대인관계 자질이란 다른 사람을 이해하고 동기부여하고 함께 일하는 능력을 뜻한다. 그리고 개념적 자질이란 조직 내의 관심과 행위를 통합하고 조정하는 능력인 동시에 환경의 변화를 직시해 조직의 미래를 바로 내다볼 수 있는 능력을 의미한다. 대체로 경영계층의 하층부로 갈수록 기술적 자질이 강조되는 데 반해 상층부로 갈수록 개념적 자질이 중시된다. 대인관계 자질은 모든 계층에게 중요하게 적용되지만, 중간계층 경영자들에게 더욱 강조되는 특성이 있다.

4 성공적인 경영자의 조건

그동안 우리 기업들의 성공요인에는 최고경영자의 능력과 자질이 크게 작용하여 왔다. 만약에 정주영 회장이 다시 살아 돌아와서 오늘날의 현대건설을 맡는다면 어떠한 방식으로 경영을 해나갈까? 그가 즐겨 사용했던 불도저식 경영방식이

쓰러져 가는 회사를 다시 일으켜 세울 수 있을까? '세계경영'을 외치며 경영학도들에게 그토록 꿈과 용기를 심어주던 대우의 김우중 회장은 왜 실패한 경영자가 되었을까? 그가 다시 오늘날의 대우를 책임진다면 어떠한 방식으로 경영을 해나갈까? 이에 대한 해답은 다음에 제시된 '성공적인 경영자의 조건'을 보고 나서 곰곰이 생각해 볼 일이다.

어느 경제연구소가 일본 소프트뱅크사의 손정의 사장, 미국 제너럴 일렉트릭사의 잭 웰치 회장, 스위스 ABB(Asea Brown Boveri)의 퍼시 바네빅 회장 등 세계적으로 주목받는 최고경영자 세 사람의 경영특성을 분석했다. 그 결과 이들은 공통적으로 변화를 추구하고, 조직의 장기 비전을 종업원들과 공유하며, 그 비전을 달성해 나가는 데 종업원의 참여를 유도한다는 점을 발견할 수 있었다. 이 밖에도 21세기의 성공적인 경영자가 되기 위한 조건으로 다음과 같은 항목들이 제시되고 있다.

1) 미래에 대한 예측력과 변화지향의 자세

기업을 둘러싼 환경은 시시각각으로 변화하고 있다. 요즘처럼 환경의 변화가 급속도로 이루어지는 때에는 앞으로 어떠한 일이 발생할지를 보다 정확하게 예측할 수 있는 통찰력이 기업 성공의 기초가 된다. 그리고 변화에 신속하게 대응할 뿐만 아니라 남보다 앞서 변화를 유도할 수 있는 능력이 경쟁적 우위점이 된다. 노키아는 애플이 아이폰을 내놓기 7년여 전에 버튼 하나 위에 컬러 터치스크린이 있는 휴대전화를 선보였다. 음식점을 찾고 레이싱게임을 하고 화장품을 주문할 수 있는 기기였다. 1990년대 후반 노키아는 비밀리에 또 하나의 제품을 개발했다. 인기 상종가를 달리고 있는 애플 아이패드처럼 무선인터넷 연결과 터치스크린이 탑재된 태블릿컴퓨터였다.

이들 기기는 출시되지 않았다. 연구개발에는 엄청난 돈을 들이면서도 제품출시기회를 놓치는 노키아 기업문화의 희생양이 된 것이다.

휴대전화산업이 어디로 향하고 있는지 정확하게 예측했지만, 파벌싸움 때문에 개발노력이 분열되고 휴대전화를 시장에 출시하는 부문과 연구개발부문이 유리된 데 따른 결과이다. 미래는 준비하는 자의 것이며, 환경의 변화 앞에는 불변의 강자가 있을 수 없음을 알게 하는 사례이다.

2) 국경을 초월한 세계화 마인드

세계가 경제적으로 하나가 되어 가는 세계화시대는 지금까지 인류가 경험하지 못했던 새로운 시대가 도래함을 의미한다. 이러한 세계화시대에는 이 시대에 맞는 인재가 육성되어야만 경쟁력을 제고할 수 있다. 세계화시대에 맞는 인재는 지금까지의 인재 개념과는 다른 면이 있는데, 첫째는 세계어를 확실하게 구사할 수 있는 능력의 소유자, 둘째는 사고가 세계화되어서 글로벌 마인드를 가지고 있는 자, 셋째는 글로벌 스탠다드에 맞도록 훈련된 자이다

기업이 국내에서뿐만 아니라 국외에서도 사업을 성공적으로 수행하기 위해서는 경영자가 세계적으로 생각하는 능력을 가지고 있어야 한다. 말하자면 기업의 경쟁상대가 국내시장에 한정되어 있는 게 아니고, 제품이나 서비스의 소비자가 국내에 국한되어 있지 않음을 인식하는 것이다. 우리나라 기업들이 세계시장에서 세계기업들과 나란히 경쟁해 나갈 수 있기 위해서는 최고경영자들이 우선 세계화 마인드로 사업의 영역을 넓혀 나가야만 한다. 미지의 시장은 먼저 꿈꾸는 자의 것이다.

3) 끊임없이 배우는 학습자세

유능한 경영자가 되려면 끊임없이 배우고 남보다 먼저 많은 것들을 경험해야 한다. 이를 위해서는 어느 정도 배움의 기초가 있어야 하는데, 우리나라 대기업 임원의 94% 정도가 대학 및 대학원을 졸업한 것으로 조사되고 있다. 미국의 경우에도 최고경영자 250명을 상대로 학력을 조사한 결과 91% 정도가 학사학위를 소지한 것으로 나타났다. 미국 성인의 평균 학사학위 소지율이 33%인 점을 고려하면 최고경영자의 학력수준이 상대적으로 매우 높음을 알 수 있다. 하지만 학력보다 더 중요한 것은 평소에도 경영과 관련된 교육이나 훈련 프로그램을 통해 끊임없이 배우고 경험하기를 습관화하는 일이다. 경영환경이 복잡하고 그 변화가 예측불허일수록 쉼 없이 학습하는 자세를 통해 문제를 적절하게 방지하고, 효율적으로 대처해 나가야 할 것이다.

4) 적극적이고 솔선수범하는 리더십

무한경쟁시대에 다른 기업들과 경쟁해서 이기려면 최고경영자가 나름대로 비전을 가지고 적극적으로 새로운 일을 개척해 나가야 한다. 여기에는 무엇보다도 책임감이 전제되어야 하는데, 책임감이 강한 사람일수록 매사에 적극적으로 일을 처리해 나가는 습성이 있기 때문이다. 책임지기가 두려워서 복지부동으로 일관하거나 무사안일을 즐기는 경영자는 결단코 성공적인 경영자가 될 수 없다.

또한 부하들이 주어진 책임을 자발적으로 수행해 나가도록 하기 위해서는 경영자가 평소에 늘 솔선수범하는 자세를 보여주어야 한다. 과거와 같이 권위주의적인 자세로는 더 이상 부하들에게 리더십을 발휘할 수가 없다. 그리고 실패를 두려워하지 않는 것이 성공을 가져올 수 있음을 유념해야 할 것이다. 실패에 관대한 경영자만이 종업원들의 창의성을 자극해서 히트상품을 산출할 수 있다. 하버드 MBA 출신들이 경영자로서 실패하는 이유는 실패사례를 너무나 잘 알기 때문에 두려움에 마비되어 창의력을 잃기 때문이라고 한다.

5) 도전적이고 창의적인 태도

전문지식과 글로벌 역량을 바탕으로 기존의 틀을 깨는 도전적이고 창조적인 경영자가 필요하다. 이는 갈수록 심화되는 글로벌 경쟁에서 살아남아 조직의 리더로서의 역할을 지속적으로 구축해야 하는 상황에서 경영자에게 필연적으로 요구되는 자질이다. 21세기 경영자는 목표의식과 위기의식을 갖고 끊임없는 창의적 개선을 통해 위기를 극복해 나갈 수 있는 창의성을 중요한 덕목으로 꼽았다. 실패를 두려워하지 않고 남들이 기피하는 분야에 도전하는 변화와 개혁을 선도하는 모험정신을 가진 도전자도 매력적이다. 4년대 대졸사원을 뽑는 구글코리아는 이력서에서 인턴이나 사회봉사 등과 같은 사회 경험을 많이 보며 구글과 문화가 맞는 '구글리'한 사람을 찾는다. '구글리'하다는 것은 겸손하며, 다른 동료와 소통하고 서로를 돕고 수평적이고 오픈된 근무환경을 즐길 수 있는 사람이다. 적극적이고 능동적으로 그리고 열린 사고로 동료와 힘을 합해서 선(善)을 이루는 사람들과 일하길 원한다.

반대로 열정이 없고 능동적으로 새로운 것을 탐험하지 않으며 남이 시키는 일만 하는 수동적인 태도를 보이거나 동료와 잘 어우러지지 못하고 독선적인 사람은 구글에 적합하지 않은 인재로 평가된다. 구글코리아는 학력과 상관없이 직무에 있어서의 능력 위주로 평가한다. 영어 성적이 필수조건은 아니다. 여러 차례의 면접을 통해 영어 실력은 검증이 가능하기 때문에 시험 성적에 구애받지는 않는다.

면접방법도 독특하다. 서류면접을 통과하면 동료 인터뷰를 시작으로 면접절차가 이루어진다. 이러한 인터뷰과정은 같이 일하게 될 동료가 누구인지 알아가게 되는 과정이기도 하다. 이는 같이 일하게 될 동료의 평가를 중요시 여기는 구글의 철학을 잘 보여주는 예라고 할 수 있다.

엔지니어 인터뷰의 경우, 구글 엔지니어가 직접 인터뷰를 진행한다. 현재 엔지니어 인터뷰는 약 4~5번의 기술면접으로 진행되고 있다. 임원급 직원채용 시에는 리더십 항목이 더욱 비중 있게 평가되지만 구글의 기업문화에 잘 융화될 수 없는 후보자라면 채용이 진행되지 않는다.

뛰어난 능력으로 비즈니스에 보탬이 되면서도 구글문화에 기여할 수 있는 구글리한 직원을 원한다. 구글코리아는 2012년 수시채용을 할 계획이며, 상황에 따라 디르기 때문에 정확한 채용 규모에 대해 밝히지 않았다. '세계화를 위한 현지화'전략의 하나로 삼성전자는 해외지역 전문가제도를 실시하고 있다. 이는 21세기 국제적인 감각을 지닌 세계 경영자를 양성하기 위한 것으로 현지화된 삼성인을 양성화하는 제도다. 자신이 선택한 현지로 사원을 파견, 6개월~1년간 다양한 활동을 할 수 있도록 지원해 지역전문가로 발돋움할 수 있게 해 인재 채용 후 사후관리에도 신경 쓰고 있다.

한편 우리나라 기업의 최고경영자들을 대상으로 서울경제신문사가 '한국을 움직이는 100인의 경영자'를 선정, 그들의 공통된 특성을 조사한 바가 있다. 사실 우리나라 기업의 최고경영자 자리는 3,000명 가운데 단 한 사람에게만 그 기회가 주어지는 자리다. 3,000분의 1, 0.0003%의 아주 낮은 확률이라는 수치를 거론하지 않더라도 그들은 개인적으로나 사회적으로 '성공한 사람'임에 틀림없다. 그들의 성공비결은 무엇일까? 10가지로 요약된 우리나라 기업 경영자들의 성공요인은 다음과 같다.

(1) 시간만 나면 운동과 독서

거의 모든 경영자들이 담배를 피우지 않으며, 피웠던 사람들도 대부분 끊은 상태이다. 술은 조금씩 하며, 직원들과 어울리기 위해 소주 반 병 정도를 정량으로 삼고 있다. 이처럼 술과 담배를 절제하는 이유는 첫째, 건강을 위해서이다. 그리고 체력유지를 위해 등산, 골프, 수영 등을 즐긴다. 둘째, 시간을 내어 책을 읽기 위해서이다. 독서는 최고경영자들이 가진 가장 확실한 공통점 중 하나이며, 바쁜 일정 속에서도 1주일에 두세 권씩 탐독하는 경영자들도 많다. 독서는 최신 경영정보를 접하는 데 있어 최고경영자들이 가장 애용하는 창구이기 때문이다.

(2) 형식과 고정관념을 거부

열린 경영을 위해 항상 깨어 있고, 환경의 변화에 앞서 변화를 선도한다. 그리고 형식과 고정관념을 깨고 부하직원들의 목소리에 귀기울일 수 있는 열린 마음을 갖는다. 또한 상대기업은 경쟁자인 동시에 함께 일할 수 있는 동업자라는 '윈-윈(win-win : 상생)전략'에 매우 적극적이다.

(3) 생각은 깊게, 추진은 과감하게

최고경영자 가운데 많은 이들이 깊게 생각한 뒤 과감하게 추진한다. 한 마디로 '생각하는 불도저'인 것이다. 어떤 사안을 결정하기에 앞서 철저한 분석과 깊은 생각을 통해 결론을 내리며, 일단 결정된 목표는 과감하게 밀어붙인다. 이들은 실패를 두려워하지 않으며, 도전하지 않는 것을 가장 큰 죄악으로 여긴다.

(4) 권한은 아래로, 손은 가볍게

최고경영자들은 슬림화에 큰 관심을 기울인다. 경영의 스피드와 함께 권한을 하부에 넘기는 것이다. 이러한 경영의 신속함과 권한이양에 대한 대안으로 책임경영체제를 제시한다. 대다수 경영자들은 '과감한 권한이양'을 강조하고 있으며, 이를 실천하기 위한 다양한 제도의 도입을 위해 노력하고 있다.

(5) 책상을 떠나 현장으로

최고경영자들의 공통점은 행동한다는 것이다. 생산, 판매, 기술개발의 현장을 찾아다니며 고객을 찾아다닌다. 뛰면서 아이디어를 찾는 것이다. 책상머리에 앉아 이것저것 지시하는 경영자의 시대는 이미 지나갔으며, 한 발 앞서 현장을 뛰어야 남보다 앞서갈 수 있음을 실천하고 있다.

(6) 업무를 열정 그 자체로

거의 모든 경영자들이 스스로에 대해 큰 자부심을 갖고 있다. "다시 태어나도 기업인이 되겠다"는 사람이 대부분이다. 업무에서는 열정 그 자체이며, 취미가 무엇이냐는 질문에 대해 '일'이라고 대답할 정도이다. 가장 먼저 출근하고, 달성해야 할 일이 있으면 몸을 사리지 않고 진력투구한다.

(7) 최고 최대의 투자는 사람

최고경영자들은 한결같이 사람을 아낀다. 인재를 키우기 위해 과감히 투자하며 사람과의 관계, 인연을 매우 중시한다. 인사에도 대단히 신경을 쓰며, 동료의식을 갖고 부하직원들을 보살핀다. 이 때문에 부하들로부터 가장 존경받는 인물로 꼽히는 사람이 많다.

(8) 가장 존경하는 경영자는 정주영과 잭 웰치

우리나라 최고경영자들은 국내에서는 현대의 고 정주영 명예회장을, 세계적으로는 미국 제너럴 일렉트릭(GE)의 잭 웰치(Jack Welch) 전 회장을 가장 존경하는 경영자로 꼽고 있다. 정주영 회장은 무일푼으로 사업을 시작해서 현대를 오늘날 세계적 기업으로 키우며 보여준 뚝심과 기업인으로서의 끝없는 열정이 그 이유이다. 잭 웰치 회장은 강력한 구조조정과 경영혁신으로 GE를 세계에서 가장 가치 있고 경쟁력이 강한 기업으로 만든 뛰어난 통찰력과 리더십 때문이다.

(9) 항상 미래를 내다보며 대비하는 자세

과거의 성공이나 실패에 연연하는 경영자는 거의 없으며, 항상 미래를 내다보며 대비한다. 최고경영자들이 남들과 다르게 가지고 있는 특유의 직관력이 발휘되는 대목이다.

참고로 사기를 꺾는 경영자의 잘못된 유형을 기업계의 우스개를 통해 풀어보면 다음의 13가지가 있다.

① 오리무중형 : 구체적인 방침이 없는 막연한 지시
② 조령모개형 : 방침을 수시로 바꾸어 일관성이 없는 지시
③ 불시채근형 : 평소 잊고 있다가 막상 닥쳐서 부하만 달달 볶는 유형
④ 실무자형 : 항상 실무적인 일까지 깊숙이 참여해야만 안심
⑤ 언행모순형 : 솔선수범 없이 부하에게만 모범적인 자세를 강요
⑥ 골목대장형 : 의견을 수렴하지 않고 일방적으로 통보하는 회의주재
⑦ 좁쌀형 : 사소한 잘못도 지휘계통으로 사사건건 지적
⑧ 형식중시형 : 내용보다 형식에 관심
⑨ 과거지향형 : 과거의 경험에 집착, 부하의 의견을 쉽게 묵살
⑩ 권한포기형 : 본인이 최종결정을 해도 될 사항까지 부하에 전가
⑪ 두루뭉술형 : 부하의 업적을 술에 물탄 듯, 물에 술탄 듯 자신의 공으로 하는 유형
⑫ 인격무시형 : 부하의 의견을 서슴 없이 침해하는 언행
⑬ 감탄고토형 : 유능한 부하는 품 안에, 무능한 부하에게는 무관심

5 기업가와 기업가정신

비즈니스의 영웅으로 불리는 빌 게이츠는 대기업에서 성장하거나 재벌 2세가 아니라, 독자적인 기술과 경영노하우로 창의성을 발휘하고, 모험에 도전하는 혁신기업을 만들어 기업계의 새로운 신화를 창조하였다. 우리나라 기업인들이 가장 존경한다는 고 정주영 현대그룹 명예회장은 사막에서 물을 퍼올리는 정신으

로 무에서 유를 창조한 경우이다.

이처럼 기업가란 불확실한 환경과 경쟁 속에서 새로운 사업을 개척해 가는 혁신자나 모험자로서 개척자적인 정신(entrepreneurship)을 발휘하는 사람을 말한다. 슘페터는 여기에 '창조적 파괴'라는 용어를 통해 기업가의 혁신자적 역할을 특히 강조하고 있다. 중소기업의 경우에는 기업 성패의 70%를 경영자 개인에게 의존할 정도로 능력 있는 기업가는 중소기업 성공의 중심이 되고 있다. 자본주의 사회에서는 기업가의 창의적 노력에 의해 국가와 사회의 경제활동이 활력을 얻게 되며, 발전의 원동력이 된다.

따라서 기업가정신의 개념에서 기업가를 정의해 보면, "현실적으로 존재하지 않는 것에서 어떤 가치관을 창조하고 구축하는 과정을 통해 다른 사람들이 보지 못하는 기회를 찾아내어 성공으로 이끄는 자"라고 할 수 있다. 요컨대 위험부담(risk taking), 창조성(creativity), 독립성(independence), 보상(rewards) 등이 전체적으로 통합된 것이 기업가정신이라고 할 수 있다. 그리고 특별히 성공한 기업가들의 공통적인 특성을 살펴보면 다음과 같이 정리된다.

첫째, 성취욕구(need for achievement)가 강하다. 맥클랜드(D. McClelland)에 의하면 인간에게는 크게 권력(power), 친교(affiliation), 성취(achievement)에 대한 욕구가 있는데, 미국 국민들의 5% 정도가 성취에 대한 욕구가 강하다는 것이다. 대체로 성공이라는 기준은 목표달성여부에 의존하게 되는데, 목표를 너무 높게 잡으면 좌절(frustration)의 위험이 있고, 반대로 너무 낮게 잡으면 자기만족(complacency)에 빠질 위험이 있다.

둘째, 독립에 대한 욕구(desire for independence)가 강하다. 독립욕구가 강한 이들은 일반적으로 대기업이 관료적이 되거나, 부서에서의 업무 자율성만으로는 크게 동기부여되지 못한다. 창업자들의 경우를 보면 자신의 경험과 능력을 토대로 자기사업을 하려는 의지가 강한데, 이들은 자신의 성공한 미래 모습에 상대적으로 더 크게 격려되는 특성을 갖고 있다.

셋째, 자신에 대한 신뢰나 자존심(self-confidence and/or self-esteem)이 강하다. 이러한 자신감은 창업자들에게서 발견되는 공통적인 특성으로서 자신감의 실현 결과, 성공한 기업가들은 물질적인 혜택뿐만 아니라 사회적인 명예의 대가를 받게 된다.

넷째, 미래지향적(future-oriented)이다. 과거와 실패에 연연하기보다는 내일의 성공을 위하여 창업자는 보다 미래의 부픈 꿈을 지향하는 경향이 강하다. 이러한 미래에 대한 기대는 매일매일 닥치는 현실의 어려움을 참고 극복할 수 있는 원동력이 된다.

다섯째, 자기희생적(self-sacrificing)이다. 야망을 꿈꾸는 창업가에게는 주말이나 휴가의 개념이 없고 자신의 목표를 달성하는 데 모든 것을 희생하려는 모습이 있다.

이 밖에 기업가가 갖추어야 할 일반적인 능력으로 추진력(drive), 정신력(mental ability), 인간관계능력(human resources ability), 커뮤니케이션능력(communication ability), 기술에 관한 지식(technical knowledge), 의사결정능력(decision-making ability), 개념적 능력(conceptual ability) 등이 요구되기도 한다.

기업가로서 성공하기 위해서는 이상의 개인적 특성도 갖추어야 하겠지만, 시장에서는 다음과 같은 상황들이 연구되어야 한다.

① 어떤 사업에 뛰어들 것인가?

② 내가 창업할 것인가 아니면 사업체를 인수할 것인가?

③ 내가 구상하는 제품이나 서비스의 시장은 무엇이고 어디에 있는가?

④ 사업에 필요한 자금은 어느 정도이고 어디에서 조달할 것인가?

⑤ 사업체를 성공적으로 경영하기 위해서 어떤 능력이 필요할 것인가?

이러한 기업가정신은 대기업에서도 조직의 능률을 제고시키기 위하여 사내기업가(intrapreneur)의 개념으로 오늘날 많이 활용되고 있다. 핀쇼(G. Pinchot III)가 처음으로 조직에서 아이디어를 상품화하여 수익을 올리는 경영자를 지칭하여 사용하면서 널리 쓰이기 시작하였는데, 노란 메모지(Post-it Note Pads)를 창안한 3M사의 기술자인 프라이(A. Fry)나 비디오 게임과 비디오 카메라를 만들어 낸 GE사의 로빈슨과 스티븐슨(J. Robinson & H.R. Stevenson Jr.), 그리고 개인용 컴퓨터(PC)를 만든 IBM사의 에스트리지(P. Estridge)는 대표적인 조직 내의 기업가라 하겠다.

수년 전 일본의 후지제록스사도 외국인에게 일본어를 훈련시키고, 일본어 학습교재를 제작 판매하는 '아드아드네 랭귀지 링크'라는 사내기업을 만들어 27세인 에토양을 사장에 임명하였다. 우리나라도 직원들의 참신한 아이디어를 사업화하는 경우가 많은데, 한국중공업에서는 약 20여 명의 사내 기업가를 탄생시켰다. 또 제일제당에서는 아이디어사업의 이익금 중 20%를 인센티브로 제공하며 만약 실패하더라도 인사상 불이익은 주지 않음으로써 직원들의 적극적인 참여를 유도하고 있다.

이러한 기업 내 기업가정신을 통해 우리 사회는 경제성장, 기술혁신, 고용창출, 여성인력 및 주변 인력의 활용 등과 같은 경제사회적 이익을 얻고 있다. 따라서 우리 사회의 다양한 조직들은 이러한 조직 내 기업가(intrapreneur)를 많이 배출하기 위해 다음과 같은 뒷받침을 해주어야 한다.

① 상부 경영층(senior management)은 구성원들이 수시로 필요한 지원을 요청하고 실패를 두려워하지 않는 분위기를 조성해 주어야 하며, 함께 도전하는 일에 몰두하여야 한다.

② 시장의 변화에 즉시 대응할 수 있도록 조직구조의 유연성을 구축해야 한다.

③ 사내 기업가들이 창의적인 아이디어를 상품화할 수 있도록 일상적인 업무에서 벗어날 수 있는 여유와 독자적으로 시간을 활용할 수는 여건을 만들어 주어야 한다.

④ 사내 기업가들은 흔히 몇 번의 실패를 맛보게 되므로 이러한 경험과 이를 극복할 수 있는 훈련을 통하여 능력 있는 사내 기업가를 많이 양성해 주어야 한다.

⑤ 성공한 사내 기업가에게는 상응하는 대가와 신분상승의 경로를 보여주는 것이 필수적이다. 이런 모험에는 많은 위험이 동반되기 때문에 성공에 대한 정당한 보상이 뒤따르지 않는다면 계속해서 사내 기업가들의 출현은 기대하기 어려울 것이다.

⑥ 대규모 조직 내의 질서유지와 기업가적인 정신은 서로 갈등을 일으키기가 쉽다. 만약 조직의 규율을 엄하게 통제하면 사내의 모험사업에 대한 열의가 꺾이게 되고, 반대로 기업가정신을 강하게 살리면 조직 전체의 통제가 느슨해지는 문제가 생긴다. 이러한 갈등을 적절히 조정할 수 있는 조직 내 통제 시스템의 개발(appropriately designed control system)이 필요하다.

토 | 의 | 문 | 제

01 경영자란 무엇인가?

02 소유경영자와 전문경영자의 차이점은 무엇인가?

03 민츠버그가 제시한 경영자의 역할은 무엇인가?

04 헨리 패욜이 제시한 최고경영자에게 요구되는 자질은 무엇인가?

05 성공적인 경영자의 조건은 무엇인가?

자신의 주인이 되어라

착각해서는 안 된다. 자제심이라는 단어를 머리로 이해했다고 하여 어떤 일이든 자제할 수 있는 것은 아니다. 자제는 자신이 현실에서 행해야 하는 바로 그것이다. 하루에 한가지, 아무리 작은 일이라도 자제를 각오하라. 최소한 그 정도의 일을 수월히 해낼 수 없다면 자제심이 있다고 말할 수 없다. 또한 작은 일에 자제심을 발휘할 수 없다면 큰일에서도 자제심을 기대할 수 없고 성공에도 이를 수 없다. 자제할 수 있다는 것은 자신을 컨트롤 할 수 있다는 것이다. 자신의 가슴속에 깃들어 있는 욕망을 스스로 제어한다는 것이다. 욕망이 이끄는 대로 끌려가지 않고 자신의 행동을 확고히 지배하는 주인이 되는 것이다.

쉼 없이 노력하라

높은 곳을 향해서 끊임없이 노력하는 것은 결코 헛되지 않다. 비록 시금은 헛된 장난처럼 보일지도 모르지만 조금씩 정상을 향해 나아가고 있는 것만은 분명하다. 오늘 그 정상은 아직 먼 곳에 있겠지만, 내일 좀 더 높은 곳을 향해 다가가기 위한 힘을 키울 수 있다.

출처 :『니체의 말』 중에서

Chapter

03

경영학의 특성 및 경영학이론의 발전과정

1. 경영학의 형성과 발전
2. 경영학의 연구대상
3. 경영학의 의의와 특성
4. 경영마인드
5. 경영이론의 필요성
6. 경영이론의 변화과정
7. 고전적 경영이론
8. 행동과학이론
9. 계량적 경영이론
10. 시스템이론
11. 상황적합이론

경영이야기 1

포니로 시작한 현대차 신화 … 세계 1위도 꿈 아냐

현대차는 지난해 최대 자동차 시장인 북미에서 5.6%의 점유율을 기록했다. 기아까지 합치면 10%가 넘는다. 2022년 두 회사의 글로벌 판매량 기준 순위는 3위다.

국산 고유 모델 1호 '포니' 개발에 착수한 지 50년 만의 기적이다.

현대차 신화의 뿌리는 50년 전으로 거슬러 올라간다. 여기엔 기업가정신과 정부의 차산업 육성 의지가 바탕이 됐다.

포니에는 고(故) 정주영 선대 회장의 수출보국 신념이 담겨 있다.

현대중공업은 1972년 울산 조선소를 착공하면서 동시에 배도 건조했다. 판매 지역은 모두 해외였다. 이 같은 경험은 자동차로 이어졌다. 해외에서 글로벌 자동차 회사들과 겨루기 위해서는 고유 모델 개발이 필수였다. 물론 조립생산만 하면 큰 투자 없이 안정적인 매출을 올릴 수 있었다. 하지만 정 회장과 현대차 경영진은 고유 모델 개발을 선택했다. 수출을 위해서다.

회사 내부에서 반대 의견도 상당했다. 고유 모델 개발에는 엄청난 자금과 시간이 투입된다는 이유에서다. 자본금이 17억 원에 불과한 회사가 최소 300~400억 원이 들어가는 투자를 감당하기 어렵다는 점과 이자 등 금융 부담 등이 지적됐다. 또한 한국의 기술 수준으로 자동차 제조가 가능할지, 더불어 수출까지 가능할지 등에 대한 의견들도 나왔다. "회사 들어먹으려고 그러십니까?"란 말까지 나왔다.

고유 모델을 향한 경영진의 결심에 힘을 실어준 것은 정부였다.

1973년 1월 박정희 대통령은 '중화학공업화 정책'을 선언했다. 동시에 1980년대 자동차 공업의 목표를 '완전 국산 자동차 50만대 생산 및 1억 5,000만 달러 수출 기반 확립'으로 정했다.

정부에서는 김재관 상공부 중공업담당 차관보가 나서서 '고유 모델 자동차 산업 육성 방안'을 추진했다. 여기에는 자동차를 중화학공업의 전략 산업으로 추진하고자 하는 정부 의지가 반영됐다.

정주영 창업주의 기업가정신과 정부의 적극적인 지원은 현대차 임직원들의 자세를 바꾸게 했다. 그해 3월 현대차 경영진은 독자적인 자동차 생산을 결정했다. 이어 4월에는 기획실을 부활시켰다. 신현동 이사를 비롯해 홍두표 과장, 김뇌명 대리, 이수일 사원, 강학순 사원 등이 국산차 프로젝트에 참여했다.

두 달 후 1차 사업계획서가 완성됐다. 승용차 수요가 1976년 4만 6,000대에서 1981년 28만 5,000대에 이를 것이란 전망이 나왔다. 원가 추정도 희망적이었다. 계획서를 바탕으로 현대차는 한국형 자동차 생산을 위한 종합공장 건설 사업계획서를 상공부에 제출했다. 포니는 개발에 착수한 이듬해인 1974년 이탈리아 토리노 모터쇼에서 시제품을 선보였다. 현대차 신화의 시작이다. 이로써 한국은 세계에서 16번째, 아시아에서 일본 다음으로 고유 모델을 가진 나라가 됐다.

그리고 50년 후 현대차는 형제 회사인 기아와 함께 글로벌 톱3 완성차 자리에 올랐다. 1위도 꿈이 아닌 도전 목표가 됐다.

물론 과제도 있다. 미국 인플레이션 감축법(IRA)에 대한 대응과 수소사업, 미래 모빌리티 등이다. 이들은 현대차뿐 아니라 대한민국 경제를 위해서도 꼭 필요한 것들이다. 50년 전처럼 정부의 역할도 중요하다.

현대차는 정주영 선대 회장 때부터 도전과 성취의 DNA를 갖고 있다. 그 뿌리는 '기업가정신'이다. 50년의 기적을 만든 현대차의 미래를 기대해 본다.

출처 : 매일경제, 2023.2.13.

경영이야기 2

조직 내 올바름의 실천과 인권존중

'govern'은 상명하복을 뜻하는 'dictate'와 의미가 달라

거버넌스는 조직구성원의 민주적 관계 형성이 핵심

민주주의는 서양 문화의 산물 … 우리 정신문화로 체화해야

"자금이라는 것은 주인인 내가 알지 머슴이 뭘 압니까?"

몇 년 전 세상을 떠난 정태수 한보그룹 회장이 1997년 한보 사태 국회청문회에서 내뱉은 말이다. 월급쟁이의 꽃이라는 '임원'도 재벌 총수라는 사람 앞에서 머슴에 불과하다는 사실에 많은 사람이 기막혀했었다.

그러면서도 대다수 사람이 그 말에 고개를 끄덕했다. 당시에는 '주인 vs 머슴'의 상하 관계가 한국 기업의 일반적인 경영 행태이기도 했다. 지금 시각에서 보면 '참 나쁜 거버넌스'였다.

세월이 흘러 지금 많은 기업이 '주인 vs 머슴'이 아니라 '주주와 임직원 간 파트너십'을 지향하고 있다. 최소한 겉으로 드러낸 흐름은 그렇다. 직급과 호칭을 처음으로 파괴한 CJ그룹은 2000년 1월부터 부장, 과장, 대리의 직급 호칭을 없애고 '~님'을 불렀다.

일부 대기업은 직원 간 호칭을 '매니저'로 통일하기도 했다. 삼성전자는 2021년 11월 직원 간 호칭을 '~프로'와 '~님'으로 통일하겠다고 선언했다. 이재용 삼성전자 회장의 호칭도 'Jay(영어이름), JY(이니셜), 재용님'으로 바뀌었다.

한국은 오랜 유교문화의 영향 탓에 '장유유서(長幼有序)'를 기본으로 의사소통이 이루어진 나라다. 한국의 3대 종교는 흔히 불교, 기독교, 천주교라고 말하지만, 실상은 '모든 국민이 유교도'라는 표현이 더 어울리는 상황이다. 나이와 학번은 중장년층뿐만 아니라 젊은 세대에도 여전히 중요하다. 모두 스스럼없이 '형님'과 '선배', '언니'와 '후배'라고 부르는 데 주저함이 없다.

상대방을 부르는 호칭은 태도와 사고방식에도 당연히 영향을 미친다. 인간관계가 여전히 나이와 학번을 중심으로 형성되다 보니 수직적 관계가 편하게 느껴진다. 자연스럽게 '평등한 개인'을 전제로 한 수평적 인간관계, 즉 민주주의 정신과 민주주의 체제에 대한 이해도 높지 않아 보인다. ESG의 핵심인 거버넌스의 참뜻을 오해하는 것도 '좋은 거버넌스=조직 내 민주주의'임을 생각하지 않기 때문이지 않을까?

ESG의 핵심인 거버넌스(governance)는 사람들의 머릿속에 정부(government)를 자연스럽게 떠올리도록 한다. 'govern'에서 나온 단어의 어원이나 형태 때문이다. 정부는 국가의 통치기구이므로 거버넌스는 자연스럽게 '지배구조'로 이해되고 현장에서도 그렇게 사용되고 있다.

거버넌스가 지배구조로 단순하게 이해되니, 논의는 자연스럽게 다음 질문으로 넘어간다. '기업의 주인은 누구인가?' '기업의 소유 형태는 어떤 게 좋은가?' '지배주주가 없는 기업은 누가 의사결정권자가 되어야 하는가?'

거버넌스는 이런 질문으로 한정할 단순한 이슈가 아니다. 통치한다는 의미로 쓰일 때 'govern'은 'dictate'와 다르다. dictate는 '말을 받아쓰다'의 뜻으로 지시하면 이를 이행한다는 것이다. 상명하복에 어울리는 게 바로 dictate이다. 두 단어의 차이는 governor(주지사)와 dictator(독재자)를 비교하면 쉽게 느낄 수 있다. 당연히 윗사람이 이리저리 지시하면 받아쓰기만 하는 건 좋은 거버넌스가 될 수 없다.

거번(govern)이 정부가 아니라 사람에게 쓰이면 '감정이나 욕구를 자제하면서 영향을 미친다'는 의미를 지닌다. 가족 차원에서 아버지라면 응당 가장으로서 책임과 의무를 다하고 행복한 가정을 만드는 것을 의미한다. 조직의 차원에서는 행동을 정의하고 권한을 부여하며 성과를 올리는 일련의 '올바른 의사결정 프로세스'가 된다. 국가 차원으로 확대되면 어떤 형태로든지 법과 규범, 정당한 권력에 의해 다스려지는 행위를 의미하게 된다. 이러한 거버넌스에는 당연히 '민주주의 정신'이 바탕에 놓여 있는 것이다.

민주주의란 국민이 권력의 주인이 되고 그 권력을 행사하는 제도이며, 또는 국민이 주인이 되는 정치를 지향하는 사상이다. 민주주의의 기본 원리에 포함되는 게 기본적인 인권, 즉 누구도 침해할 수 있는 인간 존중, 자유권과 평등권, 법치주의, 다수결의 원리, 소수의 의견 존중 등이다. 민주주의란 개념은 동양권에서는 없었고 사실 서양에서 유래한 제도이자 사상이다. 영어의 민주주의(democracy)란 단어가 처음 소개됐을 때 일본 개화사상가인 후쿠자와 유키치(福澤諭吉)는 하극상

(下剋上)이라고 번역했다고 한다. 일본에는 천황(天皇)이 있고 나머지는 모두 신민(臣民)인데 어떻게 신민, 즉 백성이 주인이 될 수 있느냐고 생각했던 것 같다. 그러다가 아무래도 어색하고 참뜻에 맞지 않아서 다시 민주(民主)로 바꿨다는 것이다.

광복 이후 한국대사관에서 오래 근무했던 그레고리 헨더슨(1922~1988)이 1968년에 쓴 『소용돌이의 한국 정치』란 책이 있다. 그는 한국의 역사에서 권력이 과도하게 중앙으로 집중됐고, 조선시대에는 사대부의 최고 목표는 말단 관리라도 벼슬을 얻는 것이었다고 지적했다. 모든 가치가 중앙 권력에 속하다 보니 다양성보다는 획일성이 커졌고, 정치가 치열한 경쟁과 계급 상승의 싸움터가 됐다고 설명했다.

권력에 대한 투쟁, 분열, 경쟁으로 인해 '튼튼한 민주정치 제도의 토대'를 구축하기가 힘들어졌다는 것. 아직도 한국 사회에서 정당 민주주의가 잘 이루어지지 않고, 국민 사이에 민주주의의 기본 원리가 뿌리를 깊이 내리지 못한 것을 보면 그의 책이 지적한 내용의 핵심은 여전히 유용한 듯하다.

민주주의가 우리의 정신문화 유산이 아니다 보니 민주주의를 제멋대로 선전도구로 쓰는 경우도 생겼다. 바로 북한, 즉 조선민주주의인민공화국이 그곳이다. 북한은 '우리는 인민을 위한 민주주의다'라고 말하고 싶겠으나, 전 세계 누구도 믿지 않는다. 김일성 3대 세습 독재 밑에서 기본적 인권과 자유권, 평등권, 법치주의 등 민주주의 기본 원리는 하나도 지켜지지 않고 있으니 한 마디로 민주주의란 단어의 수치라고 할 수 있을 것이다.

민주의 반대말은 독재(혹은 과두제)이다. 국가나 조직이 '좋은 거버넌스'를 갖는다는 것은 1인 혹은 몇몇 사람에 의해 휘둘리지 않음을 뜻한다. 기업 오너가 황제처럼 군림하지 않고, 조직 내 갑질이 없어지는 게 좋은 거버넌스다. 과연 우리 사회의 거버넌스는 '민주주의의 기본 가치'를 잘 존중하고 있는가?

여담 하나. 기업 내 전제군주였던 정태수 전 한보그룹 회장은 2018년 12월 1일 남미 에콰도르에서 '만성 신부전'으로 사망했다. 당시 검찰은 그의 국세 체납액이 2,225억 원에 이른다고 밝혔다. 아랫사람을 '머슴'으로 부려먹던 '주인'의 허망한 마지막이었다.

출처 : ESG경제, 2023.4.23.

1 경영학의 형성과 발전

오늘날 우리의 경영학은 대체로 미국 경영학에 뿌리를 두고 있다. 미국은 1900년경부터 민주주의 정치체제(democratic political system)와 자유시장경제(free market economy)에 바탕을 둔 자유기업제도(free enterprise system)를 통하여 오늘날까지 세계경제를 주도해 오고 있기 때문이다.

사실 미국의 경영학은 철저한 실용주의에 입각하여 기업이 그 목적을 추구하는 과정에서 당면하게 되는 문제의 해결과 성장에 바탕을 두고 있다. 즉, 기업이 당면한 문제를 해결하기 위해 필요한 정책을 수립하고 그것을 집행해 나감으로써 기업이 지속적으로 성장하고 발전해 나가는 데 경영학의 문화적, 사상적인 배경을 두고 있다. 따라서 경영자는 기업의 생존, 이익, 성장, 혁신 등의 실질적인 결과, 효과, 실적을 중요시하게 되었다. 그리고 이러한 공정경쟁의 분위기 속에서 기업의 전통이나 경영자의 학벌, 경력, 연령보다는 실질적인 목표의 달성, 정책의 효과, 매출액의 성장 등이 그 평가기준이 되었다.

그러면 어떠한 과정과 배경을 통해 미국의 경영학이 오늘날과 같은 특성을 갖게 되었을까? 미국에서 근대적인 경영 개념이 싹트기 시작한 것은 테일러(F. Taylor)가 1903년 공장관리(shop management)와 1911년 과학적 관리법(the principles of scientific management)을 주창하면서부터이다. 하지만 1920년대 이후에는 경영학이 공장의 과학적 관리에서 벗어나 산업사회의 새로운 문제해결에 눈을 돌리게 된다. 즉, 1930년대 들어 노동문제가 심각해지면서 미국의 기업들이 효율적인 노사관리의 필요성을 인식하게 되고, 따라서 인간관계와 산업조직에 관심을 둔 연구들이 대거 등장하기 시작한 것이다. 이후 제2차 세계대전 중에는 합리적인 의사결정을 위한 다양한 기법들이 연구되고 실험되면서, 오늘날 경영학에서 널리 쓰이고 있는 OR(Operations Research), 산업공학, 계량경영, 경영과학 등 생산관리의 토대를 이루게 되었다.

1950년대에는 생산성 향상으로 인해 과잉생산과 판매부진의 문제에 직면한 미국 기업들이 남아도는 생산시설을 해결하고 판매를 촉진하기 위해 소비자들의 심리와 행동을 알 필요성을 느끼게 되었다. 따라서 학자들은 경영학의 주변 학문인 심리학, 인류학, 사회학, 생태학 등 행동과학을 응용하여 소비자행동(consumer behavior)에 관한 연구에 집중하기 시작했다. 이를 바탕으로 1960년대는 미국 경영학에 마케팅 분야가 활성화되기에 이르렀고, 미국 사회에 소비자를 기업경영의 중심에 두는 컨슈머리즘(consumerism)이 대폭 강화되기 시작하였다.

1970년대 들어 두 차례의 석유위기를 겪으면서 기업들은 복잡하고 불확실해지는 기업환경에 필요한 상황적합이론(contingency theory)과 환경변화에 전략적으로 대응할 수 있는 전략경영(strategic management)에 관심을 기울이기 시작했다. 1980년대 접어들어서 세계경제가 보호무역주의 경향을 띠는 동시에 한편으로는 EC나 NAFTA와 같은 지역 블록화가 발생하면서 기업들은 경영다각화와 시장다변화를 통한 다국적화에 눈을 돌리게 되었다. 이때에 국제경영, 기업문화 등의 분야도 발전하기 시작했으며, 복잡해진 경영자의 의사결정을 지원하기 위해 컴퓨터가 기업경영의 필수도구로 자리 잡기에 이르렀다. 1990년대에는 컴퓨터를 이용한 경영정보시스템뿐만 아니라 전자상거래 분야가 활발하게 연구되기 시작했고, 재무관리와 회계 분야도 컴퓨터를 통한 새로운 기법의 도입으로 한층 발전하게 되었다.

우리나라에는 1950년대 후반부터 경영학이 도입되기 시작하여 1960년대 이후 경제성장과 발맞추어 많은 발전을 이룩하게 되었다. 거의 모든 대학에서 경영학과를 개설하고 있으며, 경영학을 공부한 학생들은 사회의 각계각층에서 그 지식과 능력을 발휘하고 있다. 기업을 비롯한 영리조직뿐만 아니라 학교, 관공서, 교회 등 비영리조직에 이르기까지 대부분의 조직이 이제는 경영학의 필요성을 인식하고 있으며, 어떠한 형태로든 경영 개념을 활용하고 있다.

2 경영학의 연구대상

위에서 살펴본 것처럼 현실 속에서 발전해 온 경영학은 대체로 다음과 같은 세 가지 차원에서 연구되어야 할 학문이다([그림 3-1] 참조).

그림 3-1 경영학의 연구대상

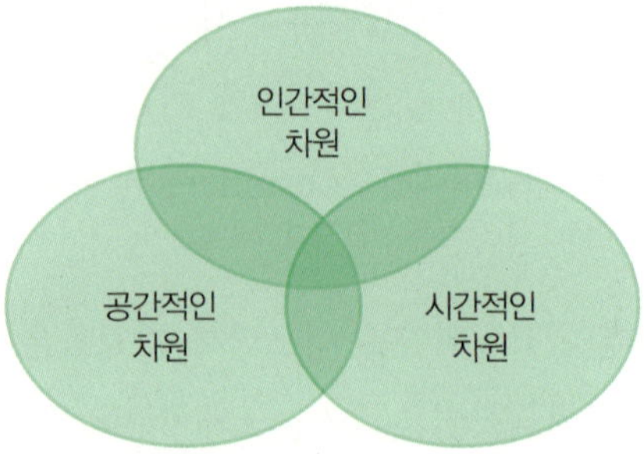

첫째, 시간적인 차원(dimension of time)에서 기업경영은 생성하고 성장하며 소멸한다는 연구가 필요하다. 즉, 기업의 창업, 성장, 성숙, 쇠퇴에 이르는 수명주기와 함께 산업 전체의 발전과정을 살펴보아야 한다. 이러한 내용에 보다 중점을 둔 경영학의 세부 학문으로는 창업론, 중소기업경영론, 전략경영 등이 있다.

둘째, 공간적인 차원(dimension of space)에서 조직은 내부적으로 여러 부서 간의 상호작용이 있어야 하고, 한편으로는 외부의 이해관계자와의 상호작용에 대한 연구가 필요하다. 이를 위한 경영학의 각론으로서 생산운영관리, 마케팅, 재무관리, 회계원리, 경영정보시스템, 기업문화 등이 있다.

셋째, 인간적인 차원(dimension of human-being)에서 조직이 합리적이고 효율적으로 운영되기 위해서는 구성원들에 대한 연구가 필요하다. 주로 인사관리, 조직행동, 노사관계관리 등이 여기에 해당한다.

3 경영학의 의의와 특성

경영학은 조직의 목표를 달성하기 위하여 사람, 자본, 정보, 지식 등을 계획, 조직, 지휘, 통제하는 활동을 체계적으로 연구하는 학문이다. 즉, 어떻게 하면 조직의 목표를 효과적이고도 효율적으로 달성해 나갈 수 있는가를 연구하는 학문 분야이다. 따라서 경영학은 특정활동에 국한해서 그 분야만을 파고드는 학문이 아니라 관련된 활동들을 다루는 다양한 인접학문들을 폭넓게 수용하고 적용해 나가는 통합학문이다.

따라서 경영학은 모든 조직에 적용된다. 이러한 맥락에서 장사꾼과 경영자의 차이점을 살펴보면 경영자는 모든 조직을 잘 운영하나, 장사꾼은 오직 기업운영에만 재주가 있고 정상이윤보다 초과이윤을 추구한다. 경영학을 제대로 공부한 경영자는 정상이윤을 추구하며, 사회적 책임을 수행하고, 다차원적인 인간관계를 제대로 관리하며, 다른 조직들과도 공존 · 공영할 줄 안다.

이처럼 다양한 조직의 수많은 현상을 다루는 경영학은 사회과학의 한 분야로서 지식체계를 중시하는 이론과학(theoretical science)의 특성을 갖는다. 그러나 이 조직체는 자연과학의 연구대상과 달리 환경의 변화에 따라 달라지며, 경영현장에 적용하여 효과성을 낳아야 하므로 실천응용과학(practical applied science)의 성격을 내재한다. 이 점에서 경영학은 순수학문과 달리 사례연구(case study)라는 독특한 연구방법을 채택해 경영의 일반원칙들을 도출해 내고 있다.

예를 들면, 경영학은 이론과학으로서 순수한 이론의 발전이 요구되는 동시에 응용과학으로서 실천적 유용성이 중시되는 학문이다. 그러므로 "경영학이 과학이냐 기술이냐" 하는 논쟁은 무의미한 것이고, 이론과 실천의 이중성이 요구되는 종합예술적 학문 분야이다.

4 경영마인드

경영마인드(business mind)는 경영자가 기업의 효율성과 효과성을 달성하기 위하여 추구하는 마인드라고 할 수 있다. 앞에서 언급했듯이 효과성이란 기업이 설정해 놓은 목표를 어느 정도 달성했느냐는 것으로 유효성과 같은 개념이다. 이에 비해 효율성은 투입에 대한 산출의 비율을 말한다. 어떤 제품을 생산하는 데 노력, 원재료, 시간, 비용 등 투입물 대비 더 많은 산출물을 생산하는 경우에 효율성이 높다고 한다. 그렇다면 경영자가 어떻게 하면 효율성과 효과성을 높일 수 있을까? 우선 효과성을 높이기 위해서는 그 기업이 추구하는 목표를 설정하고 이를 달성하기 위해 모든 노력을 기울여야 할 것이고, 효율성을 높이기 위해서는 최소의 비용으로 최대의 효과를 추구해야 한다.

기업이 경쟁력을 확보하기 위해서는 경영자가 갖추어야 할 경영마인드로 세 가지 핵심요소가 있다.

첫째, 고객중심마인드이다. 여기서 고객은 최종소비자, 주주, 종업원 등이다. 피자헛의 고객중심마인드 사례를 보면, 피자가 잘 팔리려면 매장 직원들이 제대로 일할 수 있도록 본사 직원의 지원이 중요함에도 본사와 매장 간 커뮤니케이션이 제대로 이뤄지지 않고 있었다. 이에 회사의 대표는 직원들 생각을 바꿀 수 있는 대안으로 역삼각형 조직을 내놓았다. 일반적인 회사조직을 거꾸로 뒤집어 고객 중심 사고를 할 수 있도록 한 것이다. 따라서 역삼각형 맨 위쪽에 고객을 정점으로 매장 직원과 일반사원들–임원–사장 순으로 권력구조가 다시 짜였다. 동시에 이 같은 역삼각형 조직 개념이 조직 안에 스며들도록 다양한 제도를 도입했다.

현장 매장 요청에 대해 본사에서는 무조건 예스(yes)를 한 뒤 대안을 찾아 해결하도록 했다. 임원들이 매장 3~5개를 직접 맡아 관리하는 매장 후원제를 도입했다. 사장은 물론 임원들에 대해 주 1회 매장 근무를 의무화했다. 대표까지 주 2회 매장에 나가 배달과 설거지까지 도와주며 소통을 시도했다. 몇 개월이 지나자 효과가 나타나기 시작했다. 과거 권위적이던 본사 직원들 자세가 바뀌고 본사와 매장 간에 소통이 되기 시작했다. 매장에 있는 직원들 목소리에 비로소 귀 기울이기 시작했다.

둘째, 경쟁우위마인드이다. 상대적으로 더 큰 만족이 있는가를 찾는 것이 경쟁우위마인드이다. 경쟁우위는 수많은 기업과의 경쟁에서 우위를 점할 수 있는지를 판단할 때 사용한다. 경쟁우위 원천으로는 네 가지를 들 수 있다.

① 무형자산은 브랜드, 법적인 인가 같은 것이다. 기업이 무형자산을 가지면 다른 경쟁기업보다 높은 가격을 자신의 제품에 매길 수 있다. 어떤 사업을 수행하는 데 법적인 인가가 필요한 경우에 기업은 상대적으로 경쟁을 피할 수 있다.

② 고객전환비용은 고객이 경쟁자의 제품이나 서비스를 사용하기 어렵게 만든다. 고객이 다른 회사로 이동할 가능성이 낮아지면 회사는 더 높은 가격을

받을 수 있고, 높은 자본수익률을 낼 수 있다. 고객이 습관, 입맛으로 인해서 쉽게 다른 제품으로 바꾸지 못할 때 전환장벽이 생긴다. 고객이 현재 사용하고 있는 서비스나 제품을 다른 제품으로 바꾸려고 할 때 고객에게 실제 비용이 발생할 수 있다. 고객이 어떤 회사의 소프트웨어 제품을 사용하다가 다른 제품으로 바꾸어야 할 때, 고객은 사용법을 다시 익혀야 하므로 자신의 시간을 투자해야 하는 비용이 든다.

③ 네트워크효과는 정보를 공유하고 사용자들을 서로 연결해 주는 일을 근간으로 하는 사업에서 흔히 발견된다. 사업 아이템이 네트워크효과를 가지고 있고, 고객이 늘어나면 고객은 더욱 만족한다. 고객은 시간이 흐를수록 새로운 경쟁회사로 바꾸기가 어렵다. 새로 시작한 회사는 더 적은 수의 고객을 가지고 영업을 시작할 수밖에 없기 때문이다. 네트워크효과가 있는 사업은 시간이 흐를수록 경쟁우위가 강화된다. 게다가 회사가 규모의 경제를 바탕으로 많은 수의 고객에게 고정비 투자를 배분할 수 있고, 시장규모를 충분히 만족시킬 수 있을 만큼 성장하면 다른 경쟁자가 진입하기가 더욱 어렵다.

④ 저비용 프로세스, 더 나은 위치 및 고유한 자원의 소유는 모두 원가우위를 만들어낸다. 그러나 프로세스에 기반을 둔 경쟁우위는 주의 깊게 살펴봐야 한다. 한 회사가 새로운 프로세스를 창안하더라도 다른 회사가 그 프로세스를 모방할 수 있기 때문이다.

셋째, 가치극대화마인드이다. 주가를 통한 가치극대화와 브랜드 무형자산을 통한 가치극대화의 방법이 있는데 후자는 브랜드가 뚜렷한 경영목표나 비전을 담고 있어야 하고, 브랜드전략이 효과를 보기 위해서는 변덕스러운 소비자 심리를 정확히 읽어 낼 수 있어야 한다.

예를 들면, 삼성의 브랜드 가치는 2016년 대비 9% 늘어난 것으로 평가됐다. 세계 최대 브랜드 컨설팅그룹인 인터브랜드가 세계 주요 기업 브랜드 가치를 산정해 발표한 '베스트 글로벌 브랜드 2017'에 따르면 삼성전자의 브랜드 가치는 562억 4,900만 달러로 전 세계 주요 기업 중 6위를 기록했다. 애플과 구글은 5년 연속 전체 순위 1, 2위를 차지했다. 애플의 브랜드 가치는 1,841억 5,400만 달러로 지난해 대비 3% 증가했고, 구글의 브랜드 가치는 1,417억 300만 달러로 6% 증가했다. 지난해 4위를 차지한 마이크로소프트가 브랜드 가치 799억 9,900만 달러로 10% 브랜드 성장과 함께 3위에 자리했다. 가장 높은 성장세를 보인 브랜드는 페이스북으로 48%의 브랜드 가치 성장률을 보이며 전년 대비 7계단 성장한 8위를 차지했다. 다음으로는 아마존 29%, 어도비 19%, 아디다스 17%, 스타벅스와 골드만삭스가 16%의 성장세를 보였다.

5 경영이론의 필요성

경영이란 역사적이고 사회적인 산물이다. 따라서 역사가 변하고 사회가 발전함에 따라 경영도 변화하면서 발전하게 된다. 이 점에서 경영은 역사적 경험을 이해하는 과정으로 볼 수 있으며, 그 결과가 경영의 성과로 이어진다. 또한 이 점에서 경영학은 이론과학(theoretical science)이나 순수과학(pure science)이라기보다는 실천과학(practical science) 혹은 응용과학(applied science)의 특성을 갖는다.

이론은 우리가 사는 세상의 이치를 더 잘 이해하고 미래를 예측하는 데 도움을 준다. 그러므로 사람들은 당면해 있는 문제를 합리적으로 해결해 나가기 위해서 이론을 참고로 하거나 이론에 기초해서 의사결정을 한다. 또한 미래의 방향을 가늠하는 데도 이론이 유용한 도구가 된다. 오늘날의 경영자들은 과거의 경영자들로부터 경험을 학습하고 이론을 통해 시행착오의 반복을 회피하거나 보다 나은 의사결정을 내리고자 한다. 이 점에서 경영이론은 오늘날의 경영자들이 필수적으로 학습할 필요가 있는 경영지침이 된다. 혹자는 전쟁에 참전하는 군사에게 소총이 무기이듯이, 경영에 참여하는 이들에게 경영이론은 하나의 무기임을 강조한다.

6 경영이론의 변화과정

경영이론의 태동에서부터 오늘날까지의 변화흐름을 살펴보는 일은 경영환경 및 경영기능의 변화, 경영자에게 요구되는 역할과 자질의 변화 등을 가늠케 한다. 역사적으로 살펴보면 경영이론은 초기에 경영학이론을 개척한 선각자들, 이를테면 영국의 기업가로서 인적자원의 중요성을 역설한 로버트 오웬(Robert Owen), 작업의 전문화를 주창한 찰스 바비지(Charles Babbage), 경영학의 체계화를 강조한 헨리 타운(Henry R. Towne) 등의 노력에 힘입은 바가 크다. 이들의 연구업적을 기초로 해서 경영이론은 종합적으로 크게 5단계의 발전과정을 거쳐 오늘날에 이르러 통합되고 있다.

그림 3-2 **경영학의 발전과정**

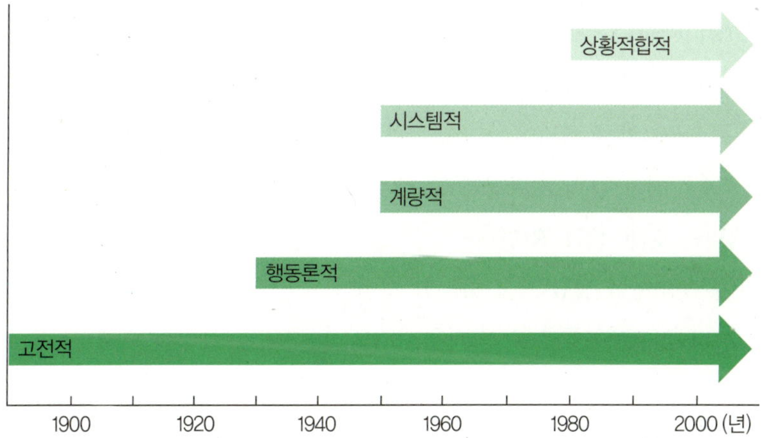

첫 번째 단계는 고전적 경영이론으로서 개인과 작업장의 효율성을 강조하는 테일러(R. W. Taylor)의 과학적 관리론, 베버(M. Weber)의 관료적 경영, 패욜(H. Fayol)의 관리적 경영이론으로 구성되어 있다. 두 번째 단계는 행동론적 경영이론으로서 인간의 심리적 측면과 사회적 행동에 초점을 맞춘 메이요(E. Mayo)의 인간관계론, 매슬로우(A. Maslow)의 동기부여이론, 맥그리거(McGregor)의 X-Y이론을 들 수 있다. 세 번째 단계는 계량적 경영이론으로서 의사결정을 위한 여러 가지 도구 및 기법을 제공하는 데 강조점을 두고 있으며, 경영과학, 운영경영, 경영정보시스템 등으로 구성되어 있다. 네 번째 단계는 시스템이론으로서 경영활동을 개방된 환경과 투입, 변환, 산출의 상호작용을 수행하는 것으로 보는 관점이다. 다섯 번째 단계는 상황적합이론으로서 경영은 유일한 보편적 원리보다 상황의 변화에 따라 다른 경영기법과 의사결정기준을 적용해야 한다는 관점이다.

7 고전적 경영이론

고전이론(classical theory)은 인간행동이 합리적이며, 경제적 동기에 의해 이루어진다는 기본전제 위에서 출발한다. 그리고 그 내용과 관점에 따라 과학적 관리론(scientific management), 경영관리론(administrative management), 관료제론(bureaucracy) 등으로 구분된다. 이들 이론은 장님과 코끼리의 우화에서와 같이 주장하는 학자들의 배경과 흥미를 반영하고 있다. 즉, 코끼리의 옆면을 만진 사람은 "코끼리는 벽과 같이 넓고 평평하다"고 보는 데 반해, 코끼리의 코를 만진 사람은 "뱀과 같이 기다랗다"고 생각할 것이다. 코끼리의 이빨을 만진 사람은 "코끼리는 창과 같이 뾰족하다"고 말하는 반면, 코끼리의 다리를 만진 사람은 "코끼리는 기둥처럼 생겼다"고 주장할 것이다.

이처럼 다음의 이론들은 각각 다른 관점을 나타내고 있지만, 모두가 경영을 이해하는 데 나름대로의 설득력이 있고 공헌을 하고 있다.

1) 과학적 관리론

19세기 후반, 산업혁명이 급속하게 진행되는 가운데 미국의 기업들은 풍부한 수요와 자본을 바탕으로 생산량 제고 및 생산성 향상의 압력을 받는 가운데 노동력의 부족을 해결해 나가는 게 최우선 과제였다. 반면에 노동자들은 생산비 절감과 능률증진에 기초한 임금제도와 관리방식에 불만을 품고 조직적인 태업(systematic soldiering)을 은근히 전개하고 있었다. 실제로 노동자들은 생산성이 증가하면 직장을 잃게 될 수도 있다는 두려움, 업무량 증가를 제대로 보상하지 못하는 불완전한 임금체계, 작업방법과 규칙의 비효율성 등으로 인해 경영자의 생산성 향상 지침에 부응하지 못했던 것이다. 이때의 종업원들은 대부분 교육수준이 아주 낮은 사람들이었고, 경영자들도 경영이론에 관한 지식 없이 상식과 경험에 의존해 기업을 경영해 나갔다.

테일러는 산업사회에서 발생하는 경영 및 노동 문제의 원인을 주먹구구식 경영방식(rule of thumb methods)과 원칙 없는 표류관리(drifting management)에 의한 노동의 비효율적 이용 때문으로 보았다. 따라서 이러한 문제점들을 해결해 나가기 위해서는 과학적인 관리원칙(scientific management principles)이 있어야 된다고 생각하였다. 말하자면 업무수행방식을 결정하는 데 있어서 과학적 수단을 이용하는 것이 종업원 각자의 경험에 의존하는 것보다 더 우수하리라고 보았던 것이다. 따라서 그는 작업과 작업자의 관리에 초점을 맞춘 과학적 관리론(scientific management)을 주창하기에 이르렀다. 물론 그 저변에는 길브레스 부부(Frank Gilbreth & Lillian Gilbreth), 간트(Henry Gantt), 에머슨(Harrington Emerson) 등의 선행연구가 있었다.

테일러가 주창한 과학적 관리론을 일컬어 테일러시스템이라고도 하는데, 이는 흔히 "노동자에게는 높은 임금(high wage)을, 자본가에게는 높은 이윤(high profit)을"이라는 말로 정리된다. 요컨대 과학적 관리론의 기본정신은 과학적 방법에 의한 시간연구와 동작연구를 통해 작업의 표준화를 기함으로써 생산성을 향상시켜 노동자는 고임금을 지급받고 경영자는 고수익을 얻게 한다는 것이다. 이때의 표준화된 작업을 과업(task)이라 부르는데, 따라서 테일러시스템을 과업관리이론(task management theory)이라고도 한다.

과학적 관리론은 크게 4가지로 요약되는바, 과학적인 작업과정연구, 종업원의 과학적 선발, 성과급제도, 직능별 감사제도 등의 이론에 바탕을 두고 있으며, 이는 보다 구체적으로 과업관리의 4대 원칙과 과학적 관리의 4대 원리로 구성되어 있다.

(1) 과업관리의 기본원칙

테일러는 과업관리의 목표를 '높은 임금(high wage), 낮은 노무비(low labor cost)'로 설정하고, 이를 테일러시스템의 기본이념(테일러리즘 : Taylorism)으로 설정하였다. 그리고 그는 다음과 같이 '과업관리의 기본원칙'을 제안하고 있다.

① 공정한 1일 최대작업량(a large daily task)

② 표준화 작업조건(standard work condition)
③ 성공에 대한 높은 임금(high pay for success)
④ 실패에 대한 손실책임(loss in case of failure)

(2) 과학적 관리의 기본원리

테일러는 작업능률의 증진을 위한 과학적 경영원리로 다음의 4가지를 제안하고 있다.

① 과학적 작업방법으로서 관리과학의 개발
② 종업원의 과학적인 선발, 훈련, 교육, 개발, 배치
③ 경영자와 작업자 간 균등한 업무 분담 및 책임의 분배
④ 경영자와 작업자 간 긴밀한 협조체계의 유지

(3) 과업 실시 기구 및 제도

이상과 같은 원리원칙을 기본으로 테일러는 실제로 과업을 실시해 나가려면 조직 내에 몇 가지 과업실시 기구 및 제도를 두어야 하는 것으로 규정하고 있다.

① 계획수립부서(planning department) : 생산과정의 계획수립을 담당하는 기구로서 관리와 작업을 구분 짓는 임무를 수행한다.
② 직능식 직장제도(functional foremanship) : 직장과 노동자의 책임분할을 명확히 하고, 작업계획, 작업지시, 작업평가 등과 같은 작업의 기능에 따라 감독을 실시한다.
③ 차별적 성과급제도(the differential piece work system) : 생산량에 비례해서 노동자들이 서로 다른 임금을 받도록 하는 인센티브제도를 실시한다.

이 밖에도 과학적 관리론은 작업순서제도, 기억식 기호제도, 표준원가제도 등의 다양한 보조제도들을 설정해 놓고 있다.

이상의 과학적 관리론은 그 당시 사회의 최대목표였던 생산성을 향상시키는데 많은 기여를 하였다. 그러나 인간을 톱니바퀴의 나사와 같은 기계적 인간이나 돈에 따라 움직이는 경제적 인간으로 설정함으로써 태업 및 인간관계의 문제를

유발하였다. 이를테면 과학적 관리론의 방식을 준수해서 과업을 빨리 수행하게 되면 자기들의 일거리가 없어질 수 있다는 인식에서 태업이 좀처럼 종결되지 않았다. 몸이 약하거나 기술이 부족한 동료를 위해 자신의 생산성을 일부러 낮춤으로써 직장 내 과업표준이 상승되는 것을 방지하는 등의 일들이 발생하였다. 그리고 작업관리방식이 개별 종업원의 직무에 초점을 두기 때문에 생산성을 높여서 고임금을 받는 종업원과 그렇지 못한 종업원 간에 불편한 관계가 생겨나는 경우도 있었다. 따라서 테일러가 강조한 노사 간의 협동을 유발하는 작업장 내 정신혁명이 일어나지 않아, 결국 이 방식을 반대하는 노동자들의 증가와 지속적인 생산성 증가의 한계라는 문제점에 부딪치게 되었다.

2) 경영관리론

테일러를 과학적 관리론의 아버지라고 부르는 사람들은 패욜(1841~1925)을 경영관리이론의 아버지라고 부른다. 그만큼 패욜은 경영학이론의 발전에 공헌도가 큰 사람으로 평가된다. 사실 과학적 관리론이 개별 종업원의 직무에 중점을 두었다면, 경영관리론은 조직 전체를 관리하는 데 초점을 맞추고 있다.

패욜은 기업의 활동을 생산 · 제작 · 가공 등의 기술활동(technical activities), 구매 · 판매 · 교환 등의 상업활동(commercial activities), 자본 조달 및 운영과 관련된 재무활동(financial activities), 재산 및 종업원 보호와 관련된 보전활동(security activities), 재무제표, 원가계산, 통제 등의 회계활동(accounting activities), 계획 · 조직 · 지휘 · 조정 · 통제 등의 관리활동(managerial activities) 등으로 분류하였다.

이 중에서 특히 관리활동과 관련해서 그가 제창한 14개 원칙은 기업뿐만 아니라 정부, 군대, 종교기관 등의 비영리기관에도 적용될 수 있을 만큼 일반적인 경영원칙으로 간주된다.

관리의 일반원칙으로 통칭되는 패욜의 14개 항목을 요약해 보면 다음과 같다.

① 분업의 원칙 : 작업은 가능한 전문화시켜야 효율성과 생산성이 증가한다.

② 책임-권한 동등의 원칙 : 종업원에게 주어진 책임과 권한은 동등하여야 한다.

③ 규율의 원칙 : 종업원은 조직을 지배하는 규율을 따라야 하며, 위반했을 때 벌칙의 준거기준이 된다.

④ 명령통일의 원칙 : 종업원은 한 사람의 상사로부터 명령을 받아야 한다.

⑤ 지휘통일의 원칙 : 동일한 목표를 지향하는 조직의 제 활동은 한 사람의 경영자에 의해서 지휘를 받아야 한다.

⑥ 전체이익 우선의 원칙 : 종업원 개인의 이익보다 기업의 전체이익이 우선시되어야 한다.

⑦ 공정한 보상의 원칙 : 종업원의 보수는 종업원과 사용자가 동시에 만족할 수 있는 수준으로 공정하게 이루어져야 한다.

⑧ 권한집중의 원칙 : 가능한 권한은 조직의 상위계층에 집중되어야 한다.

⑨ 조직계층화의 원칙 : 최고경영층에서 하위계층까지 권한은 계층별로 연쇄가 유지되어야 한다.

⑩ 질서유지의 원칙 : 인적 및 물적 자원은 적재적소의 원칙에 따라 배치될 때 사회적 질서가 유지될 수 있다.

⑪ 공정성의 원칙 : 경영자는 종업원에게 규정의 실현을 위해 정의를 가지고 공정하게 대해야 한다.

⑫ 고용안정의 원칙 : 종업원의 이직을 방지하기 위해서는 체계적인 인력계획하에 적절한 배치와 전환이 필요하다.

⑬ 창의존중의 원칙 : 종업원의 창의성을 장려하면 열의와 활동을 증대시킬 수 있다.

⑭ 협동단결의 원칙 : 종업원의 단결심과 공동체의식을 유지하면 기업의 목표달성에 도움이 된다.

3) 관료제론

관료제론은 독일의 사회학자 베버(1864~1920)가 자신의 저서 『사회 및 경제조직의 이론(*Theory of Social and Economic Organizations*)』에서 주장한 이론으로서 조직활동을 주로 권한관계에 기초해서 설명하고 있다. 그가 제시하는 이상적인 조직형태는 관료조직(bureaucracy)으로서 현대 산업사회의 대규모 복합적 조직을 관리하는 데 가장 유용한 도구로 간주된다. 여기에서 관료조직이란 분업, 명확히 정의된 조직계층, 세부적인 규칙과 규제, 비개인적인 관계의 특징을 갖고 있는 조직을 말하며 특징은 다음과 같다.

① 공식적 규칙 및 규제(formal rules and regulations) : 관료의 권한은 규칙이나 규정에 의해서 엄격하게 유지되어야 한다.

② 권한계층(authority hierarchy) : 직무의 조직화는 계층화의 원칙을 따르며, 하위계층은 상위계층에 의해 통제되고 감독되어야 한다.

③ 직무집행의 서류화(documentation) : 직무는 원안의 형식으로 보존되는 서류에 의거해서 집행되어야 한다.

④ 직무의 전문화(division of labor) : 직무는 단순하고 일상적이며 잘 정의된 과업으로 분업화되어 전문적인 훈련을 받은 자에 의해 담당되어야 한다.

⑤ 비개인성(impersonality) : 규칙 및 통제는 개별 조직원의 개성이나 선호도에 관계 없이 모두에게 통일적으로 적용되어야 한다.

⑥ 공식적 채용(formal selection) : 조직의 모든 구성원은 훈련, 교육, 시험을 통해 기술적 자질 중심으로 선발되어야 한다.

이상의 특징을 통해 관료제는 베버가 의도했던 것 이상으로 관료뿐만 아니라 기업의 경영자들에도 폭넓게 수용되어 산업계에 확산되기에 이르렀다. 그러나 실행과정에서 관료제는 형식주의(formalism), 권한의 축적(hoarding authority), 책임의 분산과 회피(spreading and avoiding of responsibility), 의사결정의 지연(delay of decision), 관료들의 무사안일(bureaucratic sabotage), 파벌주의(sectionalism), 변화에 대한 저항, 극단적인 비밀주의, 공공이익의 망각 등의 문제점을 낳음으로써 오늘날에 이르러서는 역기능적 조직이론의 모델이 되고 있다.

4) 고전적 경영이론의 한계

이상에서 논의된 과학적 관리론, 경영관리론, 관료제론 등은 경영의 이론화와 같은 공헌점이 있음에도 불구하고 몇 가지 한계점을 나타내고 있다.

① 지나친 경험의존 : 테일러, 패욜 등의 이론은 비교적 안적적인 환경의 대규모 제조기업에서의 자기경험을 바탕으로 설정된 이론인 만큼 오늘날과 같이 급변하는 경영환경, 조직 유형의 다양성, 구성원의 자질향상, 기술의 첨단화 등을 배경으로 하는 현대조직에 일반화시키는 데는 문제가 있다.

② 검증되지 않은 가정 : 이를테면 작업자들은 일상적으로 공장에서 시작하여 공장에서 끝나는 생활을 하는 사람들로 보는 가정과 같은 것들은 과학적으로 검증되지 않은 사실들이다. 이 때문에 노동자가 오로지 화폐에 의해서 동기부여되는 경제적 인간 또는 시키는 대로 기계와 같이 일을 하는 기계적 인간 등으로 간주하게 된다. 사실상 노동자는 작업 이외의 다양한 욕구를 갖고 있고 이것이 조직에서의 작업활동에도 영향을 미치고 있다.

③ 비공식적 조직의 간과 : 고전적 경영이론들은 조직에서의 공식적인 관계에 초점을 맞추고 있다. 따라서 비공식조직이 존재하며, 비공식적 리더가 공식조직에서의 구성원 간 의사소통이나 의사결정, 사기진작 등에 영향을 미친다는 사실을 경영활동에 반영하지 못하는 문제가 있다.

④ 조직의 외부환경에 대한 무시 : 조직이 외부환경에 의해 영향을 받으며, 환경변화에 대한 적응과정이 조직경영의 기본임을 고려하지 않음으로 인해 조직을 기계적으로 똑같이 다루는 문제를 유발하고 있다.

⑤ 의도되지 않은 결과의 발생 : 지나치게 규칙과 규정을 강조함으로 인해 고전적 경영이론들이 목적으로 하는 높은 생산성, 경영자와 노동자 간 공정성 등이 실제로는 무사안일, 보신주의 등 부작용이 더 크게 나타나는 경향이 있다.

8 행동과학이론

고전적 경영이론이 때로는 조직을 하나의 기계로, 인간을 기계의 부속품으로 간주하게 하는 문제점으로 인해 조직을 구성하고 있는 사람을 보다 인간답게 보고자 하는 노력들이 생겨났다. 메이요(Elton Mayo), 맥그리거(Douglas

MaGregor) 등이 대표적인 학자들이다.

1) 인간관계론

1900년대 초 테일러의 과학적 관리법 이후, 기업의 경영자들은 인간관계의 중요성을 인식하게 되었다. 이때 록펠러재단의 지원을 받은 메이요(E. Mayo)와 연구팀은 시카고에 소재한 웨스턴전기회사의 호손공장에서 1924년부터 10년간에 걸쳐 작업환경이 근로자의 생산성에 미치는 영향에 관한 일련의 실험, 소위 호손연구(Hawthorne experiments)를 실시하기에 이르렀다.

이 연구는 조명상태, 소음, 습도 등 작업환경을 좋게 하면 근로자들의 생산성이 높아질 것이라는 가설을 증명하기 위하여 실시되었다. 실험 결과는 예상대로 작업장의 밝기를 높였을 때 생산량이 증대되었다. 그런데 놀라운 사실은 작업장의 불빛을 달빛 정도로 어둡게 했을 때도 실험집단의 생산량은 증가하는 것이다. 연구자들은 이런 사실을 실험상 오류에 의한 결과로 생각하고 휴식시간이나 급료 등을 통하여 생산성에 관한 연구를 계속하였다. 하지만 그 결과는 작업환경이나 금전적인 요인이 생산성에는 그다지 큰 영향을 미치지는 않는다는 사실이었다.

궁극적으로 호손공장의 조명실험에서 낮은 달빛에도 근로자들의 생산성이 높은 이유는 자신들의 행동 하나하나에 회사 측이 대단한 관심을 보이고 있다는 사실을 알게 된 근로자들이 이전보다 더 긍지를 가지고 더 열심히 일하였기 때문임이 증명되었다. 이전까지 근로자들의 태도는 자신들을 기계의 톱니바퀴라고 생각하던 것에서, 회사의 중요한 문제를 해결하기 위한 중요한 팀구성원 중 하나로 사고가 바뀌면서, 이들은 소속감이나 안정감을 찾고 잘해보자는 인식이 조직 내부로 퍼지게 되었던 것이다. 이처럼 근로자들은 특별한 관심을 받을 때 작업조건에 상관없이 생산성이 높아질 수 있다는 것을 호손효과(Hawthorne effect)라 한다.

메이요는 일련의 실험에 대한 결론으로, 첫째 근로자들의 생산성과 심리적 요인은 관계가 깊다는 사실과, 둘째 조직 내에는 마음에 맞는 주위의 동료들끼리 늘 가까이하며 자연발생적으로 형성되는 비공식집단(informal group)의 인간관계가 존재한다는 사실을 강조하였다.

이러한 사실의 발견은 인간을 하나의 생산수단으로만 간주하던 당시의 지배적인 사고방식에 인간관계의 중요성을 부각시키는 계기가 되었다. 즉, 과학적 관리론에서 인간적 요소를 소홀히 다루었던 점을 반성하면서 인간 중심, 인간 존중의 경영을 지향하는 인간관계론(human relation management)의 출발점이 된 것이다. 이 호손실험 이후 경영학에서는 개인의 심리나 욕구 및 집단행동에 대해 많은 관심을 기울이게 되었고, 관련 연구들이 진행되었다.

2) 맥그리거의 X-Y이론

맥그리거(D. McGregor)는 기업의 인간적 측면에서 경영자가 조직구성원을 통제하는 근거가 무엇인가에 따라 조직의 성격은 결정된다고 보고 이러한 근거로 두 가지 이론적인 가정을 들고 있다. 그의 주장에 따르면 경영자들은 인간을 원래 게으르고 지시를 받거나 금전적인 유인이 있을 때 열심히 일하는 존재라고 생각하여 의사결정권은 자신이 가지고 부하를 철저히 감독할 때 조직의 성과가 올라간다는 것이다. 인간을 이러한 본성으로 파악하여 조직을 이끌어가는 리더십 유형을 X이론이라 한다.

반면에 인간은 스스로 일을 성취감의 수단으로 생각하고 여건이 주어지면 적극적으로 조직활동에 협력하여 많은 사람들과 친할 수 있다. 따라서 경영자는 이들에게 특별한 통제보다는 창의성을 북돋워주고 의사결정에 참여시킬 뿐만 아니라 목표달성을 위한 필요한 여건의 조성으로 충분한 성과를 올릴 수 있게 된다. 이러한 관점으로 조직을 이끄는 유형의 리더십을 Y이론이라 한다.

그림 3-3 X-Y이론의 가정

X이론 : 타율적 존재		Y이론 : 창조적 존재
• 인간은 본래 일을 싫어하고 가능하면 피하려고 한다.	↔	• 인간은 일하는 것을 좋아한다.
• 일을 할 때 지시받기를 원한다.	↔	• 스스로 목표를 정하고 통제하는 것이 조직의 목표달성에 효과적이다.
• 부하가 제대로 일을 하는 데는 엄격한 통제와 간섭이 있어야 한다.	↔	• 주어진 과업을 이해하고 책임감을 가진다.

이러한 이론은 최근 우리 사회에서 소위 '신세대'문화가 조직에 많이 유입되면서 과거부터 가지고 있는 인간관에 대한 변화의 필요성을 인식하는 데 도움이 될 수 있다. 즉, 군대나 교도소처럼 엄격한 규칙이나 통제가 필요한 조직 이외에서는 맥그리거의 주장처럼 종업원들의 높아진 학력이나 소득수준 및 사회변화에 따라 조직의 문화가 엄격한 통제나 간섭보다는 자율성과 창의성에 의한 성과제고로 바뀌어야 한다. 보다 전문화되는 현대사회에서 종업원들이 자신의 능력을 마음껏 발휘하기 위해서는 조직문화가 X이론에 의존하기보다는 Y이론에 입각한 조직의 활성화가 필요하다. 이러한 기업문화의 탈바꿈은 노사 간의 목표도 일치시킬 수 있을 뿐만 아니라 종업원들에게는 효과적인 동기부여가 되기도 한다.

3) 행동과학이론의 한계

메이요와 맥그리거로 대표되는 인간행동학파는 조직 내 개인의 중요성에 눈을 돌림으로써 경영이론의 변화 및 발전에 기여한 바 크다. 그동안 간과되어 온 개인의 사회적 욕구, 집단역학, 상하 간의 관계 등이 생산성에 영향을 미칠 수 있다는 점이 부각되었다. 그리고 경영자는 작업자의 기술이나 생산성에만 주목할 것이 아니라 작업자의 사회적 심리, 인간적 측면을 고려해야 한다는 점이 강조되었다.

그러나 행동론적 경영이론은 인간의 동기부여 측면을 충분히 설명하지 못하는 한계를 갖고 있다. 예컨대 조직경영에서는 이들이 강조하는 사회적 욕구의 측면도 중요하지만, 때로는 화폐가 임금수준이 낮은 산업의 경우 이직률을 낮추고 생산성을 높일 수 있다. 그리고 고전적 경영이론과 다를 바 없이 환경의 변화와 이것이 조직에 미치는 영향을 간과하는 문제를 안고 있다.

종합해 보면, 이들이 주장하는 개인의 심리적 · 사회적 측면이 조직 전체적인 관점에서는 경영활동의 일부에 불과하다는 것이다. 경영이란 조직 내 다양한 경영활동의 다각적인 아우름이라고 볼 때 행동론적 경영이론은 그 일부만을 설명할 수 있다는 점이 한계로 지적된다.

9 계량적 경영이론

계량적 경영이론은 문제의 해결과 의사결정에 계량적 기법을 적용하는 접근방법으로서 제2차 세계대전 이후에 발전하기 시작하였다. 제2차 세계대전 때 영국군은 독일군의 공격을 방어하기 위해 수학자, 물리학자 등으로 구성된 OR(Operations Research)팀을 결성하여 군수물자의 효율적인 전개 및 작전수립 등에 수학적 모델을 적용하였는데, 그 결과 작전수행상의 오류를 최소화하는 데 성공할 수 있었다.

전쟁이 끝나고 전후복구 및 그동안 상대적으로 침체된 산업 분야의 발전을 도모하기 위해 이 OR기법이 기업경영에 도입되기 시작하였다. 특히 복잡한 수학모델을 신속하고 용이하게 풀 수 있는 컴퓨터기술이 발전함에 따라 산업 분야에 OR기법이 급속하게 도입되어 사용되기에 이르렀다. 무엇보다도 OR기법을 기초로 수학적 모델을 이용해서 경영 문제를 분석하고 해(solution)를 구하는 경영과학(management science)이 기업경영에서는 활성화되기 시작하였다. 이른바 선형계획법(linear programming), PERT/CPM, 목표계획법(goal programming), 대기행렬(queuing theory), 모의실험(simulation), 회귀분석(regression analysis) 등의 예측기법들이 기업의 생산관리 및 재고관리 분야에 이용되었다.

이상의 계량경영이론은 계획수립 및 통제활동의 유용한 도구가 되었으며, 경영자의 의사결정방법을 획기적으로 발전시키는 데 기여한 바가 크다. 그러나 개인의 심리나 행동을 설명하기가 곤란하고, 수학모델이 경영현장과 거리감이 있다는 문제점이 제기되고 있다.

10 시스템이론

시스템(system)이란 서로 연결되어 있으면서 상호 의존적인 부분들이 전체로서 작용하는 구성체(an interrelated set of elements functioning as a whole)를 말한다. 조직의 관점에서 설명하면 시스템은 어떤 하나의 목적을 달성하기 위하여 여러 구성인자가 유기적으로 연결되어 투입, 변환, 산출의 상호작용하는 결합체라고 할 수 있다. 이 개념을 풀어서 분석해 보면 시스템은 네 가지 속성으로 구성되어 있다.

첫째, 목표성(objective)으로서 시스템은 목표를 가지고 있다.

둘째, 구조성(structure)으로서 시스템의 구성요소들은 유기적으로 연결되어 있다.

셋째, 기능성(function)으로서 구성요소들은 목표달성을 위해 서로 상호작용의 기능을 수행한다.

넷째, 전체성(wholeness)으로서 구성요소들은 하나로 결합되어 있는 실체(entity)이다.

이상의 시스템적 관점에서 보면 우리 주변의 실체들, 이를테면 인체, 학교, 병원, 자동차, 기업 등은 시스템으로 설명된다. 예를 들면, 기업은 고객만족과 이익을 목표로 인적 · 물적 자원, 자본, 정보, 지식 등을 투입하고 숙련기술과 장비를 통해 제품이나 서비스로 변환시켜 존속, 성장, 발전해 나가는 시스템이다. 따라서 경영자들은 기업을 시스템적으로 경영해 나갈 필요가 있으며, 이를 통해 시너지효과를 산출해야 한다.

여기에서 시너지(synergy)란 두 가지 이상의 요소가 결합되었을 때 나타나는 상승효과로서, 시너지효과(synergy effect)란 각각이 개별적으로 활동하는 것보다 공동노력과 상호작용을 기울일 때 더 큰 성과를 낳는다는 개념이다. 또한 시스템적 접근방법은 조직을 개방시스템으로 보고, 조직이란 외부환경과 상호작용하는 존재이므로 환경의 변화에 따라 열린 경영을 추구해야 한다는 점을 강조하고 있다.

이상의 시스템적 개념이 시사하는 바와 같이 시스템이론은 다양한 경영이론들을 모두 통합함으로써 경영이론의 중추적 역할을 수행하고 있다. 그러나 조직의 내부활동에 영향을 미치는 요인이나 조직의 성과에 영향을 미치는 외부환경 등을 구체적으로 제시하지 못하는 한계를 드러내고 있다.

11 상황적합이론

지금까지 소개된 이론들은 경영에 보편적으로 적용되는 유일한 이론을 탐구하는 관점에서 정립된 것들이다. 말하자면 모든 조직에 공통적으로 적용가능한 최선의 이론을 모색하는 과정에서 나온 산물들이다. 그러나 조직은 그 자체가 규모, 목표, 과업, 구성원 등에 따라 이질적이기 때문에 동일한 이론을 적용하기가 곤란한 측면이 있다. 또한 오일쇼크나 IMF와 같이 경영환경이 급변하는 상황에서도 똑같이 적용가능한 경영이론은 사실상 없다고 해도 과언이 아니다.

따라서 상황적합이론은 1980년 이후 환경의 변화가 급변함에 따라 이제는 모든 상황에 똑같이 적용될 수 있는 보편타당한 이론이 있을 수 없다는 결론에서 도출된 것이다.

① 조직이란 내부적인 욕구들을 충족시키고 균형을 이루며, 변화하는 환경에 영향을 받는 개방시스템이다.

② 관리활동은 단순한 원칙이나 유일 최선의 방법(one best way)에 의해 이루어지는 것이 아니라, 상황(situation)에 따라 다른 원칙이나 이론을 적용할 때 좋은 성과를 낼 수 있다.

③ 경영자는 최적의 경영상황을 적합시키기 위해 노력해야 한다.

④ 동일한 조직 내에서도 서로 다른 과업을 수행하려면 상이한 경영방식이 필요하다고 할 수 있다.

사실 상황적합이론(contingency theory)은 영국의 번즈와 스토커(Thomas Burns and G. M. Stalker)에 주창된 것으로, 영국의 방직공장과 전기제조업을 대상으로 경영기술과 조직성과의 관계를 연구한 결과 조직을 두 가지 유형으로 분류할 수 있었다. 하나는 과업이 일상적이고 별로 변화가 발생하지 않는 기계적(mechanistic) 조직이고, 다른 하나는 과업이 비일상적이고 변화가 자주 발생하는 유기적(organic) 조직이다. 조직이 기계적일 때는 효율성, 전문화, 통제절차 등이 상대적으로 중요하지만, 조직이 유기적일 때는 창의성, 개성, 자율성 등이 더 강조된다.

요즘처럼 경영환경의 변화가 무쌍하고, 인간 유형 및 조직시스템이 복잡한 상황에서는 보편적인 경영원칙을 수립하기가 쉽지 않다. 더욱이 국제화, 개방화, 정보화의 추진과 함께 시장이 글로벌화되는 상황에서는 어느 국가나 산업, 업종에 한정되어 도출된 경영원리가 별로 영향력을 발휘할 수 없게 된다. 따라서 글로벌경영, 전략경영, 정보경영, 지식경영 등과 같은 다양한 유형의 경영기법들이 생겨날 수밖에 없다.

이상에서 논의된 것처럼 상황적합이론은 현대의 복잡하고 다양한 경영상황에 적용할 수 있는 유일한 경영이론이 쉽지 않음을 경영자들에게 인식시켜 주었다는 점에서 그 의미가 크다. 그러나 이론이 보편적인 설명과 예측이 가능할 때 이론으로서의 가치가 있다는 점을 고려할 때 상황적합이론은 경영이론에 대한 사전학습과 지식의 가치를 저하시킬 수 있는 문제점를 내재하고 있다.

한편 피터 드러커(Peter Drucker)는 오늘날과 같은 지식사회의 경우 경영의 패러다임이 일대 전환될 필요가 있다는 사실을 주장하고 있다. 말하자면 경영대상, 조직구조, 조직관리, 기술경제, 통제범위, 국별 차이, 경영범위 등에서 새로운 정의와 법칙을 제시하고 있는 것이다. 미래사회의 중심인 조식이 그 기능과 역할을 충실히 수행해 나가기 위해서는 과거의 낡은 경영 패러다임으로부터 탈피하여 인식의 전환을 시도해야 한다. 즉, 조직이 창조적이고 건설적인 역할을 지속적으로 수행해 나가려면 경영에 대한 낡은 사고로부터 탈피하여 새로운 패러다임으로 이행할 필요가 있는 것이다. 결국 오늘날의 새로운 경영 패러다임은 다양성을 최대한 존중하여 창조성과 유연성 중심으로 경영해 나가는 것을 의미한다.

토 | 의 | 문 | 제 |

01 경영학의 의의와 특성은 무엇인가?

02 경영마인드 3가지 핵심요소는 무엇인가?

03 과학적 관리론은 무엇인가?

04 인간관계론은 무엇인가?

05 상황적합이론은 무엇인가?

풍요로움은 스스로에게 있다

동일한 것을 상대하더라도 어떤 사람은 그것으로부터 한두 가지 정도의 것밖에 이끌어내지 못한다. 그것은 보통 능력의 차이에서 오는 것이라 여겨진다. 그러나 사실 사람은 대상물에서 무엇인가를 이끌어내는 것이 아니라, 그 대상물에 의해 촉발된 자신 안의 무언가를 스스로 찾아내고 이끌어내는 것이다. 결국 풍요로운 대상물을 찾을 것이 아니라 자신을 풍요롭게 만들어야 한다. 그것만이 자신의 능력을 높이는 최고의 방법이요, 인생을 풍요롭게 살아가는 방법이다.

함께 살아간다는 것

함께 침묵하는 것은 멋진 일이다. 너 멋진 일은 함께 웃는 것이다. 두 사람 이상이 함께 동일한 체험을 하고, 함께 감동하고 울고 웃으며 같은 시간을 함께 살아간다는 것은 너무도 멋진 일이다.

출처 : 『니체의 말』 중에서

Chapter

04

경영환경

1. 경영환경의 이해
2. 경영환경의 불확실성을 증가시키는 요인
3. 조직의 대응전략

경영이야기 1

취업자 5명 중 1명은 60세 이상…고령자 창업도 사상 최대

60세 이상 취업자 585만 8,000명
작년 첫 '증가폭 40만 명 이상' 기록
창업기업도 6년만에 76%나 증가
베이비붐세대 은퇴 · 공공일자리 영향

급속한 고령화가 진행되며 지난해 60세 이상 고령자 취업자 수와 증가폭이 동시에 역대 최대치를 기록했다.

고령층은 취업뿐만 아니라 창업에서도 기록을 써가고 있다. 60세 이상 창업자 역시 지난해 관련 통계 작성 이후 가장 많았다. 고령자 창업은 최근 6년간 70% 넘게 늘었다.

반면 '경제 허리'인 30~40대 취업자 수는 갈수록 줄어들고 있다. 노동시장 고령화가 심화하는 양상이다. 청년세대와 경력단절여성 등을 취업시장으로 끌어들일 정책이 필요하다는 지적이 나온다.

■ 고령층 취업 · 창업 역대 최대

17일 통계청 등에 따르면 지난해 60세 이상 취업자는 전년보다 45만 2,000명 증가한 585만 8,000명으로 사상 최다였다. 이는 관련 통계가 작성되기 시작한 1963년 이후 가장 큰 것이다.

60세 이상 취업자의 증가폭은 처음으로 40만 명을 넘어섰다. 최근 수년간 취업자 증가폭이 계속 커진 데 이어 지난해 처음으로 '증가폭 40만 명 이상'을 기록했다. 이는 60세 이상 취업자 수가 빠른 속도로 늘고 있음을 뜻한다.

60세 이상 취업자는 1987년 처음 100만 명 선을 넘은 이후 14년이 걸려 2001년에 200만 명 선을 돌파했고, 300만 명 선을 넘은 것은 2012년으로 11년 걸렸다. 그러나 이후 400만 명 선을 넘는 데는 5년, 500만 명은 3년밖에 걸리지 않았다.

이에 따라 지난해 전체 취업자 중 60세 이상 비중은 20.9%로 20% 선을 처음 웃돌았다.

올해 들어서도 60세 이상 취업자 증가폭은 계속 커지고 있다. 지난달 60세 이상 취업자는 613만 4,000명으로 1년 전보다 54만 7,000명 늘었는데, 월 기준으로 관련 통계가 있는 1982년 7월 이후 최대다.

고령층 창업도 역대 최대를 나타냈다. 지난해 60세 이상 창업기업(부동산업 제외)은 12만 9,000개로 관련 통계가 작성된 2016년 이후 가장 많다. 지난해 수치는 6년 전인 2016년과 비교하면 76.1%나 증가한 것이다. 같은 기간 전체 창업기업이 20.3% 증가한 것과 비교하면 4배 가까이 더 늘어난 셈이다.

수치에서 부동산업을 제외한 것은 2020년 소득세법 개정에 따른 연 2,000만 원 이하 주택임대소득자의 사업자등록 의무화로 부동산업 창업기업이 2020년 급증했다가 이후 급격히 줄어 기저효과가 크게 작용하기 때문이다.

■ 베이비붐 은퇴 … 공공일자리 영향도

고령층의 취업과 창업기록 수립은 베이비붐 세대가 은퇴 인구로 진입하며 고령화가 급속히 진행되고 있어서다. 지난해 말 주민등록인구 5,125만 9,000명 중 60세 이상은 1,315만 4,000명으로 전체의 25.7%를 차지했다. 60세 이상 비중이 25% 선을 넘은 것은 처음이다.

다만 경기 호조보다는 정부의 공공일자리 공급이 영향을 미친 면도 있다. 이 때문에 공공일자리 공급이 줄어들 경우 60세 이상 취업자가 줄고 대신 실업자가 증가할 수도 있다.

30~40대 취업자는 갈수록 줄어들고 있다.

지난해 40대 취업자는 631만 4,000명으로 전년보다 3,000명 증가하는 데 그쳤다. 이마저도 코로나 기저효과에 따른 것으로 2015~2021년에는 7년 연속 감소했다. 30대 취업자도 2013~2021년 9년 연속 줄었다가 역시 지난해 4만 6,000명 정도 늘었다.

출처 : 파이낸셜뉴스, 2023.4.17.

경영이야기 2

연말도 아닌데 아기 울음소리 '뚝' … 연초부터 출생아 月 1만 명대

연초부터 출생아 수 월 2만 명대가 깨졌다. 1~5월 출생아 수가 월 1만 명대를 기록한 건 이번이 처음이다. 통상 연말보다는 연초 출산을 선호하다 보니 상반기 출생아 수가 하반기보다 상대적으로 많지만, 올해는 2월부터 1만 명대 출생아 수를 기록했다. 지난해 0.78명까지 떨어진 합계출산율이 올해는 더 하락할 수 있다는 전망이 벌써부터 나온다.

▪ 또 역대 최소 … 2만 명대 깨져

26일 통계청이 발표한 인구동향에 따르면 2월 출생아 수는 1만 9,939명으로 지난해 같은 달(2만 705명)보다 3.7% 줄었다. 월간 통계를 작성하기 시작한 1981년 이후 2월 기준으로 가장 적다. 올해 1~2월엔 총 4만 3,118명의 아이가 태어났는데 지난해 같은 기간과 비교하면 5%(2252명) 줄어든 수준이다. 2012년 2월만 해도 전국의 출생아 수는 4만 609명이었다. 반토막도 안 되는 수준인 2만 명 밑으로 떨어지기까지 불과 11년밖에 걸리지 않았다.

같은 달 기준 '출생아 수 역대 최소'라는 수식어는 식상해질 지경에 이르렀다. 2015년 12월 이후 한 달도 빠짐없이 1년 전과 비교해 출생아 수가 줄고 있다. 지난 2월까지 7년 2개월 연속 기록이 이어지는 중이다. 출산율에 있어서는 '깜짝 반등'조차 기대할 수 없었다는 의미다. 아직 2월까지밖에 통계가 나오지 않았지만 올해 또다시 합계출산율이 역대 최저를 기록할 가능성이 커지고 있다.

▪ 혼인 1년 전보다 늘었지만 …

2월 사망자는 2만 7,390명으로 지난해 같은 달보다 1,905명(6.5%) 감소했다. 지난해 2월은 코로나19 대유행으로 사망자가 같은 달 기준 역대 최대를 기록한 때다. 코로나 영향이 줄어들면서 급증한 사망자가 다시 줄었다. 그러나 출생아 수보다 사망자 수가 더 많은 인구 자연감소는 이어졌다. 2월엔 7,452명이 자연 감소했는데 2019년 11월 이후 자연감소는 40개월째 나타나고 있다.

거리두기 해제로 인한 일상회복으로 혼인 건수는 증가했다. 2월 혼인은 1만 7,846건이었는데 지난해 같은 달보다 2,541건(16.6%) 늘었다. 혼인이 출생아 수의 선행지표 성격이 있다는 점을 고려하면 출산율이 소폭 회복할 수 있다는 희망 섞인 분석도 나온다. 다만 지난해보다 증가했다는 것이지 코로나 영향을 본격적으로 받기 전인 2020년 2월(1만 9,103건)과 비교해도 적은 수준이다. 임영일 통계청 인구동향과장은 "코로나 이전과 비교했을 때 혼인 건수는 여전히 적다"고 말했다.

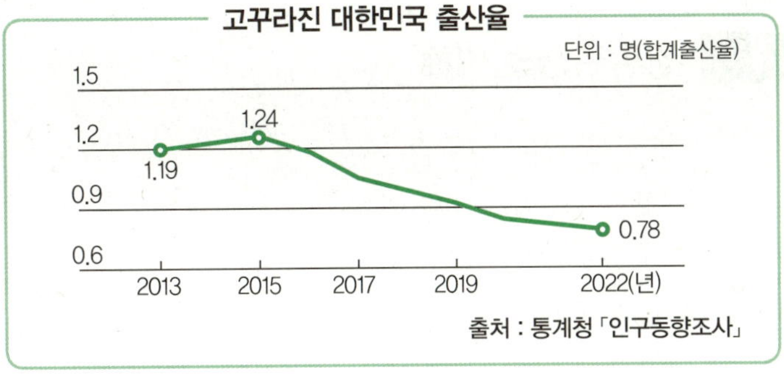

출산율이 연일 최저를 기록하며 전 세계에서 가장 낮은 수준이지만, 출산 · 양육 지원 예산 비중은 경제협력개발기구(OECD) 평균에 못 미친다는 지적이 나왔다. 국회예산정책처는 전날 국회 토론회에서 이 같은 분석 보고서를 내놨다. 2006년 2조 1,000억 원이었던 저출산 대응 예산은 지난해 51조 7,000억 원으로 늘었다. 이 중 46%에 달하는 23조 4,000억 원이 전세임대, 공공임대 융자사업 등 주거 지원에 사용됐다. 주거 지원으로 저출산 예산이 실제보다 커 보이는 착시효과가 나타났다는 지적이다.

보육 · 돌봄 등 가족예산 비율은 GDP 대비 1.56% 수준이다. OECD 평균(2.29%)에 못 미친다. 저출산 문제를 어느 정도 극복했다는 평가를 받는 프랑스 · 독일 · 스웨덴은 GDP의 3.37%를 가족예산으로 쓴다. 특히 아동수당 · 육아휴직급여 등은 2019년 기준 GDP 대비 0.32%로 OECD 평균(1.12%)의 3분의 1도 되지 않았다. 최슬기 KDI 국제정책대학원 교수는 "저출산 예산은 최근 몇 년 사이 급격히 늘었는데 출산율은 오히려 떨어졌다는 점에서 예산 활용과 정책 효과를 면밀히 따져봐야 할 때"라고 말했다.

출처 : 중앙일보, 2023.4.26.

1 경영환경의 이해

경영환경(business environment)이란 조직을 둘러싸고 있거나 조직에 영향을 미치는 일련의 영향력 및 조건(a set of forces and conditions)을 말한다. 여기에서 조직은 주위환경과 상호작용 속에서 활동하고 있는 유기체이다. 이론적으로 볼 때 기업은 법인(法人)으로서 영구적인 생명을 갖는 계속조직(going concern)이다. 실제로 스웨덴의 라스트라사는 창립된 지 700년이 넘고, 미국의 듀퐁사도 200년을 넘어서고 있다. 하지만 통계적으로 볼 때 기업들의 평균 수명은 30년에 불과하다. 경영환경의 변화에 제대로 적응해 나가는 데 실패했기 때문이다. 그러므로 계속기업의 사명을 완수하고자 하는 경영자들은 환경에 대한 올바른 지식을 가지고 환경과 상호 의존하면서 존속하고 성장해 왔다. 약 1억6천5백만 년 동안 지구를 지배하던 공룡이 지금은 화석으로만 존재하듯이, 제 아무리 큰 조직도 환경의 변화에 적응하지 못하면 살아남을 수 없다.

기업조직도 시스템적 관점에서 보면 유기적인 생명체와 같다. 사람의 몸이 좋은 음식, 맑은 공기를 받아들여야 살 수 있듯이 기업도 외부로부터 노동력, 원자재, 자금, 정보, 지식 등을 필요한 만큼 받아들이고 상품 혹은 서비스로 변환시켜서 내보낼 수 있을 때 존속하고 성장할 수 있는 것이다. 이러한 관점에서 기업환경을 정의하면 "조직이 존속하고 발전해 나가는 데 필요한 의사결정과정과 관련되는 모든 주위여건"을 뜻한다. 환경이 안정적이라면 경영자는 과거의 방법과 미래의 수요를 예측해서 생산성 향상에만 전념하면 될 것이다. 그러나 환경이 불안정하다면 변화와 관련된 다양한 변수들을 분석하고 예측해서 시시각각으로 벌어지는 다양한 상황에 새로운 방법으로 대응해 나가야 한다.

이처럼 환경을 분석하는 데는 대체로 두 가지 개념이 사용되고 있다. 하나는 환경 불확실성(environmental uncertainty)으로서, 조직에 영향을 미치는 미래의 환경여건을 정확하게 예측하고 평가하기가 어려움을 뜻한다. 즉, 환경의 변화가 대단히 복잡하고 동태적이어서 미래의 환경 상황을 확실하게 예측하기가 곤란한 것이다. 여기에서 환경의 복잡성(complexity)은 환경을 구성하는 요소들이 얼마나 이질적인가를 말하고, 환경의 동태성(dynamism)은 환경의 구성요소들이 얼마나 가변적인가를 이야기한다.

다른 하나는 환경 호의성(environmental munificence)으로서 환경이 조직의 지속적인 성장과 안정성에 얼마나 긍정적인 영향을 미치는가를 의미한다. 따라서 환경 호의성을 어느 정도 높이느냐 하는 것은 조직의 혁신(innovation)과 관련되며, 조직의 성과는 환경의 변화에 적응해 나가고자 하는 조직의 혁신능력과 비례관계를 갖는다. 이러한 관점에서 어떤 조직체가 경영환경 내에서 경쟁자를 물리칠 수 있는 힘을 가졌을 때 경쟁우위(competitive advantage)환경에 있는 것으로 평가된다.

환경은 기업이 생존을 위해 필요로 하는 자본, 인적 · 물적 자원, 기술적 정보, 시장 등을 제공하는 중요한 영향요인으로 조직의 생성이나 존속 및 성장에 크게 영향을 미친다. 여기에는 기업의 생존에 필요한 제반기술을 향상시키고, 생존전략을 결정하는 데 중요하게 고려되는 정보, 제품 및 서비스를 구입하는 고객 등의 이해관계자들을 지원하는 것, 조직을 유지하는 데 필요한 자본을 공급하는 금융기관, 부족한 자원들을 확보하려고 경쟁하는 집단들, 급속한 기술의 변화, 그리고 주요 투입물(input)의 가격상승 등도 경영환경에 포함된다.

기업은 생존에 필요한 자원을 획득하기 위해 조직을 둘러싼 자신의 환경을 적절하게 관리하고 이용할 줄 알아야 한다. 조직은 자신이 생산하거나 제공하는 제품과 서비스를 이용하는 이해관계자들을 선택하여야 한다. 그리고 조직은 생존에 필요한 자원을 확보하는 능력을 극대화하기 위해 자신을 둘러싼 환경의 영향력을 관리하는 방법을 결정함으로써 기업의 환경영역을 설정하게 된다. 기업은 소비자나 종업원, 주주, 이해관계자들의 가치창출능력을 향상시키면서 환경영역을 확대하려고 노력한다. 그리고 경영환경과의 효과적인 상호작용관계를 형성하기 위해 지속적으로 노력한다. 경영환경의 유형은 학자에 따라 다르게 구분하지만, 일반적으로 과업환경과 일반환경의 두 가지로 구분한다. 기업은 기업영역을 확장시키고 생존에 필요한 자원을 얻기 위해서 과업환경이나 일반환경 영향력들과의 교환관계를 지속적으로 가져야만 하는데, 이를 구체적으로 살펴보면 다음과 같다.

1) 과업환경

과업환경(task environment)이란 조직의 생존에 필요한 자원을 확보하려는 조직능력에 직접적으로 영향을 미치는 환경으로, 주로 이해관계자집단으로부터 많은 영향을 받는다. 과업환경은 특수환경(special environment)이라고도 하며, 과업환경의 이해관계자인 소비자, 유통업자, 노동조합, 경쟁자, 공급자, 사회 및 소비자단체, 정부 등은 다양한 방법으로 조직에 영향력을 행사한다.

필요자원의 확보를 위한 경쟁이 치열해질수록 조직은 자원을 획득하기가 더 어려워지게 되고, 치열한 자원획득경쟁은 수요와 공급의 원리에 의해 자원의 부족과 품귀현상을 만들어낼 수 있다. 조직에 직·간접적으로 관계되는 고객의 욕구와 고객유형, 고객 수 등의 이해관계자 변화는 조직에 많은 영향을 미친다. 그러므로 조직은 고객 등의 이해관계자와 우호적인 관계를 유지할 수 있는 전략을 가져야 하며, 조직의 전략은 고객욕구의 변화 등과 같이 이해관계자의 욕구변화에 따라 변화되어야만 한다.

2) 일반환경

일반환경(general environment)이란 필요자원을 얻기 위해서 특수환경 내에 존재하면서 모든 조직능력에 영향을 미치고 특정환경을 구체화하는 영향력으로 구성된다. 일반환경을 구체적으로 세분하면 5가지로 나눌 수 있다.

(1) 기술적 환경

기술적 환경이란 사회 전체의 변화를 가져오는 정보기술, 관리기술, 행정기술 등의 기술변화이다. 조직의 생존에 필요한 기술변화의 추세를 이해하고, 기술적 환경의 변화를 적절하게 활용하지 못하면 결국 조직의 성장이 멈추거나 해체되는 특성을 갖게 된다. 현대경영은 기술의 개발과 신상품의 선도적 지위에 따라 기업의 핵심경쟁력이 결정되는 중요한 환경적 특성을 가지고 있는 만큼, 기술환경의 변화를 인식하는 정도의 차이에 따라 조직의 생존전략이 달라질 것이다.

엘빈 토플러(Alvin Toffler)는 『미래의 충격』에서 신기술의 발명, 활용, 확산에의 박차를 서술하였는데 오늘날 많은 아이디어가 연구되고, 새로운 아이디어와

이의 성공적인 실천 사이에 나타나는 시간적 격차도 급격히 좁혀지고 있으며, 도입기와 본격 생산 사이의 시간도 상당히 좁혀지고 있다. 오늘날의 기업은 기술혁신이 없이는 성장 · 발전할 수 없다. 많은 과학자들은 제품과 생산공정을 혁신시킬 수 있는 새로운 기술개발을 위해 열심히 연구하고 있다. 가장 놀라운 연구 분야는 생물공학, 고체전자공학, 로봇공학, 재료공학 등의 연구로서, 오늘날 과학자들은 항암치료제, 폐 · 간 치료제, 신경증 화학치료제, 태양에너지, 전기자동차, 가정용 로봇, 안전 유효한 피임약, 비만케 하지 않는 영양식에 대해 연구하고 있다. 이 밖에도 과학자들은 소형비행자동차, 1인용 로켓벨트, 삼차원 TV, 위성도시, 인간무성생식 등 꿈같은 제품에 투자하고 있다. 이러한 기술혁신을 위한 도전은 기술적이면서도 경제성이 대전제가 되고 있다.

(2) 법적 · 정치적 환경

법적 환경이란 민법, 세법, 상법, 수표법, 어음법, 소비자보호법, 공정거래법 등과 같이 경영활동과 관련된 일체의 법률, 조례, 관례들을 의미한다. 세계무역기구(WTO)의 출범과 FTA협상으로 세계시장이 단일시장으로 등장하여 자유경쟁을 지향하는 현상황에서는 무역이 기업경영활동의 핵심이므로 범세계적 법률체계인 외환관계법, 해상보험법, 국제무역거래법, 전자상거래진흥법 등에 많은 변화가 예상된다.

정치적 환경이란 기업이익에 영향을 주는 정치적 영향력을 의미한다. 정치적 안정이나 정치시스템의 변화 등이 경영활동에 직접적으로 영향을 주므로 정치적 환경은 기업들이 자사의 이익을 위해 항상 유리한 방향으로 환경을 이용하려고 한다. 금융실명제나 공직자의 재산공개 등은 기업의 경영활동을 투명하게 해주는 제도적 장치의 하나이다.

기업의 의사결정은 법적 환경의 변화에 크게 영향을 받는다. 기업의 활동은 경제에 대한 정부의 규제, 정치적 이념, 정치적 안정성, 국제관계 등과 같은 정치적 환경과 기업의 활동을 규제하는 각종 법률에 의하여 크게 영향을 받게 된다.

주요 내용을 정리하면 다음과 같다.

① 오늘날 경제환경에 대한 규제자로서 정부의 역할은 더욱 강화되고 있는 추

세이다. 정부는 경제를 계획하고 조세를 부과하며 화폐 · 금융정책 등의 각종 정책을 통하여 기업활동을 규제하지만, 특히 자국에 진출한 외국기업에 대해서는 차별적인 규제를 적용하려는 경향마저 강하게 나타나고 있다.

② 정치적 이념을 달리하고 있는 국가에 진출하려는 기업은 그 나라에 대한 충분한 이해와 유연성을 지닐 수 있을 때 실리를 놓치지 않게 된다. 예를 들어, 인도는 사회주의적 경향이 있고, 사우디아라비아나 쿠웨이트는 군주제도를 가지고 있다.

③ 해외에 진출하려는 기업은 무엇보다도 그 나라의 정치적 안정성을 충분히 고려해야 한다. 정치적 안정성이 없으면 정부정책의 지속성과 일관성이 결여되기 쉽고 진출기업이 희생당할 수 있기 때문이다. 진출국 정부의 정치이념, 국방정책, 외교정책, 인종 · 종교 등의 이질성에서 오는 충돌사태 등에 대해서 현지국 정부가 갖는 태도 여하에 따라 진출국 기업을 대하는 현지국의 태도는 크게 달라진다. 따라서 기업이 특정국가에 진출하려고 할 때는 진출대상국과 적대관계에 있는 나라들이 어떠한 반응을 보일 것인가를 특별히 고려해야 한다.

④ 기업활동과 관련된 법률에 관한 충분한 사전 지식이 필요하다. 특히 외국과의 무역에 있어서는 제품의 품질 · 규격 등에 관한 법률, 포장에 관한 법률, 보조서비스 등에 관한 법률, 소매가격의 유지를 규제하는 법률, 특허상품 및 판권 등에 관한 법률에 유의해야 한다. 한 조사보고에 의하면 우리나라 기업이 당하는 수출 클레임(claim)의 대부분은 법률지식의 부족에서 비롯되는 경우가 많다.

⑤ 국제 간 무역에 있어서 상사분쟁을 해결하여 주는 초국가적인 법률체계나 법정은 없다. WTO체제하에서 WTO회원국 간에 발생한 상사분쟁은 WTO 산하에 있는 분쟁해결기구(DSB : Dispute Settlement Body)를 통하여 해결할 수 있는 방법이 있기는 하지만 비회원국과의 분쟁은 해결할 수 없다.

(3) 경제적 환경

경제적 환경이란 기업조직을 둘러싼 경제여건의 변화를 말한다. 반덤핑관세부과, 경기변동, 환율변동, 국제원유가격 및 원자재가격의 변화, GDP, 자국의 신용등급 등을 비롯한 각종 경제정책들이 경제적 환경에 속한다.

경제적 활동을 원활하게 하는 것이 기업유지에 필수적인 조건이 되므로 경제적 활동은 외적인 집단과의 이해관계 속에서 이루어지므로 기업의 존속과 발전을 위해서는 기업과 이해관계자집단과의 사이에 조직균형이 이루어져야 된다.

19세기 자유주의 경제체제하에서는 시장이라고 하는 한정된 환경만을 전제로 해서도 기업활동이 가능하였다. 하지만 1930년대의 제1차 세계 경제공황 이후에는 정부, 노동조합, 출자자 및 소비자와 같은 다양한 이해관계자 세력이 등장하였다.

일반적으로 기업의 활동은 주주, 채권자, 재화 및 서비스의 공급자, 종업원 및 고객과의 사이에 상호작용으로 파악할 수 있다. 그리고 기업을 둘러싸고 있는 기업환경의 주체, 즉 이해자집단은 자본시장, 노동시장, 구매시장 및 판매시장을 각각 대표하고 있다. 따라서 기업의 입장에서 볼 때 그것은 경제적 환경을 구성하고 있다. 즉, 경제적 환경의 주축은 시장이다. 기업이 시장을 경제환경의 중심으로 여기고 있는 이유는, 시장을 통해 생산에 필요한 제요소, 즉 원자재나 설비, 기계, 노동, 설비자금 및 운전자금 등을 조달하고 있으며, 반대로 그들이 생산한 상품이나 서비스를 역시 이 시장을 통해 판매하고 있기 때문이다.

그리고 경제적 환경 중 시장이 가장 중요한 요인이기는 하나 그 밖에도 경제체제, 산업구조, 금융정책, 인플레이션, 경제성장, 수출입 동향 등 그 종류가 다양하며, 물가수준, 이자율, 증권시장의 동향, 환율, 선진국의 경기 등도 경제에 미치는 영향이 매우 크다고 할 수 있다.

(4) 사회 · 문화적 환경

사회 · 문화적 환경이란 조직구성원들의 신념, 가치관, 태도, 생활양식, 규범 등의 요소와 인구의 증가, 이동 등 인구동향이나 개인 신분에 관한 상황을 뜻한다. 인구, 연령, 성별 등의 변화가 사회 · 문화적 환경에 속한다. 따라서 이것은 기업조직의 시장정책 수립이나 조직의 운영방침을 설정하는 데 중요한 자료로 활용된다. 최근에는 인구통계적 환경은 청소년을 비롯한 젊은 층의 소비시장 규모가 급격히 확대됨에 따른 마케팅전략의 수립, 노령인구의 증가에 따른 실버산업의 급격한 성장에 따른 노인복지정책의 수립, 그리고 여성들을 대상으로 한 각종 정책 수립에 큰 영향을 주고 있다.

(5) 자연적 환경

자연적 환경이란 기업의 생존에 필요한 자연생태계를 중심으로 한 환경변화를 말한다. 특히 교통 문제, 공해 문제, 그리고 노사 문제 등과 같은 것이 생태학적 환경의 대표적인 사례로 언급되고 있다. 인간 삶의 질 내지 복지는 물질적 생활수준의 향상, 정치 · 사회적인 안정과 질서의 확립, 정신 · 문화 · 사회적인 행복뿐만 아니라 생활환경의 쾌적성 정도에 따라 결정된다. 기업활동과 경제성장에 힘입어 다양한 제품과 서비스는 양적으로 계속 증가하고, 질적으로도 향상되고 있으며, 국민의 물질적 생활수준은 계속 향상하고 있다. 그러나 향상되는 생활수준 또는 그에 더하여 정치 · 사회적 안정화 등이 곧 삶의 질의 향상을 뜻하는 것은 아니다. 왜냐하면 이미 심각한 환경오염의 문제를 해결하지 않고서는 생활환경이 개선되지 않아 우리의 삶의 질이 향상되기는커녕 생사의 문제가 될 수도 있기 때문이다.

한동안 우리는 공업화를 통한 고도 경제성장이라는 물질적 성장만을 중요시하여 그 과정에서 발생하는 환경오염의 문제는 그리 심각하게 생각지 않았다. 그 결과 환경오염을 방지하려는 노력과 투자 역시 미흡하였다. 오늘날 우리의 경제와 소비대중의 생활수준은 중진국의 수준을 넘어 선진국수준으로 접근하고 있는데도 급속한 공업화 · 도시화 등으로 인한 자연의 파괴와 수질, 대기, 토양 등의 심각한 오염은 전국적으로 급속히 확산되고 있다.

2 경영환경의 불확실성을 증가시키는 요인

기업은 자신의 생존에 필요한 자원을 획득하기 위해서 다양한 노력을 시도한다. 조직에 직 · 간접적으로 관련되는 이해관계자와 조직의 영역들을 보다 쉽게 관리하기 위해서 지속적이고 풍부한 자원의 공급을 필요로 한다. 하지만 모든 기업은 관리자들이 필요자원의 흐름을 예측하고 통제하는 것이 불가능할 정도로 환경의 불확실성에 직면하게 된다. 기업을 둘러싼 환경 불확실성을 증가시키는 요인은 환경 동태성, 복잡성, 풍부성 등의 세 가지가 있는데, 환경이 복잡하고 불안정성이 높아짐에 따라 환경 불확실성의 수준은 증가하게 된다.

먼저 환경 동태성(environmental dynamism)은 과업환경이나 일반환경이 얼마나 빠르게, 그리고 많이 변화하는가를 나타내는 정도를 의미하는데, 만약 환경이 예측가능한 범위 안에서 필요자원의 제공에 영향을 미친다면 환경은 안정적이게 될 것이다. 안정적 환경이란 동질적 환경으로서 시간의 경과에도 불구하고 조직에 큰 변화가 없는 환경을 말한다. 반면에 기업이 과업환경이나 일반환경의 변화를 예측하지 못하고, 환경변화가 매우 빈번해진다면 환경은 그만큼 불안정하고 동태석이 되는 것이다.

환경 복잡성(environmental complexity)은 기업에 영향을 주는 특수하면서 일반적인 영향력의 강도, 수, 상호 결합성의 정도를 나타내는 정도를 의미하는데, 환경의 복잡성은 조직 내의 과업환경과 일반환경들이 상호작용하고 조직에 미치는 영향을 제대로 예측하지 못할 때 복잡성이 급격하게 증가하게 된다. 조직에서 과업환경이나 일반환경들 간에 상호작용관계가 높아질수록 조직이 당면하게 되는 환경의 불확실성은 더욱 높아지게 된다. 이처럼 조직을 둘러싸고 있는 경영환경이 복잡할수록 환경의 불확실성은 더욱 높아지게 될 것이다. 동질적 환경은 이질적 환경에 비해 복잡성의 정도가 낮아지는데, 이는 의사결정의 수가 적고 표준화된 관리방식의 적용이 가능하기 때문이다.

환경 풍부성(environmental richness)이란 조직의 생존에 필요한 자원의 양이 어느 정도 확보되어 있는가를 나타내는 의미인데, 자원이 풍부한 환경에서는 조직들이 필요자원을 확보하기 위해 치열한 경쟁을 하지 않기 때문에 환경의 불확실성은 낮다. 하지만 환경의 풍부성은 두 가지 이유 때문에 풍부함이 낮아질 수 있다. 첫째는 조직이 저개발국가나 개발도상국가, 또는 국가 내의 빈곤지역에 위치했을 때이고, 둘째는 기업들이 필요자원을 확보하기 위해 치열한 경쟁을 하고 있을 때이다. 자원이 풍부하지 못한 환경 내의 조직은 신기술이나 최적의 산출물을 획득하거나 고객들을 확보하기 위해서 노력해야만 한다. 자원이 부족한 환경하에서는 조직의 생존이 어려워지게 되는데, 부족하고 불안정하며 복잡한 환경 아래서 필요자원을 얻는다는 것은 매우 어렵기 때문에 조직들은 심각한 환경의 불확실성에 직면하게 된다. 하지만 안정적이고 동질적이며 단순하고 풍부한 환경 아래에서는 필요자원을 쉽게 얻을 수 있으며, 환경의 불확실성은 낮아지게 된다.

3 조직의 대응전략

기업, 인간, 생물 등 모든 자연에는 환경적응의 섭리가 숨어 있다. 기업이 환경에 대응하는 방법은 다양하겠지만 다음의 두 부류로 나눌 수 있다. 첫째는 환경을 있는 그대로 놓아둔 채 기업 자체가 환경에 맞추어 나가는 것이고, 둘째는 기업의 구미에 맞도록 환경을 바꾸어 나가는 것이다. 전자를 환경적응(adaptation), 후자를 환경통제(control)라 한다.

1) 환경적응

여기서는 톰슨(J. Thompson)의 이론에 국한하여 기업이 환경에 대응하는 몇 가지 방안을 고려해 보자.

(1) 완충활동(buffering)

기업이 환경으로부터 투입받는 곳이나 산출하는 곳에 예비자원을 많이 쌓아 놓으면 변화의 타격이 적을 것이다. 원료를 미리 사서 비축해 놓으면 갑자기 공급이 단절되어도 몇 달은 버틸 것이다. 시장의 수요가 폭등할 때를 대비해 미리 많이 만들어서 쌓아두어도 되고, 갑자기 수요가 급감하면 싸게 덤핑으로 팔면서 내부의 생산라인을 가동시킨다면 종업원을 해고하지 않아도 된다.

(2) 경계활동(boundary spanning)

환경대응을 잘하기 위해서는 환경을 정확히 예측하는 것이 급선무인데 환경과 기업의 경계선에서 활동하는 종업원(경계활동 담당자)들의 수를 늘리고 이들의 환경정보 수집활동을 적극 지원해 준다면 환경예측이 좀 쉬워진다. 예를 들면, 판매원들이 시장동향을 정확히 파악하도록 지원해 주거나 원료 공급회사를 출입하는 구매 담당자들로 하여금 원료공급 흐름을 생산부서에 매일 보고하도록 한다면 환경을 미리 예측하기 쉬울 것이다.

(3) 전문부서 설립

특별히 전문기관이나 전문가를 두어서 항상 환경변화를 분석하고 예측하여 내부구성원들에게 정보를 제공하게 하는 경우도 많다. 또는 마케팅부서, 연구개발부서, 회계부서에 환경만을 담당하는 또 하나의 작은 부서를 설립하여 환경을 예측하고 대책을 세우게 한다. 예를 들면, 홍콩의 경영환경에 대처하기 위해 홍콩지사를 별도로 설립 · 운영하거나 가전제품 중에서 냉장고 수요변동이 심하기 때문에 별도로 냉장고 수요예측 팀을 독립시키는 경우가 그것이다.

2) 환경통제

이는 환경이 기업에 긍정적 영향을 미치도록 혹은 적어도 부정적 영향을 적게 미치도록 환경과의 관계를 바꾸어 놓든지 환경 자체를 변경시키는 방법이다.

(1) 공동운영

경쟁회사나 원료공급회사 혹은 판매대리회사 등과 합병하든지 경영진을 상호겸임하게 한다면 그 회사들로부터 가해지는 위협은 감소되고 오히려 기회가 증대될 것이다. 예를 들면, 맥주회사가 맥주병회사를 흡수하든지, 재무위기에 처한 기업이 주거래 은행의 중역을 자문역으로 모신다든지, LG전자와 삼성전자가 공동으로 기술개발을 하면서 해외 경쟁사에 공동 대처하는 방식이 그것이다.

(2) 광고

기업의 광고는 소비자뿐만 아니라 일반국민, 정부, 거래처 사람들을 설득시키고 변화시키는 데 사용될 수 있다. 광고를 통해서 없었던 소비수요도 창조할 수 있으며 공해물질 배출에 대한 지역주민의 반발을 기업 이미지광고로 잠재울 수도 있다. 이처럼 광고나 언론플레이는 기업에 불리한 환경을 유리한 환경으로 변화시키는 데 많은 역할을 한다.

(3) 사업변경

기업이 어느 환경에 대처하기가 아주 어려울 때는 그 사업을 포기하든지 다른 사업으로 업종을 아예 바꿔 버리는 수도 있다. 예를 들면, 담배제조회사가 소비자의 소송이 잇따르고 금연 캠페인이 증대되니까 담배생산을 줄이고 주류제조에 손을 대는 경우가 그것이다. 물론 기존사업을 더욱 확장하여 환경에 대처하는 경우도 있다. 기존에 생산되는 제품의 시장점유율이 경쟁사보다 적어서 항상 경쟁사가 하는 대로 끌려가던 기업에서 투자액을 몇 배로 늘려 경쟁사를 제치고 시장을 마음대로 주도하기도 한다.

(4) 로비활동

우리나라에서는 로비활동을 주로 부정적 시선으로 보지만 선진국에서는 합법적으로 비용을 제공하면서 자기 회사에 유리한 법을 제정하도록 영향력을 행사한다. 기업 스스로 로비스트를 고용하여 의사결정기관에 접근하는 경우도 있지만 이것이 힘들 경우에는 자기와 유사한 이해관계에 처한 다른 기업들과 손잡고 연대하여 로비활동을 벌이거나 영향력을 행사한다. 우리나라의 전국경제인연합회, 중소기업연합회, 대한상공회의소 등이 그와 유사한 역할을 한다.

토 | 의 | 문 | 제 |

01 환경 불확실성과 환경 호의성은 무엇인가?

02 일반환경 5가지는 무엇인가?

03 경영환경의 불확실성을 증가시키는 요인 3가지는 무엇인가?

04 환경에 적응하는 방법은 무엇인가?

05 환경을 통제하는 방법은 무엇인가?

꿈의 실현에 책임져라

당신은 어떠한 일에 책임을 지려 하는가. 무엇보다 자신의 꿈의 실현에 책임을 지는 것이 어떠한가. 꿈에 책임질 수 없을 만큼 당신은 유약한가? 아니면 용기가 부족한 것인가? 당신의 꿈 이상으로 당신 자신인 것도 없다. 꿈의 실현이야말로 당신이 가진 온 힘으로 이루어내야 하는 것이다.

허물을 벗고 살아가라

허물을 벗지 않는 뱀은 결국 죽고 만다. 인간도 완전히 이와 같다. 낡은 사고의 허물 속에 언제까지고 갇혀 있으면, 성장은 고사하고 안쪽부터 썩기 시작해 끝내 죽고 만다. 늘 새롭게 살아가기 위해 우리는 사고의 신진대사를 하지 않으면 안 된다.

출처 : 『니체의 말』 중에서

Chapter

05

기업 유형과 기업결합

1. 기업의 정의 및 역할
2. 기업의 유형
3. 기업결합

경영이야기 1

CEO 선임 투명성 · 이사회 독립성 확보 국민연금, 의결권 직접 행사 엄격해야

소유분산기업은 지분의 80~90%가 소액 주주에게 분산돼 있다. 국내에서는 KT(옛 한국통신), 포스코(옛 포항제철), KT&G(옛 한국담배인삼공사)가 대표적이다. 과거 정부가 지분을 소유하고 있다 민영화하거나, 공적 자금이 투입된 뒤 민영화된 경우다. 총수 혹은 오너 일가가 있는 대기업과 달리 뚜렷한 대주주가 없는 탓에 소유분산기업의 최대주주는 국민연금공단인 경우가 많다. 최근 '리더십 부재'를 겪고 있는 KT 역시 국민연금이 최대주주(10.12%)다. 이에 소유분산기업은 2가지 구조적 약점을 갖고 있다. 하나는 CEO에게 권한이 집중된다는 것이고, 다른 하나는 정부 · 정치권 등 외풍에 취약하다는 점이다. 전문가들은 이사회의 정당성을 확보하는 게 우선시돼야 한다고 말한다. 그러면서도 근본적으로는 정부 · 정치권과 소유분산기업 간 연결고리가 끊어지지 않는 한 '백약이 무효'라고 강조한다.

■ CEO 선임 투명성 제고
임추위, 전원 사외이사로

소유분산기업은 CEO에게 권한이 몰리는 구조다. 주주들의 경영 참여가 제한되는 탓에 소유분산기업 CEO는 사실상 기업 경영 전반에 지배력을 행사한다. 이사회 구성 시에도 CEO 입김이 작용한다. 문제는 전 · 현직 CEO 입맛에 맞는 이들로 이사회가 구성되면, 차기 CEO 선임 과정도 투명할 수 없다는 점이다. 현직 CEO가 '셀프 연임'할 우려도 제기된다. CEO를 견제해야 할 이사회가 '거수기' 역할만 할 가능성이 높기 때문이다.

이 같은 제도적 허점은 '외풍'의 빌미가 된다. 실제 정부와 정치권이 소유분산기업에 압박을 넣기 시작한 지점도 이 부분이다. 윤석열 대통령은 지난 1월 신년 업무보고 마지막 일정인 금융위원회 업무보고에서 "지배구조를 구성하는 과정에서 모럴 해저드가 일어날 수 있는 경우에는 적어도 그 절차와 방식은 공정하고 투명하게 이루어져야 한다"고 말했다.

외풍의 빌미를 제거하려면 CEO 선임 과정부터 투명성을 제고해야 한다. 전문가들은 전원 사외이사로 구성된 '임원후보추천위원회' 등의 조직 구성에 대해 조언한다. 김형석 한국ESG기준원 정책연구본부장은 "자산 2조 원 이상 대규모 기업은 위원회 전원이 사외이사로 이루어진 '임원후보추천위원회'를 구성, 대표 선임 절차의 독립성과 투명성을 높여야 한다"고 말했다.

또 다른 ESG업계 관계자는 CEO '셀프 연임' 등을 막기 위해 연임 시 필요한 자격 요건을 별도로 명시해야 한다고 강조했다. 이 관계자는 "검증 방법과 확인 절차는 투명하게 공시돼야 한다"면서 "연임 시에는 필요한 자격 요건을 별도로 명시하고, 검증하는 제도적 환경 조성이 중요하다"고 설명했다.

KT 이사회 내 위원회 구성

■ 이사회 실질적 독립성 확보 이사 구성 주주 추천 방식 필요

다만, CEO 검증 절차 강화만으로는 근본적 해법이 되기 힘들다. CEO 선임 투명성 제고를 위해서는 이사회의 실질적인 독립성이 확보돼야 한다. 김우진 서울대 경영대학 교수는 "이사회와 CEO 관계는 서로 견제가 돼야 하는데, 국내 소유분산기업의 경우 이사회 힘이 미약하다"면서 "실적이 좋으면 CEO 입김이 세고, 실적이 안 좋으면 이사회가 우위에 서서 CEO를 교체하거나 해임하는 등의 선진화된 구조가 정착돼야 한다"고 조언했다.

이사회의 독립성 확보 방안은 어떤 게 있을까? 김우찬 고려대 경영대학 교수는 "독립성을 확보할 해법은 주주들이 나서는 것"이라면서 "주주들이 적극적으로 이사 후보를 추천하고, 이사회의 독립성을 전제로 주주 의견이 정확히 반영되는 구조를 만들어야 한다"고 설명했다.

경영권 공백 사태를 겪고 있는 KT 내부 일각에서도 비슷한 의견이 나온다. 소액 주주를 포함, 다양한 이해관계자에게 이사 추천권을 부여해야 한다는 주장이다. 김미영 KT 새노조위원장은 "다양한 이해 당사자에게 이사 추천권을 부여해 소비자 단체 추천 이사, 종업원 추천 이사, 국민연금 추천 이사 등 이사회 구성을 다양화해야 한다"고 말했다.

■ 정부 · 기업 간 '연결고리' 끊어야 국민연금 주주권 행사 엄격할 필요

기업이 변화 의지를 보이더라도, 정부의 부정적인 '관치'가 반복된다면 어떤 제도도 무력화될 것이라는 회의론도 나온다. 국민연금을 연결고리 삼아 통제권을 지닌 정부가 소유분산기업과 '헤어질 결심'을 하지 않으면 '백약이 무효'라는 평가다.

재계 관계자는 "정권이 바뀔 때마다 정부와 정치권은 소유분산기업 이사회 구성이나 경영에 간섭했다. 이번 KT 사태의 경우 CEO 선임 과정을 문제 삼았지만, 이는 표면적 이유일 뿐이고 실질적으로는 정부가 원하는 인사를 왜 선임하지 않느냐는 압박을 가한 것"이라고 설명했다. 김우찬 교수도 "정부 압력이 계속되는 한 주주들이 이사 후보를 추천하더라도 추천받은 이사 후보가 전면에 나설지는 의문"이라면서 "괜히 후보로 나섰다가 밉보일 수 있기 때문"이라고 지적했다.

이에 전문가들은 국민연금의 독립성 확보가 필수라고 입을 모은다. 중장기적으로 기금운용본부를 분리해야 한다거나 국민연금 주주권 행사 원칙을 재정립해야 한다는 목소리가 높다. 국민연금은 2019년부터 스튜어드십 코드를 도입한 위탁운용사에 의결권을 위임하고 있다. 다만, '사회적으로 논의가 필요한 사안'일 경우 국민연금이 의결권을 직접 행사한다. 자금 운용은 위탁사가, 의결권은 국민연금이 판단하는 방식이다.

이런 방식은 시장에 혼란을 불러온다. 국민연금이 기업에 엄포를 놓는 사이 위탁사가 주식을 파는 경우가 생길 수 있어서다. 이번 KT 사례에서도 비슷한 상황이 연출됐다. 해외에서는 혼선 방지를 위해 의결권 행사도 위탁사 판단에 위임한다. 익명을 요구한 경영학과 교수는 "국민연금은 독립된 기관으로 어떤 세력에도 영향받지 않고 수익률만 따져 움직여야 한다"면서 "현재의 방식은 마치 국민연금을 정부의 작전 세력처럼 보이게 만든다"고 비판했다.

■ 해외 통신사 지배구조는 민영화 모범 사례 BT … '경영 불간섭 원칙' 공표

해외에도 통신사를 민영화한 사례가 있다. 영국 통신사 브리티시텔레콤(BT)은 기간통신 민영화의 모범 사례로 꼽힌다. BT는 1984년부터 10년에 걸쳐 민영화를 단행했다. 영국 정부는 1984년 정부 지분 50.2%를 매각했고 1991년 25.9%, 1993년 21.9%를 매각했다.

영국 정부가 BT 지분을 순차 매각한 것은 국민들의 보편적 통신 서비스를 보장하기 위함이었다. 동시에 BT가 시장 경쟁 체제에 적응할 수 있는 시간을 벌어줬다는 게 주된 평가다. 그러면서도 영국 정부는 BT의 경영권을 보장했다. BT 민영화 과정에서 '경영 불간섭 원칙'을 공표하고 경영 간섭 가능성을 스스로 차단하는 방식이었다. BT는 민영화 직후 시장 경쟁 체제에서 뒤처지는 모습을 보이기도 했다. 시장 상황에 맞지 않는 설비 투자가 부채 증가로 이어졌고, 경영 위기를 겪었다. 하지만 이 같은 위기가 오히려 BT 민영화 이후 영국 정부의 간섭이나 특혜가 없었음을 드러내는 사례로 평가받는다.

반면, 국내와 달리 정부가 통신사를 민영화하면서도 일부 지분을 남겨둬 공식적으로 주주권 행사 여지를 남겨둔 사례도 존재한다. 일본 통신사 NTT도코모는 1986년부터 민영화 과정을 거쳤다. 하지만 일본 정부가 여전히 30% 이상의 지분을 보유하고 있다. 이를 통해 일본 정부는 NTT도코모 경영에 간섭할 명분을 갖추고 '통신비 인하' 등을 요구한다. 프랑스 통신사 '오렌지'도 민영화됐지만 프랑스 정부가 지분 13.4%를 보유하고 있다.

출처 : 매경 ECONOMY, 2023.4.7.

경영이야기 2

ESG란?

ESG란 영어로 Environment(환경), Social(사회), Governance(지배구조)의 앞자를 딴 단어이다. 지속가능한 경영의 핵심요소를 뜻한다. 기업이 환경보호와 기후변화에 대한 책임을 가지고 직원, 소비자, 협력 업체 등의 이해관계자 모두에게 공정하며 선한 영향력을 끼치는 경영 방향성을 말한다. 기업뿐만 아니라 우리가 환경을 위해 하는 일 모두를 ESG라고 포괄하여 말하기도 한다.

■ ESG 경영 배경

기업들은 ESG 전략을 위해서 ESG 위원회와 실무 전담부서를 설치하고 ESG 평가기준으로 적용하고 있다. 물론 그에 맞는 비즈니스 모델을 바꾸고 있다. 예전에는 기업에 대해 투자를 할 때 기업의 매출이나 영업이익 등의 재무적인 요소만 보고 투자를 했다. 하지만 이제는 투자자들이 ESG라는 비재무적인 요소까지 고려하는 시대로 변화한 것이다. 이 기업이 친환경적인지, 사회적인 책임은 다 하는지, 지배구조에서 의사결정의 독립성과 투명하게 유지되는지까지 보게 된 것이다.

전 세계적으로 기후환경에 따른 친환경, 탈탄소 사회, 그린뉴딜, 탄소중립과 같은 키워드가 이슈가 되고 있는 현실에 기업에서도 그에 맞춰 변화하는 것이다. 기업은 ESG 경영을 하지 않으면 금융, 정부, 수출, 소비자의 외면 등 많은 부작용이 따르므로 살아남기 힘들다는 것을 알고 있다. 이제는 ESG 경영이 기본이 되는 시대가 열렸고, 투자자들은 이러한 비재무적인 요소까지 포함해서 평가하고 투자하고 있다. SK와 같은 일부 기업은 자발적으로 신재생에너지로 전환하는 RE100에 가입하여 ESG를 실천하기도 한다.

■ ESG 경영이 중요한 이유

환경(기후위기)

2006년 만들어진 ESG란 단어가 최근 1~2년 사이에 이슈화되었다. 그 이유는 무엇인가? 가장 큰 이유는 기후변화 때문이다. 지금은 기후변화보다 기후위기란 말이 더 어울리는 상황이다. 지구의 평균온도가 점점 올라가서 각종 재해가 발생하고 있다. 이산화탄소, 메탄과 같은 온실가스가 지구를 덮고 있어서 태양 에너지가 빠져나가지 못하는 지구 온난화 현상이 일어나고 있다. 빙하가 녹고, 바닷물에 잠기는 나라가 발생하고, 대형 태풍이 수시로 이전의 경로와 다르게 오기도 한다. 쓰나미, 폭우, 사막화, 잦은 화재 등등 이미 1도가 올랐기 때문에 더 이상 오르지 않게 노력해야 하는 것이다. 그래서 Net Zero, 바로 탄소중립을 위해 힘쓰고 있는 것이다.

블랙록(Blackrock)이라는 전 세계에서 가장 큰 자산운용사가 있다. 우리나라 대기업들의 대주주이기도 한 이곳의 CEO 래리핑크가 2020년에 여러 CEO들에게 편지를 보냈다고 한다. "기후위기가 투자위기다." 그리고 "앞으로 투자할 때 지속가능성을 투자의 최우선으로 삼겠다"고 했다. 그리고 2021년에는 2050년까지 탄소중립을 달성할 수 있는 사업계획을 발표하라고 했다. 미국 바이든 대통령은 대통령 선거 공약으로 2050년까지 미국을 탄소중립 국가로 만들겠다고 했다. 그렇기에 기업들이 이에 발맞춰 더욱 발빠르게 움직이고 있는 것이다.

사회

인권문제, 사회적 약자를 위한 보호, 근로자의 안전과 보건 문제, 인종과 출신지, 성별 등을 차별하지 않는 다양성이 지켜지는 기업의 환경을 만들기 위함이다.

지배구조

이사회가 독립적으로 의사결정을 하는지, 임원의 보수가 적정한지, 뇌물, 부패 이슈는 없는지를 파악한다. 문제가 있는 기업들에게는 투자를 철회하고 리스트를 공개하기도 한다.

■ ESG 경영평가는 왜 하는가?

재무적 평가기준은 매출이나 영업이익 등으로 숫자로 표현을 할 수 있다. 하지만 비재무적 평가는 계량화가 어렵다. 수치화하기 힘들기도 하고 기업이란 수익창출이 목표인데 사회적 책임과 환경 문제를 포함시키면 살아남는 기업들이 있을까 하는 의문을 제기하는 사람들도 있다. 재무적 요소, 비무적 요소까지 파악하여 기업에게 투자를 하겠다는 의지가 있기 때문에 기업도 안정적으로 투자를 받으려면 ESG 경영이 필수라고 할 수 있다.

지역사회, 회사 직원, 소비자, 시민단체 등등 많은 사람들이 기업의 투자자로 이해관계자라고 한다. 이제는 기업이 이해관계자의 말을 듣는 시대가 되었다. 그들의 이야기가 회사의 매출과 이익에 영향이 가기 때문이다. ESG 경영은 기업이 자발적으로 나서는 착한 캠페인이 아니다. 기업의 가치를 지속가능한 방향으로 발전시키려고 노력하는 과정이다. 그래야 투자자를 모르고 기업의 가치가 상승하여 살아남을 수 있기 때문이다. 그래서 기업의 ESG 경영은 선택이 아닌 필수인 것이다.

▪ESG 정보 공시 의무화

국제 신용평가사 무디스(Moody's)는 환경과 사회, 지배구조 각 분야별 세부 항목을 평가한다. 국가 신용에 미치는 영향을 종합적으로 고려해서 ESG 신용영향 점수를 5등급으로 매기는데 우리나라는 1등급인 긍정적이라는 평가를 받았다. 2025년부터는 2조 원 이상의 유가증권 상장사는 ESG 정보 공시 의무화가 되고, 2030년엔 모든 코스피 상장사가 ESG 정보를 공시해야 한다. ESG 평가가 중요하고 ESG를 비즈니스의 중심으로 삼아야 하는 이유이기도 한 것이다.

1 기업의 정의 및 역할

기업은 최소비용으로 최대의 재화나 용역을 생산해 내야 하는 경제적 시스템일 뿐만 아니라 자본 · 원료 · 인력 · 기술 등을 투입하여 재화나 용역과 같은 산출물을 생산해 내는 기술적 시스템이기도 하다.

과거의 기업은 자본을 투자한 자본가 소유의 사적인 경제단위로 인식하였지만 오늘날 사회를 유지 · 발전시키는 데 큰 기여를 하는 중요한 사회적 사명을 완수해야 하는 조직으로 인식되고 있다.

전통적으로 기업에 대한 정의는 자원을 최소한 투입(input)하여 산출(output)을 최대화하는 조직이라 할 수 있다. 이것을 수식으로 표현해 보면 다음과 같다.

$$\text{Max } P = \text{Max } R - \text{Min } C$$

P : Profit(이익), R : Revenue(수입), C : Cost(비용)

이 점과 관련해서 프리드만(M. Friedman)도 기업의 사회적 책임은 이익을 극대화하는 것이라고 주장하고 있다.

하지만 이러한 이익 중심의 개념은 조금씩 변화하여 기업이라는 조직도 결국 인간과 마찬가지로 사회를 떠나서는 존재하기 어렵다는 사회적 측면이 고개를 들기 시작하였다. 다시 말하면 기업이 제아무리 연구하고 노력하여 커다란 가치를 생산하더라도 그것을 이용하는 고객, 즉 소비자가 그것을 선호하고 구매하며 만족을 얻지 못한다면 계속기업(going concern)으로서의 존재가치가 희박해진다는 것이다. 이 점에 있어서 드러커(P. Drucker)는 “기업의 역할은 고객을 창조하는 것”으로 정의하고 있다. 1950년대 이후 미국에서는 회사가 어림짐작으로 물건을 만들어 시장에 내다 팔던 과거방식에서 탈피하여, 충분한 시장조사를 통해 고객이 선호하고 원하는 것이 무엇인가를 정확히 찾아서 이를 상품화해야 한다는 마케팅 개념이 경영에서 중요하게 자리하기 시작했다.

1970년대 들면서 세계는 산업사회에서 정보사회로 바뀌게 되었다. 이는 교통과 통신의 발달로 점점 세계시장은 가까워지면서 소비자와 기업 간에 서로 정보가 중요한 가치창조의 수단이 되었음을 의미한다. 이에 발맞추어 세계는 정보통신 분야가 혁명적으로 변화하면서 기업에서도 사람들의 창조적인 아이디어에 의한 부가가치의 창출이 무엇보다 중요하게 인식되었다. 이와 관련해서 조동성 교수는 "기업의 사명은 사람의 능력을 개발하는 것'이라고 정의하고 있다.

오늘날 우리나라에서 기업의 성장과 관련하여 나타나고 있는 사회 문제 중 하나가 재벌의 집중화 현상이다. 이런 집중화에서 오는 폐단을 막기 위하여 정부는 공정거래법과 여신규제관리, 그룹기업 내 상호 출자제한, 중소기업 고유영역 지정 등을 통하여 시장의 공정경쟁을 유도하고, 공정거래위원회를 제도화하여 기업에 대한 각종 규제조치와 소비자보호에 역점을 두고 있다. 미국에서도 일찍이 이러한 폐단을 막기 위하여 1890년에는 셔먼법(Sherman Anti-Trust Act)을 제정하여 독점에 대한 규제를 하였고, 1914년에는 이를 보강하여 연방거래법(Federal Trade Commission Act)과 클레이튼법(Clayton Act)을 제정해 기업집중을 통제하기도 하였다. 이처럼 기업은 사회에 제한된 자원을 효율화하여 극대의 가치를 창출함으로써 소비자의 생활에 만족을 제공한다는 면에서 그 존재의의가 있지만, 한편으로는 여기에서 축적된 힘을 통하여 사회 내 공존하는 집단간의 균형을 깨뜨리고 다른 집단을 지배하려는 현상—소비자를 현혹시키거나 근로자를 착취하며 환경을 오염시키고 정치와의 결탁 등—이 나타나 국민들로부터 부정적인 이미지를 얻고 있기도 하다.

이상의 논의들을 종합해 볼 때, 기업은 사회에 존재하는 사명감을 바탕으로 고객의 만족을 추구할 때 장기적으로 이익을 최대화할 수 있게 된다(A corporate is to seek long-term profit maximization through customer's satisfaction based on corporate's mission in the society).

기업은 그 본질적인 특성이 경제 · 기술적 생산시스템이기 때문에 사회에서 필요로 하는 재화나 용역을 효율적으로 공급하는 경제적 목적을 추구해야 한다. 즉, 전체사회의 하위시스템으로서 사회가 요구하는 모든 것을 담당해야 하는 것이 아니라 경제적 기능에 충실해야 한다.

또한 기업은 경제적 목적 이외의 사회가 기업에 기대하는 사회적 목적도 수행해야 한다. 따라서 기업과 사회의 관점에서 기업의 사회적 역할을 요약하면 다음과 같다.

첫째, 기업은 계속기업(going concern)으로서 존속해 나가는 데 필요한 이익을 창출할 수 있어야 한다.

둘째, 기업은 사회적인 욕구나 기호를 충족할 수 있고, 사회 전체의 삶의 질(quality of life)을 높이는 데 필요한 제품이나 서비스를 제공할 수 있어야 한다. 심지어 외국에서는 기업의 출퇴근시간까지도 교통체증을 유발하게 된다면 근무시간을 탄력적으로 운영하도록 권유받기도 한다.

셋째, 기업은 국민들이 안정적인 생활을 영위할 수 있도록 취업기회를 제공할 수 있어야 한다.

넷째, 기업은 민주주의체제를 유지하고, 자유시장제도를 발전시킬 수 있도록 기업윤리와 사회적인 책임을 다하는 건전한 기업시민으로서의 역할을 다하는 것이 필요하다. 최근 우리나라 기업들이 환경보존이나 전통문화를 지키고 예술을 발전시키는 일에 활발한 투자를 하는 것은 이 점에서 매우 바람직한 일로 간주된다.

2 기업의 유형

1) 개인기업

개인기업(private enterprise)은 개인이 출자하고 경영하고 지배하는 기업 형태로 경영상의 책임과 권한은 물론 경영에 따르는 손익도 개인에게 귀속되는 무한책임사원제도이다.

개인기업은 일반적으로 기업주 또는 소수의 경영자에 의해 경영될 수 있고 많은 자본을 필요로 하지 않는 소규모 기업에 적합한 형태라고 할 수 있다.

개인기업의 장 · 단점을 정리하면 [표 5-1]과 같다.

표 5-1 개인기업의 장 · 단점

장점	단점
① 기업의 설립과 폐쇄가 용이하다. ② 신속한 의사결정을 할 수 있다. ③ 이익을 개인이 모두 취할 수 있다. ④ 기업의 비밀유지가 가능하다.	① 자본조달에 한계가 있다. ② 경영자 개인의 능력에 따라 운명이 좌우된다. ③ 개인의 사업능력에 한계가 있다.

2) 소수공동기업

(1) 민법상의 조합(civil code partnership)

일반적으로 조합은 민법에 규정되어 있는 조합을 말한다. 이는 두 사람 이상의 사람이 조합원으로 가입하여 계약을 체결하고 각자 출자하여 공동사업을 경영하고 그 손익을 분배하는 조직체이다. 조합원은 모두 출자를 해야 하고 그 출자는 금전 또는 기타의 재산이나 노동력을 제공해도 된다. 조합원은 연대무한책임을 지고 법률상의 주체로서 각자이며, 조합 자체가 사업 주체는 아니다. 따라서 조합원이 출자한 재산은 조합원의 공유에 속하지만 조합원 개인의 재산과 구별된다. 민법상의 조합은 영구적인 형태라기보다는 사업 창설 당시의 과도적 형태로 사용되고 기초가 튼튼해지면 회사 형태가 된다.

(2) 익명조합(undisclosed association)

익명조합은 상법에 규정한 조합으로서 출자와 동시에 업무를 담당하는 조합원(경영자)과 단순히 출자만을 하는 조합원(익명조합원)으로 구성된다. 다시 말하면 익명조합은 사업에 종사하는 경영자와 그 사람에게 출자하고 그 이익의 분배에만 참여하는 익명조합원이 있다. 익명조합원의 출자는 영업하는 경영자의 재산이 되며, 영업자는 그 재산을 자본으로 사업을 한다. 다만 익명조합원은 영업자의 행위에 대해서는 제3자에 대하여 아무런 권리나 의무도 가지지 않고 영업상 손실만 부담한다. 따라서 익명조합원은 손실이 지속되어 출자지분이 처음 출자지분 이하로 되면 그 이후에는 아무런 책임이 없다.

익명조합원은 이름을 밝히지 않고 자본조달을 할 수 있는 이점이 있지만 출자자의 성명과 자본금액이 공표되지 않기 때문에 신용이 다소 떨어진다는 결점이 있다.

(3) 합명회사(general partnership)

합명회사는 법률적으로 무한책임을 가진 사원들로 구성되고 각 사원이 업무를 집행하고 회사를 대표하므로 회사운영을 위한 의사결정에 대해서 전 사원의 동의가 필요하다. 따라서 친척이나 친구 등의 신뢰관계가 확실한 소수로 조직된다. 합명회사는 역사적으로 개인기업 다음으로 오래된 기업 형태라고 보고 있다. 합명회사는 개인기업의 소규모적인 기업 형태이므로 대규모적인 현대기업에는 적합하지 않다. 합명회사의 장 · 단점은 [표 5-2]와 같다.

표 5-2 합명회사의 장 · 단점

장점	단점
① 경영을 창의적으로 할 수 있다. ② 인적결합기업이므로 강한 단결력을 발휘할 수 있다. ③ 더 많은 출자가 용이하므로 자본금이 개인기업보다 많다. ④ 개인기업처럼 환경의 변화에 신속하게 대처할 수 있다.	① 무한책임이기 때문에 많은 출자자의 모집이 어렵다. ② 개인기업보다는 출자자가 많지만 대자본 모집에 한계가 있다. ③ 소규모적인 기업 형태이므로 대규모적인 현대기업에는 적합하지 않다.

(4) 합자회사(limited partnership)

합자회사는 합명회사 다음으로 출현한 기업 형태로서 출자와 업무 수행을 담당하는 무한책임사원과 출자만을 하는 유한책임사원으로 구성되는 개인기업으로서 합명회사가 가지고 있는 단점을 가지고 있다.

합자회사는 무한책임사원과 유한책임사원 각 1인 이상이 정관을 작성하여 설립 등기를 하면 설립되는데 각 사원의 유 · 무한 여부를 명시하고 유한책임사원의 수와 출자 총액을 명시하면 된다.

(5) 유한회사(private company)

유한회사는 출자자를 2인 이상 50명 이내의 유한책임사원만으로 구성하는 소규모 회사이다. 유한회사는 합명회사와 주식회사의 장점을 감안한 형태이면서 소규모 회사라는 점과 책임의 유한성이라는 특색을 가지고 있다.

유한회사의 기관으로서는 이사, 감사, 사원총회가 있는데 사원은 1명 또는 그 이상의 이사를 임명하여 대체로 사원 중에서 이사가 임명된다. 여기에서 감사는 법정의 필수기관이 아니다. 또한 이사는 반드시 사원 중에서 선출할 필요성은 없으며, 이사는 회사의 운영에 대한 전체적인 책임을 진다.

사원은 출자에 대한 지분을 받게 되는데 지분을 타인에게 양도할 때에는 사원총회의 승인을 받아야 한다. 또한 현물 출자나 재산 출자금액이 정관에 정한 금액에 부족할 때에는 설립 당시의 사원이 회사에 대하여 연대하여 부족액을 지급해야 할 책임을 짐으로써 자본을 유지하도록 한다.

특이한 것은 유한회사는 기업을 공개할 의무가 없으며, 따라서 재산목록, 대차대조표, 손익계산서나 기타 사원 명부나 의사록을 공개할 필요성이 없다. 우리나라에서는 흔하지 않으나 독일이나 영국에서는 흔한 회사 형태이다.

3) 다수공동기업

(1) 주식회사(stock corporation)

가. 주식회사의 의의

주식회사는 자본적 결합을 중심으로 형성된 자본 단체성과 그 자체의 대규모성으로 인하여 경영학연구의 중심적인 대상이다. 주식회사는 우리나라 대부분의 기업 형태로서 구성원의 인적인 색채는 나타나지 않고, 각 개인이 가진 자본만이 표면에 나타나는 특징이 있다. 따라서 공식적인 조직구조를 갖추고 있고, 상법에 의하여 창설되는 법인체이다. 그리고 주식회사의 소유자는 주주이다.

나. 주식회사의 특징

주식회사는 대규모의 기업운영에 소요되는 자본의 조달과 합리적 경영을 하기 위해 형성된 자본적 공동기업이다. 주식회사의 특징은 다음과 같다.

① 자본의 증권화제도 : 주식회사의 자본금은 주식(stock, share)이라고 하는 유가증권을 분할 발행하여 주주에게 매각함으로써 비로소 자본이 조달된다. 이때 주식을 산 주주는 주식을 판매할 경우에는 주주의 지위가 자동적으로 박탈된다. 그러므로 출자자본은 주식이라는 증권에 의해서 표시되므로 주식은 유가증권임과 동시에 주주 권한을 가진다는 의미를 가진다.

② 유한책임제도 : 주주는 회사에 대해 주식에 표시한 인수금액에 대해서만 출자의무를 지고 그 외의 일체의 책임은 부담하지 않는다.

③ 출자와 경영의 분리제도 : 주식의 분산화와 유한책임성은 불가피하게 전문경영자에 의한 대리경영을 불가피하게 만들었다.

이때 출자자인 주주는 세 가지로 나누어진다. 첫째, 출자의 목적이 사업에 있는 사업 주주, 둘째로 이익배당과 주식 시세 차익을 바라는 투자 주주, 셋째로 주식 시세의 차익만 노리는 투기 주주가 그것이다.

오늘날에는 사업에 관심 있는 투자 주주나 투기 주주가 많아져서 자연히 소유와 경영이 분리되고 있다.

④ 법규에 의한 정부의 감독과 공시주의 : 주식회사에 대해서는 정부에서 엄격한 규정을 두어 강제적으로 준수하도록 하고 있으며 회사 내부의 재정 상태나 경영성과를 반드시 공시하도록 하고 있다.

다. 주식회사의 기관

주식회사는 다음과 같이 의사결정기관인 주주총회가 있고, 집행기관인 이사회와 대표이사, 감사기관인 감사가 있다.

① 주주총회 : 주식회사의 주주총회는 주식회사가 최고기관으로서 전체 주주로 구성된다. 따라서 다른 기관은 주주총회의 결의에 복종해야 한다.

주주총회는 정기총회와 임시총회로 나눈다.

정기총회는 법률과 정관이 정한 장소에서 매년 1회 이상 일정한 시기에 이사가 소집한다. 정기총회에서는 재산목록, 대차대조표, 영업보고서, 손익계산서, 이익잉여금과 배당금을 결정한다.

또한 임시총회에서는 긴급한 사태가 있다고 생각하여, 첫째로 이사가 필요하다고 할 때, 둘째로 자본금 10분의 1 이상 가지고 있는 주주가 청구할 때, 셋째로 감사가 필요하다고 인정할 때, 넷째로 회사가 그 자본의 반액을 손실할 때 개최되어 출석 주주의 과반수 의결로 결정한다.

② 이사회 : 이사회(board of directors)는 주주총회로부터 경영에 관한 일체의 권한을 위양받은 수탁층이자 상설기관으로서 일체의 회사의 일상적인 업무를 수행하고 의사결정을 한다.

이사는 주주총회에서 선임되며, 최소한 3인 이상이고 임기는 3년이다.

이사회가 결정하는 주요 사항은 상법에 따라 신주 발행, 사채의 모집, 지배인의 선임과 해임, 대표이사의 선임, 이사와 회사 간의 거래에 관한 승인, 이사 직무의 집행 감독 등이 있다.

③ 감사 : 감사는 주주총회에서 선임되며, 이사의 업무 집행을 감사하는 법정의 필수적인 기관이다. 그러므로 감사는 이사에게 영업에 관한 보고를 요구하고 회사의 업무와 재산 상태를 조사할 수 있다.

(2) 협동조합

가. 협동조합의 의의

협동조합은 1844년 영국의 맨체스터(Manchester) 지방에 있는 로치데일(Rochdale)에서 가난한 직조공들이 1파운드씩 돈을 내서 소비조합을 결성한 것을 그 효시로 하고 있다. 그러나 본래는 로버트 오웬(Robert Owen)의 사상에 힘입어 만든 것으로 로치데일 공정개척자조합(Rochdale Society of Equitable Pioneers)이 있다.

협동조합은 생산자나 소비자, 소상인이나 일반인들이 경제적 약자의 입장을 극복하기 위하여 상부상조의 정신을 가지고 만든 협업체로서 영리가 전적인 목적이 아니므로 일반기업과 다소 구분된다. 그러나 경제적 기능을 수행한다는 점에서 준기업적 성격을 가지고 있으므로 경영학에서 다룬다.

나. 협동조합의 특성

협동조합은 일반기업과 다른 다음과 같은 특성을 가지고 있다.

① 협동조합은 개인주의가 아니고 협동주의를 목표로 운영되는 조직체이다. 그러므로 협동을 통한 상호 이익의 추구가 중요 목표이다.

② 협동조합은 조합원의 임의 가입 탈퇴가 허용되며 각 조합원은 출자액에 관계없이 1인 1표의 의결권이 부여되는 민주적 조합이다.

③ 협동조합은 영리주의가 아닌 이용주의원칙에 의해서 운영된다. 즉, 조합원이 영리적 이익을 얻기 위해서 결성된 것이 아니고, 조합원이 편익을 향유하기 위해서 결성된 것이다.

4) 공기업

(1) 공기업의 의의와 존재 이유

가. 공기업의 의의

공기업은 공적기관, 즉 국가나 공공단체 또는 지방자치단체가 중심이 되어 출자하고 경영하며 지배하는 기업적인 성격을 가진 것을 말한다. 일반적으로 공기업은 사회주의경제나 공산주의경제체제하의 기업 형태이지만 자본주의경제체제하에서도 중요한 공익사업이나 대규모 건설사업 등을 할 때 국가나 지방정부가 운영하는 기업 형태이다. 즉, 사업의 규모가 너무 방대하여 자본의 회전율이 느려서 사기업으로서는 감당할 수 없거나 수익률이 크게 떨어져서 사기업으로서는 채산성이 맞지 않을 때 공기업으로 운영한다. 또는 그 반대로 안정적 이익을 확보할 수 있으면서 많은 고용을 창출할 수 있을 때는 공공기관에서 기업을 운영하여 그 수입을 국민 전체를 위하여 사용한다.

나. 공기업의 존재 이유

① 경제정책적 목적 : 국가의 경제정책상 필요하지만 막대한 인적, 물적 소요자원을 개인이나 사기업이 충당할 수 없을 때 국가나 지방자치단체가 그 목적을 실현하기 위하여 설립 · 운영하는 경우를 말한다. 예를 들면, 미국의

TVA(Tennessee Valley Authority)는 미국의 경제공황을 해결하기 위한 국가적 대사업을 하기 위하여 창설되었다.
우리나라의 경우에도 산업자금을 공급하기 위한 한국산업은행과 화폐공급을 조절하기 위한 한국은행은 경제정책적 목적으로 운영되는 공기업이다.

② 사회정책적 목적 : 공기업이 국민의 생활안정이나 복리증진을 위한 사회정책적 목적을 위하여 설립되는 경우를 말한다. 대한주택공사, 한국주택은행 등이 이러한 목적을 위하여 운영되는 공기업의 예이다.
③ 재정정책적 목적 : 공기업을 국가나 지방정부의 재정수입을 얻기 위하여 설립하는 경우인데 우리나라의 경우 담배인삼공사가 이에 해당한다.
④ 공공정책적 목적 : 공기업을 공공의 편익을 도모하기 위하여 운영하는 경우인데 우리나라에서 전신, 전화, 우편, 체신 등을 국가가 직접 관여하는 것이 그 예가 된다.
⑤ 기타의 목적 : 국가기관이 필요로 하는 물자와 용역을 직접 생산하기 위한 한국조폐공사, 한국전력공사, 한국방송공사 등이 이에 해당한다.

(2) 공기업의 종류

공기업의 분류는 크게 형태에 의한 분류, 사업 분야에 의한 분류, 사업 주체에 의한 분류 등으로 나눌 수 있는데 독일식 형태에 의한 분류에 따라 다음과 같이 나눌 수 있다.

가. 행정기업

행정기업은 성격이 국가 행정기관과 같은 공기업으로 국가나 지방자치단체가 경영의 모든 문제를 다루고 있는 전형적인 형태의 순수 공기업으로서 사기업의 특성이 없다.

나. 법인 형태의 공기업

법인 형태의 공기업은 독립적 공기업과 동일하지만 경영면에서 사기업과 동일한 성격을 갖고 주식회사의 형태로 운영된다. 그래서 이 형태는 국가 또는 공공단체가 출자자이지만 관리체제는 사기업 성격을 가지고 운영된다.

다. 공사공동기업

공기업운영 주체인 국가 또는 지방자치단체가 사기업과 공동으로 출자하여 운영되는 기업 형태로서 공사합동기업이라고도 한다. 우리나라의 한국전력공사, 한국관광공사 등이 해당한다.

(3) 공기업의 장 · 단점

가. 공기업의 장점

① 자본조달의 능력이 크다. 국가의 공신력이 보장하고 국가나 공공기관이 출자를 하며 때로는 부족분을 공채로 충당하기 때문에 자본조달에 큰 어려움을 겪지 않는다.
② 기업의 대규모화가 용이하다. 자본조달력이 있기 때문에 기업의 규모를 대형화할 수 있다.
③ 원자재의 확보나 제품과 서비스의 판매에 어려움이 없다.
④ 조세와 공과금을 면제받거나 감면받을 수 있으므로 경쟁력을 제고할 수 있다.

나. 공기업의 단점

① 관리가 관료화되어 경직된 경영을 하므로 환경의 변화에 쉽게 적응하지 못한다.
② 공기업의 종업원이 공무원 신분을 가지고 있기 때문에 관료적 근성을 가지고 무사안일에 빠질 수 있다.
③ 임원의 선임이나 배치가 경영적 관점에 의해서 이루어지지 않고 비논리적으로 처리되어 비합리적 경영이 될 수 있다.

그림 5-1 기업의 유형

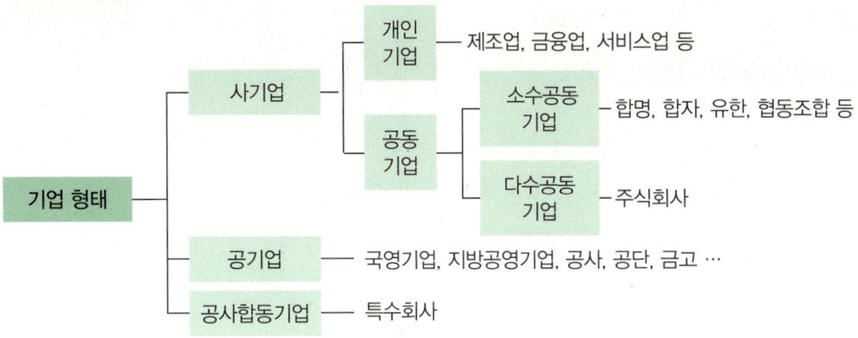

3 기업결합

1) 기업결합의 의의와 유형

(1) 기업결합의 의의

기업결합(business combination)은 2개 이상의 기업이 하나로 합쳐지는 것으로 기업집중이라고도 한다. 기업결합은 기본적으로 경쟁의 제한과 배제를 통한 시장지배력의 강화, 생산공정이나 유통의 합리화 또는 연관기업 지배 등의 목적을 위하여 추진된다. 결합의 형태는 기업제휴, 기업집단화, 기업합병, 기업계열화 등 다양한 방법이 존재한다.

기업제휴는 법적으로 독립적인 복수기업이 결합하여 자본적, 인적, 기술적으로 밀접한 관계를 가진 통일적 집단을 형성하는 것이다. 주식보유형 트러스트, 콘체른, 콤비나트 등이 해당된다.

기업합병은 독립적인 복수기업이 법률적으로 단일조직이 되는 것이다. 흡수합병과 신설합병으로 구분된다.

기업계열화는 대기업과 중소기업 간의 결합을 의미한다. 그러나 기업결합은 결국 시장의 독점적 지배를 통해 공정한 자유경쟁과 공공이익을 저해하고 중소기업 및 일반소비자에게 피해를 주는 결과를 초래한다. 이에 많은 국가에서는 이러한 피해를 막기 위해 법률로서 제한하고 있다.

(2) 기업결합의 유형

기업결합은 수평적 결합, 수직적 결합, 원환적 결합, 다각적 결합 등의 유형으로 이루어진다. 구체적으로 살펴보면 다음과 같다.

첫째, 수평적 결합(horizontal combination)은 동업종 간 합병으로 대형화를 구축하여 시장점유율 증대, 마케팅비용 절감, 시장지배력 강화를 지향한다.

둘째, 수직적 결합(vertical combination)은 원료–생산–판매의 과정을 결합함으로써 비용절감, 생산성 향상, 시너지효과를 지향한다. 이를 다시 전방적 결합과 후방적 결합으로 구분할 수 있다. 예를 들면, 자동차 생산회사가 부품업체와 결합하면 후방적 결합이며, 자동차 판매회사와 결합하면 전방적 결합이 된다.

셋째, 원환적 결합(circular combination)은 재화나 용역의 생산 및 판매와 관련을 가지는 연관된 기업 간의 결합을 의미한다.

넷째, 다각적 결합(diversified combination)은 서로 다른 업종에 종사하는 기업 간의 결합을 의미한다.

2) 기업결합의 형태

(1) 기본적 형태

가. 카르텔

카르텔(cartel : 기업연합)은 기업연합 형태(association)라고도 하는데 이는 시장통제의 목적을 가지고 다수의 동종 또는 유사기업 간에 경쟁을 제한하고 시장의 독립적 지배를 목적으로 신사협정을 맺어서 결합하는 기업집중의 형태이다. 카르텔은 법률적 · 경제적 독립성을 상호 유지하면서 결합하므로 기업의 자유로운 활동이 보장된다는 장점이 있는 반면에, 결합력이 약하다는 단점이 있다. 이러한 카르텔에는 다음과 같은 종류가 있다.

㉠ 판매 카르텔

판매 카르텔은 공급 카르텔이라고도 하는데 이는 판매상의 경쟁을 제한하기 위해서 동종 또는 유사기업 상호 간에 수평적인 협정을 하는 것을 말한다. 판매 카르텔에는 협정 내용에 따라 다음과 같이 분류한다.

① 가격 카르텔 : 최고가격과 최저가격 또는 표준가격을 협정하여 과당경쟁을 피하는 협정을 말한다.

② 판매조건 카르텔 : 가격 이외의 판매조건 등을 협정하여 놓고 그 범위 내에서 판매하도록 하는 협정을 말한다.

③ 수량 카르텔 : 판매수량을 미리 할당하는 것을 말한다.

④ 공동판매 카르텔 : 생산품을 효율적으로 판매하기 위해 기업 간에 공동판매 기관을 만들어 판매를 제한하는 것을 말한다.

㉡ 구매 카르텔

구매 카르텔은 구입 카르텔이라고도 하며 원료나 구매할 제품이 부족하여 이를 용이하게 구매하고자 형성하는 카르텔을 말한다.

㉢ 생산 카르텔

생산 카르텔은 가맹한 기업들이 생산 내용에 대해서 협정하는 경우를 말한다. 생산 카르텔은 협정 내용에 따라 생산제한 카르텔, 전문화 카르텔(생산하는 전문 분야 침해 금지), 특허이용 카르텔 등으로 구분한다.

① 생산제한 카르텔 : 과잉생산을 방지할 목적으로 기업 간에 일정한 생산비율을 정하고 노동시간, 임금, 제품의 수량, 규격 등을 협정한다. 때로는 생산설비(기계)의 일부를 봉인하여 그 사용을 정지하는 등 조업단축을 하기도 한다.

② 전문화 카르텔 : 가맹기업이 생산하는 제품의 특성에 따라 제품을 선정하거나 할당하여 전문적으로 제조하도록 가맹기업 간에 협정하는 것을 말한다.

③ 특허이용 카르텔 : 특허기술이나 비밀기술을 가지고 있는 가맹기업들이 각자의 특허를 공동으로 이용하여 생산에 있어 상호 이익을 얻으려고 협정하는 것을 말한다.

나. 트러스트

트러스트(trust : 기업합동 또는 기업합병)는 재산의 소유권을 양도하지 않고 이용 또는 처분에 대한 관리를 타인에게 위임하는 것을 말하며 기업이 각기 법적으로 독립성을 포기해서 자본적으로 결합한 기업활동 형태를 말한다. 트러스트는 카르텔에서 발전된 기업 형태로서 동종 또는 이종기업이 시장에서 경쟁을 배제하고 독점하기 위하여 개별기업들의 경제적 · 법률적 독립성을 상실하고 자본적으로 결합하는 강력한 결합 형태이다.

트러스트는 시장을 지배하여 국민경제에 손해를 끼치는 일이 있으므로 법률로 이를 제한 또는 금지하고 있다.

트러스트는 다음 두 가지 경우에 의해서 형성된다.

첫째의 경우는 트러스트의 구성원이 되는 각개의 기업이 그 주식을 트러스트의 경영자인 수탁자에게 인도하고 그에 대한 신탁증서(trust certificate)를 발행하는 방법이다.

둘째의 경우는 다른 동종기업의 자본과 부채를 포괄적으로 인수하고 인계한 기업은 해산하는 방법이다. 이러한 형태는 기업 합동의 형태이며, 시장 독점을 목적으로 하는 모든 기업이 경제적인 지배권을 장악하거나 실질적인 합동을 말한다.

다. 콘체른

콘체른(concern : 기업연휴)은 몇 개의 기업이 법률적으로 독립성을 유지하면서 실제적으로는 주식의 소유, 자금의 대부와 같은 방법에 의해 결합된 형태로서 독점성이 가장 강하다. 콘체른은 카르텔이나 트러스트와 달리 특정 산업에 관계없이 산업과 금융에 의한 자본 지배를 목적으로 하고 있으며 구체적으로 결성하는 목적에 따라 산업 콘체른, 금융 콘체른, 혼합 콘체른으로 구분한다.

㉠ 산업 콘체른

산업 콘체른(industrial concern)은 수직적 콘체른(vertical concern)이라고도 하는데 생산의 합리화를 목적으로 생산과정상 서로 관련되는 기업이 수직적으로 결합하여 생산비의 절약을 꾀하려고 결합된 것이다. 예를 들면, 원료부문과 제조

부문이 결합하면 부대비용을 절약할 수 있다.

㉡ 금융 콘체른

금융 콘체른(financial concern)은 융자 또는 금융의 유리한 이점을 활용하기 위하여 여러 업종의 많은 기업에 투자하여 지배관계를 형성한 결합 형태로서 금융기관이 중추적 역할을 담당한다.

㉢ 혼합 콘체른

혼합 콘체른(mixed concern)은 산업상의 동기와 금융상의 동기에 의하여 형성된 콘체른이다.

리. 지주회사

지주회사(holding company)는 다른 회사의 주식을 보유하여 그 회사의 경영권을 지배하는 결합방법이다. 따라서 지주회사는 자산총액이 1,000억 원 이상이면서 다른 회사를 지배할 목적으로 당해 회사가 소유하는 자회사 주식의 장부가액이 당해 회사 자산총액의 50% 이상인 회사, 즉 지주비율이 50% 이상인 회사를 밀한다.

지주회사의 형태는 일반지주회사와 금융지주회사로 구분할 수 있다. 또한 일반지주회사는 다른 기업을 지배할 목적으로 주식 및 회사채의 발행으로 자본을 조달하여 조달된 자본을 가지고 다른 기업의 주식을 보유함으로써 그 기업을 지배 · 관리하는 것을 목적으로 하는 순수지주회사와 생산이나 판매와 같은 자기사업을 영위하면서 자회사 주식을 보유하고 있는 사업지주회사로 구분된다.

지주회사의 장점은, 첫째, 구조조정이 용이하고, 둘째, 리스크를 회피할 수 있고, 셋째, 자금조달비용을 절약할 수 있으며, 넷째, 연결결산이 가능하고, 다섯째, 경영과 사업의 분리가 용이하다는 점이다. 지주회사의 단점은, 첫째, 주주인 지주회사(모회사)와 자회사의 경영자가 달라 경영에 대한 갈등과 대리인 문제들이 발생할 가능성이 높고, 둘째, 자회사는 지주회사(모회사)에 대해 독립성을 갖게 됨으로써 경영에 대한 구심력이 약화될 위험이 있다.

(2) 기업결합의 특수형태

가. 기업집단

기업집단은 생산, 경영, 관리적 차원에서 보완적인 역할을 하는 기업들이 독립성을 유지하면서 결합하는 형태를 말한다. 콤비나트(combinat)가 해당된다.

나. 컨글로머리트

컨글로머리트(conglomerate)는 복합기업 또는 다시장기업이라고 부르는 것으로서 전혀 관련이 없는 부문의 수많은 기업을 지배하는 거대한 자본력을 가진 기업군을 말한다. 컨글로머리트는 전후 1950년대 후반부터 미국에서 급격하게 발전된 독점체로서 급속히 형성된 기업군을 말한다. 컨글로머리트는 수평적 합병과 수직적 합병이 혼합된 혼합형 합병으로서 다각적 합병이라고도 볼 수 있다.

다. 기업계열화

기업계열화(systematization)는 생산, 판매, 기술, 자본면에서 기업들이 밀접한 관계를 형성하는 것을 의미한다. 일반적으로 대기업이 중소기업을 계열화한다. 계열화를 통한 대기업의 긍정적인 효과는 다음과 같다.

① 중소기업의 저임금을 이용하여 생산원가를 절감할 수 있다.
② 대기업의 고정비용과 운전비용을 절약할 수 있다.

계열화를 통한 중소기업의 긍정적인 효과는 다음과 같다.

① 부품 및 중간재를 생산하여 대기업에 안정적으로 공급할 수 있다.
② 대기업으로부터 원료나 자금 및 기술지원을 받을 수 있다.

한편 계열화의 단점은 다음과 같다.

① 대기업의 경우 통일적인 품질관리가 어렵다. 토요타의 리콜사태에서 확인할 수 있듯이 수많은 하청회사의 품질수준을 관리하는 것이 어렵게 된다.
② 중소기업의 경우 자생력 있는 회사로 성장하기보다는 납품회사로 안주하게 되는 경향이 많다. 또한 대기업의 납품단가 인하로 인하여 경영상의 어려움

이 상존하게 된다.

라. 조인트벤처

조인트벤처(joint venture)는 외국기술을 도입하게 될 경우 국경을 넘어 타국에 진출하려는 기업들이 자주 이용하는 기업 형태로서 여러 관련된 기업들이 공동출자하여 하나의 새로운 회사를 설립하는 것을 말한다. 물론 이때에 투자액이 많은 기업의 발언권이 커지므로 외국자본에 대한 출자비율에 제한을 가하는 것이 일반적인 관례이다.

마. 전략적 제휴

2개 이상의 기업이 상호 경쟁력을 높이기 위해 자원, 지식, 정보능력 등을 공유함으로써 상호 이익을 추구하는 장기계약을 말하며, 상호 보완적인 자산의 교환을 통하여 경쟁력을 강화하고 더 많은 부가가치를 창출하는 데 목적이 있다.

바. 인수합병

기업의 인수합병(M&A : Merger & Acquisition)은 2개 이상의 기업이 청산절차를 거치지 않고 한 개 이상의 회사가 소멸함과 동시에 권리와 의무가 존속회사에 포괄적으로 이전 및 승계되는 기업 간의 계약을 말한다. 기업을 하나의 상품으로 보고 사고파는 합병이나 매수(M&A)는 각국의 시장과 업종의 개방 가속화 및 경쟁격화로 세계경제가 성숙단계에 접어들고, 기술의 혁신속도가 빨라지며, 제품의 수명주기가 짧아지면서 기업들은 국제화의 주요 수단으로 많이 사용하고 있다.

이러한 M&A는 일반적으로 경제가 발전될수록 활발해지는데, 그 주된 이유로는 동종산업의 기업을 인수하거나 합병함으로써 '규모의 경제' 이익과 비용을 절감할 수 있다는 점과 다품종의 종합경영으로 경영상의 안전을 확보하고, 유통경로를 줄임으로써 경비를 절감할 수 있고, 아울러 판매력을 강화할 수도 있고, 사업다각화의 전략으로 사업 전체의 위험을 분산시킬 수 있기 때문이라 할 수 있다. 원래 M&A는 1900년대 초 미국에서 석탄이나 철강업에서 경쟁을 줄임으로써 소비자에게 '규모의 경제' 이익을 위해서 수평적인 합병(horizontal mergers)이 많았지만, 1911년 반트러스트법에 의하여 이것은 해체되었다. 이후 1920년대에는 수직적인 합병(vertical mergers)을 통하여 생산에서 판매의 일괄적인 활동으로 시너지효과를 추구하였다. 이러한 추세는 1930년대 대공황으로 주춤하다가 1960년대 말부터는 다각적 합병(conglomerate mergers)이 기업의 활동영역을 넓히는 주요한 수단으로 각광받기 시작하여 지금까지 급증하는 경향을 보이고 있다.

단점으로는 조직의 슬림화를 위한 인력감축과 경영 규모 확대에 따른 조직관리의 어려움, 합병기업 간 임금 및 승진체제 차이에 따른 조정 문제, 또한 기업 간 경쟁을 저해시킴으로써 소비자의 선택의 폭을 줄일 수 있다는 점이다.

하지만 M&A가 기업의 글로벌화와 시장개방의 여파로 국내외에서 경쟁력 제고를 위한 사업재편(business restructuring)이나 성장전략(growth strategy)으로 중요하게 부각되고 있고, 또 1997년 1월부터는 우리나라의 증권거래법이 개정됨(특히, 일반인이 특정한 상장기업의 주식을 10% 이상 소유할 수 없다는 조항이 폐지됨)에 따라 기업 간 M&A는 더욱 활발하게 이루어질 것으로 판단된다. 따라서 기업들은 더 이상 인수나 합병의 문제가 외국에서나 볼 수 있는 강 건너 남의 일만이 아니라는 생각을 갖고 기업의 경영권을 안정적으로 유지할 수 있도록 소유지분에 대한 철저한 관리가 필요하다.

토 | 의 | 문 | 제 |

01 기업의 사회적 역할은 무엇인가?

02 주식회사의 의의, 특징은 무엇인가?

03 공기업의 의의와 존재 이유는 무엇인가?

04 기업결합의 의의는 무엇인가?

05 인수합병은 무엇인가?

목표에만 사로잡혀 인생을 잃지 마라

산을 오른다. 짐승처럼, 망설임도 없이. 땀범벅이 되어 오직 정상을 목표로 오를 뿐이다. 오르는 동안 눈부시게 아름다운 풍경이 펼쳐질 테지만 오로지 높은 곳을 향하는 것 외에는 알지 못한다. 그것이 여행이든 늘 하는 일이든, 하나의 것만 탐닉하고 다른 것은 완전히 잊어버린다. 사람은 그 같이 우매한 짓을 때때로 저지른다. 일의 경우 매출 향상만이 오직 단 하나의 목적인 양 착각한다. 그리고 어느새 일하는 의미를 잃고 만다. 이 같은 어리석은 행위는 언제나 반복된다. 마음의 여유를 잃고 이해타산적인 행동만을 중시한 나머지 오로지 그 관점에서 인간적인 것조차 모두 쓸모없는 짓이라 간주한다. 그리고 결국에는 자신의 인생 자체를 잃게 되는 일이 빈번히 자행되고 있다.

출처 : 『니체의 말』 중에서

Chapter

06

기업의 사회적 책임과 경영자윤리

경영이야기 1

존경받는 기업 가치에 진정성 둘 필요

과거에는 기업이 존경받는다는 개념이 사회적으로 다소 생소했던 시절이 있었다. 조사가 처음 실시되었던 2004년도 즈음 기업들에 '존경받는 기업' 선정 결과를 안내하면 '기업이 존경을 받을 수 있는 대상인가', '존경받는 기업에 선정됐다고 외부에 알리기가 민망하다'는 반응이 돌아왔다. 하지만 지금은 기업의 최우선 경영방침으로 '존경받는 기업'을 설정한 기업을 어렵지 않게 찾아볼 수 있다. '세계에서 존경받는 100대 기업'. 'OO산업 가장 존경받는 1위 기업', '고객으로부터 사랑과 존경받는 100년 기업' 등 표현은 다르지만 공통의 가치를 능동적으로 제시하고 있는 기업이 상당히 많아졌다. 이러한 인식 변화는 기업의 역할과 책임의 확장, 지향 가치의 변화를 이끌어내고 있다는 점에서 상당히 긍정적이다.

기업이 존경받기 위해서는 지속가능한 발전과 사회적 기여가 균형 있게 전개되는 것이 중요하다. 급변하는 경영환경을 고려해 신성장동력 발굴을 통한 미래 투자 가치를 결정하고 미래 생존을 위해 적극적인 대처로 지속가능한 발전을 실현해 나가는 건 기업의 본질적인 경영목표다.

세계적 화두로 대두되고 있는 ESG 연관 검색어로 'ESG 워싱(Washing)'이라는 단어도 쉽지 않게 찾아볼 수 있다. 이는 ESG를 바라보는 진정성 있는 접근과 이해관계자들과의 신뢰 가치를 간과한 결과다. 기업의 모든 이해관계자들을 바르게 인식하고 그들의 가치를 제고시키는 것에 대한 진정성 있는 고민이 밑바탕이 되는 것이 무엇보다 중요함은 부인할 수 없다.

사회적으로 요구되고 있는 다양한 활동에 대해 최선을 다하는 것도 중요하지만 이해관계자들로부터 신뢰와 존경을 받겠다는 명확한 목표를 설정하고 이를 실현하기 위해 기업 특성을 반영한 실천 과제, 전담 추진 체계 등을 구체화할 필요가 있다.

지금까지 기업들은 통제가능한 위험관리와 내부 프로세스 혁신에만 초점을 맞추고 있었다. 하지만 전략적 위기와 외부 위기에는 다른 방식의 관리가 필요하다. 현재의 통합된 프로세스에 객관적이고 전문적이며 비판적인 내부 조직을 추가로 구성 · 배치하고 대응 프로세스를 수립하는 등 기업 경영의 중 · 장기적 전략에 깊이 반영하는 핵심 프로세스 혁신이 요구된다.

기업은 일반적으로 통제가능한 운영상의 위기, 기업이 전략으로부터 우수한 수익을 창출하기 위해 자발적으로 부담하는 전략적 위기, 기업 자체 영향력이나 통제 범위를 벗어나는 외부 위기 등 다양한 위험 범주에 맞는 관리 프로세스를 조정해야 한다. 통상적으로 컴플라이언스 기반의 접근 방법은 일반적으로 통제가능한 리스크 예방에 효과적일 수 있어도 전략적 위기와 외부 위기 관리에는 근본적으로 다른 접근 방식이 필요하다.

우선 전략적 선택과 관련된 위기관리에 대해서는 개방적, 객관적, 비판적 시각에서 조직 내외부에 잠재된 문제 요소를 반영할 수 있는 조직적 체계를 갖춰야 한다. 전략과 운영적 요인으로 발생하는 예방할 수 없는 위험을 예측하고 인지해 대비 방법을 항상 기업의 핵심 프로세스에 반영하고 이를 지속적으로 모니터링하면서 시간과 환경에 따라 변하는 위기에 대해 적절한 변화와 대응을 도모해야 한다.

외부 위기는 대부분 기업의 통제 밖에 있기 때문에 이를 예측하고 잠재적 영향을 분석 · 평가해 만약 발생할 경우 그 영향을 최소화하는 방안을 찾는 데 역량을 집중해야 한다. 하지만 발생 확률이 매우 낮은 데다 경영자나 관리자가 일반적인 프로세스에서는 상상하거나 예측하기 쉽지 않은 게 현실이다. 따라서 이와 관련해 위기 측정과 목표 수립, 거버넌스 구축, 전략 수립, 위기관리 등에 역량을 집중해야 한다.

대다수 기업에서는 이러한 위험 요인에 대응하기 위해 위기 스트레스 조사와 시나리오 기획을 통해 접근해 볼 수 있다. 각 요인이 발생했을 때 대응 프로세스를 정립하고 프로세스 단계별 대응 전략과 과제를 도출하며 이를 선제적으로 마련하거나 체계를 갖추는 것이 핵심이다.

시나리오 기획은 기업의 중 · 장기적인 전략과 연계 · 설계하는 것이다. 자연적, 경제적, 정치적, 환경적 위험 요인을 조사하고 기업에 가장 큰 영향을 미칠 수 있는 몇 가지 요인으로 압축한다. 이후 요인별로 외부 자문위원을 위촉하고 내부 조직별 관리자로 구성된 위원회를 통해 일상적인 상황에서 벗어난 시나리오를 구성하고 시나리오를 여러 단계로 나눠 위험 발생 추세를 분석하는 것이 필요하디.

출처 : 매일경제, 2023.3.6.

경영이야기2

기후 위기를 기회로 … 2030년까지 130조 탄소시장 열린다

스티브 글리크먼 에스퍼레이션 국제담당 사장은 최근 매일경제 인터뷰에서 자발적 탄소거래시장(VCM : Voluntary Carbon Market) 활성화에 앞서 기업들이 비즈니스 기회를 적극적으로 포착해야 한다고 주문했다.

에스퍼레이션은 개인과 기업을 대상으로 탄소중립화를 위한 금융 서비스와 지속가능 서비스를 제공하는 미국의 대표적인 핀테크 기업이다. 2013년 설립됐고 작년에만 세계 각지에 나무 1억 3,000만 그루 이상을 심었으며, 2040년까지 50억 그루를 심어 탄소 약 17억t을 상쇄하겠다는 목표를 갖고 있다. 800만 명이 넘는 개인과 법인 고객이 에스퍼레이션이 운영하는 탄소중립화 프로젝트에 참여 중이다. 배우 레오나르도 디카프리오와 올랜도 블룸, 로버트 다우니 주니어는 에스퍼레이션의 초기 투자자다.

그는 "기후위기는 기업들이 에너지 전환을 활용할 수 있는 자산을 선제적으로 구축하는 기회일 뿐더러 글로벌 투자자들과 더 젊은 소비자들에게 반향을 일으킬 환경 친화적 브랜드를 구축하는 계기가 된다"며 "한국 기업을 포함한 모든 기업은 전 세계 탄소발자국을 줄이는 규모와 속도에 신경을 써야 한다"고 조언했다.

에스퍼레이션은 고객이 원하는 국가에 나무를 심어주고 베라(Verra)와 골든 스탠더드(Golden Standard) 등 제3의 탄소배출권 인증기관을 통해 공인된 '자발적 탄소크레디트'를 제공해주고 있다. 자발적 탄소크레디트란 개인, 기업, 비영리단체 등이 자발적으로 탄소감축 프로그램에 참여해 줄인 만큼 탄소감축량을 사고파는 것이다. 기업 등이 정부 규제 등에 맞춰 탄소배출을 감축하고 줄어든 탄소배출량을 사고파는 탄소배출권 거래와 개념은 같지만 더 적극적인 참여를 동반한다는 차이점이 있다.

에스퍼레이션이 발행하는 탄소크레디트는 세계은행 산하 국제금융공사(IFC)에서 매매가 가능하다. 런던과 싱가포르처럼 국내에도 자발적 탄소크레디트 거래소가 설립되면 기업들은 각자의 탄소발자국 상쇄를 위해 필요한 만큼 사고팔 수 있는 장이 열리게 된다.

글리크먼 사장은 2030년까지 자발적 탄소거래시장이 1,000억 달러(약 130조 5,000억 원) 규모로 성장할 것으로 관측했다. 그는 "자발적 탄소거래시장은 지금 수십억 달러 정도지만 매년 두 배 이상 성장하고 있다"며 "현재 t당 20~30달러인 탄소배출권 가격도 수요가 증가하면서 2030년에는 100달러에 이를 것"이라고 예상했다.

에스퍼레이션은 개별 소비자들이 탄소중립에 참여할 수 있는 'PYC(Plant Your Change)' 프로그램도 운영 중이다. 소비자들이 신용 · 직불카드를 사용할 때 구매 내역을 반올림해 좀 더 지불하면 그 차액을 나무 심기에 기부하는 형태다. 아울러 파트너십을 맺은 기업의 결제시스템(POS)에 연동해 개별 소비자들의 행동이 나무 심기 활동으로 이어지도록 한다. 미국프로야구 메이저리그(MLB)의 보스턴 레드삭스나 미국프로농구(NBA)의 LA 클리퍼스와 협업한 것이 대표적이다.

아프리카 케냐와 마다가스카르, 남아메리카의 온두라스와 브라질 등에서 대대적인 조림사업을 진행한 에스퍼레이션은 한반도 역시 '세계 탄소중립화'를 위한 기회의 땅이 될 것으로 내다봤다. 과거 버락 오바마 행정부에서 경제보좌관을 역임한 글리크먼 사장은 "북한에도 '탄소중립의 숲'을 조성하는 방안을 추진해볼 수 있다"며 "한국 기업에는 사회적 책임을 적극 수행할 수 있는 계기를 만들어줄 수 있고, 이는 남북관계를 평화롭게 만드는 방안이 될 수 있다"고 제안했다.

출처 : 매일경제, 2022.12.26.

1 기업의 사회적 책임

1) 사회적 책임의 정의와 범위

기업의 사회적 책임(social responsibility)이란 자연인으로서의 인간이 사회적 의무를 다해야 하듯이 법인으로서의 기업도 사회적 구성원으로서 이윤을 추구할 때 주주, 소비자, 종업원, 정부, 사회일반 등 사회 전체의 복지를 함께 고려해야 한다는 사회적 요구를 말한다. 그러므로 단순히 단기적인 이윤추구활동에 몰입할 것이 아니라 장기적 관점에서 지역사회의 현안에 관심을 기울인다면 비용이 다소 소요되더라도 기업이미지가 좋아져 지역민들의 호응과 지지를 통해 궁극적으로는 이익을 누릴 수 있다는 것이다. 우리나라의 경우 성수대교나 삼풍백화점의 붕괴사고는 사회적 책임에 둔감한 기업의 종말을 예고하는 사례가 된다. 미국의 대학생들은 사회적 이미지가 좋지 않은 회사에 취직할 경우 양심을 유보한 대가(morale reservation premium)로 보수를 더 요구하는 경향이 있다.

하지만 이러한 사회적 책임에 대해 학자들 간에는 아직도 찬반논쟁이 계속되고 있다. 우선 애덤 스미스(Adam Smith)의 전통을 이어받은 고전주의 경제학자들의 입장을 들어보면, 기업은 본래 영리를 추구하는 단체이므로 어설프게 사회적 책임을 수행하느라 경제적 생산성의 주요 목적을 희석시키느니 기업 본래의 영리활동에만 전념해야 한다는 것이다. 즉, 기업은 사회적인 문제를 해결해 나갈 지혜나 경험, 기술이 부족한데 사회적 문제에 신경을 쓴다면 그만큼 비용이 증가될 것이다. 그 결과 제품이나 서비스의 판매가격이 상승하게 되고, 이는 고객에게 전가되어 고객의 피해와 기업의 경쟁력 저하로 이어지게 된다. 궁극적으로 기업에게 사회적 책임을 부과하지 않는 나라에 비해 경쟁력을 잃게 되어 국가 경제가 어려워지게 되는 것이다. 또한 사회적 책임을 통해 지나친 권한이 기업에게 집중되어 기업이 본의 아니게 강력한 권력기관으로 군림할 위험도 발생하게 된다. 그러므로 사회적 책임은 그 분야의 전문가들에게 맡겨놓고, 기업은 이익을 창조하는 고유의 기업활동에만 전념할 때 사회적 이익이 증가하게 된다는 견해이다.

반면에 기업의 사회적 책임을 찬성하는 입장에서는 무엇보다도 모든 시민들이 좋은 사회를 만드는 데 협력해야 하듯이 기업도 사회를 구성하는 일원으로서 주어진 역할을 감당해야 한다는 것이다. 이는 일반대중이 기업에게 요구하는 기대이기도 해서 사회적 책임을 수행하는 기업에 대해서는 고객, 종업원, 자본시장 등 사회의 구성원들이 호의적인 이미지를 갖게 되어 장기적으로는 이익도 증가하게 된다. 뿐만 아니라 기업도 시민으로서 양심을 가져야 하는바, 사회적 책임을 수행한다는 것은 그 자체가 옳은 일이기 때문에 수행해야 한다는 것이다.

기업의 사회적 책임에 대한 역할 및 범위의 변화과정을 살펴보면, 1960~70년대에는 일자리 창출, 재화 및 서비스의 제공, 근로자의 복지욕구 충족, 주주의 권리보호 등이 주류를 이루었다. 1980년대에 이르러서는 공해를 비롯한 환경 문제, 소비자보호 등으로 책임의 범위가 보다 확대되었고, 오늘날에 이르러서는 근로자인권, 지구환경, 사회발전, 부의 배분 등으로 사회적 책임수행이 보다 적극적이고 전략적으로 변화되고 있다.

이상의 관점에서 경영자의 사회적 책임을 정리해 보면, 대내적으로는 첫째, 기업의 유지 및 발전에 대한 책임, 둘째, 종업원의 인간적 만족에 대한 책임, 셋째, 후계자 양성에 대한 책임을 수행해 나가야 한다. 그리고 대외적으로는 첫째, 주주, 고객, 종업원, 정부 등 이해자집단의 이해조정에 대한 책임, 둘째, 지역사회의 환경오염에 대한 책임, 셋째, 지역사회의 유지와 발전에 대한 책임 등을 인식하고 실천할 필요가 있다.

그리고 이러한 사회적 책임의 이행은 사회감사(social audit), 즉 기업의 사회적 책임활동에 대한 평가를 통해 존속되고 발전되어 나가야 한다. 사회적 감사의 내용으로는 다음의 네 가지 질문이 포함된다. 첫째, 경제적 책임(필요이익의 실현)을 완수하고 있는가? 둘째, 법적 책임(관련 법규 준수)을 완수하고 있는가? 셋째, 도의적 책임(법이 정한 수준 이상의 바람직한 행동)을 완수하고 있는가? 넷째, 자의적 책임(자발적으로 사회적 모범을 실현)을 완수하고 있는가?

기업들은 보통 이상의 사회적 책임에 대해 전략적으로 다음과 같이 대응하는 경향이 있다. 첫째, 방해전략(obstructive strategy)으로서 영리에만 집착하여 이기적인 행동을 일삼으면서 잘못을 지적받게 되면 부정으로 일관한다. 둘째, 방어전략(defensive strategy)으로서 사회적 압력 때문에 마지못해서 최소한의 법을 지키는데, 비리가 발각될 경우 고의가 아닌 것으로 변명한다. 셋째, 적응전략

(accommodative strategy)으로서 사회적 책임의 법적 · 도의적 책임을 인정하지만, 사회적 압력을 느낄 경우에만 실천하다. 넷째, 행동전략(proactive strategy)으로서 자의적 책임까지, 말하자면 사회를 위한 지도적 역할을 적극적으로 담당한다.

이상의 사회적 책임을 기업들이 충실히 이행해 나간다면 다음과 같은 기대효과를 산출하게 될 것이다. 첫째, 회사에 대한 호평으로 직원들의 사기가 진작된다. 둘째, 우수한 인재들이 적극적으로 모여든다. 셋째, 고객만족이 증가하여 기업의 매출액이 증가한다. 넷째, 투자자들의 투자증대로 주가가 올라간다.

따라서 기업의 사회적 책임은 앞으로 보다 강조되고, 기업발전의 필수요인으로 자리하게 될 전망이다.

그림 6-1 **기업의 사회적 책임의 범위**

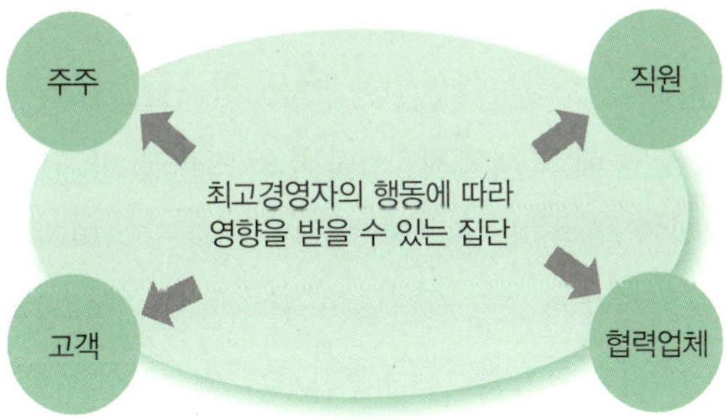

2) 공유가치창출과 ESG 경영

기업이 지속되려면 사회와 공존하여야 한다. 그러므로 기업과 사회가 공존하는 한 방식으로서 기업의 사회적 책임(corporate social responsibility) 개념이 대두되었다.

CSR 개념은 대체로 단순한 물적 기부나 인적 봉사 차원으로 구성되었다. 그러나 현재 변화된 소비자들은 기업이 추구하는 사회적인 가치에 주목한다. 전통적인 마케팅 관점에서는 소비자가 한 기업의 제품이나 서비스 품질로 그 기업을 평가해 왔다면, 현재의 소비자는 시대적 어젠더(agenda)에 공감하고 그 해결을 위해 행동하는 기업의 가치를 구매 준거로 생각한다. 기업이 표방하는 이야기에 따라 기업활동에 동참하기도 하고, 디지털 디바이스를 이용해 그들 스스로 기꺼이 기업의 이야기를 공유하고 확대해 주는 메신저가 되기도 한다. 이처럼 기업의 사회공헌활동도 리스크 헤지(risk hedge) 내지 비용투자의 관점에서 벗어나 기업 가치공유와 고객참여를 전제로 한 새로운 마케팅방법론, 즉 '공유가치의 창출(CSV : Creating Shared Value)'의 개념으로 전환되었다.

CSV는 마이클 포터(Michael E. Porter) 하버드대 교수가 2011년 1월 하버드 비즈니스 리뷰에 '자본주의를 어떻게 치유할 것인가(How to fix capitalism)'란 논문을 발표하면서 주장한 개념이다.

기업이 성장함에 따라 사회도 같이 발전할 수 있도록 기업의 사업구조를 혁신해 나가는 경영방식으로 기업의 사회적 책임을 더 실질적으로 확장한 것으로 볼 수 있다. 예를 들면, 기업의 전체활동(원료조달, 생산, 물류, 판매프로세스)에서 가치를 창출할 수 있는 활동을 내재화시킴으로써 이윤추구와 동시에 사회적 가치창출을 수행하는 것이다.

구체적으로 스타벅스는 공정무역인증을 받은 최고급 원두만을 시가보다 높은 가격에 구입하고, 이를 통해 고객에게 "스타벅스 커피를 마시면 커피농가와 공정무역을 후원하는 효과가 있다"고 홍보함으로써 브랜드 이미지를 높였다. 물류나 수송전문회사가 트럭기사에게 교통질서와 안전운전을 위한 철저한 교육으로, 교통사고를 줄여 회사의 비용을 낮추고 교통질서를 잘 지키는 회사의 이미지를 얻을 수 있으며 사회 전체적으로는 교통질서 확립이라는 사회적 가치를 창출하는 것이다. 다국적기업인 스위스의 네슬레(Nestle)는 커피재배농가에게 커피의 재배기술을 지속적으로 교육시킴으로써 커피농가의 수익증대는 물론 농촌지역의 개발에도 앞장서고 있다.

공유가치창출의 개념에서 최근에는 더 나아가 착한경영의 개념인 ESG 경영이 확산되고 있다. ESG란 환경보호(Environment), 사회공헌(Social), 지배구조(Governance)의 약자로 기업이 경영활동을 수행하는 과정에서 환경을 보호하는 노력을 하며, 사회에 봉사 · 기여하는 활동을 적극적으로 수행하고, 기업활동과 관련된 모든 법을 준수하고 특히 투명경영을 통한 도덕 · 윤리성을 적극적으로 강조하는 경영을 의미한다.

예를 들면, 기업은 생산하는 제품의 용기와 포장재가 분리수거 · 재활용이 가능하게 설계하여 쓰레기를 줄이면서 동시에 환경을 보호하고 고객과 거래처의 이익을 우선하며 공정한 거래질서를 위한 윤리경영 · 정도경영을 하는 것이다.

2 기업윤리와 경영자윤리

1) 윤리적 행위와 기업시민

윤리는 행동이나 행위의 선악을 구분하는 기준으로, 개인이나 집단의 도덕적인 규범이 된다. 기업도 사회의 한 구성원(corporate citizen)이라고 한다면, 기업의 활동이나 경영자의 의사결정은 적어도 사회의 도덕과 윤리에 어긋나지 않는 경영윤리가 필요하게 된다. 최근 우리 사회에서도 하자 있는 제품에 대한 리콜제도가 일반화되어 가는 추세인데, 이는 기업의 윤리적인 행동이 사회적으로 정착되어 나가는 실례로 보인다.

일반적으로 이러한 도덕적 행위(ethical behavior)에 영향을 미치는 주요 요인으로는 다음과 같은 것들이 제시된다.

첫째, 기업이 활동하고 있는 사회에서 어떤 문제에 대하여 가지고 있는 많은 사람들의 공통적인 생각, 즉 여론 같은 사회적인 인식(societal definitions)이 있다. 1987년과 1989년 사이 미국의 성인들을 대상으로 실시한 조사 결과에 의하면, 58%가 경영자들의 경영윤리가 공정하다고 생각하며, 76%가 경영윤리의식이 부족한 상인들이 사회의 도덕을 약하게 만든다고 인식하고 있었다. 그리고 54%가 과거 10년 전보다 덜 정직한 것으로 나타났다.

둘째, 사회에서 제정되는 법률과 법원에서 내려지는 판결이 윤리적 행동의 판단기준이 된다. 최근 우리 사회도 그동안 소비자들에게 불리하였던 각종 거래약관이나 직장 내에서의 남녀차별과 같은 비윤리적 행위들이 보다 합리적으로 바뀌고 있다.

셋째, 조직 내부에서 최고경영자의 윤리적인 관점에 대한 언급(organizational views)이나 신입사원 오리엔테이션, 규정집, 각종 연설, 회람 등이 윤리적인 행동의 지침이 되기도 한다. 우리나라도 변호사, 의사, 공무원, 기업, 과학기술자,

방송광고 등의 윤리헌장이 있다. 최근 우리 기업들은 그동안 정치권과의 부조리가 불거지면서 기업윤리헌장을 특별히 제정하기도 하였다. 참고로 선진국 그룹의 국제기구인 경제협력개발기구(OECD)의 '다국적기업을 위한 윤리강령' 주요 지침을 보면, ① 공무원에게 뇌물을 주지 말 것, ② 정당이나 정치인에게 정치자금을 제공하지 말 것, ③ 현지 정치활동에 개입하지 말 것 등을 명시하고 있다.

넷째, 경영자나 종업원 개인의 도덕적 성장단계(individual stages of moral development)도 영향을 미친다. 예를 들어, 어린이에게 요구되는 윤리와 어른들에게 요구되는 윤리는 달라진다. 아울러 생산직에 있는 근로자와 최고경영자에게 요구되는 윤리도 달라질 수 있다. 인간에게 최고의 윤리적인 단계는 양심(universal principles)에 의한 행동이다.

기업에서의 윤리적 행동이나 의사결정은 크게 공리주의(utilitarian), 도덕적 권리(moral rights), 그리고 정의(justice)로 접근된다. 공리주의적 접근에서는 최대다수를 위한 최대행복(the greatest good for the greatest number of people)을 행동이나 의사결정의 가장 합리적인 판단기준으로 삼는다. 도덕적 권리의 접근에서는 개인과 집단의 자유와 권리에 있어서 기본적으로 일치될 수 있는 행동이나 의사결정을 윤리적 기준으로 삼는다. 정의적 접근에서는 개인과 집단 사이 공평한 이익이나 비용의 분배를 윤리적인 기준으로 본다. 예를 들어, 종업원을 새로 채용할 때 인종, 성별, 종교, 출신 등에서 특별한 불이익이나 혜택을 없애는 것이다. 흔히 노사 간에 갈등이 많이 일어나는 이유를 보면, 경영자는 공리주의적인 관점에서 의사결정을 하는 데 반해, 노동자는 도덕적 권리나 정의적 관점에서 의사결정을 하려고 하기 때문이다.

한편, 앞에서도 언급한 것처럼 현대의 기업은 사회를 떠나서 생각할 수 없고, 다우(Dow Chemical)사는 이를 기업시민(corporate citizenship)으로 표현할 정도이다.

서토(Samuel C. Certo)는 기업의 사회에 대한 주요 책임으로 다음의 9가지를 들고 있다.

① 생산라인(product line) : 제품에 대한 내부적 기준, 제품수명, 제품성과, 포장

② 마케팅 실천(marketing practices) : 법적 규제, 광고 규제, 소비자 불만,

요구

③ 종업원 교육과 훈련(employee education and training) : 경력개발, 이직 관리

④ 자선행위(corporate philanthropy) : 기부영역과 금액기준, 사회활동 참여

⑤ 환경통제(environmental control) : 오염방지, 공해시설, 측정 및 감시, 영향평가

⑥ 대외관계(external relations) : 지역발전, 정부관계, 투자자와의 관계

⑦ 종업원관계(employee relations) : 봉급, 복리후생, 고용 및 승진

⑧ 소수민족과 여성고용(minority & women employment and advancement) : 비차별적인 평등고용과 승진

⑨ 종업원 안전과 건강(employee safety and health) : 작업환경기준, 산업 안선의 기준설성, 건강진단 실시

지금까지 우리는 자유경쟁을 추구하는 자본주의체제에서 기업은 완전경쟁의 원리보다는 많은 대기업들이 시장을 독과점적으로 지배해 왔다. 이렇게 본다면 우리나라 기업들의 사회적인 책임은 단순히 이윤추구라는 측면에만 국한하기 보다는 기업과 관련한 종업원, 소비자, 정부, 공급업자, 지역사회 등 이해관계자들에 대한 생활수준과 복지향상을 위하여 적극적인 자세가 요구된다. 기업의 사회적 책임을 수행하는 평가제도로 사회감사(social audit)가 있는데, 주요 내용은 기업의 정상적 활동, 소비자보호, 지역사회에 대한 서비스, 환경보존, 공평한 교육, 사회의 질적인 삶을 위한 기업의 책임 등이다. 이는 기업이 사회적 활동 내용과 수행 정도를 여러 범위로 구분하여 체계적으로 보고하는 시스템으로서, 기업 스스로 작성하며 기업의 특성에 따라 달리 작성될 수 있다.

2) 경영자윤리

기업의 사회적 책임은 상당부분 경영자의 윤리의식과 관련성을 갖고 있으며, 윤리란 옳고 그름의 판단기준이 되는 원칙으로 정의된다. 따라서 경영자윤리란 경영자가 어떠한 경영행동을 개시하기 전에 판단의 기준이 되는 원칙이며, 윤리

적인 경영자는 불량제품, 부실공사, 뇌물제공, 환경오염 등과 같이 옳지 않은 일을 저지르지 않는다. 따라서 기업의 사회적 책임을 높이고자 하는 기업들은 무엇보다도 경영자의 윤리의식을 높이는 일에 앞장서야 한다. 특히 "윗물이 맑아야 아랫물이 맑다"는 의식이 중요하다. 일반적인 우리나라의 기업들에서는 최고경영자의 모범된 윤리적 행위가 회사 전체의 윤리 확립에 있어 전제조건이 된다.

일반적으로 경영자들은 윤리적인 지침을 인지하고 있지만, 실제 경영현장에서는 여러 가지 이유 때문에 윤리적인 갈등(ethical dilemmas)에 직면하게 된다. 이처럼 경영자들이 알면서도 잘못을 저지르게 되는 이유들은 첫째, "이 일은 불법적이지 않을 것이다"라고 믿고 싶어 하는 어리석음, 둘째, "이 일은 결국 우리 조직을 위하는 것이다"라고 보는 단기적인 안목, 셋째, "아무도 이 일을 알지 못할 것이다"라고 생각하는 범죄심리, 넷째, "회사가 나를 구해줄 것이다"라고 믿는 잘못된 충성심 등이다.

따라서 경영자들이 경영활동과정에서 윤리적인 행동을 준수할 수 있으려면 경영자윤리 가이드라인을 설정해 놓을 필요가 있다. 이는 경영자로서 자신의 업무에 관계없이 의사결정과정에서 윤리적인 문제를 생각할 때 도움이 되는 공통된 가이드라인을 일컫는다. 어느 회사의 경영자윤리 가이드라인을 예시하면 다음과 같다.

① 매사에 법규를 준수하라.
② 이해관계자와의 신뢰형성을 위해 사실만을 말하라.
③ 대인관계에서는 배려하는 마음을 보여라.
④ 대접받기 원하는 대로 남을 대접하라.
⑤ 무엇보다도 남에게 해를 끼치지 마라.
⑥ 온정주의를 배격하고 객관적으로 결정하라.
⑦ 자기에게 책임이 있을 때는 항상 책임을 져라.

한편 경영자윤리가 그 빛을 발하기 위해서는 조직구성원들 모두가 전반적으로 민감한 윤리의식을 가져야 하며, 위반 시 고발하는 것은 당연하다는 풍토가 조성되어야 한다. 따라서 기업윤리에 충실한 기업들의 경우에는 구체적인 행동강령을 만들어서 구성원들 모두가 이를 준수해 나가는 동시에 잘못이 있을 때는 바로 잡아 준다는 분위기를 조성한다. 일반적으로 우리나라 기업들이 종업원들에게 '금지된 행동들'로 공표하는 사항들을 소개하면 다음과 같다.

① 강요, 선물, 상납, 뇌물 공여
② 불법적인 정치자금 제공
③ 일반법률의 위반
④ 내부정보를 이용한 이익의 획득
⑤ 회계장부의 조작
⑥ 반독점법의 위반
⑦ 뒷거래, 사기행위, 기만
⑧ 해외로 불법자금 도피
⑨ 회사기밀 누설
⑩ 일과 관련된 법의 무시

3) 경영윤리의 판별기준

경영자는 수많은 의사결정과정에서 옳고 그름을 놓고 심리적 갈등을 겪을 때가 많다. 이러한 윤리적 갈등을 극복하고 타인을 설득하기 위해서는 다양한 윤리적 판단기준을 알아볼 필요가 있다. 경영자가 기업을 경영하는 데 있어서 어떤 행위가 옳고 그른 것인가 하는 판단의 기준은 다음과 같다.

(1) 공리적 접근법

첫째, 동기기준법은 행위를 하게 된 동기를 중요시하고 이를 윤리성의 판별기준으로 삼는다. 즉, 어떤 행위를 하느냐 하는 마음과 어떤 동기에서 행위를 하느냐를 윤리성의 평가기준으로 삼는다. 결과가 아무리 좋더라도 그 동기가 순수하지 못하다면 윤리적인 것이 못 된다. 예를 들면, 불우이웃돕기 성금을 내는 경우라도 그것이 생색을 내기 위한 것이라면 윤리적으로 바람직하지 못하다.

둘째, 행위기준법은 행위 자체에 맞추어 윤리성의 판단기준으로 삼는 경우이다. 기대 결과가 아무리 중요해도 수단인 행위가 부도덕하면 그 행위는 비윤리적이다.

셋째, 결과기준 접근법은 아무리 동기가 순수하더라도 바람직한 결과를 가져올 수 없다면 그 행위는 윤리적이지 못하다는 것이다. 예를 들면, 자선사업에 지나치게 희사하여 기업의 존속을 위태롭게 하면 윤리적이지 못하다.

이 세 가지 견해 중 공리적 접근법은 행위의 동기보다는 행위 자체에 초점을 둔 것이다. '최대다수의 최대행복'이라는 말과 같이 의사결정으로 인해 혜택을 보는 사람이 많으면 옳다고 보는 견해이다. 이러한 견해는 기업을 경영하면서 많은 의사결정과정에서 혜택을 보는 사람도 있지만 손해를 보는 사람도 있다는 사실도 인정하고 있다.

(2) 권리기준법

사람이 당연히 누려야 할 기본권리는 어떤 경우에도 침해받아서는 안 된다는 것이다. 권리기준법은 개인이나 집단이 의무에 걸맞게 자기의 이익을 추구할 자유롭고 평등한 권리를 갖는다는 원칙에 입각한 것이다. 기업의 의사결정 또는 행위가 개인의 기본적 인권(생존권, 선택권)을 존중하고 보장하는가의 여부를 윤리의 판별기준으로 삼는 것을 말한다.

(3) 공정성 접근법

혜택과 부담은 공평하게 분배되어야 하고, 규칙과 법률은 공정하게 적용되어야 하며, 경쟁은 공정한 규칙에 따라 이루어져야 한다. 따라서 경영활동의 혜택이나 부담이 구성원과 이해자집단에게 공정하게 공유되느냐의 여부를 윤리성의 판별기준으로 삼는 접근법이다.

(4) 인간 본성 접근법

인간 본성 접근법은 어떤 의사결정이나 행위 또는 태도가 인간의 본성과 양심에 부합되는가의 여부를 윤리성의 판별기준으로 삼는 접근방법이다.

(5) 관습법

옳고 그름을 사회에서 적용되고 있는 기준들을 종합적으로 고려해서 판단해야 한다고 보는 것이다. 즉, 사회문화적 요인, 법적 요인, 제도적 요인, 환경적 요인 등도 윤리의 판별기준으로 적용된다. 물론 윤리의 범위나 영역은 법적인 것보다 더 광범위하다.

4) 경영윤리의 제고 방안

기업의 경영윤리를 제고할 수 있는 방안은 다음과 같다.

첫째, 최고경영자가 모범을 보여야 한다. 경영자의 윤리와 도덕성 그리고 경영 철학은 그가 내리는 모든 의사결정과 행동에 큰 영향을 미치고 그 결과는 기업의 윤리수준을 결정하는 데 큰 영향을 미친다. 그러므로 경영자는 윤리수준의 향상을 위하여 솔선수범하는 자세를 가져야 한다.

둘째, 윤리적 기업문화를 정착시켜야 한다. 즉, 조직 전체적으로 부도덕하고 비윤리적인 행위가 수용되지 않도록 투명한 경영을 하도록 해야 한다.

셋째, 구성원의 평가체계와 보상체계를 공정하게 하고, 단순한 결과보다 과정을 중시하는 평가체계로 변화시키는 것이 바람직하다. 만일 기업에서 가시적인 경제적 성과만 중시하는 압력이 강할수록 경영윤리수준은 낮아진다. 왜냐하면 무조건 조직이 정한 목표만 달성하면 된다는 결과 중시주의가 되어 버리고 과정의 정당성과 합법성을 무시하게 되기 때문이다.

넷째, 기업윤리헌장을 제정한다. 기업이 자체의 정책이나 규정에 경영윤리에 관한 내용을 포함하도록 하고 이를 선포하여 지키게 한다면 그 자체로서 상당한 구속력을 가질 수 있을 것이다. 먼저 기업 내부의 소속 구성원들에게 부당한 상급자의 요구를 거절할 수 있는 명분을 주고, 조직 외부자들이 볼 때 자신들이 선언한 윤리헌장을 지키지 않는다는 것은 곧 불량제품을 만들었다는 암시가 되기 때문에 기업에 대한 무언의 압력이 될 수 있다.

다섯째, 종업원의 생계보장과 복지후생수준을 향상시켜야 한다. 종업원 스스로 윤리수준을 높이기 위해서는 종업원에게 생계보장과 복지후생에 대한 배려를 해주어야 한다. 왜냐하면 종업원이 자신의 생계에 대한 걱정에 사로잡히면 윤리수준이 급격히 저하될 수 있기 때문이다.

여섯째, 종업원에 대한 윤리교육을 강화해야 한다. 기업경영과 관련된 윤리를 종업원이 인지하지 못하고 있거나 알더라도 어떻게 행동해야 되는지 모를 경우가 많다. 그러므로 기업 차원에서 지속적인 교육을 하여 종업원들이 관심을 가지고 윤리준수를 하도록 해야 한다.

토 | 의 | 문 | 제 |

01 기업의 사회적 책임은 무엇인가?

02 기업의 사회적 책임에 대한 찬반논쟁은 무엇인가?

03 사회적 책임의 기대효과는 무엇인가?

04 도덕적 행위에 영향을 미치는 주요 요인은 무엇인가?

05 경영윤리의 제고 방안은 무엇인가?

직업이 주는 하나의 은혜

자신의 직업에 전념하면 쓸데없는 생각을 멀리할 수 있다. 그런 의미에서 직업을 가지고 있다는 것은 하나의 큰 은혜라 말할 수 있다. 인생이나 생활에서 우울한 일을 당했을 때 익숙한 직업에 몰두함으로써 현실의 문제가 초래하는 압박감과 근심에서 조용히 물러서 있을 수 있다. 힘들면 도망쳐도 상관없다. 끊임없이 싸우며 고난을 겪었다고 해서 반드시 그만큼 상황이 호전될 것이라고는 단정할 수 없다. 자신의 마음을 너무 괴롭히지 말라. 자신에게 주어진 직업에 몰두함으로써 걱정거리에서 멀어져 있는 동안 틀림없이 무엇인가가 달라진다.

승리엔 우연은 없다

승리자는 예외없이 우연이라는 것을 결코 믿지 않는다. 비록 그가 겸손한 마음에 우연성을 입에 담는다고 해도 말이다.

출처 : 『니체의 말』 중에서

Part 02

경영의 관리과정

“심오한 지식이 없는 노력은 헛될 수 있고, 지식을 대체할 그 아무것도 없다. 이러한 심오한 지식은 업무상 스스로 답변해야 할 질문들을 양산하고 경영자 및 관리실무자에게는 질문에 대답할 수 있는 능력으로 나타난다.

-데밍-”

Chapter

07

계획수립과 의사결정

경영이야기 1

성품이 자녀의 인생을 결정한다

성실함에는 진실함, 객관성, 공정함. 진지함, 신중함 그리고 철저함 등의 의미가 포함되어 있다.

성실하게 산다는 것은 높은 기준을 갖고 사는 삶을 말한다. 완전한 정직성, 가치관의 일관성이 스며든 정직성이라는 기준말이다. 완벽한 인간이 된다는 것은 불가능한 일이지만 온전함, 정직함, 일관성, 도덕적 순수를 추구하며 실패했을 때에도 솔직하게 인정하는 것은 할 수 있다. 성실한 사람은 실패했을 때에도 교묘히 위장하거나 변명으로 돌려대는 일 따위는 하지 않는다.

이런 성실함을 본성으로 삼는 것이 우리와 자녀들을 위한 목표가 되어야 한다. 우리 자신과 자녀들이 어딘가 남들과 다른 사람이 '되기'로 선택하는 것이야말로 남들과 다른 행동을 '하기'보다 훨씬 더 중요한 일이기 때문이다. 나는 내 모든 태도와 내가 하는 모든 행동에서 정직과 일관성을 추구하는 성실한 사람이 되고 싶다.

겸손한 마음은 지적인 면에서, 도덕적인 면에서, 영적인 면에서 자신이 온전하지 않다는 깨달음에서 시작된다. 우리 중 누구도 완벽한 사람은 없다. 그러므로 지혜로운 사람은 성장을 갈망하며 누구에게서든 배우고자 하는 자세를 가진 사람이다.

겸손한 마음의 4가지 특징은 다음과 같다.

① 겸손한 마음을 가진 사람은 다른 사람을 존중한다.
② 겸손한 마음을 가진 사람은 분별력을 가진다.
③ 겸손한 마음을 가진 사람은 다양한 관점을 이해한다.
④ 겸손한 마음을 가진 사람은 성장에의 목마름이 있다.

만일 우리가 겸손한 마음을 갖기를 원한다면 우리는 모든 사람이 가치가 있는 사람이란 사실을 다시 한 번 되새겨야만 할 것이다. 우리가 이런 생각으로 살 때 우리는 모든 사람에게서 배우고자 하는 열린 마음을 가지게 되는 것이다.

우리가 최선의 행동을 분별하는 과정에는 종종 주의 깊은 생각, 토론, 기도, 성경말씀, 일반상식, 나보다 지혜로운 과거와 현재의 그리스도인들의 통찰력 등이 모두 포함된다. 그러나 무엇보다도 가정에서 우리 자녀들이 어릴 적부터 하는 성경말씀에 대한 공부와 토론은 그들이 사는 동안 내릴 수많은 결정들을 도울 중요한 뼈대가 될 것이다.

부모로서 우리는 자녀들에게 다양한 경험에 노출될 수 있는 기회를 제공해 주어야 한다. 책, 청소년 캠프, 손님 대접 등은 우리의 가정을 풍성하게 하며 자녀들에게 겸손한 마음을 심어 줄 수 있는 좋은 사례이다. 그밖에도 좋은 기회는 얼마든지 있을 것이다. 한 친구가 말하기를 하나님께서는 신실한 사람, 언제든지 주를 위해 시간을 내는 사람, 겸손한 마음을 가진 사람을 찾고 계신다고 했다.

출처 : 존 & 수잔 예이츠 부부 지음, 『성품이 자녀의 인생을 결정한다』 중에서

경영이야기 2

목표달성을 위한 8단계 전술

은밀한 설득에 활용할 수 있는 몇 가지 이론이 있다. 이 이론들은 하나의 전략을 달성하는 데 필요한 여러 가지 '전술'이라 할 수 있다. 다음에 소개할 내용이 그 첫 번째 이론이다.

① 문제점과 상황을 파악한다.

상대방이 거부감을 가질 만한 문제점이나 상황을 미리 파악한다. 예를 들면, 높은 가격과 높은 이직률, 재고품 손상, 비효율적인 광고 등 상대에게 스트레스를 주는 모든 것들이 그 대상이 될 수 있다. 아울러 이런 문제를 해결하려면 당신의 상품이나 서비스를 어떻게 활용할 수 있는지도 생각해 둬야 한다.

② 문제해결의 필요성을 알린다.

문제가 있는 상황을 계속 방치해 두면 고통스러운 대가를 치르게 된다는 사실을 상대에게 주지시킨다. 이것은 일종의 심리전술이다. 먼저 고통을 안겨준 다음 당신의 상품이나 서비스가 그 해결책이 될 수 있음을 강조하는 것이다.

③ 상대의 선택을 유도한다.

상대가 문제가 있는 상황에서 벗어날 수 있도록 유도한다. 스스로 더 나은 결과를 선택하도록 이끌어주는 것이다. 당신이 먼저 "어떤 상황을 원하십니까?"라든가 "이보다 나은 것은 무엇이 있을까요?"라든가 "당신이 바라는 완벽한 결과는 어떤 것입니까?" 같은 질문을 던져 원하는 답변을

이끌어낼 수도 있다.

④ 새로운 결과를 확인시킨다.

상대가 자신의 선택에 따른 새로운 결과를 받아들일 수 있도록 이끌어준다. 이 단계에서는 "새로운 결과가 당신과 당신의 회사에 어떤 영향을 줄까요?" 같은 질문을 던져 상대가 새로운 결과에 대해 확신을 갖게 해야 한다. 이러한 질문에 대한 답을 찾을 때쯤이면 상대의 머릿속에는 이미 새로운 결과에 대한 믿음이 생기고, 당신이 권하는 상품이나 서비스로 마음이 기울게 될 것이다.

⑤ 상대가 원하는 결과임을 주지시킨다.

사람들은 때때로 실상은 그렇지 않으면서도 상대가 좋아할 만한 말을 한다. 하지만 이런 상황은 서로에게 아무런 도움이 되지 않는다. 상대가 자기 자신과 당신에게 솔직해야 이후의 행동이 확실해진다. 당신의 의견에 동의하고 그에 따른 모든 행동을 받아들일 수 있는 것이다. 따라서 상대가 진실을 말할 수 있도록 유도해야 한다. 또한 새로운 결과야말로 상대방이 진정 원하는 것임을 주지시킨다.

⑥ 상대에게 적합한 결과인지 심사숙고한다.

새로운 결과가 상대에게 적합한 것인지 다시 한 번 생각해 본다. 당신의 상품이나 서비스는 상대에게 다방면에서 이익을 줄 수 있어야 한다. 상대에게 맞지 않는 상품이나 서비스를 억지로 파는 것은 장기적으로 볼 때 당신이나 회사의 명성에 악영향을 미칠 수 있다. 따라서 당신이 제공하려고 하는 상품과 서비스가 상대에게 적합한 것인지 검토해 봐야 한다.

⑦ 비난하지 않는다.

상대가 적절치 못한 반응을 보이더라도 성급하게 비판해서는 안 된다. 당초에 서로 합의했던 부분에 대해 상대는 당신과 다르게 이해하고 있을지도 모른다. 따라서 따로 시간을 갖고 더 많은 대화를 나누며 상대의 입장을 이해하려 노력해야 한다. 그러면 상대는 당신의 노력에 성의를 보이게 되고 결국에는 당신의 의견에 동조할 것이다.

⑧ 틀렸다는 말을 하지 않는다.

가능한 한 지적을 하지 않는 것이 좋다. 입장을 바꿔놓고 생각해 보면 쉽게 이해할 수 있다. 만약 누군가가 당신의 생각이 틀렸다고 말한다면 당신은 어떤 기분이 들겠는가? 즉시 방어적인 태도를 취하거나 혹은 자신이 옳다는 것을 증명해 보이려 할 것이다. 상대도 마찬가지다. 따라서 상대에게 "경쟁사의 상품을 구입한 것은 실수다"라고 말해서는 안 된다. 그런 말을 듣는 순간 상대는 자신이 틀리지 않음을 증명해 보이려 할 것이고, 한편으로는 당신의 상품이나 서비스를 구입하는 것도 실수가 되지 않을까 의심하게 될 것이다.

"틀렸다고 말하지 않는다." 이 말은 다른 사람을 대할 때 마음에 꼭 새겨둬야 할 훌륭한 경고문이다.

은밀한 설득이란 겉으로 드러나지 않게 상대의 심리적 저항과 반감을 없애고 내 편으로 끌어들이는 행위다. 만약 내가 보낸 메시지를 상대가 비판하거나 의문을 품지 않고 순순히 받아들인다면 은밀한 설득이 이뤄진 것이라 볼 수 있다.

출처 : 케빈 호건 · 제임스 스피크먼 지음, 『은밀한 설득 : 게임에서 이기기 위한 심리학적 전술과 트릭』 중에서

1 계획의 수립과 유형

1) 계획의 수립

계획(plan)은 미래의 목표를 정하고, 어떻게 달성해 나갈 것인지를 밝힌 것으로서 교향악단의 지휘자가 공연을 위해 선택한 악보와 같다. 그리고 계획수립(planning)이란 미래의 활동과정에 대한 여러 가지 방안 중에서 가장 적합한 방식을 선택하는 의사결정행위이다.

경영에 있어서 계획활동은 조직의 목표를 효율적으로 달성하기 위해 요구되는 경영과정의 시작에 해당된다. 즉, 목표달성을 위한 계획을 세우고(planning), 그 계획을 달성하기 위한 조직을 구성하며(organizing), 조직의 구성원들이 계획대로 목표달성에 이르도록 지휘하고(leading), 계획대로 수행되었는지를 통제하는(controlling) 과정의 출발점인 만큼, 그 의미가 크다고 할 수 있다.

그림 7-1 경영활동의 과정

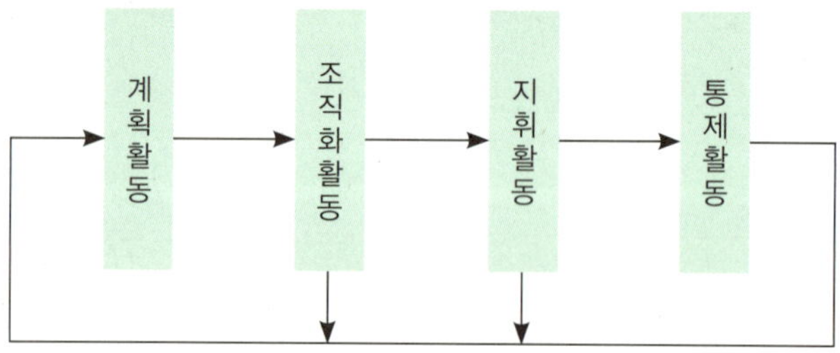

따라서 계획수립이 경영관리에 미치는 효과를 보면 다음과 같이 정리된다. 첫째, 계획은 기업경영의 방향과 목적의식을 제공함으로써 경영자가 근시안적 관점이 아니라 장기적인 안목에서 미래를 준비하게 하며, 조직의 최종목표달성을 수행해 나갈 수 있도록 한다.

둘째, 계획은 조직 내에서 일관성 있는 의사결정이 이루어질 수 있는 시스템을 제공함으로써 각 부문이 조직목표달성을 위해 협력하고 각자에게 주어진 직무를 조화롭게 수행할 수 있도록 한다.

셋째, 계획은 장기적인 의사결정의 위험을 최소화시켜 주고 잠재적인 기회와 도전을 인식할 수 있게 함으로써 조직발전의 원동력이 된다.

넷째, 계획상의 목표는 통제를 위한 기준으로 작용해 경영자로 하여금 자금, 인력, 물자, 시간 등의 경영자원을 효율적으로 관리할 수 있게 한다.

이상은 행동이 우선이라고 믿는 경영자나 계획이 없더라도 어차피 일이란 돌아가게 되어 있다고 믿는 사람들에게 계획의 필요성을 이해할 수 있게 한다.

2) 계획의 유형

경영계획은 일반적으로 기간, 목적, 성격에 따라 몇 가지 유형으로 분류된다. 첫째, 계획기간에 따라 장기, 중기, 단기계획으로 나뉘는데, 보통 장기계획은 5년 이상, 중기계획은 2~5년, 단기계획은 1년 이내로 구분된다. 그러나 이 기간 개념은 업종이나 기업의 상황에 따라 탄력적으로 조정될 필요가 있다.

둘째, 목적에 따라 전략과 운영계획으로 나뉘는데, 전자는 주로 사업의 기본방향을 정하기 위한 계획인 데 반해, 후자는 주어진 과제를 효율적으로 해결해 나가기 위한 계획이다.

셋째, 성격에 의한 구분인데, 기업이 만일의 상황에 대비하여 수립하는 계획은 예비계획이라 한다.

3) 전략적 계획의 정의

전략(strategy)이란 원래 고대 그리스어의 'strategos'에서 유래한 것으로 '군대를 지휘하는 장군'의 의미가 있다. 따라서 전략은 군사적인 용어로 '전쟁에서 승리하기 위한 계획'의 의미로 사용된다. 이러한 개념이 1970년대 들어 환경이 불안하고 경쟁이 치열해지면서 기업의 생존에 대한 연구가 활발해지는 상황에서 기업경영에 도입되기 시작하였다. 여기에서 기업의 전략적 계획(strategic planning)은 '기업이 경쟁에서 승리하기 위한 계획'을 의미한다. 즉, (경영)전략이란 기업이 시장에서 매력적인 사업영역을 확보하고 경쟁력을 지속적으로 유지함으로써 유리한 상황에서 목표달성을 추구하는 미래지향적인 계획이라 정의할 수 있다.

따라서 전략은 조직이 나아가야 할 미래의 방향을 설정하고, 그것에 기초해서 조직의 자원을 배분하기 위한 전술(tatics)을 수립하는 것이다. 여기에서 전술은 목적을 달성하기 위한 구체적인 수단으로 정의되며, 전략을 바탕으로 해서 실무관리자가 취하는 실행방침을 말한다. 요컨대 전략이란 조직의 목표를 달성하고, 조직의 구성원으로서 사명(mission)을 완수하기 위해 수립된 조직의 전반적인 계획이라고 할 수 있다. 따라서 전략적 계획은 조직의 목표를 설정하는 과정, 그 목표를 달성하기 위한 하위목표 및 대체안을 강구하는 과정, 최적의 대체안을 선택하는 과정 등으로 구성된다.

2 전략적 계획의 수립과정

전략적 계획은 조직의 목표를 달성하기 위해 장기적인 계획을 수립하고, 전략

그림 7-2 전략적 계획의 수립과정

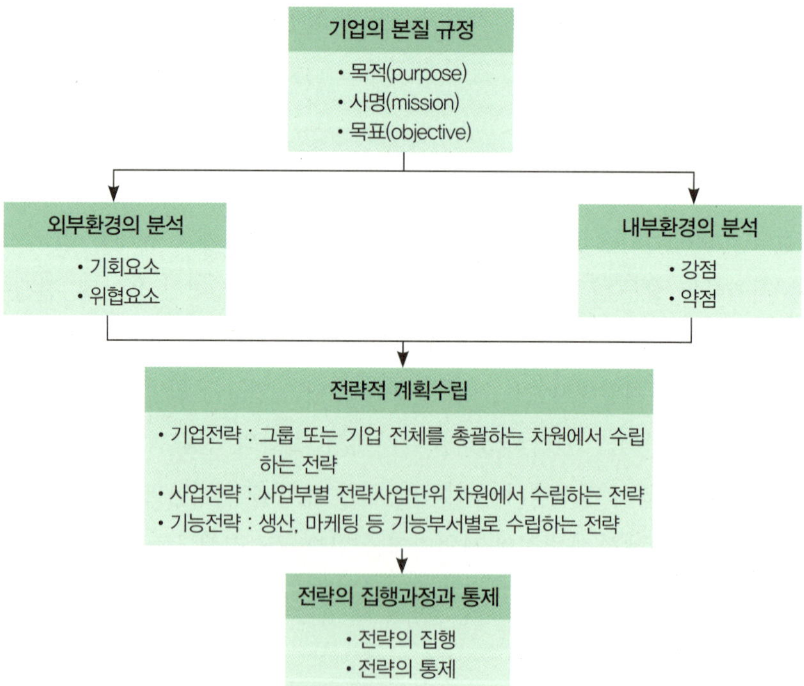

과 전술을 선택하며, 필요한 자원을 배분하는 활동이라고 할 수 있다. 그리고 전략을 실행해 나가기 위해서는 경영자가 '전략적 경영과정'이라는 공식화된 과정을 거치게 된다. 일반적으로 전략적 계획은 기업의 본질(사명) 규정, 외부환경의 분석, 기업 내부환경의 분석, 전략대체안의 분석, 최적전략의 선택, 전략의 집행 및 통제 등의 수립과정을 거치게 된다.

1) 기업의 사명 규정

전략적 계획의 출발점은 "우리는 누구인가?", "우리는 무엇이 되고자 하는가?" 등의 기업사명에 대한 물음이며, 이를 통해 기업이 사회에 제공하는 활동범위가 정해지게 된다. 따라서 기업사명(organizational mission)에는 일반적으로 최고경영자의 철학이나 가치관이 상당히 중요하게 작용한다. 이를테면 창립 100주년이 넘는 제약회사 머크사의 사내 경영지침서에는 "인류의 생명을 지키고 삶의 질을 향상시키는 것이 우리의 사명이다. 우리 사업의 성패는 이 사명을 얼마나 달성했느냐에 달려 있다"라는 말이 있다. 이는 창업자 머크 1세의 창립정신으로서, 오직 의료과학의 발전과 인류에 대한 봉사를 기업의 존재 이유로 보았던 기업정신이다.

이와 관련해서 피어스와 데이비드(J. Pearce II & F. David)는 사명에 대한 주요 내용으로 다음과 같은 요인들을 제시하고 있다.

① 대상고객과 시장
② 주제품과 서비스 영역
③ 지리적 영역
④ 핵심기술
⑤ 생존, 성장, 수익성에 대한 집착
⑥ 기업에 대한 자아개념
⑦ 바람직한 대중 이미지

모토롤라(Motorola)사의 예를 보면 좋은 기업사명문은 독특한 목표, 방침과 가치관, 경쟁 영역이 규정되어 있음을 알 수 있다.

2) 외부환경의 분석

포터(M. Porter)는 산업마다 평균 수익률이 다르고 수익성이 낮은 산업에서도 기업전략에 따라 좋은 성과를 낼 수도 있다는 사실에 착안해, 산업의 경쟁구조를 5가지 요인으로 설명하고 있다. 이는 주로 외부환경을 분석하는 데 활용되는 모델로 기업을 둘러싸고 있는 환경요인을 고객, 공급업자, 새로운 경쟁자, 대체재 등으로 분류하고, 이들이 어떻게 기업경영에 영향을 미치는지를 볼 수 있게 한다.

첫째, 신규 참여업체의 진출위협이다. 새로운 경쟁자가 쉽게 진입할 수 있다면 산업의 수익률이 떨어지고, 반대로 진입장벽이 높아 신규 진입이 어렵다면 수익률이 올라간다. 대표적인 진입장벽으로는 상표 이미지, 유통망, 투자 규모, 기술 수준, 법적 규제 등이 해당된다.

둘째, 대체제의 위협이다. 고객이 다른 제품으로 쉽게 바꿀 수 있다면 산업의 경쟁구조는 불리하고, 그 반대라면 유리하다. 그러므로 선두기업은 신제품을 지속적으로 개발해 시장을 장악함으로써 대체재의 출현을 곤란하게 만들려고 노력한다.

셋째, 고객의 교섭력이다. 구매하는 사람이 한정되어 있다면 상대적으로 기업의 협상력이 저하되어 산업여건이 불리하고, 반대로 고객의 수가 많아서 교섭력을 형성하기가 곤란하다면 산업여건이 유리해진다.

그림 7-3 포터의 산업경쟁구조 결정요인

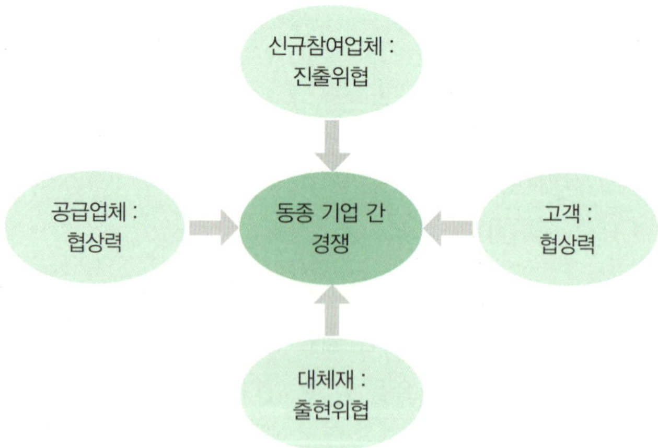

넷째, 공급업자의 교섭력이다. 공급업체가 원자재나 부품을 독과점하거나 특수한 기술을 소지하고 있다면 그만큼 영향력이 강하여 산업여건이 상대적으로 불리해진다.

다섯째, 기존업체 간의 경쟁정도이다. 경쟁이 치열할수록 산업의 수익성은 떨어지게 된다.

3) 내부환경의 분석

외부환경분석이 끝나면, 자사 내부환경을 분석할 필요가 있다. 이를 위한 대표적인 모델로 제시되는 것이 보스턴컨설팅그룹(BCG)이 고안한 사업 포트폴리오 매트릭스(business portfolio matrix)이다.

장기적인 관점에서 기업이 보유하고 있는 자원과 능력을 시장 상황에 따라 적절히 대응할 수 있도록 경영활동을 관리하는 것이 사업 포트폴리오관리(business portfolio management)의 핵심적인 내용이다. BCG Matrix는 각 사업과 시장영역을 매트릭스상에 도식화하여 개별사업에 대한 현재의 시장지위와 기업의 사업영역에 관한 전반적인 내용을 쉽게 이해하고, 나아가 앞으로 기업 전체의 전략과 사업방향을 수립하는 데 도움을 준다.

[그림 7-4]에서 Y축의 시장성장률은 국가의 평균 GNP성장률을 기준으로 사용하면 무난하다. 그리고 X축의 시장점유율은 동종산업에 있는 경쟁기업 중 상대적인 매출액의 비교로서, 예를 들면 A치약사의 매출액이 10억 원이고, 다음으로 큰 B치약사의 매출액이 5억 원이면 A기업의 시장점유율은 2.0(10억 원/5억 원)이 되며, B기업의 시장점유율은 0.5(5억 원/10억 원)가 된다. 따라서 1.0이 넘는 시장점유율은 동종산업 내에서 가장 큰 시장점유율을 가지고 있음을 뜻한다.

시장성장률과 점유율이 높은 '별'의 영역은 자금이 더 투자되면 장기적으로 많은 수입을 가져올 수 있는 인기사업이 된다. 시장점유율이 높은 '젖소'영역은 많은 돈을 벌어들이는 황금사업으로서 기업의 중요한 자금원이 된다. 그러나 앞으로 시장의 성장세가 둔화되어 시장성장률은 점차 떨어지게 된다. 시장의 성장률은 높지만 점유율이 낮은 '문제아'영역은 많은 자금을 요하는 문제사업으로 시장에서의 경쟁에는 불리하다. 그러나 많은 투자가 성공한다면 높은 수익을 올릴 가능성이 있는 '별'이 되지만, 실패하면 '개'가 된다. 끝으로 낮은 성장률과 점유율의 '개'영역은 수익보다는 지출이 많아 재투자의 가치가 별로 없는 사양산업이다.

이러한 개념을 바탕으로 기업의 장기적인 전략을 구상해 보면, '젖소'의 황금사업에서 벌어들이는 자금을 '문제아'의 문제사업에 투입하여, 이를 '별'의 인기사업으로 만드는 것이다. 이 '별'의 인기사업은 다시 '젖소'의 황금사업으로 변하여 또 다른 '문제아'의 문제사업에서 경쟁력이 있는 사업에 투자하는 것이다.

그림 7-4 BCG의 제품 포트폴리오관리

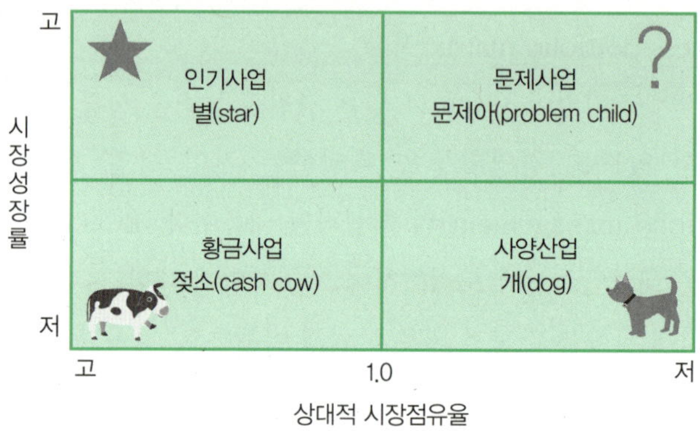

4) SWOT분석

손자병법 중 제3편에 보면, '知彼知己 百戰不殆, 不知彼知己而 一勝一負, 不知彼不知己 每戰必敗'란 구절이 있다. 이를 풀어보면, "상대편의 장점과 약점을 잘 알고, 자신의 능력과 한계를 잘 알아 전략을 세우면 백 번 싸워도 절대 패하지 않는다"는 뜻이다. 이에 반해서 적과 싸울 때, 상대편은 잘 알지 못하고 자신의 실력만 알고 전략을 펴게 되면 한 번 이기고 한 번 질 수 있다. 마지막으로 상대편의 실력도 모르고 자신의 능력도 모르는 상태에서 전쟁을 치르게 되면 매번 패하게 된다.

이처럼 기업도 경쟁자를 포함한 경영환경을 위협(Threats)이나 기회(Opportunities)로 분석하고, 조직의 내부적인 능력을 강점(Strengths)과 약점(Weaknesses)으로 파악하여 강점을 최대한 이용하고 약점을 보완할 수 있는 전략을 수립하게 된다. [그림 7-5]에서 보는 이러한 분석의 틀을 SWOT분석이라 한다.

조직 내부의 강점과 약점은 경쟁사와의 비교를 통하여 분석될 수 있고, 이러한 분석은 목표와 관련하여 생각될 수 있다. 이러한 평가요인으로는 경쟁적 우위, 인력수준, 기술적 능력, 재무능력, 주요 경영자들의 경영능력과 신념 등이다. 최근 우리 기업들이 당면하고 있는 시장개방화에 따른 환경변화는 이를 위협으로 볼 것인가 또는 기회로 볼 것인가의 좋은 예라 할 것이다. 주요한 외부환경요인으로는 원유 및 원자재가격의 변화, 환율 및 이자율 변화, 블록경제의 강화, 국제금융의 흐름, 환경보존 등 국제환경과 정부, 근로자, 소비자의 동향, 법적 규제의 강화 등 국내환경을 들 수 있다.

그림 7-5 SWOT분석

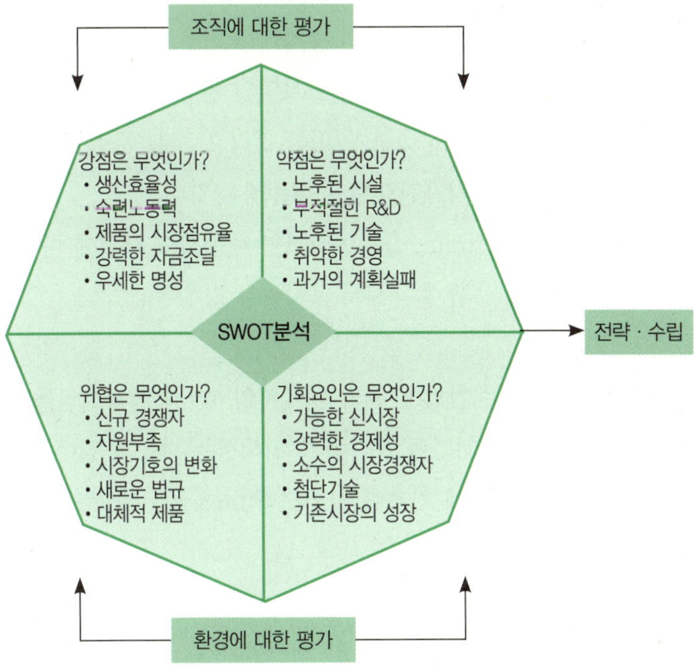

3 전략의 내용과 집행

전략은 그 범위 및 조직 내에서의 수준에 따라 기업전략(corporate strategy), 사업전략(business strategy), 기능전략(functional strategy) 등으로 구분된다.

다년간 경영전략에 대해 연구한 굴릭(W.F. Gulick)은 기업전략을 다음의 4가지 형태로 분류하고 있다.

① 성장전략(growth strategy) : 기업이 신제품개발, 신시장개척, 기업합병, 내적 성장 등을 통해 GNP성장률 이상으로 기업의 외형을 확대시키려는 전략이다. 지나친 성장위주전략은 조직의 비대함이 가져오는 분배의 문제, 비효율성의 문제, 핵심경쟁력 상실의 문제 등을 야기할 수 있다.

② 안정전략(stability strategy) : 기업이 현재의 제품이나 시장점유율에 만족하고, GNP수준의 성장률을 추구함으로써 내실을 기하고자 하는 전략으로서, 매출액 증대보다 당기순이익의 증가에 초점을 맞추고자 하는 전략이다.

③ 방어전략(defensive strategy) : 후발기업의 공격적인 전략에 대해 기존시장을 지키고 진입장벽을 구축하기 위한 전략으로서, 주로 자본력이나 제품력을 이용해 파격적인 저가전략으로 대응해 나간다.

④ 혼합전략(combined strategy) : 동일기업 내에서도 사업에 따라 성장전략, 안정전략, 방어전략 등을 혼용해서 구사하는 경우이다.

한편, 포터(M. Porter)는 기업이 산업 내에서의 5가지 경쟁요인들과 시의적절하게 대응해 나가면서 경쟁기업을 능가하기 위해서는 다음과 같은 세 가지 본원적인 전략(generic strategy)에 기초한 사업전략(business strategy)의 수립을 제안하고 있다.

① 원가우위전략(overall cost leadership strategy) : 경쟁자보다 유리한 규모의 경제, 경험곡선효과 등에 기초한 생산원가절감, 높은 시장점유율, 저렴한 공급체계, 표준화된 제품설계 등을 통해 산업 내에서 전략적으로 비용우위를 확립해 나가는 것이다.

② 차별화전략(differentiation strategy) : 차별적인 마케팅능력, 제품개발력

등을 통해 자사의 제품이나 서비스를 산업 내의 타사보다 독특하게 고객의 마음속에 포지셔닝시킴으로써 평균 이상의 수익, 불필요한 경쟁의 회피, 진입장벽의 구축 등을 도모하는 전략이다.

③ 집중화전략(focus strategy) : 자원이나 기술 등이 상대적으로 제한적인 기업의 경우 특정고객이나 제품, 지역시장 등에 특화해서 집중적으로 공략해 나가는 틈새전략(market niche)이다.

그림 7-6 포터의 본원적 전략

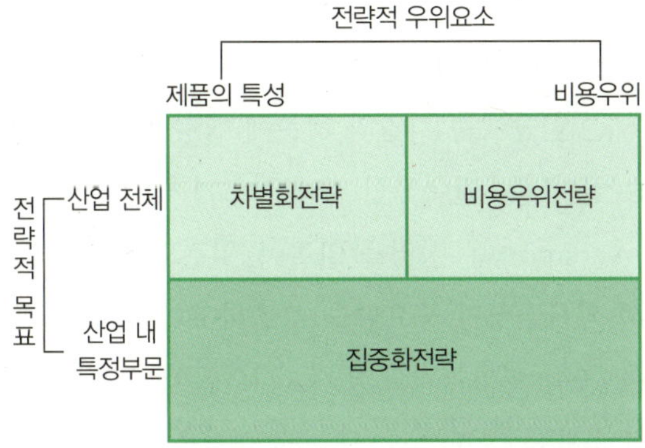

다음으로 기능전략은 기업 내 각 기능부서별로 수립되는 마케팅전략, 생산전략, 재무전략, 인사전략, R&D전략 등을 말한다. 아무리 잘 수립된 전략일지라도 실제로 집행되지 않거나 집행단계에서 문제가 있으면 성공할 수가 없다. 전략이 성공하려면 무엇보다도 최고경영자가 전략적 리더십을 발휘해서 모든 구성원들이 전략을 지지하고 능동적으로 참여할 수 있는 분위기를 형성하는 동시에 필요한 지원을 아끼지 말아야 한다. 전략이 실패하는 경우를 보면 대개가 내용이 부실하거나 집행과정상의 문제이다. 이를 방지하기 위해서는 전략집행에 있어서도 계획, 조직, 지휘, 통제의 경영과정을 도입해, 계획 수립에서부터 집행에 이르기까지 부실이나 오류가 생기지 않도록 운영해 나갈 필요가 있다.

4 의사결정

1) 의사결정의 의의

우리는 일상생활을 하면서 운명적인 일들도 경험하지만 대부분은 다양한 의사결정에 의하여 이루어지는 경우가 많다. 예를 들면, 오늘 점심은 어디에서 해결할 것인가, 대학에 진학할 것인가, 만약 한다면 어느 대학 무슨 학과로 진학할 것인가, 결혼은 누구와 할 것인가, 어떤 직장을 선택할 것인가, 유학이나 이민을 갈 것인가, 뿐만 아니라 기업에서도 어떤 제품을 만들 것인가, 어디에 공장을 지을 것인가, 누구를 승진시킬 것인가, 어디서 얼마만큼 돈을 어떤 조건에 빌릴 것인가 등등. 이런 의사결정 중에는 기업의 생존에 영향을 미칠 정도로 중요한 것에서부터 일상적으로 일어나는 반복적인 것에 이르기까지 다양한 종류가 있다.

사실 사이몬(H.A. Simon)은 경영을 일컬어 '일련의 의사결정과정'이라고 말할 만큼 경영과정에서 의사결정이 중요함을 강조하고 있다. 실제로 모든 경영관리 활동은 의사결정을 통해 이루어지고 있다. 사이몬에 의하면 의사결정(decision making)은 일정한 목표를 설정하고, 그 목표달성을 위하여 가능한 모든 대체안을 탐색하며, 그 대체안들을 평가함으로써 가장 유리하고 실행가능한 대체안을 선택하는 인간행동으로 정의된다. 이러한 일련의 과정은 체계화된 논리성, 즉 합리성을 갖추고 있는데, 일반적으로 의사결정은 문제를 규정하고 해결하기 위한 가장 적절한 대체안을 찾는 과정이다(Decision Making is the process of defining problems and choosing a course of action from the alternatives generated).

이러한 의사결정의 성격상 경영자가 의사결정을 할 때에는 합리성을 전제로 해야 하며, 최선의 결정은 경제적 이득을 최대한 가져올 수 있어야 한다. 이러한 고전적 모델(classical model)의 주장에도 불구하고 현실적으로는 불합리한 의사결정을 내리는 경우가 생기는데, 그 이유는 미래예측의 어려움, 정보의 불충분, 인간두뇌의 한정된 처리능력 등 의사결정환경의 한계 때문이다. 이를 고전적 견해와 달리 관리모델(administrative model)이라고 하며, 이상적인 해결책을 추구하기보다 제한된 합리성(limited or bounded rationality)의 상황에 근거하여 만족할 만한 해결책을 찾게 된다.

이 밖에도 합리적인 의사결정을 저해하는 요인으로는 경영자가 직관에 지나치게 의존한다든지, 감정이 격하거나 스트레스가 많을 때가 지적된다. 그리고 기존의 손실이 너무 커서 "이제까지 투입된 비용이나 노력이 아깝다"는 생각으로 잘못된 의사결정의 함정으로 빠져드는 경우가 있다. 정보가 제시되는 방식에 따라서도 한쪽으로 편향된 결론을 내릴 수가 있는데, 일례로 "이번 프로젝트가 성공하면 기업이 회생될 확률이 20%까지 된다"라고 들은 경영자는 "실패하면 기업이 부도날 확률이 80% 이상이다"라고 들을 때보다 프로젝트에 거는 희망이 더 커지게 된다.

2) 경영의사결정의 과정

의사결정이란 가능한 여러 대체안 중에서 최적의 대체안을 선택하는 과정인데, 그 과정이 대단히 복잡하기 때문에 다음과 같이 몇 가지 단계로 구분 짓고 있다.

① 문제의 정의 : 경영자는 대인관찰, 이용가능한 자료 및 정보의 분석, 고객과 조직의 비판집단 등을 이용하여 문제를 파악하게 된다. 이때 문제의 원인을 외적인 현상만으로 정의하기보다는 근본적인 원인을 파악하는 것이 중요하다.

② 목표의 설정 : 해결되어야 할 수준이나 기준을 명확하게 하는 것이 좋다. 만약 적자가 난 회사가 당장 내년에 많은 흑자를 보려고 하는 것은 어려운 것처럼, 앞으로 1년, 2년, 3년 후의 목표를 세워 차근차근 이를 달성하기 위하여 문제로 생각하는 부분을 해결해 나가는 것이 도움이 된다.

③ 대체안의 개발 : 이 단계에서는 정보를 수집하고 자료를 분석한 다음 문제해결이 가능한 대체안을 찾는다. 이때에는 자신에게 창의력이 부족하지 않는지, 목표설정이 잘못된 것이 아닌지 등을 자문해 볼 필요가 있으며, 창의적 발상을 도모하기 위해 브레인스토밍(brainstorming)기법, 명목그룹테크닉(nominal group technique) 등을 사용할 필요가 있다.

④ 대체안의 비교와 평가 : 여러 가지 대체안을 비교 · 검토할 때는 선택안에

대한 현실적인 효과와 수행가능성뿐만 아니라 조직구성원의 반응을 살펴보아야 한다.

⑤ 최적안의 선택 : 여러 가지 대체안을 비교 · 평가한 후, 조직의 특성과 현재의 상황 및 소요되는 시간이나 비용 등을 고려해서 최적의 대체안을 선택한다.

⑥ 선택안의 실행 : 최적안을 실행할 수 있는 구체적인 행동계획이 수립되어야 한다. 아울러 선택안에 대한 실행 내용을 전 구성원에게 정확하게 알리는 것이 결과를 좋게 하는 데 중요하다.

⑦ 실행과정의 조정과 평가 : 환경요인은 이러한 의사결정과정에 끊임없이 영향을 미쳐 처음에 제시되었던 문제점과 달성목표를 자주 조정하지 않으면 안 되게 한다. 이런 환경에 의한 변화를 의사결정과정에 계속적으로 환류(feedback)시켜 주는 것이 필요하다.

그림 7-7 일반적인 의사결정모형

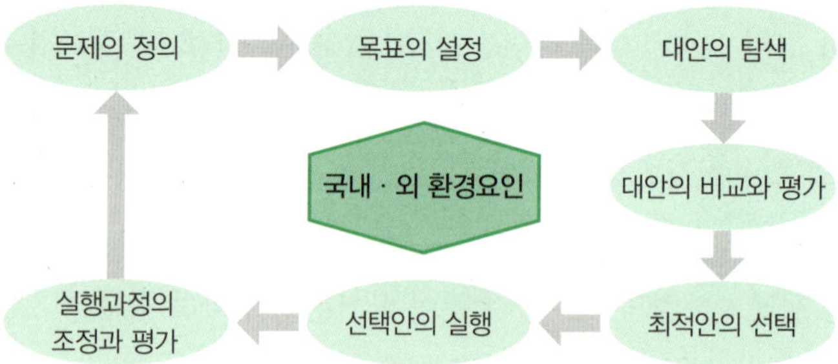

3) 의사결정의 유형

한편 이러한 의사결정에는 [그림 7-8]에서 보는 것처럼 문제와 대안의 명확성 여부에 따라 크게 세 가지로 분류할 수 있다.

사이몬(H.A. Simon)은 경영계층 및 미리 의사결정을 할 수 있는가에 따라 정형적 의사결정(programmed decision makings)과 비정형적 의사결정(non-programmed decision makings)으로 구분하고 있다. 앤소프(H.I. Ansoff)는 전략적 의사결정(strategic decision makings), 관리적 의사결정(administrative

그림 7-8 의사결정 유형

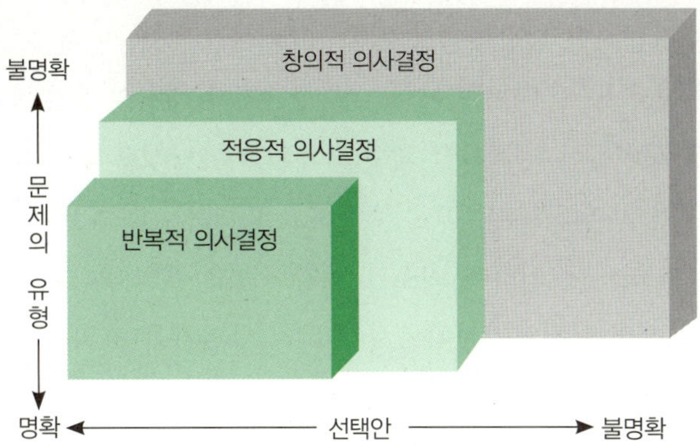

decision makings), 업무적 의사결정(operating decision makings)으로 분류한다. 그리고 구텐베르그(E. Gutenberg)는 확실성하의 의사결정(decision makings under certainty), 위험하에서의 의사결정(decision makings under risk), 불확실성하의 의사결정(decision makings under uncertainty)으로 분류하고 있다.

5 목표에 의한 관리

전통적인 관리방법은 주로 최고경영자가 목표설정을 포함한 계획의 전 과정을 관리감독하고 그 결과를 평가하였다. 이렇게 되자 당연히 하위관리자나 성원들은 일방적인 관리의 대상이 되어 강요에 의해서 일하는 X이론적 인간관이 관리철학을 지배하게 되었다. 그러나 이러한 관리방식은 성원들의 자발적인 참여의식을 고취시키지 못했으며 기대하는 성과를 달성하지 못했다.

따라서 하위관리자나 성원들을 자발적으로 참여시키는 자주성과 창의성을 반영한 관리방법을 모색하게 되었는데 이것이 바로 목표에 의한 관리(MBO : Management By Objectives)방법이다.

1) 목표관리의 의의

목표관리는 전통적인 일방통행적 계획 또는 목표설정방법이 아닌 상하 간에 합의한 쌍방통행적 목표설정방법이다. 즉, 상급자가 대강의 목표에 대한 범위를 정해주면 하급 성원들이 구체적인 계획을 세워 목표달성을 위한 실천절차를 상급자와 협의하고, 자발적으로 직무를 수행하고 통제하는 관리방법을 말한다.

목표관리는 드러커에 의하여 최초로 제창되었고, 오디온(G.S. Odiorne)은 MBO란 조직관리의 업적평가절차로서 조직의 상위자와 하위자가 공동으로 목표를 확인하고 각자의 책임 분야를 규정하고 운영하기 위한 지침으로 조직구성원의 기여도를 평가하는 자기통제시스템으로 PDS(Plan–Do–See), POC(Planning–Organizing–Controlling)방식이 있다. 최근 루시어(R.N. Lussier)는 "목표관리는 경영자와 성원이 성원들을 위하여 공동으로 목표를 설정하고, 정기적으로 성과를 평가하여 그 성과에 따른 보상을 제공하는 과정이다"라고 하여 성원들이 공동으로 목표설정을 하는 것을 강조하고 있다. 목표관리의 중요사항은 목표 설정(goal setting), 참여(participation), 피드백(feedback)이다. 이러한 중요사항을 중심으로 운영되는 목표관리는 고도의 분권관리시스템이고, 동기부여시스템이며, 또한 업적평가와 보상시스템이며 참여를 통한 전사적 협력체제의 특성을 가지고 있다.

그림 7-9 MBO의 실행단계

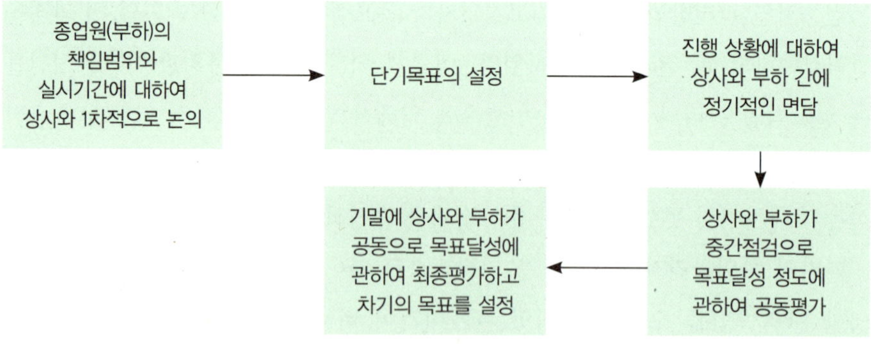

2) 목표관리의 절차

목표관리의 절차는 학자들에 따라서 목표의 발견, 목표의 설정, 목표의 검증, 목표의 수행, 목표의 평가로 5단계로 구분하는 경우도 있다. 그러나 크게 다음과 같이 3단계로 나눌 수 있다.

① 개인적 목표와 계획의 설정(set individual objectives and plan) : 상급자와 하급자가 공동으로 관리 목표와 계획을 설정하는 것이 목표관리자의 핵심과제가 된다.

② 성과의 평가(evaluate performance) : 상급자와 하급자는 자주 만나서 목표의 진행과정이 정상적으로 되고 있는가를 평가해 보아야 한다. 평가의 빈도는 개인의 사정이나 직무의 특성에 따라서 다르다.

③ 성과에 대한 보상(reward according to performance) : 성원들의 평가는 목표와 비교하여 측정해야 한다. 평가 후에 목표를 달성한 성원에게는 충분한 보상, 즉 인정, 칭찬, 임금인상, 승진, 승급을 제공해야 한다.

3) 목표관리의 효과

목표관리의 효과에 대해서는 캐롤(S.J. Carroll)과 토시(II.I. Tosi)의 설명을 주로 인용하고 있는데 그 내용은 다음과 같다.

첫째, 조직 내에서 커뮤니케이션을 원활히 한다. 둘째, 상호 이해를 증진시킨다. 셋째, 목표관리를 위한 계획 자체를 보다 귀중하고 유용하게 활용할 수 있도록 한다. 넷째, 목표관리는 목표를 명시하고 있으므로 성원의 목표달성을 향해서 효과적으로 작업활동을 관리할 수 있다. 다섯째, 목표관리는 명확한 통제기준을 제공하고 있으므로 자기통제를 용이하게 한다. 여섯째, 목표관리는 성과에 대한 책임을 분명하게 제시한다. 일곱째, 목표관리는 조직 내의 상호 협동에 주안점을 두고 커뮤니케이션을 원활히 하고 협동심을 고양시킨다. 여덟째, 목표관리는 권한위양을 합리적으로 수행시키는 도구이다. 그러므로 분권화된 작업관리에 보다 유효한 도구이다. 아홉째, 목표관리는 인적자원의 개발과 이용에 역점을 둔다. 열째, 목표관리는 조직의 계획변경이나 대처방안을 위한 지침을 제공한다.

4) 목표관리의 한계

목표관리는 여러 가지 장점이 있고 그 효과가 기대되지만 제도의 시행상 다음과 같은 문제점이 있다. 첫째, 목표관리제도에 대한 전반적인 이해가 어렵다. 둘째, 목표설정이 어렵다. 셋째, 목표관리는 단기목표를 강조하고 있다. 넷째, 목표관리는 융통성이 결여될 수 있다. 다섯째, 조직성원 전체의 참여가 어렵다. 여섯째, 지나치게 숫자에 집착하기 쉽다. 일곱째, 목표관리는 자칫 부서 간의 지나친 경쟁심을 불러올 수 있다.

토 | 의 | 문 | 제 |

01 전략적 계획의 수립과정은 무엇인가?

02 제품 포트폴리오관리는 무엇인가?

03 사업전략 3가지는 무엇인가?

04 경영의사결정의 과정은 무엇인가?

05 목표에 의한 관리는 무엇인가?

인생을 최고로 여행하라

미지의 땅에서 막연히 여정을 소화하는 것만이 여행이라 생각하는 사람이 있는가 하면, 쇼핑만 하고 돌아오는 것이 여행이라 생각하는 사람도 있다. 여행지의 이국적인 풍경을 바라보는 것에 만족하는 여행자도 있고, 여행지에서의 만남과 체험을 즐기는 여행자도 있다. 나아가, 여행지에서의 관찰과 체험을 그대로 멈춰 두지 않고 자신의 업무나 생활 속에 살려 풍요로워지는 사람도 있다. 인생이라는 여로에서도 그것은 마찬가지다. 그때그때의 체험과 보고 들은 것을 그저 기념물로만 간직한다면 실제 인생은 정해진 일만 반복될 뿐이다. 그렇기에 어떤 일이든 다시 시작되는 내일의 나날에 활용하고, 늘 자신을 개척해 가는 자세를 갖는 것이야말로 인생을 최고로 여행하는 방법이다.

출처 : 『니체의 말』 중에서

Chapter

08

조직화와 조직변화

경영이야기 1

아마존과 테슬라의 성공 비결 '인하우스 개발'

탁월한 능력은 새로운 과제에 직면할 때 잘 나타난다. 또한 이 과제를 해결할 때 발전한다.

세계경제 전망이 요동치는 가운데 정보기술(IT) 업계는 새로운 과제에 직면하고 있다. 그중 하나가 '기술 솔루션의 자체 개발'과 '서비스의 내재화'다. 외부 공급업체 없이 필요한 모든 것을 회사에서 자체 개발하고 공급하는 인하우스 전략이 새로운 화두로 떠올랐다.

기업들은 왜 인하우스 개발을 하려고 할까? 세계 최대 전자상거래 업체 아마존과 미국 전기차 업체 테슬라가 이 숙제를 어떻게 풀고 있는지 살펴보자.

■ 직접 겪고 깨달은 아마존

아마존은 2013년 크리스마스 시즌에 외주 회사 UPS의 배송 지연 사고로 대규모 환불 사태를 겪은 적이 있다. 이후 자체 물류시스템 확립에 대한 의지를 굳혔다. 배송 지연 사고로 인해 외주업체에 전적으로 의존한 물류관리는 고객 경험을 치명적으로 훼손한다는 점을 인지했기 때문이다.

2015년부터 아마존은 페덱스와 UPS의 임직원 수를 추월할 속도로 물류 배송 채용을 늘렸다. 2016년 대형 화물기 40대를 임대하고 2019년 벤츠 스프린터 2만 대를 주문했다.

2019년 인카 딜리버리(주문자가 무선 네트워크로 차량 트렁크를 열어주면 택배 운전사가 배송품을 트렁크 안에 넣어 주는 서비스)도 시작했다.

아마존은 자체 물류 서비스를 강화하기 위해 기술 연구 결과와 특허도 지속적으로 확보했다. '예측배송'이 대표적이다. 고객의 구매의사가 생성되기 전에 상품 추천과 배송을 진행하는 게 핵심이다. 소비자가 "맞아, 이거 마침 딱 필요했어! 그렇지 않아도 사야 했었는데! 잘됐네!"라고 느끼도록 하는 게 목적이다. 필요하지만 아직 주문하지도 않은 상품이 알아서 배송되도록 한다. 배송시간이 0에 수렴한다.

'공중 및 수중 물류센터'라는 아이디어도 있다. 도심 상공에 뜬 대형 비행선을 허브 삼아 소규모 드론이 수시로 드나들며 배송한다. 개개인의 집과 회사 건물에 드론이 물건을 가져다주고 반품도 한다. 주문 급증 예상 품목이나 당일 배송 품목을 도심의 극심한 교통체증을 피해 미리미리 배송하는 장점이 있다. 지상은 교통체증이나 교통사고, 시스템 문제가 생길 수 있는데 공중에 물류센터가 있다면 배송 문제에 대한 변수를 최소화할 수 있다.

'수중 물류창고'는 깊은 물 속, 호수 같은 곳에 특수 탱크를 두고 물품을 보관하는 방식이다. 방수 포장된 물품을 드론이 공중에서 낙하산으로 물속에 떨어뜨리면 밀도에 따라 특정 위치에 물건이 보관된다. 배달할 때는 음파가 물을 타고 전송돼 물품에 부착된 압축 공기를 이용해 물품을 수면으로 상승시키는 원리다.

대중을 위해 상용화된 것도 있지만 아직 아이디어만 있어 구상 중인 것도 있다. 이 콘셉트에 대한 기술 연구와 특허를 이미 아마존이 하고 있다. 비싼 땅값이나 규제 지역에 대한 제한이 없으니 기술 개발이 자유롭다. 또한 이 위치는 복잡한 도심에 비해 예측 불가능한 특이점이 발생할 일이 상대적으로 거의 없다.

이 물류전략을 아마존이 가지게 되면 다양한 이득을 볼 수 있다.

첫째, 정확한 배송으로 고객을 만족시킬 수 있다. 모든 것을 아마존이 통제할 수 있고 관리할 수 있으니 배송 오류나 문제 발생률이 굉장히 낮을 것이다. 한마디로 물류 배송에서 일어날 '변수'가 최소화된다.

둘째, 외주 택배보다 가격 경쟁력이 있다. 아마존 자체 인력, 자체 보관, 자체 알림 시스템을 쓰므로 초기 투자 비용만 넘어서면 이 전략이 비용 면에서 낫다. 더 나아가 택배비 마진으로 새로운 수익원을 확보할 수 있다. 아마존 스스로 '택배 업'까지 겸하는 셈이 되기 때문이다.

마지막으로, 고객 빅데이터를 직접 보유한다. 다른 업체를 통하지 않은 양질의 고객 빅데이터를 직접 보유 · 관리 · 분석 · 저장할 수 있고 연관 서비스에 재사용할 수 있다.

■ 테슬라, 록인전략 가동

전기차를 이동 수단에 머무르게 할지, 새생 에너지를 담아두는 스토리지로서 전력망에 활용할지에 대한 고민이 활발하다. 규제와 부양책으로 친환경차 보급이 급속히 증가하면서 전력망에 부담을 줄 전기 수요를 효과적으로 분배해야 한다는 정부와 업계 공동의 숙제가 생겼기 때문이다.

완성차 업체나 정부가 전기차를 단순한 모빌리티로 활용하지 않고 전기차에 탑재된 배터리 총량을 전력망의 잠재적 스토리지로 활용할 것은 자명하다.

전기차 제조 사업, 모빌리티 서비스 사업, 충전 서비스 사업, E로밍 사업, V2G(Vehicle to Grid) 사업 같은 고도화된 폭넓은 사업 포트폴리오를 자체 개발하는 회사는 현재 테슬라가 유일하다.

V2G를 통하면 에너지 소비자도 동시에 에너지 생산자가 된다. 에너지 소비자도 수익을 낼 수 있다는 뜻이다. 전기차 이용자는 스마트 충전을 통해 피크 시간대를 피해 전기차 충전 비용을 아낄 수 있다.

전력 수요가 집중되는 시점에 전기차 배터리에 저장된 전력을 다시 전력망으로 흘려보내면서 돈을 벌 수도 있다. 미리 저렴하게 충전한 전기 가격과 피크 시간대 높아진 전기 가격의 차이로 수익을 낸다. 전기차 배터리는 최적의 충전 시간대와 판매 시간대를 효율적으로 계산한 스마트 스토리지로 활용된다. 전력 수요가 몰리는 시간대에 미리 충전해 둔 전기를 전력망에 내보내면 전력 재판매를 통해 수익을 극대화할 수 있다.

꼭 테슬라뿐만 아니라 많은 완성차 업체들이 시도하고 있는 것 중 하나는 V2L(Vehicle to Load)이다. 전기차 자체를 하나의 커다란 전기 배터리로 보고 별도의 제어기나 연결장치 없이 110V나 220V 같은 일반 전원을 전기차 내 · 외부로 공급하는 기능을 말한다.

차량 내부에서는 차 안의 전등이나 차 내부의 전자 기기에 전원을 공급할 수 있다. 차량 외부에서는 캠핑용 선풍기를 충전하거나 캠핑용 빔 프로젝터를 충전하거나 캠핑용 요리 기구를 충전할 수 있다. 충전이 필요한 다른 전기차에 전기를 내주는 역할도 할 수 있다.

전기차에는 모터 · 인버터 · 반도체 · 배터리 관리 시스템과 같은 하드웨어가 들어간다. 인포테인먼트 · 인공지능(AI) · V2X 같은 소프트웨어도 들어간다. 테슬라는 이들의 내재화에 매진하고 있다. 전기차라는 하드웨어 대중화와 소프트웨어 기능 개선을 통해 테슬라는 '전기차 플랫폼'을 넘어 '에너지 플랫폼'이 되려고 한다. 이 플랫폼 사업이 테슬라의 주력 사업 모델이다.

테슬라는 단일 전기차 인프라 플랫폼을 사용한다. 타사 전기차 충전도 테슬라 충전 시스템을 통해 구현한다고 한다. 따라서 E로밍도 필요 없다.

다른 대부분의 완성차 업체는 전력 사업자나 개별 서비스 업체가 가진 장점을 공유하기 위해 전기차 충전 인프라 구축, 운영에 협업하고 있다. 장점도 있지만 단점도 있다. 계속 다른 사업자의 상태 · 조건 · 싱크를 맞춰야 하고 독자적인 새로운 전략이나 새로운 서비스 추구가 어렵다.

테슬라는 대중에 보급된 전기차와 에너지 시스템을 통해 무얼 더 할 수 있을까? 구독 서비스다. 각종 무선 소프트웨어 업데이트(OTA : Over The Air), 차량용 소프트웨어 구독 서비스, 태양광 에너지 구독 서비스, 완전 자율 주행기능 업데이트를 할 때 기존 전기차 고객은 테슬라 플랫폼 안에서 한 방에 편리하게 연결된다. 많이 낯익지 않은가. 전형적인 플랫폼 사업을 통한 고객 록인전략이다. 기업들의 인하우스 개발은 궁극적으로 그 업의 '완전한' 일등 플랫폼이 되는 것에 힘을 실어준다. 그래서 기업들이 목을 매고 있다.

출처 : 한경BUSINESS, 2023.5.4.

1 조직화의 의의 및 과정

조직(organization)은 공통의 목적을 효율적으로 달성하기 위해서 함께 일하는 사람들의 집합체이고, 조직화(organizing)란 조직이 목적을 달성하기 위하여 개인과 집단 간 짜임새를 갖추고 각종 경영자원을 배분하여 관리하고 조정하는 활동이다. 1990년 4월, 소련의 고르바초프와 노태우 대통령의 정상회담 장소로 제주신라호텔이 확정되었다. 이 소식을 전해받은 허태학 총지배인은 주방장급 이상의 직원들을 전원 소집해서 모슬포에 있는 군부대로 유격훈련을 떠났다. 회담을 잘 치르지 못하면 나라에 죄를 짓게 된다는 생각 때문에 만전을 기하기 위함이었다. 현역군인과 유사한 훈련을 받는 과정에서 직원들은 극한상황 끝에 얻게 되는 일치단결의 정신과 하면 된다는 자신감을 얻을 수 있게 되었다. 소속감, 사명감, 역할의식, 협동정신 등도 한층 강화되었다. 그 결과 제주신라호텔에서 개최된 정상회담은 예상보다 더 순조롭게 진행되었고, 회담이 끝났을 때 고르바초프는 "호텔이 할 수 있는 모든 것을 보여주었다"라는 칭찬을 했다. 큰일을 성공적으로 수행해 나가기 위해서는 조직화와 팀워크가 제대로 되어야 함을 시사하는 사례이다. 이처럼 조직력에 따라 조직의 성과는 현저하게 달라진다.

경영자가 성공적인 조직운영을 위해 조직화를 실시하려면 다음과 같은 몇 가지 과정에서 필요한 의사결정을 내려야 한다. 첫째, 조직의 목표를 달성하기 위해 수행해야 할 업무를 명확히 구분한다. 둘째, 업무를 수행할 부서를 결정하고 구성원들을 그 맡은 업무에 따라 집단화한다. 셋째, 맡겨진 일을 수행하는 데 필요한 권한과 책임을 부여한다. 넷째, 구성원들이 수행한 일들과 부서를 전체적으로 조정하고 필요한 수정을 가한다.

그림 8-1 조직화과정

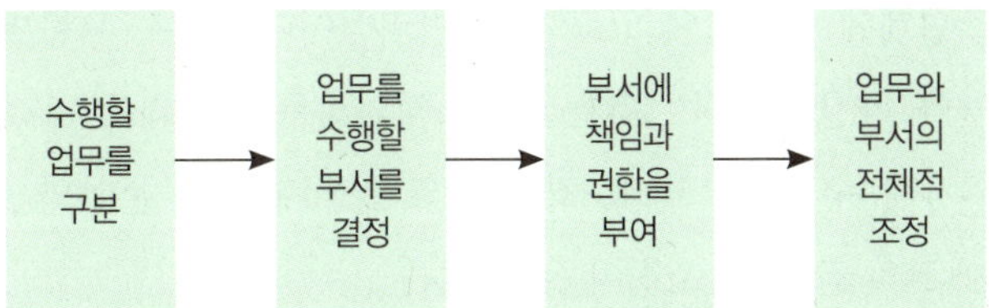

2 부서화

조직 규모가 커져서 많은 일들이 지나치게 세분화되고 여러 구성원들이 세밀하게 나뉘어져서 수행하게 되면, 복잡성과 이중성, 무사안일, 무임승차 등의 비효율성의 문제들이 야기된다. 따라서 이를 효과적으로 관리하기 위해서는 서로 유사하거나 논리적으로 관련성이 높은 업무나 작업들은 함께 이루어질 수 있도록 담당자들을 집단화시킬 필요가 있다. 이렇게 업무담당자들을 집단화시켜 한 사람의 경영자로부터 감독을 받도록 하는 것을 부서화(departmentalization)라고 한다.

이러한 부서화는 기능별 부서화(functional departmentalization), 사업단위별 부서화(divisional departmentalization), 매트릭스형 부서화(matrix departmentalization) 등으로 나뉘어지는데, 각각의 유형이 장·단점을 갖고 있다.

1) 기능별 부서화

기능별 부문화는 동일하거나 상호 밀접하게 관련된 활동 및 기능을 수행하는 구성원 및 작업단위 등을 별개의 부서로 관리단위화하는 것을 말한다. 예를 들면, 기업의 경우 생산부, 인사부, 판매부, 구매부, 그리고 그 밖의 여러 기능에 의해 부서화될 수 있으며, 프로 축구조직의 경우 선수단, 티켓판매, 여행 및 편의제공 등의 기능별로 나뉘어져 있다. 이와 같이 기능별 부서화는 고도로 전문화된 기술자들을 통합해야 하는 조직에 유리하며, 기능별 부서화는 오늘날 기업조직에서 흔히 볼 수 있는 것으로, 기능별 부서화의 장·단점을 살펴보면 다음과 같다.

기능별 부서화의 장점은 다음과 같다. 첫째, 각 부서별로 전문화되어 있어 직무분업과 구조설계에 일관성이 있고 매우 합리적이다. 둘째, 부문별로 전문화를 촉진하여 능률을 향상시킬 수 있다. 셋째, 직업전문화 원칙에 따라 인적자원을 효율적으로 활용할 수 있다. 넷째, 각 부문의 관리자가 그 분야의 전문가이므로 개별 부서 내에서의 감독 및 조정이 용이하다.

반면에 단점으로는 첫째, 각 부분의 독자적인 적정화 추구로 조정 · 통제 · 의사결정에 관련된 모든 문제가 최고경영자에게 맡겨져 있어 최고경영자에게 과다한 업무 부담을 줄 수 있다. 둘째, 구매 · 생산 · 판매 등 조직의 실물 흐름을 지나치게 일상화함으로써 조직의 경직성을 초래한다. 셋째, 모든 의사결정권이 최고경영층에 주어지는 중앙집권적 성향을 보임으로써 부문관리자는 부분적인 전문인 역할밖에 하지 못하고 전반적인 관리자로서의 행동과 조직 전체에 대한 책임의식을 갖지 못해 조직 전체수준에서 전반적인 관리를 담당할 인재를 양성하는데 문제가 있다. 넷째, 각 부서의 전문적 기능이 강조되어 부서 간의 정보교환 및 의사소통이 원활하지 못하다. 다섯째, 각 부문이 각각 자기 부문의 목표를 강조함에 따라 조직 전체를 위한 의사결정이 지연되거나 조직 전체의 목표수행에 손실을 초래할 수 있다. 마지막으로 기능별로 전문화된 조직구조의 경직성으로 인해 환경변화에 신속하게 적응하고 대처하는 전략적 생존능력이 부족할 수 있다.

그림 8-2 기능별 부서화

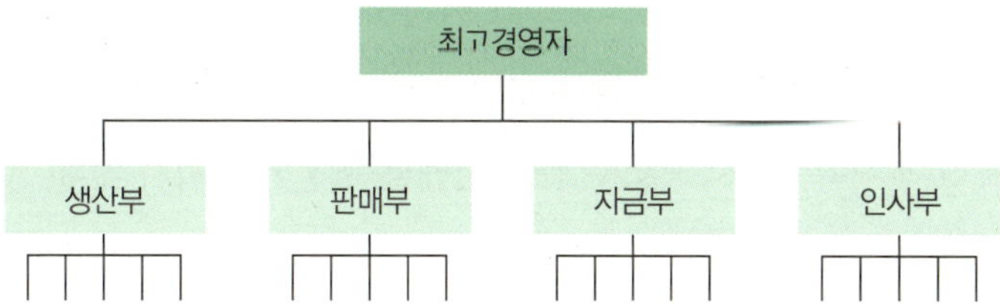

2) 사업부별 부서화

(1) 제품 및 서비스별 부서화

제품 및 서비스별 부서화는 주로 다양한 시장요구에 대응하여 여러 가지 제품을 생산하는 대규모 조직에 적합한 부서화방식으로, 제품 및 서비스를 사업단위로 하여 각기 독자적인 생산 · 판매기능을 갖추게 하는 사업부제 조직모형을 말한다. 제품별 부서화는 제품 및 서비스 라인이 다양하고 변화가 많은 경우에 효과적이다. 제품별 부서화의 장 · 단점을 요약하면 다음과 같다.

먼저 장점을 살펴보면 첫째, 각 사업부가 자체 이익에 대해 책임을 갖는 자율적 · 자립적 특성을 갖게 되어 일반관리자 양성에 도움을 줄 수 있다. 둘째, 각 사업부가 자체 내의 전문적인 기술지식 · 기계설비 · 생산판매 등을 효율적으로 활용할 수 있다. 셋째, 제품 및 서비스의 책임에 대한 일반적인 책임을 사업부 관리자에게 부여함으로써 분권화를 실시할 수 있다. 넷째, 이러한 분권화의 과정을 통해 본사의 최고경영층이 일상적인 업무에서 벗어나 조직 전체의 전략적 결정 및 장기적 관리 문제에 몰두할 수 있는 시스템을 만들 수 있다. 다섯째, 최고경영자는 각 사업부가 전체 이익에 이바지하는 정도를 쉽게 파악할 수 있다. 마지막으로 사업부 운영이 자발적으로 이루어지기 때문에 한 사업부의 성과부진이 다른 사업부에 거의 영향을 주지 않는다.

제품 및 서비스별 부서화의 단점으로는 첫째, 전반적인 관리능력을 가진 사람들을 많이 요구하여 인건비의 부담이 증가된다. 둘째, 제품 및 서비스를 사업단위로 하여 각 사업부마다 독자적인 인사 · 재무 · 생산 · 판매 · 디자인 등의 모든 기능을 갖추고 있으므로 조직기구의 중복과 자원의 낭비가 발생하기 쉽다. 셋째, 사업부의 자율성이 실제로는 제한된 범위 안에서 행해지므로 사업부관리자의 불만이 발생할 가능성이 높다. 넷째, 사업부 간의 협조 및 조정이 어려워 지원 문제에서 본사와 사업부 간에 갈등이 발생하기 쉽다. 마지막으로 최고경영자의 통제문제, 즉 조직 전체수준에서 사업부 간의 이해를 조정하기 쉽지 않다.

(2) 고객별 부서화

고객별 부서화는 조직이 표적으로 하고 있는 고객 중 유사한 성격을 지닌 집단을 묶어서 이들을 조직의 목적에 맞게 부문화한 것을 의미한다. 조직은 고객을 위해 존재한다고 볼 수 있으므로 고객의 욕구를 제대로 충족시키기 위해 여러 고객계층을 중심으로 조직구조를 부서화시킬 수 있다. 예를 들면, 판매조직을 소매상, 도매상, 유통업자 등으로 부서화할 수 있다. 또한 산업제품을 생산하는 조직은 민간기업, 공공기관, 교육기관, 일반소비자 등 여러 고객이 있을 수 있으며, 이들의 성격에 따라 여러 가지 정책과 방침 등이 달라진다.

고객별 부문화의 장점으로는 첫째, 다양한 고객의 욕구를 효율적으로 충족시킬 수 있다. 둘째, 고객과 조직과의 유대관계를 돈독히 할 수 있다. 셋째, 고객

유형에 따른 돈독한 특징을 잘 파악하여 그에 맞는 전문기술을 개발시켜 나갈 수 있다. 단점으로는 첫째, 기능별 부문화에 비하여 조직기구상의 전문성과 경제성이 미약하다. 둘째, 고객집단의 수요가 항상 일정하기 않기 때문에 고용인원 및 물적 자원의 조절이 어렵다. 셋째, 고객담당자들이 조직보다는 고객의 입장에 더 많은 비중을 둘 수 있다. 넷째, 고객 문제를 다루기 위해서는 독특하고 심리적인 전문지식 및 기술이 요구된다는 점이다. 다섯째, 고객에 대한 정의를 분명히 하기가 애매한 점이 많다.

(3) 지역별 및 시간별 부서화

조직의 관리범위가 지역적으로 확대되면 지역 중심으로 조직을 구성하고 업무를 배분할 수 있다. 전통적 판매조직은 시장 중심으로 지역별로 구조가 형성되는데, 판매조직은 물론 대부분의 관리기능이 지역 중심으로 부서화됨으로써 지역의 특성에 따라 보다 효율적으로 조직구조를 설계할 수 있다. 지역별 부서화는 특정지역에서 발생하는 일체의 활동을 일정관리자(scheduling manager)에게 위탁하므로, 업무가 확대된 대규모 조직에서는 집중적인 조정이 어렵기 때문에 지역별 조직구조를 택하게 된다.

지역별 부서화의 장점으로는 첫째, 지역의 요구와 문제에 특별한 관심을 갖고 지역사정에 정통한 관리자를 선발하여 그 지역사정에 적합한 관리활동을 할 수 있다. 둘째, 의사결정의 폭을 확대하고 그에 상응하는 책임을 부여함으로써 분권화에 입각한 관리활동 기회를 확대하여 일반관리자의 양성에 도움을 줄 수 있다. 반면 지역별 부문화의 단점으로는 첫째, 본사의 최고경영자가 여러 지역에 흩어져 있는 각 부문의 활동을 일사불란하게 통제하는 것이 쉽지 않다. 둘째, 각 지역에 관리능력이 뛰어난 관리자를 파견해야 하는데, 이러한 인재의 파견 및 충원이 어렵다.

시간별 부서화(time departmentalization)는 교대근무조(the same work shift)에서 수행되는 여러 가지 작업활동을 결합하여 별개의 관리단위로 편성하는 것을 말하는데, 이 시간별 부서화는 하루 24시간 가동하는 공장이나 병원에서 세 번의 근무교대가 실시될 경우에 나타나는 현상이다. 예를 들면, 병원에서는

24시간 의료활동이 계속되기 때문에 의사나 간호사를 비롯한 그 밖의 직원들이 낮근무, 저녁근무, 심야근무 등의 각 교대근무조로 조직화되고 각 근무조별로 관리·통제시스템이 편성된다. 이외에도 호텔, 식당, 항공사 등의 서비스업체에서도 시간별 부문화가 많이 활용되고 있다.

(4) 공정별 및 프로젝트별 부서화

공정별 부서화는 전문화된 기계나 설비로 인해 제품이 일련의 생산과정을 거쳐야 하는 경우에 발생하는데, 원자재에서부터 최종제품이 생산되기까지 주요 업무를 기준으로 부서를 형성하는 것이 공정별 부문화의 좋은 예이다. 제조업의 경우 사용하는 기계와 설비가 특수한 기술을 요구하거나 아니면 특정지역에 집중되어 있어야 경제적·기술적 측면에서 높은 효율성을 가져올 수 있기 때문에 작업활동을 공정 또는 설비 중심으로 부서화하는 경우가 많다. 공정별 부서화는 기본적으로 기능별 부서화와 유사하지만, 어떤 구체적인 공정을 중심으로 부서화하므로 다른 부서화방법과는 달리 전체조직의 부문적인 구조설계에 사용된다.

프로젝트별 부서화는 기술업무, 신규사업, 관련회사 간의 업무조정 및 건설·토목·감리 등 다양한 문제에 대하여 프로젝트팀을 구성하여 문제를 해결하는 것을 말하는데, 프로젝트팀을 구성하는 팀원들은 프로젝트가 완료되면 본래업무로 복귀한다.

3) 매트릭스형 부서화

매트릭스형 부서화는 기능별 부서화와 제품별 부문화가 혼합된 형태로서 프로젝트별 부서화처럼 어떤 특정한 목적을 달성하기 위하여 조직구조를 형성할 때 사용되는 부문화의 방법이다. 혼합형 부문화는 부문화가 가진 단점을 극복하고 조직의 규모가 커지고 복잡해짐에 따라 이에 대한 대응방법이 요구되자 프로젝트조직, 그리드조직(grid organization), 매트릭스조직(matrix organization)이라는 명칭으로 사용되기 시작했다. 건설공사, 신제품개발, 우주항공산업 등 조직의 목표가 분명하고 이를 효과적으로 수행하기 위해서는 이에 필요한 고급 기술인력과 장비 및 시설이 효과적으로 활용되어야 하며, 나아가 최적의 제품을 효율적으로 개발하는 데 필요한 조직구조가 요구된다. 따라서 제품 완성과정을 관리하는 프로젝트관리와 제품에 필요한 모든 기술을 관리하는 기능관리가 혼합되어 매트릭스 부서화를 형성하게 된다.

이러한 혼합형 부문화의 장점은 다음과 같다. 첫째, 전문인력이나 설비를 효율적으로 이용할 수 있다. 전문인력들이 한 기능부서나 한 프로젝트에 전속되어 있으면 그들의 재능이 특정부서에서 제한적으로 사용되지만 혼합형 부분화는 조직에 최선의 자원을 확보하고 이를 능률적으로 활용하도록 인적 · 물적 자원의 효율적 활용을 도모할 수 있다. 둘째, 전문인력들 사이의 직접적이고 빈번한 접촉으로 기술 · 지식 · 정보에 대한 의사전달이 원활하고 조직이 유연성을 가질 수 있게 된다. 셋째, 프로젝트의 성공적 수행을 위한 모든 권한과 책임을 깊게 인식하고 업무에 임하기 때문에 어느 부서보다 헌신적으로 자기 부서를 이끌어 나갈 수 있게 된다. 넷째, 조직구성원들로 하여금 장래를 대비해 그들 자신의 지식과 재능을 개발시킬 수 있는 기회를 갖게 한다. 다섯째, 전문성을 토대로 특정과업에 대한 책임을 담당하다 보면 주요 의사결정에 참여하는 기회가 많아지므로 고도의 동기유발과 책임이행이 촉진된다. 여섯째, 매트릭스의 이중적 권한구조는 관료제의 병리현상을 감소시킬 수 있다. 일곱째, 최고관리층으로 하여금 통상적인 의사결정을 이양하게 함으로써 최고관리층이 장기계획에 더 많은 시간을 할애할 수 있게 한다. 여덟째, 프로젝트의 적시 완성을 원하는 고객의 요구와 경제적 능률성에 대한 조직의 요구를 효과적으로 균형화시킬 수 있다. 마지막으로 과학자 및 전문직 종업원들이 선호하는 민주적 규범과 일치되는 환경을 제공함으로써 동기유발을 증진시킬 수 있다.

반면 혼합형 부서화는 다음과 같은 단점이 있다. 첫째, 역할갈등, 역할모호성, 과업조정의 어려움 등이 발생하기 쉽다. 즉, 기능관리자와 프로젝트관리자가 부하에게 다른 요구를 하게 될 때 부하들의 입장에서 역할갈등 및 모호성이 증가하고 누가 누구에게 보고하고 누구에게 책임이 있는가 등의 문제가 발생하게 된다. 둘째, 기능부서의 관리자와 프로젝트부서의 관리자 간에 권력투쟁을 초래할 수 있다. 관료제의 경우 행위규칙이 명확히 규정되어 있어 권력투쟁의 가능성이 낮지만, 혼합형 부문화의 경우 조금만 노력하면 권력을 장악할 수 있기 때문에 권력투쟁과 갈등이 조장되는 경향이 있다. 셋째, 조직구성원 개인에게 미치는 스트레스의 문제로서, 안정과 모호성이 없는 상태를 원하는 조직구성원들에게 혼합형 부문화가 초래하는 불확실한 환경은 스트레스를 유발할 수 있다.

그림 8-3 매트릭스형 부서화

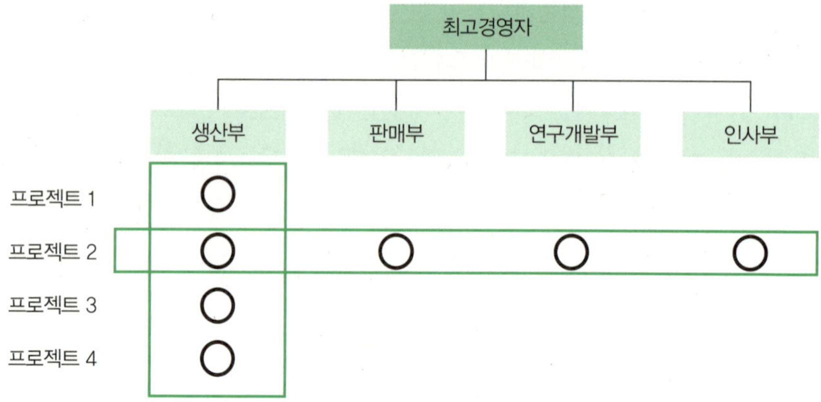

3 권한과 책임의 배분

업무의 분할은 조직의 구성원들과 집단에게 업무수행과 관련된 책임(responsibility)을 부여하는 것이다. 그러나 조직의 규모가 커짐에 따라 경영자는 자신의 업무 중 일부를 부하에게 위임함으로써 보다 전략적인 경영활동에 주력할 수 있는 시간을 갖고자 한다. 이러한 권한위양(delegation of authority)에는 업무를 수행하는 데 필수적인 의사결정권한과 아울러 자기가 맡은 일의 결과에 대한 책임감도 부하에게 할당된다. 조직의 구성원이 각자에게 부여된 업무를 수행할 수 있도록 권한(authority)과 책임(responsibility)은 균형을 이루어야 한다.

물론 이론처럼 실제로 기업에서는 권한위양이 쉽게 이루어지기 어렵다. 왜냐하면 많은 상사들은 부하가 위양된 업무를 잘못 처리하면 그 책임이 자신에게도 영향을 미치지 않을까 우려하기 때문이다. 또 다른 이유로는 대부분의 조직들에서 권한과 책임의 소재가 불분명하다는 점을 들 수 있다. 따라서 조직에서 권한

위양에 도움이 될 몇 가지 방안을 소개하면 다음과 같다.

① 권한위양의 기본전제로 먼저 부하가 상사의 지시나 의사결정에 대하여 쉽게 동의하고 따를 수 있는 범위(zone of indifference)를 결정할 필요가 있다.

② 종업원들이 참여하여 조직목표를 설정하고, 성과를 합리적으로 평가할 수 있는 기준을 만들어야 한다.

③ 종업원들을 의사결정과정에 참여시켜 내용을 이해하게 하고 그들의 능력이나 기술을 개발하는 데 도움을 주게 되면 이 자체가 큰 동기부여가 된다.

④ 상사의 역할은 부하가 주어진 과제를 완성하는 데 필요한 지도나 도움 및 정보를 제공하는 것이다.

⑤ 상사는 부하가 위양된 업무를 책임지고 잘 수행할 수 있는 능력을 배양할 수 있도록 계속해서 훈련시켜야 한다.

⑥ 상사는 부하가 자신의 성과를 상호 협의한 결과에 도달하는 데 부족한 부분을 찾아, 이를 개선할 수 있는 시의적절하고 유익한 평가(feedback)를 제공하여야 한다.

그림 8-4 권한위양과정

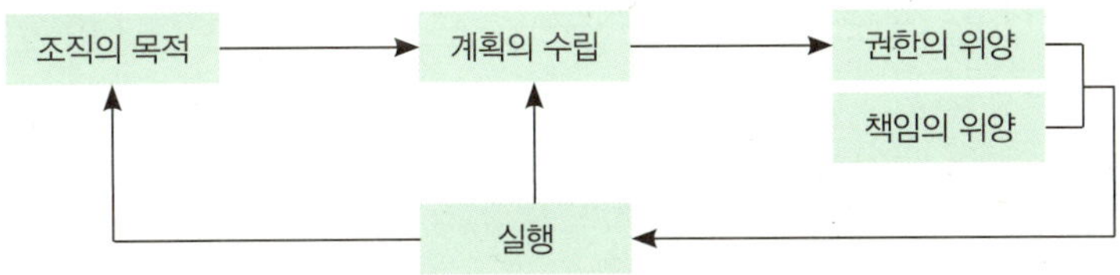

이 밖에 권한을 배분할 때 경영자가 다음과 같은 원칙을 설정해서 따르는 것도 효과적인 조직화를 위해 필요한 일이다. 첫째, 명령연쇄의 원칙(chain of command principle)으로서 최고경영자에서부터 현장종업원에 이르기까지 모든 계층은 하나의 명령체계에 의해 연쇄적으로 연결되어야 한다. 둘째, 명령일원화의 원칙(unity of command principle)으로서 모든 종업원들은 오로지 한 사람의 상사로부터 명령을 받아야 하며 그 결과도 한 사람의 상사에게 보고해야 한다. 셋째, 통제범위의 원칙(span of control principle)으로서 상급자 한 사람이 적정수의 하급자를 통제하도록 해야 효과적으로 기업을 경영할 수 있다는 것이다. 이와 관련해서 패욜(H. Fayol)은 하위직에서는 20~30명을, 상위직에서는 3~4명을 통제할 수 있는 것으로 보고 있으며, 쿤츠(H.H. Koontz)는 상위직에서는 4~8명, 하위직에서는 8~15명이 적절한 것으로 간주하고 있다. 넷째, 책임-권한 동등의 원칙(responsibility-authority parity principle)으로서 부서별 업무에 대한 책임을 부여하기 위해서는 그 책임을 수행할 수 있는 권한도 함께 주어져야 하며, 이때 권한과 책임은 동등해야 한다.

한편, 권한이 조직의 상부계층에 집중되어 있는 것을 집권화(centralization of authority)라 하고, 반대로 권한의 많은 부분이 일선부서나 팀에 위양된 것을 분권화(decentralization of authority)라 한다. 이런 권한의 집권화와 분권화에는 기업의 여러 요인— 의사결정에 따른 비용, 경영자의 가치관, 기업문화, 능력 있는 경영자들의 확보, 통제체제, 노조나 정부와 같은 기업환경 등—에 많은 영향을 받게 된다. 일반적으로 제품이나 서비스를 단위로 분화된 조직이나 다국적기업과 같이 지역을 중심으로 분화된 조직에서는 권한의 분권화가 효율적이고, 구매 · 생산 · 판매 · 재무 등 기능을 중심으로 분화된 조직에서는 권한의 집권화가 효율적이다.

4 부서 간 조정

부서화를 통해 집단화된 종업원들 간에는 목적, 가치관, 업무처리방식 등에 차이가 발생하게 된다. 이러한 이질화현상(differentiation)은 종업원들이 조직 전체의 목표를 달성해 나가는 데 저해요인으로 작용하게 되므로, 경영자는 이를 효과적으로 극복하기 위한 노력을 시도할 필요가 있다. 이러한 노력의 일환으로 추진되는 것이 조정(coordination)인데, 조정이란 전문화되어 분업화된 개인이나 집단의 작업활동들을 서로 연결시키는 활동을 말한다. 조정을 위해서는 부서 간, 종업원 간 적절한 의사소통이 이루어져야 하고, 서로의 활동을 이해해야 하며, 작업과정에서 협동이 이루어지도록 해야 한다.

5 조직구조의 유형

1) 라인과 스태프

조직 내의 라인과 스태프(line & staff organization)의 구별은 목적달성과 관련하여 직접적인 의사결정을 내리는 위치와 이에 도움이 되는 조언과 서비스를 제공하는 위치를 기준으로 판단할 수 있다. 일반적으로 라인은 생산이나 판매같이 기업의 기본적인 기능에 직접적인 권한과 책임을 수행하는 부문이나 사람을 말한다. 이에 비해 스태프는 전문적인 지식, 기술적인 조언, 제안, 서비스를 제공하여 라인활동을 도와주는 기획, 인사, 재무, 법률, 기술, 총무, 자재, 경리, 홍보 등을 담당하는 관리자를 말한다. 예를 들어, 학교조직에서는 선생과 학생 사이의 교육이 기본적인 기능이다. 따라서 선생과 학생 사이는 라인조직이고, 이들의 기능을 원활하게 수행하도록 도와주는 직원들은 스태프라 할 수 있다.

생산부장은 라인계통의 상사인 공장장으로부터 지시를 받으며, 다른 스태프들로부터는 전문적인 조언을 받는다.

라인과 스태프 간의 관계를 살펴보면, 비교적 안정적인 환경에서 업무가 일상적이고 반복적인 조직의 초기단계인 탄생기나 청년기(birth or youth stage)에는 라인과 스태프의 구분이 비교적 명확하고, 라인의 구성비율이 높을 뿐만 아니라 라인의 권한이 강하게 작용된다. 그러나 이때에는 보통 라인에 비해 스태프비율은 빨리 증가하는 경향을 보인다.

반면에 현대사회의 경영환경이 불확실해지고 조직의 규모가 거대화되면서 조직은 중년기를 거쳐 성숙기(midlife or maturity stage)에 이르게 되는데, 이 단계에서는 스태프의 종류와 인원이 많이 보강되면서 그 중요성도 높아지게 된다. 그러나 전체구성원에서 차지하는 스태프비율은 점차 줄어드는 반면에 라인의 구성은 오히려 증가되는 경향을 나타낸다.

그림 8-5 라인과 스태프조직

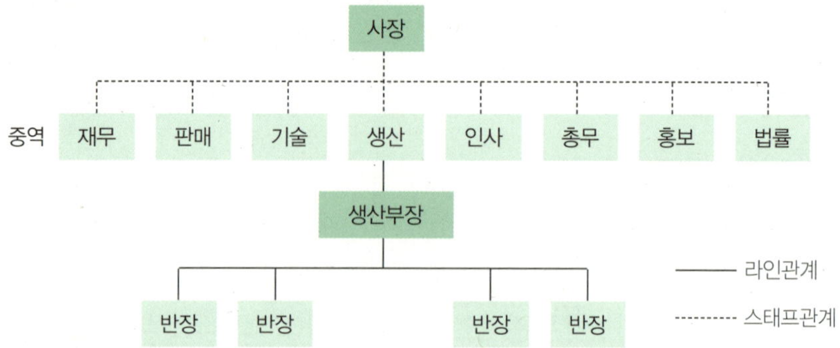

2) 팀조직

요즘처럼 경영환경이 급변하는 상황에서는 의사결정구조를 보다 단순화시키고 기술혁신의 속도에 부응할 수 있는 민첩한 조직체계를 갖출 필요가 있다. 팀조직(team organization)은 상호 보완적인 기술이나 지식을 가진 소수의 구성원들이 자율권을 갖고 기업의 목표를 달성해 나갈 수 있도록 구성된 조직으로서, 이러한 경영환경에 가장 적합한 조직구조로 평가되고 있다. 왜냐하면 팀조직은 경영자가 업무를 추진함에 있어 불필요한 부서 간의 장벽을 제거할 수 있으며, 신속한 의사결정체계를 갖출 수 있을 뿐만 아니라 매트릭스조직이 나타내는 이중적인 명령 및 보고체계를 탈피할 수 있는 장점이 있기 때문이다. 또한 조직구성원들의 의사가 최고경영자에게 가감 없이 전달될 수 있고, 성과에 대한 평가가 쉬워서 동기부여가 용이한 장점이 있다.

스티븐 코비(Steven Covey)는 『성공하는 사람들의 7가지 습관』이라는 저서에서 오늘날의 조직이 팀제를 도입해야 하는 이유를 리더십에 비유해서 설명하고 있다. 전통적인 부 · 과제로 형성된 기능별 조직이 조정경기라면 팀조직은 래프팅경기에 해당한다. 조정경기는 목적이 "얼마나 빠르냐"로서 상황은 잔잔한 호수이다. 리더는 맨 뒤에 앉아 노를 젓지 않고 방향을 지시하고, 구성원들은 리더의 지시에 따라 일사분란하게 움직이기만 하면 된다. 반면에 래프팅의 목적은 "어떻게 하면 살아남느냐"로서 상황은 항상 조류가 변화하는 급류 속이다. 리더는 구성원들과 같이 노를 저으면서 나름대로의 역할을 나누어 가지며, 구성원들은 시선을 리더에게 고정시키지 않고 각자가 처한 환경을 동시에 바라보면서 상황변화에 따라 스스로 대응한다.

이처럼 팀은 상황의 변화를 여건으로 하는 조직 유형으로서, 오늘날 대부분의 조직들이 업무단위 또는 프로젝트에 따라 팀제를 운영하거나 참고하고 있다. 하지만 팀조직은 각 구성원들의 능력에 크게 의존할 수밖에 없으므로 구성원들이 유능하면 효과적일 수 있지만 그렇지 못할 경우에는 다른 유형의 조직구조보다 성과가 낮은 단점이 있다. 따라서 팀조직이 목적하는 바의 기능을 제대로 발휘하기 위해서는 구성원들의 교육과 훈련에 투자를 아끼지 말아야 한다.

그림 8-6 프로젝트형 팀조직

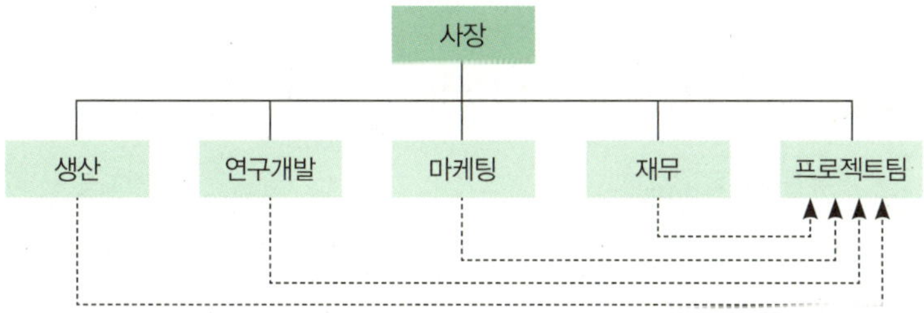

6 환경과 조직구조

우리가 어느 가정을 방문해 보면 집안의 분위기가 군대같이 딱딱하면서 사무적인 대화만으로 뭔가 비인간적인 느낌을 갖기도 하고, 또 어떤 가정에서는 따뜻하고 부드러운 대화가 넘치는 화목한 분위기를 느끼게 된다. 마찬가지로 기업에서도 조직이 딱딱하고 엄격한 통제 속에서 업무를 수행하는 조직이 있는 반면, 개인의 특성이나 능력이 십분 발휘되는 매우 부드럽고 유연한 흐름의 조직이 있다. 번즈와 스토커(T. Burns & G. Stalker)는 전자를 기계적 조직(mechanic organization)으로, 후자를 유기적 조직(organic organization)이라 불렀다.

기계적 조직으로는 정부의 행정조직에서 볼 수 있는 관료제가 대표적이고 의사결정은 최고위층에 집중되어 있다. 또 엄격한 규제와 절차를 통하여 구성원들의 행동을 제한하고 공식적인 업무수행으로 인간적인 배려가 고려되기 어렵다. 부서 간 업무가 명확하게 구분되어 타부서에 대한 알력이나 부서 간 이기주의에 의하여 조직 전체의 성과에 악영향을 끼칠 수 있다. 국세청이나 우체국에서도 쉽게 볼 수 있는 조직 유형이다.

이와 반대로 유기적 조직은 상사와 부하 간 또는 부서 간의 업무가 주로 팀 중심으로 구성되어 활발한 의사소통과 상호 이해로 조직 전체의 성과를 높이는 데 많은 장점이 있다. 권한위양이 많이 이루어지는 편이며, 업무 간의 조정은 비공식적으로 개인적인 융통성의 폭이 크다. 이 유형의 조직은 변화하는 환경에 보다 잘 적응하기 위하여 규모나 의사결정과정을 간소화하여 조직유효성을 높이려는 일반사기업에서 많이 볼 수 있다.

그림 8-7 기계적 조직구조와 유기적 조직구조의 비교

유기적 조직		기계적 조직
분권적	권한위양	집권적
융통성이 있고 적은 편	규칙과 절차	엄격하고 많은 편
상호의존적	부서 간의 업무	매우 독립적
넓음	관리의 폭	좁음
공식적 · 비공식적 관계	조직구조	공식적 관계
수직적 · 수평적인 관계	의사소통	수직적 관계
사기업	적용대상	관공서나 공기업

조직구조와 경영환경을 비교해 보면, [그림 8-8]에서 보는 것처럼 환경이 안정적인 상황에서는 기계적 조직이 높은 적합관계로 성과가 높으며, 환경이 불안정하고 변화가 심한 상황에서는 유기적 조직이 보다 적합하여 조직유효성이 높다는 것을 알 수 있다.

그림 8-8 환경과 조직구조의 적합성

조직구조	안정적 환경	동태적 환경
기계적 조직	효과적인 결합	비효과적인 결합
유기적 조직	비효과적인 결합	효과적인 결합

환경

7 직무설계

1) 직무단순화와 직무전문화

조직화의 첫 번째 단계는 조직의 목표달성을 위해 해야 할 일들을 구체적으로 구분하는 것이다. 이러한 분업(division of labor)의 원리는 애덤 스미스(A. Smith)가 일찍이 『국부론(*Wealth of Nation*)』에서 핀 만드는 직업을 예로 들어 소개하고 있다. 핀을 만드는 데 있어, 첫 번째 사람이 기계에서 철사를 끌어내고, 두 번째 사람은 그것을 똑바로 펴고, 세 번째 사람은 적당한 길이로 자르고, 네 번째 사람은 한쪽 끝을 뾰족하게 갈고, 다섯 번째 사람은 핀 머리를 만드는 방식으로 세분화해서 일하면, 열 사람이 하루에 48,000개의 핀을 만들 수 있다. 하지만 이 일들을 한꺼번에 한 사람씩 독립적으로 수행한다면 한 사람이 하루에 20개 이상을 만들지 못하므로, 열 사람이 만든 것을 합칠 경우 200개 정도밖에 되지 않는다. 이처럼 조직 내의 일들을 비교적 작고 간단한 단위로 분리하여 구성원들이 가급적 단순한 일을 반복하여 처리하도록 하는 것이 직무단순화(job simplification)이며, 전문기술이나 능력이 요구되는 한두 개의 업무를 개별구성원들에게 전담시킴으로써 생산성 향상을 꾀하는 것이 직무전문화(job specialization)이다.

이렇게 분업과 전문화를 활용해 구성원들로 하여금 일의 단순하고 한정된 부분만을 처리할 수 있게 한다면, 이들이 필요한 기능을 빠르고 쉽게 터득할 뿐만 아니라 숙련도가 제고되므로 작업수행의 능률성이 높아지게 된다. 뿐만 아니라 전문화에 따라 다양한 종류의 직무들이 만들어져 사람들이 자기에게 적합한 일을 찾기가 용이하며, 직무를 수행하는 데 필요한 기능과 기술을 습득하는 데 요구되는 훈련비용도 적게 소요된다. 그러나 사람을 아주 단순한 업무나 정해진 일에 한정시킴으로써 일에 대한 충만감, 만족도, 주인의식, 자아실현감 등이 낮아질 수 있다. 그리고 한정된 일을 계속적으로 반복하는 과정에서 소외감과 지루함을 느껴 생산성이 오히려 떨어질 수 있는 문제점도 내재하고 있다. 따라서 경영자는 전문화에 따른 분업의 장점을 살리면서 단점을 줄여 나갈 수 있는 직무설계 방식을 개발할 필요가 있다.

2) 직무순환, 직무확대 및 직무충실화

자칫 종업원들은 조직의 단순하고 반복적인 업무에서 오는 단조로움이나 권태감을 느끼게 되면 작업능률이나 불량률이 높아지게 된다. 이러한 단점을 극복하기 위하여 몇 가지 방안을 생각할 수 있다. 직무단순화의 단점을 극복하기 위한 노력은 먼저 직무담당자가 일정한 기간을 두고 다른 직무를 돌아가면서 맡게 하는 직무순환(job rotation)을 생각할 수 있는데, 이는 주로 신입사원의 교육훈련에 사용된다. 또 다른 방법으로는 어느 종업원이 한 가지 업무뿐만 아니라 보다 다양한 업무를 수행할 수 있도록 하는 직무확대(job enlargement)를 고려할 수 있다. 이 방법 역시 업무의 재량권이 뒷받침되지 않으면 종업원들의 근로의욕이나 직무만족을 기대하기는 어렵다.

끝으로 이러한 방법들의 단점을 보완한 직무충실화(job enrichment)는 종업원이 재량권을 가지고 다양한 직무를 수행하며 결과에 대한 책임도 지게 하는 것이다. 그러나 조직 내에서 직무의 특성 때문에 이런 직무충실화가 힘든 영역도 많다는 단점도 있다. 해크만과 올드햄(J. Hackman & G. Oldham)의 이론에 의하면, 직무충실화는 다음 [그림 8-9]에서 보는 것처럼 직무의 핵심적인 특성을 파악하여 이를 수행하는 종업원이 개인적으로 인지하는 심리적인 반응과정을 통하여 개인이나 조직에 여러 가지의 결과를 초래하는 과정이라는 것을 알 수 있다.

그림 8-9 직무충실화의 모형

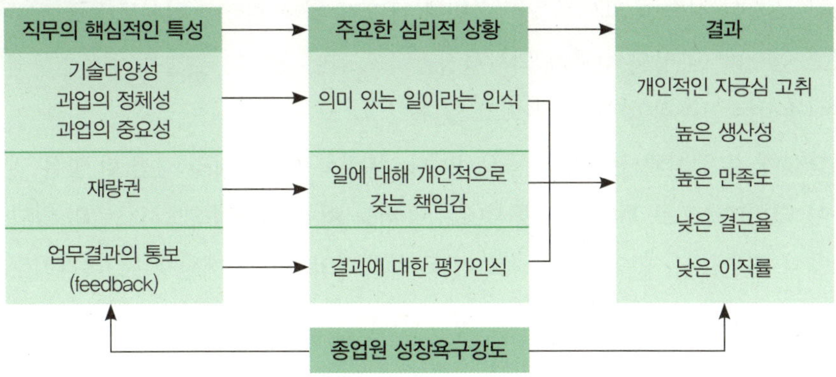

8 조직화의 변화추세

사람들에게 조직도를 그려보라고 하면 대부분이 피라미드 모양으로 표현한다. 간혹 마케팅을 강조하는 기업의 경우에는 조직도의 최상단에 고객이 위치함으로써 피라미드를 뒤집어 놓은 형태의 조직을 보이기도 한다. 어쨌든 변화하는 경영환경에 유연하게 적응해 나가기 위해서는 전통적인 조직화방식에 변화를 줄 수밖에 없을 것이다. 최근 들어 기업들의 조직화활동에 나타나고 있는 변화 움직임을 관찰해 보면 다음과 같은 경향들이 포착된다.

첫째, 명령체계(chain of command)의 축소이다. 명령연쇄의 원칙을 충실하게 지키기보다 불필요한 명령계층을 없앰으로써 조직도의 상층부와 하층부의 거리가 짧은 평평한 조직도가 일반화되고 있다.

둘째, 관리폭(span of control)의 확대이다. 조직구성원들의 능력과 자율성 욕구가 높아지고 명령계층이 짧아짐에 따라 경영자가 지휘 · 감독하는 관리의 폭이 넓어지고 있다.

셋째, 명령일원화원칙(unity of command principle)의 완화추세이다. 조직의 유형이 전통적인 라인-스태프에서 매트릭스조직, 팀조직 등으로 다양화됨에 따라 구성원들이 두 명 이상의 상사로부터 명령을 받게 되는 경우가 증가하고 있다.

넷째, 권한위양과 임파워먼트(empowerment)의 증대이다. 빠른 환경변화 속에서 조직이 신속한 의사결정을 수행해 나가기 위해 권한이 하부조직으로 분산되고 있으며, 구성원 각자가 의사결정능력과 힘이 있다는 신념을 구성원들에게 심어주려는 임파워먼트가 강조되고 있다.

다섯째, 분권화와 집권화의 동시성이다. 분권화추세에 따라 점점 더 많은 권한들이 하위계층으로 위양되는 동시에 컴퓨터를 이용한 경영정보시스템의 발달로 위양된 권한들이 제대로 수행되고 있는지를 파악하고 문제발생 시 즉각적으로 개입할 수 있는 집권화가 부각되고 있다.

여섯째, 스태프의 축소경향이다. 전반적으로 조직 규모의 축소를 통한 생산성의 향상이 강조되고, 현장에서의 자율적인 의사결정과 신속한 대응체제가 강화됨에 따라 스태프부문이 축소되고 있다.

일곱째, 공식적 조직과 비공식적 조직의 조화이다. 그동안 공식적으로 권한이 부여된 공식조직이 조직화활동에서 우선시되고 강조되어 왔으나, 최근에는 권한이나 직무와 무관하게 친교나 감정에 의해 자연발생적으로 형성된 비공식조직의 기능과 역할이 중요하게 다루어지고 있다.

여덟째, 네트워크형 조직구조의 부상이다. 가장 중요한 핵심역량부분에 경영자원을 집중하는 대신 비핵심부문에 대해서는 아웃소싱, 전략적 제휴, 분사 등으로 대응하는 네트워크형 조직구조가 각광을 받고 있다.

9 조직변화

1) 조직변화의 개념

일반적으로 조직변화(organizational change)란 조직 외부 또는 내부로부터의 압력에 대한 계획적 또는 비계획적인 반응을 의미한다. 열린시스템(open system)으로서의 기업의 경우 항상 외부환경과 상호작용하고 생존하기 위해서는 외부환경의 변화에 따른 기업의 변화를 시도해야 할 상황이 항상 존재한다. 또한 외부환경의 변화가 없더라도 조직의 생존과 성장을 위하여 스스로 개선하려는 자생적인 변화도 필요하다.

최근 경제적 위기에 직면한 우리나라 기업들은 기업내 · 외부로부터의 변화압력이 점점 다양해지고 커짐에 따라 환경에 적응하기 위하여 계획적이고 전략적인 조직변화를 시도하고 있다.

계획적인 조직변화(planned organizational change)는 기업이 적극적인 조직개발활동을 통하여 기업환경에 적합한 체질과 문화를 개발하고 경쟁력을 강화시키는 데 크게 기여해 왔다. 그러나 최근 우리나라 기업들은 계획적인 변화의 기본방향을 최고경영자가 직접 구상하는 경우가 많아지고 있으며, 또한 장기전략과 연계되어 강력히 추진된다는 점에서 과거의 조직개발과는 다른 양상을 보이고 있다. 따라서 최근 우리나라 기업에서의 조직변화는 기업의 특정부서나 사업단위에서만의 변화가 아니라, 기업체 전체에 걸쳐서 모든 구성원들의 기본적인 가치관으로부터 그들의 업무수행에 이르기까지 근본적인 변화를 추구하는 경우가 많다. 그 이유는 일부 부문조직이나 일부 관리과정의 변화로는 기업에서 요구되는 변화를 가져오지 못할 뿐만 아니라 기업의 경쟁력을 강화시키는 데도 큰 효과를 얻을 수 없기 때문이다.

2) 조직변화의 원인

조직변화의 필요성은 일반적으로 대내외적인 환경의 압력에서 비롯된다. 여기서는 조직변화의 압력요소로써 대내외적 환경변화의 내용을 간략히 살펴보고자 한다.

(1) 외부환경의 압력

우리나라 기업들은 지난 IMF 경제위기 이후 외국기업의 본격적인 국내시장 진출, 불확실하고 예측할 수 없는 시장수요, 기술의 빠른 변화, 기업 간 경쟁의 격화, 고객욕구의 다양화 및 불확실성의 증대, 가격 · 품질경쟁에서 서비스경쟁으로의 전환 등과 같이 기업환경이 급속도로 변화하고 있다.

이러한 요인들은 기업조직활동의 조화와 균형을 파괴하는 외부압력요인이며, 이와 같은 적합성(contingency)의 결여는 지속적으로 조직의 성과를 저하시켜 새로운 조화와 균형을 위한 조직의 구조조정을 요구하게 된다.

따라서 이 같은 외부환경변화는 지금까지의 기업조직 경영방식과는 달리 자율적이고 유연한 조직, 낮은 계층구조, 정보의 공유, 지속적 학습능력, 긴장감과 도전감 부여, 조직 간 네트워크 등과 같은 특성이 요구된다.

(2) 내부환경의 압력

최근 우리나라 기업의 변화는 내부적인 요인에도 기인한다. 새로운 조직을 필요로 하는 내부환경요인의 변화는 구조조정에 따른 고용불안의 가속화, 수직적 관계를 중시하여 왔던 전통적 유교가치관의 붕괴, 개인의 자율성과 일의 의미를 강조하는 개성중시의 풍토, 관료주의에 따른 조직병리현상의 심화, 근로생활의 질(QWL : Quality of Work Life) 추구, 조직의 비대화와 관리비용 증대 등을 들 수 있다. 이러한 요인들은 높은 이직률이나 결근율, 조직적인 불만, 노조의 파업 위협이나 태업 등 많은 부작용을 발생하는데, 이것이 조직의 변화를 요구하는 내부압력요인이 된다.

이 같은 내부환경변화로 인해 조직에도 변화가 요구된다. 그 어느 때보다도 민주적인 조직관리가 요구되고 개인의 창의성, 변화관리능력, 높은 개인 참여 등이 기업생존에 필수불가결한 요인이 되고 있다. 또한 이러한 요인들을 조직 내에 반영하기 위하여 분권화(decentralization), 임파워먼트(empowerment : 권한이양), 유연한 조직, 다기능화, 자기관리조직, 계층단축, 스태프의 축소 등과 같은 특성을 가진 조직으로 변화되어야 한다.

3) 조직변화과정

조직변화를 성공적으로 이끌기 위해서는 변화가 어떤 과정을 거쳐 이루어지며 그 과정에서 어떤 문제가 발생하고, 또 어떻게 해결해야 하는지를 알아야 한다.

레윈(K. Lewin)은 조직변화를 해빙(unfreezing), 변화(change), 재동결(refreezing)의 단계로 보았다.

(1) 해빙단계

조직변화를 위한 준비단계이며 구성원의 필요성을 느끼게 해주는 단계로 개인의 태도를 구성하고 있는 옛 방정식을 깨뜨리는 것을 말한다. 익숙해진 일상의 업무와 사회적 관계를 제거하고, 사회적 지원을 파괴하며, 변화의 대가로 보상의 처벌을 제공하는 것 등이다.

(2) 변화단계

적절한 변화기법을 동원하여 변화를 시도하는 단계이다. 변화는 순응→동일화→내면화의 단계를 거쳐 구성원을 변화시키는 단계이다.

순응(compliance)은 상을 받고 벌을 피하기 위해 태도를 변화시키는 것이다. 이것은 피상적인 변화이기 때문에 변화에 대한 영향력이 사라지면 원래의 상태로 돌아가 버린다.

동일화(identification)는 닮고 싶은 개인이나 집단의 규범, 가치, 신념 등이 타인을 닮으려고 하는 경우에 변화가 발생한다.

내면화(internalization)는 타인의 주상이나 태도가 자신의 가치체계와 일치되기 때문에 일어나는 변화로서 심층적인 변화이다.

(3) 재동결단계

조직이 의도했던 대로 변화했는지를 평가하고, 바람직한 변화가 조직 내에 안정적으로 자리 잡게 하기 위한 노력이 재동결이다. 새로운 변화가 내면화되면 이이 퍼스낼리티에 결합되어 재동결의 과정을 거치게 된다.

변화가 계속적으로 강화될 수 있는 전략이 있어야 변화가 유지된다. 변화를 유지할 수 있는 환경을 실제로 설계하는 것이 재동결시킬 수 있는 좋은 방안이다.

4) 조직변화의 저항원인

구성원들 사이에서 저항은 다음의 경우에 발생하게 되는 것이다.

① 혁신이 가져올 충격과 의미, 관계들에 대해 확신을 갖지 못하거나 정보가

부족할 때

② 꺼리는 위험들을 도맡아서 처리하도록 요구될 때

③ 혁신에서 요구하고 있는 새로운 역할을 수행할 능력을 가지고 있지 못하거나 학습할 능력이 없다고 느낄 때

④ 동료들로부터 명성, 체면을 잃게 될 것이라고 느낄 때

⑤ 혁신이 자신을 무용한 인물로 만들지도 모른다고 느낄 때

⑥ 조직이 제공하는 보상에서 자기 몫이 줄어들 것이라고 느낄 때

⑦ 혁신으로 인해 조직 내 의사결정에 대한, 즉 경영자원의 통제력에 대한 영향력이 축소될 것이라고 느낄 때

⑧ 혁신이 지금까지의 조직 내 가치와 규범을 침해할 때

⑨ 집단이 생각해 온 모델과는 다른 모델로 혁신이 설계될 때

5) 저항극복방안

저항극복방안은 다음과 같다.

① 참여 : 참여는 변화에 대한 저항을 극복할 수 있는 효과적인 방법 중 하나이다. 변화를 계획하고 시행하는 과정에 조직구성원들은 참여시키면 그들이 변화가 왜 필요한지를 보다 잘 이해하게 되고 나아가 변화노력에 적극적인 태도를 갖게 될 것이고 자신의 생각을 제시할 수 있는 기회가 주어져 변화에 대해 주인의식도 갖게 된다. 그러므로 조직변화를 시도할 때 그 변화에 영향을 받게 될 구성원들을 변화의 계획과 시행과정에 참여시키는 것이 바람직하다.

② 교육과 의사소통 : 변화의 필요성과 예상되는 결과에 대한 교육을 통해 구성원들이 갖는 불안감을 어느 정도 줄여 줄 수 있다. 그리고 변화가 어떻게 진행되고 있는지를 공개함으로써 저항을 줄일 수 있다. 조직변화에 대한 정보가 부족하고 부정확해 구성원들이 변화를 거부할 때 효과적인 방법이다.

③ 협상 : 변화영역, 시점, 규모에 관해 구성원들과 합의함으로써 저항을 줄이려는 노력이다. 공식적이든 비공식적이든 다양한 방법을 통해 타협안을 도출하여 변화노력을 수용하게 만드는 것으로, 변화에 의해 많은 것을 잃게

되는 구성원이나 집단이 있을 경우 바람직한 방법이다.

④ 점진적 변화 : 한번에 너무 많은 변화를 시도하면 저항은 그만큼 커지게 된다. 점진적 변화는 우선 가장 필요한 변화부터 차례로 시도해 구성원들이 변화에 적응하여 받아들일 수 있는 시간적 여유를 주는 방법이다. 그리고 조직 규모가 큰 경우에는 처음부터 조직 전체를 대상으로 하기보다는 한 부서나 한 공장을 선택하여 변화를 시도하는 것이 바람직하다. 그 과정에서 발생하는 여러 가지 문제를 해결할 수 있는 방법을 마련한 다음 다른 부분으로 확대해 나가는 방법도 생각할 수 있다.

토 | 의 | 문 | 제 |

01 조직화과정을 설명하시오.

02 매트릭스 부서화의 장 · 단점은 무엇인가?

03 직무충실화는 무엇인가?

04 조직화의 변화추세를 설명하시오.

05 조직변화과정을 설명하시오.

마음은 태도에 드러난다

극단적인 행동, 짐짓 과장된 태도를 취하는 사람에게는 허영심이 있다. 자신을 크게 보이는 것, 자신에게 힘이 있다는 것, 자신이 뭔가 특별한 존재라는 것을 타인에게 각인시키길 원한다. 실제로는 아무것도 없는 텅 빈 내면을 가졌음에도 불구하고 그러하다. 사소한 것에 사로잡히는 사람은 배려심이 있는 듯 혹은 무슨 일에든 섬세한 듯 보이지만 내실은 공포심을 끌어안고 있는 것이다. 실패하지는 않을까 두려운 것이다. 혹은 무슨 일이든 자신 이외의 사람이 관계하면 순조롭게 진행되지 못할 것이란 생각을 가지고 있어 내심 타인을 얕잡아 보는 까닭이기도 하다.

출처 : 『니체의 말』 중에서

Chapter

09

지휘와 동기부여

경영이야기 1

워렌 버핏의 리더십

워렌 버핏의 공식 직함은 버크셔 해서웨이 회장이다. 그는 투자가로 알려져 있지만 75개 자회사를 거느린 거대기업의 최고경영자이기도 하다. 그는 한국의 매출액 1위 기업인 삼성전자보다 규모가 더 큰 기업을 경영하는 일에서도 능력을 보여주고 있다. 워렌 버핏의 경영 스타일은 자회사의 최고경영자에게 완벽한 자율성을 보장한다는 점이다. 그는 간섭하지도, 감시하지도, 추궁하지도 않는다.

워렌 버핏

이것이 경영자의 우상으로 존경받는 잭 웰치와 차이를 보이는 부분이다. 잭 웰치는 GE를 미국의 최고기업의 하나로 키우는 과정에서 불도저 같은 리더십을 보여주었다. 업무 처리를 제대로 못하는 임직원을 향해 대놓고 모욕을 주었고 심지어 사표를 요구했다는 사실을 그는 자서전에서 숨기지 않고 있다. 무능한 직원은 웰치에게는 '사람'이 아니었다. 그는 끊임없이 감시하고 평가하고 추궁했다. 이런 경영 스타일을 그는 기업의 번영과 효율성 재고라는 명분으로 정당화하고 있다. 지금도 세계 각국의 경영자들은 웰치의 강연과 책을 듣고 읽으며 그를 따르려 한다.

하지만 진정한 리더십이란 구성원의 협력을 자발적으로 이끌어내고 이들이 능력을 발휘할 수 있도록 북돋아 주는 것이다. 워렌 버핏은 이 점에서 최고경영자로서도 더할 나위 없는 리더십을 보여주고 있다. 그의 리더십을 보여주는 사례 중 하나가 1995년 RC 윌리 가구회사를 매입하는 과정에서 잘 나타났다.

이 가구회사는 1927년 루퍼스 콜 윌리가 유타주에서 창업해 수익성 있는 사업체로 키웠고, 1995년 버크셔 해서웨이가 자회사로 편입시킬 당시에는 창업주의 사위 빌 차일드가 최고경영자를 맡고 있었다. 버크셔 해서웨이는 RC 윌리 가구회사의 매입 이후에도 경영을 빌 차일드가 그대로 맡기로 합의했다. 기업을 매입할 경우 경영진이 그대로 경영을 맡도록 하는 것은 버크셔 해서웨이의 매입 원칙 가운데 하나이다.

문제는 빌 차일드와 임직원들이 말일성도예수그리도교회(모르몬교) 신도여서 일요일에는 회사 문을 닫는다는 것이었다. RC 윌리의 본사는 이 교단의 성전이 있는 유타주 솔트레이크시티에 있다. 고객이 가장 많이 찾아오는 일요일에도 문을 연다면 회사 매출이 늘어날 것이 분명했다. 워렌 버핏은 버크셔 해서웨이 최고경영자로서 자회사경영에 간섭하더라도 문제될 것이 없었다. 그러나 워렌 버핏은 사업보고서에서 "빌 차일드에게 회사의 기존방침을 그대로 지키라고 다독여 주었다"고 밝히고 있다. 빌 차일드는 가구회사의 평균을 넘는 수익을 지속적으로 달성하면서 워렌 버핏의 자율경영 원칙에 화답했다.

워렌 버핏이 1965년 버크셔 해서웨이 경영권을 장악한 이래 40여 년 동안 임직원을 해고한 경우는 손으로 꼽을 정도다. 그는 임직원의 업무에 여간해서는 간섭하지 않으며, 자회사의 최고경영자는 본인이 원하면 정년까지 일한다. 버크셔 해서웨이의 75개 자회사의 최고경영자들 가운데는 오마하의 버크셔 해서웨이 본사 사무실을 한 번도 방문하지 않은 사람이 꽤 된다. 워렌 버핏이 이들을 불러 모아 회의를 열지 않기 때문이다.

그러다 보니 버크셔 해서웨이 자회사의 최고경영자들은 서로를 잘 알지 못한다. 자회사 CEO들은 기자회견을 하거나 기업설명활동(IR : Investor Relations)을 해야 할 의무도 없다. 워렌 버핏이 그런 것들을 요구하지 않기 때문이다. 자회사 최고경영자가 경쟁기업으로 옮긴 경우도 없다. 해고와 이직이 일상화된 미국의 기업문화에서 이는 놀라운 일이다. 이런 식으로 운영되는 미국의 대기업은 버크셔 해서웨이가 유일할 것이다.

버크셔 해서웨이 자회사 최고경영자의 거의 유일한 의무는 실적을 내는 것이다. 어떤 전략과 방식으로 실적을 내야 하는가는 전적으로 해당 최고경영자의 자율권한이다. 이런 방식으로 운영되면서도 버크셔 해서웨이의 주가는 해마다 상승하고 있다. 자회사 최고경영자들이 해마다 실적을 개선하면서 버크셔 해서웨이의 기업가치가 증대되고 있기 때문이다. 어떻게 이것이 가능할까? 이는 워렌 버핏이 처음부터 능력이 검증된 최고경영자를 선발하는 것에서 비롯된다. 애초에 잘하는 사람을 뽑으니 나중에 간섭할 필요가 없는 것이다.

"우리는 좋은 기업일 뿐만 아니라 수준 높고 재능이 있으며 호감이 가는 경영자가 운영하는 기업을 사들이려 노력한다. 만일 우리와 손잡는 경영자에 대해 우리가 판단을 잘못했을 경우, 우리는 변화를 행사할 권한이 있기 때문에 상대 회사에 대해 어느 정도 유리한 점이 있다. 그러나 현실적으로 유리한 점은 이상적인 차원에 머무는 경향이 있다. 경영진 교체는 마치 이혼처럼 고통스럽고 시일이 오래 걸리며 위험 부담이 크다."

자회사의 최고경영자들은 그 회사의 오너였다가 지분을 매각하고 경영을 맡고 있는 경우가 많다. 이들은 자신이 맡은 사업을 건강이 허락하는 한 운영할 수 있다. 네브래스카 퍼니처 마트의 로즈 블룸킨 여사는 104세까지 회사경영을 맡았다. 60대가 되면 물러날 각오를 해야 하는 기업 풍토에서 비켜서 있다는 사실을 알 수 있다. 워렌 버핏은 자회사를 일단 매입하면 다시 매각하는 법도 없다.

출처 : 김지영 지음, 『워렌 버핏』 (살림지식총서 352) 중에서

경영이야기 2

은둔처와 리더십

리더는 본질에 집중할 고독한 은둔처가 필요하다
그곳에서 혁신이 싹튼다

카페인 중독의 시대다. 이른 아침부터 수없는 미팅에서 마시는 커피와 음료 속의 카페인 섭취도 있겠지만, '카카오톡, 페이스북, 인스타'로 이어지는 모바일 관계 중독을 의미한다. 신호와 소음이 혼재된 정보 홍수로부터 잠시만이라도 벗어나 무엇이 진실로 중요한지 차분히 몰입할 시간이 간절하다. 돌파구는 없을까?

인생에 변화를 주고 싶다면 일본의 저명한 경영컨설턴트 오마에 겐이치가 강조하는 것처럼 세 가지 중 하나를 시도하는 수밖에 없다. 시간 사용법을 바꾸거나 생활 장소의 이동, 또는 새로운 사람을 사귀는 것이다. 마이크로소프트의 창립자 빌 게이츠가 일 년에 두 번씩 한 보따리의 책을 들고 홀로 오두막에 들어간다는 '생각하는 주간(Think Week)'이 바로 그런 경우다. 요즘 화두인 챗GPT와 인공지능 같은 혁신적 프로젝트나 사업의 돌파구로 인해 새삼 은둔처의 중요성이 부각된다. 오두막은 혁신의 산실이었다.

리더에겐 고독은 사치가 아니라 필수다. 독일이 강대국이 된 배경에도 '고독'과 은둔처 개념이 자리 잡고 있다. 프로이센이 나폴레옹에게 패배한 뒤 재건 과정에서 빌헬름 폰 훔볼트에게 의뢰하여 베를린 훔볼트대학을 창립하게 되었을 때 내세운 두 개의 개념은 '고독과 자유(Einsamkeit und Freiheit)', 대학은 지식인의 은둔처 역할을 하였다. 혁신적이고 독립적인 사고가 탄생할 수 있는 기반이다.

은둔처는 숲속에만 있는 것이 아니라 도심의 빌딩 옆에도 숨어있다. 젊은 시절 존경했던 직장 상사는 힘든 과제를 시키고 나면 나지막한 목소리로 '우리 한잔할까?'라고 제안하곤 했다. 그가 데려간 곳은 화려한 식당이 아니라 뜻밖에도 재래시장 옆의 소박한 주점이었다. 주인 할머니는 그를 가리켜 '아무개 학생'이라 부르고 있었다. 그가 대학생 때부터 이용했기에 생긴 습관으로 족히 30년 이상 된 단골 식당임을 알 수 있었다. 허름한 그 식당은 그만의 은둔처였다.

함께 어울려 먹는다는 것의 본질은 무엇일까? 식탁은 육체의 허기를 해소하고 정신적 갈증을 나누며 이성을 유혹하는 공간이며, 문화 생산자로서도 역할을 하지만 사업이 이루어지는 장소이기도 하다. 언론인 시절 만났던 화상(華商)연합회 회장과의 식탁이 떠오른다. 그의 은둔처는 연희동의 화교가 운영하는 중식당이었다. 금문 고량주 잔이 돌고 분위기가 무르익자 그는 뜻밖의 이야기를 들려주었다. 음식이 아니라 경험을 들려주기 위해 나를 초대했다는 것이다.

"혹시라도 나중에 중국에서 사업을 하거나 화교와 비즈니스를 하려면 원탁 문화를 이해해야 합니다. 둥근 식탁에서 맛있는 음식을 나누고 술잔이 오가면서 진짜 업무가 이루어지기 때문이지요. 다만 처음 만난 자리에서 서두르지 말아야 한다는 점을 말씀드리고 싶어요. 처음에는 상대방에 대한 인상, 신뢰, 품위 같은 것을 살핀 뒤 믿을 수 있다는 판단이 서면 두 번 만나고, 본격 업무 이야기는 세 번 만났을 때 나누라고 저는 배웠습니다."

세월이 한참 흘러 내가 한류 콘텐츠를 수출하는 회사의 대표이사가 되어 대륙시장 문을 두드리게 되었을 때 그가 해준 말은 값진 조언이 되었다. 만나자마자 형 동생 하며 흉금을 트자는 한국적 방식은 사적인 모임이라면 어떨지 몰라도 중요한 자리에서는 통하지 않았다. 언어와 언어 사이에 숨겨진 비언어적 표현의 미묘함을 포착할 줄 아는 것이 곧 실력이었다.

은둔처는 곧 리더의 훌륭한 소통수단이다. 흉금을 털어놓을 수 있는 은둔처가 없다면 그는 무색무취한 리더십의 소유자일 가능성이 높다. 극단적으로 이렇게 말하고 싶다. "당신의 은둔처를 내게 보여다오. 그러면 나는 당신이 어떤 리더인지 말해 주겠소!"

출처 : 매일경제, 2023.4.21.

1 리더십의 의미

리더십(leadership)에서 'lead'는 바이킹언어에서 온 것으로 배의 방향을 잡는 사람을 의미한다. 'ship'은 배라는 뜻인데 이 말은 17세기경에 스코틀랜드군과 잉글랜드군이 축구시합 중 패싸움이 발생했을 때 시합을 관전하고 있던 리처드 킹스턴 경이 "우리는 같은 배에 탄 사람들이다. 이 배(ship)를 침몰시켜서는 안 된다. 이 스포츠맨을 위한 배를…"에서 처음 사용했다고 전해진다.

주지하다시피 바이킹족들은 북유럽에서 그 세력이 매우 강성했던 종족으로서 오늘날 노르웨이, 덴마크, 스웨덴 등이 바이킹족의 후손들이다. GNP로 한나라의 경제적 부를 측정하는 것이 일반적이지만 사실 현대사회에서 보다 중요한 의미를 지니는 지수는 MEW(Measure of Economic Welfare : 경제후생지표)이다. MEW는 그 사회의 구성원들이 인간으로서 얼마나 행복하게 살 수 있느냐를 나타내는 지표이다. 이 지표로 측정하면 1위에서 6위까지는 대부분 바이킹족의 후손들이 세운 나라라고 한다. 오늘날 leader라는 말의 어원이 된 lead는 한 배의 선장인 셈이다.

바이킹족의 선장에 대해서 전해 내려오는 이야기가 있다. 바이킹족은 적의 배와 싸움을 할 때는 대장이 먼저 적의 배에 올라가야 한다고 한다. 이것은 다른 문화권과는 다른 것이다. 부하들을 먼저 승선시켜 그들이 죽기도 하고 살기도 한 후에 대장은 지면 퇴각하고 이기면 승리를 확인하기 위해 적의 배에 승선하는 것이 일반적이다. 전리품의 분배에서도 바이킹족들은 다른 문화권과는 다르다. 바이킹들은 전리품을 대장과 구성원들이 평등하게 나누었다고 한다. 다른 문화권의 경우 대장들이 좋은 것을 먼저 챙기고, 그 다음 높은 대장들이 가져가고, 부하들은 맨 마지막에 남은 것을 가져가는 것이 일반적이다. 전쟁에 패했을 경우는 대장을 작은 배에 태워 불을 지르고 수장시켰다고 한다. 오늘날 이들 나라에서 전통 장법(葬法)이 수장인 것은 바이킹들의 이런 전통을 반영한 것이라고 한다. 노블레스 오블리제라는 말이 바로 여기서 나온 말이다.

바이킹족의 리더에게는 오로지 큰 책임만 있다. 사람을 그렇게 관리하고 영향력을 행사하는 전통에 뿌리를 둔 나라들이 국민의 복지를 중요하게 생각하는 것은 당연한 일인지도 모르겠다.

바로 이런 의미에서 한국언어에서도 리더, 혹은 리더십이라는 말이 어떻게 인식되고 있는지를 조사해 볼 필요성이 있는 것이다.

조직이 목표를 확립하고 추진계획을 세운 다음 조직화가 완료되면 이를 효과적으로 수행해 나가기 위해 지휘활동이 요구된다. 여기에서 지휘란 조직구성원들이 조직의 목표달성에 보다 적극적으로 매진할 수 있도록 도와주는 활동을 말한다. 우리 주변의 수많은 조직들을 관찰해 보면 경영자의 지휘능력에 따라 경영성과가 천차만별인 것을 알 수 있다. 한 가지 기업을 두고 보더라도 경영자가 어떠한 자질과 능력을 갖추고 구성원들을 지휘해 나가느냐에 따라 기업의 성과가 크게 달라진다. 이러한 원리는 군대조직이나 행정부서, 대학교, 시청과 같은 비영리조직의 경우에도 마찬가지로 적용된다.

2 리더십과 권력

권력과 권한 및 리더십은 모두 영향력을 행사하는 힘이라는 점에서는 동일하지만 권한은 지위의 합법성에 근거한 영향력으로서 the right to do something이며, 권력은 합법성과 상관없는 사실상의 영향력으로서 the ability to do something이다.

권력의 핵심은 의존성이다. B가 A에게 의존하는 정도가 크면 클수록 A의 B에 대한 권력은 강해진다. 이러한 의존성은 A가 가진 것에 대해 B가 원하는 것이 B에게 얼마나 중요한가에 의하여 결정되고 이것이 권력의 크기를 결정한다.

권력과 리더십은 밀접한 관계가 있다. 왜냐하면 리더가 목표달성을 위하여 권력을 그 수단으로 사용하는 경우가 많기 때문이다. 영향력의 행사라는 점에서 양자는 동일하지만 권력은 의존성을 목표로 하지만 리더십에서는 리더의 목표와 추종자의 목표 간에 일치성이 필요하다. 권력은 오로지 순응을 획득하기 위한 전술일 뿐이다. 오늘날 한국사회의 집단 및 조직의 관리자들은 권력의 행사를 리더십으로 보는 경향이 심하다.

프렌치와 레이븐(Fremch & Raven, 1959)은 영향력의 원천을 다음과 같이 분류하였다.

1) 강제적 권력

강제적 권력(coercive power)은 힘을 통하여 다른 사람에게 영향력을 행사하는 것으로부터 발생한다. 처벌, 신체적 위해, 예상되는 보상의 박탈 등이 힘에 해당된다.

강제적 권력과 보상적 권력은 상호 관련성이 있다. 예를 들어, 어떤 근로자가 상급자의 처벌이 두려워서 상사의 지시에 따를 경우 그것은 강제적 권력의 작용이다. 그러나 승진, 칭찬 등의 보상을 받기 위하여 상사의 지시에 따랐다면 그것은 보상적 권력의 작용이다.

2) 보상적 권력

보상적 권력(reward power)은 권력 행사자가 보상할 수 있는 능력을 가지고 있기 때문에 발생하는 권력이다. 경영자들의 경우 봉급인상, 승진, 과업할당 등과 같은 보상을 통하여 권력을 행사할 수 있다. 권력이 영향력을 발휘하기 위해서는 보상이 권력 수용자에게 의미 있는 것이어야 한다.

3) 준거권력

준거권력(referent power)은 어떤 사람이 특별한 자질을 가지고 있을 경우 다른 사람이 그 자질을 닮으려고 하는 과정에서 발생하는 권력이다. 타인과 동일시 과정에 원천을 둔 권력으로서 이 경우 준거인(referent people)은 모델이 된다. 준거권력을 발생시키는 자질에는 인간성, 도덕적 수준, 인간관계능력 등이 있다.

4) 전문권력

전문권력(expert power)은 특정인이 전문성을 가지고 있을 때 발생하는 권력이다. 높은 수준의 지식이나 기술, 그 외 정보 등을 소유하고 있을 경우에 전문권력이 발생한다. 조직에서의 계층과 관계없이 직무에 대한 전문지식을 가지고 있을 경우는 그가 심지어 부하라도 상사에 대하여 권력을 행사할 수 있다.

5) 합법적 권력

합법적 권력(legitimate power)은 수용자의 입장에서 권력 행사자가 당연히 영향력을 행사할 권리를 가지고 있으며 자신은 그것에 따라야 할 의무가 있다고 생각할 때 발생한다.

합법적 권력은 권한에서 나온다. 조직의 직위나 직무를 보유하고 있기 때문에 권한이 발생한다.

그림 9-1 리더십과 권력

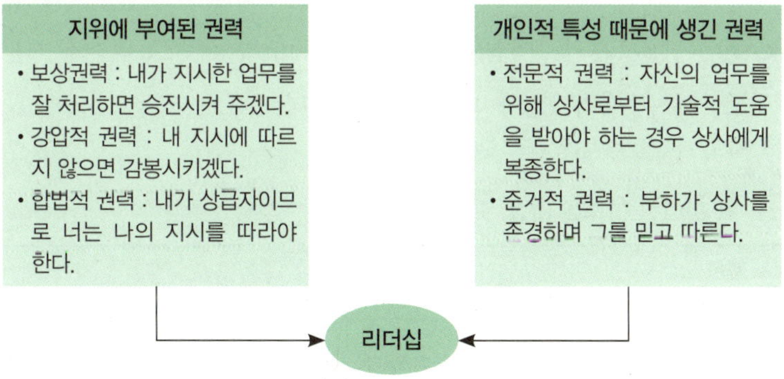

3 리더십이론의 전개과정

리더십에 대한 연구들은 워낙 방대하고 각 연구마다 리더십에 대한 견해도 다양하다. 각각의 이론들은 무엇이 효율적인 리더를 만드는지에 대한 설명을 하고 있다. 리더십의 유효성을 $L=f(f, l, s)$로 볼 경우 어떤 이론은 리더의 인간적 특성을, 어떤 이론은 리더의 행동특성을, 또한 어떤 이론은 상황을 설명하고 있다.

초기의 리더십연구에서는 성공적인 리더는 남과 다른 특성을 지니고 있다는 가정을 바탕으로 리더의 특성을 연구하는 데 초점을 맞추었다. 이러한 연구를 특성이론(traits theory) 혹은 자질이론이라 한다. 이 이론의 연구자들은 성공적인 리더들의 공통적인 특성을 찾아내지 못하여 성공적인 리더십과 리더의 특성 간의 관련성을 규명하지 못하는 한계에 부딪히게 되었다.

특성이론의 한계를 보완하기 위하여 연구된 리더십이론이 리더십 행동이론(behavioral theory)이다. 이 이론은 리더와 부하 간의 관계를 중심으로 리더의 행동 유형을 중점적으로 연구하였다. 이 이론 역시 어떤 행동 유형의 리더가 가장 효율적인 성과를 이룰 수 있는가에 대하여는 완전한 해답을 주지 못했다.

근래에 와서 출현된 이론은 리더십의 상황이론(contingency theory)이다. 이 이론에 따르면 상황이 리더를 만드는 것이므로 가장 효과적인 리더란 상황에 적합한 리더십을 적절히 행사하는 리더라는 것이다

이상과 같은 리더십이론의 전개과정을 정리하면 [표 9-1]과 같다.

그러나 최근에는 문화적 리더십이론, 변화 주도적 리더십이론, 팔로워십(followership)이론, 슈퍼리더십(super-leadership), 서번트 리더십, 내적 리더십이론 등의 새로운 패러다임에 의한 이론이 있다.

표 9-1 각 리더십 이론의 비교

특성 / 이론	가정	강조점
특성이론 (1930~1950)	개인특성 → 리더와 비리더 구분	리더와 비리더를 구별할 수 있는 개인적 특성이 존재한다.
행동이론 (1950~1960)	리더의 행동 → 성과, 종업원유지	리더십에서 가장 중요한 것은 리더의 행동으로 성공적인 리더와 비성공적인 리더를 구분하는 것은 리더십 스타일이다.
상황이론 (1970~)	리더의 행동 → 성과 / 만족 / 기타 ↑ 상황요인	리더십의 유효성을 결정하는 것은 리더의 특성, 추종자의 특성, 상황의 특성의 상호작용이다. $L=f(f, l, s)$

1) 특성이론

리더십에 대한 첫 번째의 관점은 리더 자신이 어떤 특성을 구비하는 것이 바람직한가에 대한 것이다. 초창기에 리더십을 연구하였던 학자들이 관심을 둔 대상

은 역사상 유명했던 위대한 인물들이었다. 연구자들은 이 위대한 인물들이 어떻게 막강한 영향력을 행사하는 리더가 될 수 있었던가에 관심을 집중하였다. 그 결과 연구자들은 거의 공통적으로 이 리더들이 보통사람보다 우수한 어떤 자질을 지니고 있기 때문이라는 데 의견을 모으게 되었다. 이러한 의견은 전통 있는 가문에서 훌륭한 리더가 많이 배출되었다는 주장들에 의해서 더욱 강조되었다. 그래서 어떤 사람은 타고난 자질로 인해 위대한 인물, 즉 리더가 된다는 주장을 '리더십의 영웅호걸이론(great man theory of leadership)'이라고 부르기도 한다.

이상과 같이 효과적인 리더를 만드는 리더의 자질(trait)을 찾아내려는 연구들을 특성이론(trait theory)이라 한다. 특성이론에서는 리더가 일정한 특성을 가지고 있으면 어떠한 상황에서든지 효율적인 리더가 될 수 있다고 생각한다.

좋은 리더를 만들 수 있는 요건이 무엇인가에 대한 연구는 매우 많다. 예를 들면, 테드(O. Tead)는 리더가 갖추어야 할 자질로 육체적 · 정신적 에너지, 목적의식과 지시능력, 정열, 친근감과 호기심, 품성, 기술적 우월성, 과단성, 지능, 교수능력, 신념 등을 제시하였다. 바나드(C.I. Barnard)는 리더가 체력, 지능, 기술, 지각력, 지식, 기억력, 상상력 등의 기술적 측면과 결단력, 지구력, 인내력, 용기 등과 같은 정신적 측면에서 우월성을 가져야 된다고 주장했다.

특성이론은 이상과 같이 좋은 리더를 만드는 많은 자질을 연구했음에도 불구하고 리더와 비리더를 구분할 수 있는 특성의 일반화에는 실패하였다.

특성이론의 한계점을 살펴보면 다음과 같다.

첫째, 특성이론이 상황요인을 고려하지 않고 있다는 점을 들 수 있다. 예를 들면, 사무실에서 리더가 되는 데 필수적인 특성이 연구실에서는 효과적인 리더가 되는 데 맞지 않을 수도 있다. 따라서 상황이 다르면 다른 특성이 요구된다고 볼 수 있다. 이 점을 특성이론에서는 미처 깨닫지 못하였다.

둘째, 특성이론은 개인의 특성에만 초점을 맞춤으로써 개인이 리더십 상황에서 실제로 어떻게 하는가를 밝혀 주지 못하고 있다. 이 이론은 누가 리더인가를 확인해 주기는 하나 리더가 어떻게 해서 하급자들에게 영향력을 행사하는지를 제시해 주지 못한다. 즉, 특성이론은 하급자들이 리더십에 미치는 효과를 무시하고 있다. 영향력이라는 것이 두 사람 이상의 사람 간의 관계임을 감안할 때 누가 고유하게 리더가 될 것인지를 파악하지 못하고 있다.

각각의 리더가 우수한 특성을 구비하여야 한다는 것은 리더십 발전에 더 큰 가능성을 갖게 하지만, 이것만으로 반드시 효과적인 리더십이 보장되는 것은 아니라는 인식이 생기게 된 것이다. 이것이 리더십연구를 다음 단계로 이행시키는 계기가 되었다.

그러나 이러한 결점들이 있다고 해서 특성이론이 전혀 의미가 없다고 말할 수는 없을 것이다. 우리는 아직도 리더가 될 수 있는 고유한 특성이나 자질이 있다는 주장을 전적으로 무시하기가 어렵다. 그런 점에서 리더십을 상황에만 좌우되는 것으로 보는 견해는 리더십의 개인적 성격을 지나치게 경시하고 있는 것이라는 스톡딜의 주장은 재삼 음미해 볼 필요가 있다.

표 9-2 리더십 특성이론의 연구대상

연구차원	연구대상
신체특성	연령, 신장, 체중, 용모
성격특성	독립성, 자신감, 지배욕구, 공격성
사회적 배경	교육수준, 신분, 사교성, 거주지 · 출신지
지능	판단력, 결단성, 표현력
인간관계능력	관리력, 협조성, 사교력, 청렴성
업무능력	성취욕구, 솔선수범, 책임감, 목표지향성

출처 : A.G. Jago, "Leadership : Perspectives in Theory and Research," *Management Science*, Vol.28-3, 1982, p.317에서 수정 · 인용함.

2) 행동이론

특성이론의 초점이 어떤 특성을 가진 리더가 효과적인가(What the leader is?)를 규명하는 것이라면 행동이론(behavioral theory)의 초점은 어떠한 행동을 하는 리더가 효과적인가(What the leader does?)를 밝히는 것이다.

만약 특성이론에 따른다면 조직이나 집단에 가장 적합한 사람을 선발하면 조직은 성공할 수 있다. 공식적 직위가 요구하는 자질을 가진 사람을 선발하면 되기 때문이다. 그러나 행동이론에 따를 경우 요구되는 행동을 하도록 사람을 훈련시켜야 한다. 특성이론을 적용하면 리더는 태어나는 것이고 행동이론을 적용하면 조직의 효율성을 향상시키기 위해 필요한 리더의 행동을 가르치면 된다.

행동이론도 특성이론과 마찬가지로 모든 상황에서 가장 잘 작용할 수 있는 유일 최선의 리더십 유형을 찾으려는 시도를 하였다.

리더십의 행동이론을 연구자와 연구기관별로 분류하면 오하이오대학의 연구, 미시간대학의 연구, 블레이크와 머튼(Blake & Mouton)의 연구 등이 있다.

미국 오하이오대학에서의 리더십 연구는 독자적으로 개발한 설문지를 통해 리더의 행동을 크게 종업원에 대한 배려(consideration)의 많고 적음과 업무주도(initiating structure)의 많고 적음으로 분류하여 네 가지 형태의 리더십 유형을 제시하였다. 이 가운데 어떤 형태의 리더십이 가장 효과적인가를 분석한 결과 종업원에 대한 배려도 많이 하고 업무도 많이 주도하는 형태가 종업원의 만족도와 성과가 높은 것으로 나타났다.

미국 미시간대학에서의 리더십 연구에서는 리더의 행동을 중심으로 종업원 중심적(employee-centered) 리더십과 생산중심적(production-centered) 리더십으로 구분하여 리더십 효과를 조사하였다. 조사결과를 보면 역시 하급자들의 요구에 초점을 맞추고 있는 종업원중심적 리더십에서 종업원 만족도와 성과가 가장 높은 것으로 나타났다.

블레이크와 머튼(Blake & Mouton)의 연구에서는 오하이오대학 연구를 바탕으로 어떻게 하는 것이 가장 효과적인 리더의 행동인가를 분석하였다. 이들은 사람에 대한 관심(concern for people)과 업무에 대한 관심(concern for production)을 두 축으로 하여 1에서 9까지 등급을 매긴 바둑판 형태의 리더십 유형을 개발하였다.

대부분의 행동이론들은 리더의 행동을 과업지향적인 것과 인간지향적인 것으로 구분하여 인간지향적인 정도가 높은 리더나 양자가 모두 높은 리더가 집단에서 높은 유효성을 달성한다고 주장하고 있다. 그러나 그 후의 실증적 연구들은 이러한 관계를 밝혀내지 못하고 있다. 왜냐하면 리더십의 유효성을 결정하는 것은 리더의 행동 외에도 여러 가지 요인이 있기 때문이다.

인간의 복잡한 행동 상황을 고려해 볼 때 모든 상황에서 가장 효과적인 리더의 행동 유형을 확인한다는 것은 불가능한 일이다. 권위적인 것보다 민주적인 유형이, 과업지향적인 것보다 인간중심적인 유형이, 그리고 과업지향적인 특성과 인간 중심적인 특성이 모두 높은 (9.9)형이 이상적인 리더라는 것은 사회의 지배적 가치관이나 이념을 반영하는 것일뿐 실제로 그러한 유형이 모든 상황에서 언제나 유효성을 확보할 수 있는 것은 아니다.

그림 9-2 리더십 행동이론의 관리상자

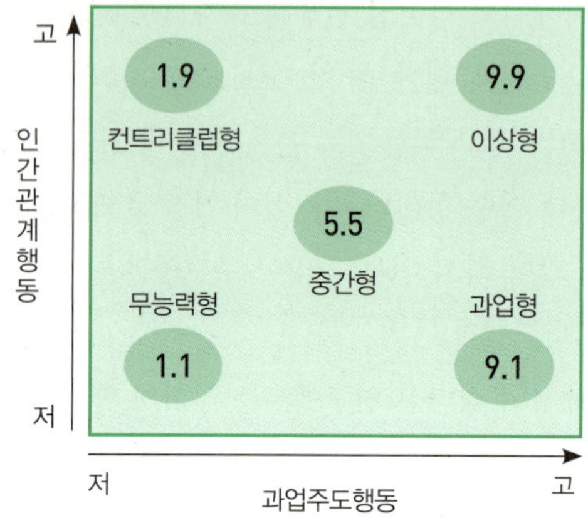

출처 : R.R. Blake & J.S. Mouton, *Corporate Excellence through Grid Organization Development*, Houston, TX. : Gulf Publishing, 1968.

3) 상황이론

특성이론과 행동이론은 리더십의 효율성을 결정하는 상황요인(situational factors)을 간과하였다. 상황이론에서는 상황 A에서는 X스타일이, 상황 B에서는 Y스타일이, 그리고 상황 C에서는 Z스타일이 효율적이라고 주장한다.

리더십의 유효성에 영향을 미치는 상황은 연구자에 따라서 다양하다.

상황이론에서는 과업의 구조화 정도, 리더－성원 간의 관계의 질, 리더의 직위 권한, 부하의 역할 명확성, 집단규범, 정보의 이용가능성, 리더의 결정을 부하가 수용하는 정도, 부하의 성숙도 등 다양한 상황요인들을 연구하였다.

(1) 피들러의 상황이론

피들러(F. Fiedler)는 리더십의 유효성이 리더와 집단구성원의 상호작용의 유형과 상황의 호의성에 의하여 결정된다고 주장하였다.

가. 상황의 특성

상황의 호의성(好意性)을 결정하는 변수는 리더와 구성원의 관계의 질, 과업의 구조화 정도, 리더의 직위권한의 강 · 약이다.

① 리더와 구성원 간의 관계 : 리더와 구성원 간의 관계의 질이 상황의 호의성을 결정하는 변수이다. 구성원들이 리더를 신뢰하고 존경하며 리더를 받아들이는 정도가 높을 때는 과업의 구조화나 직위권력이 약할 경우라도 리더는 구성원들에게 큰 영향력을 행사할 수 있다.

② 과업의 구조화 : 과업의 구조화는 목표의 명확성, 목표달성 수단의 다양성, 의사결정의 구체성, 의사결정의 검증가능성 등으로 측정한다. 과업의 구조화수준이 높을수록 언제, 누가, 무슨 일을, 어떻게 실행해야 할지가 정해져 있기 때문에 리더에게는 유리하다.

③ 리더의 직위권한 : 리더의 직위권한은 직무와 관련하여 구성원들에게 영향력을 행사할 수 있는 보상과 처벌의 권한이다. 다른 조건이 동일할 경우 보상과 관련된 권한이 강할수록 리더에게는 유리한 상황이 된다.

이상 설명한 3가지 상황변수를 결합하면 상황의 호의성의 종류는 8가지가 된다. 예를 들면, 리더와 구성원들의 관계가 양호하여 구성원들은 리더의 명령을 잘 수용하고, 과업이 잘 구조화되어 리더가 없거나 일일이 감독하지 않아도 구성원들은 누가, 언제, 무슨 일을 해야 할지를 잘 알고, 리더의 직위권한이 강하여 권한의 원천을 많이 가지고 있는 상황의 호의성이 가장 높은 상황에서부터 3가지 상황변수의 정도가 가장 낮은 불리한 상황이 있을 수 있다.

나. 리더의 행동특성

피들러는 리더의 행동특성을 측정하기 위한 척도를 개발하였다. 그는 LPC(Least Preferred Co-worker) 척도를 통하여 과업지향적 리더십과 관계지향적 리더십으로 구분하여 측정했다.

총 18개의 항목으로 구성되어 있는 LPC 척도는 각 항목별로 1에서 8까지의 범위 내에서 평가하도록 되어 있으며, 항목별 점수를 합계한 것이 LPC 점수가 된다. LPC 척도의 점수의 합계는 18점에서부터 144점까지의 범위 내에서 결정되는데 피들러에 의하면 64점 이상을 얻은 사람은 LPC가 높은 사람으로 일하기가 어려운 사람과도 함께 일할 수 있는 사람이다. 이런 유형의 리더를 관계지향적 리더라고 한다. 한편, LPC 점수가 57점 이하인 사람은 LPC가 낮은 사람으로서 과업지향적 리더로 분류되며, LPC 점수가 58~63점의 리더는 두 가지 리더십 유형이 혼합되어 있는 상태를 말한다.

LPC 점수가 높은 리더는 최악의 조건을 갖춘 구성원이라 하더라도 긍정적 속성을 가지고 있는 것으로 평가하는 리더이고 점수가 낮은 리더는 그 반대이다.

다. 리더의 행동과 상황의 관계

피들러는 8가지의 상황과 리더십의 유형을 결합시켜 연구한 결과 다음과 같은 점을 발견하였다.

첫째, LPC 점수가 낮은 리더, 즉 과업지향적인 리더는 [그림 9-3]에서 Ⅰ, Ⅱ, Ⅲ과 같이 집단 상황이 리더에게 매우 호의적이든지, 아니면 Ⅷ과 같이 아주 비호의적인 상황에서 리더십의 유효성을 확보할 수 있다.

둘째, LPC 점수가 높은 리더, 즉 관계지향적인 리더는 Ⅳ, Ⅴ와 같이 호의성이 중간인 상황에서 리더십의 유효성을 확보할 수 있다. 여기서 호의성이 중간 정도라는 것은 ① 과업이 구조화되어 있거나 구성원들이 리더를 싫어하므로 구성원들의 감정을 중시하지 않으면 안 되는 상황이나, ② 구성원들이 리더를 좋아하기는 하나 구조화되어 있지 않기 때문에 구성원들의 창의성과 호응을 구해야 하는 상황을 말한다.

리더와 구성원 간의 관계가 양호하고 과업이 잘 구조화되어 있으며, 리더의 직위권한이 큰 조직에서 유효성을 확보하기 위해서는 그 상황에 가장 적합한 과업지향적인 리더십을 행사해야 유효성이 높다. 예를 들면, 군대조직의 경우 과업지향적인 리더가 관계지향적인 리더보다 더 높은 효율성을 확보할 수 있다. 왜냐하면 상황이 극히 호의적이든지 아니면 극히 비호의적이기 때문이다. 평화 시에 군대는 극히 구조화되어 있고 일상적인 일을 하며 상관은 강력한 권한을 가지고 있고 하급자들은 그들에게 복종해야 한다.

그러나 전시에는 상황이 극히 비호의적이라 할 수 있다. 과업은 정의가 잘 안 되어 있고 때로 혼돈스러울 때도 있다. 하급자들은 명령에 불복종하기도 한다.

그림 9-3 리더십의 유형과 상황의 결합

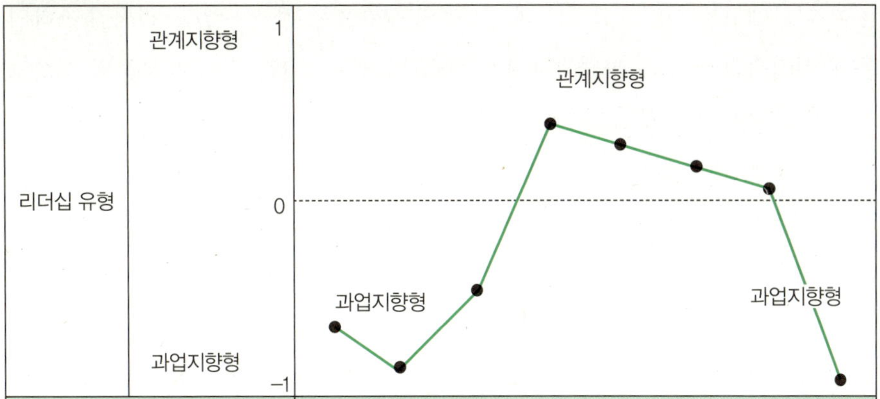

상황의 조합		I	II	III	IV	V	VI	VII	VIII
리더십 상황		유리한 상황 ←→ 불리한 상황							
상황요인	리더-부하관계	좋은 관계				나쁜 관계			
	과업구조화	구조화		비구조화		구조화		비구조화	
	리더의 지위권력	강	약	강	약	강	약	강	약

주 : 1, 0, −1은 LPC와 성과와의 상관관계임.
출처 : F.E. Fiedler, "Validation and Extension of the Contingency Model of Leadership Effectiveness : A Review of Empirical Finding", *Psychological Bulletin*, Vol.76, 1971, 131.

이러한 비호의적 상황에서는 과업지향적인 리더가 추종자들의 행위를 통제하기 위해 지시를 내리고 공식적 권한을 잘 행사한다. 그러나 3가지 상황변수의 호의성이 중간수준일 때는 관계지향적인 리더십을 행사해야 유효성이 확보된다.

피들러의 상황이론은 ① 리더십의 유효성에 초점을 두고, ② 최선의 리더십은 존재하지 않으며 상황에 적합한 리더십을 행사해야 한다는 주장을 했다는 점에서 상황이론의 성립에 공헌을 하였다.

(2) 허시와 블랜차드 상황이론

허시(P. Hersey)와 블랜차드(K.H. Blanchard)는 부하의 성숙도를 상황변수로 채택하여 리더십의 수명주기이론(life-cycle-theory of leadership)을 제시하였다(Hersey, Blanchard & Johson, 1996).

이 이론에서는 상황요인으로 하급자들의 성숙도를 강조하였다. 리더십 스타일은 관계지향적인 것과 과업지향적인 것으로 구분하였다. 리더는 부하의 성숙도에 적합한 리더십을 행사할 때 유효성을 확보할 수 있다고 보았다.

허시 등은 가장 성공적인 관리자는 분석자로서 탐구정신을 가져야 한다는 샤인(E.H. Schein)의 말을 인용하여 효율적인 리더가 되기 위해서는 환경을 분석하여 환경의 요구에 적합한 리더십 스타일을 행사해야 한다고 주장하였다(Hersey et al., 1996).

허시와 블랜차드는 1960년대 말에 Center for Leadership Studies에서 상황적인 리더십(situational leadership)을 개발하였다. 1982년 이후 블랜차드와 그의 동료들은 BTD(Blanchard Training Development)에서 원래의 상황이론을 수정하여 상황적 리더십의 진단도구와 훈련 매뉴얼을 개발하였다. 이러한 내용은『*Leadership and One Minute Manager*』에 잘 설명되어 있다(Blanchard, P. Zigarmi & D. Zigarmi, 1985).

Center for Leadership Studies에서 연구한 상황적 리더십은 ① 리더가 어느 정도의 가이드와 지시를 할 것인가(과업활동), ② 리더가 어느 정도의 사회 · 정서적 지원을 할 것인가(관계행동), ③ 특정과업, 기능, 목표를 수행하기 위한 부하의 준비성의 정도가 상호작용한다는 것에 기초를 두고 있다.

이 중에서 ①과 ②는 리더십 행동이론에서의 과업지향행동과 관계지향행동의 개념과 유사하다. 부하의 준비성에 대하여 설명하면 다음과 같다.

부하의 준비성(readiness)은 특정과업의 성취를 위한 능력과 자발성이다. 이것은 자질이 아니라 특정과업의 수행을 위하여 준비된 정도이다.

능력(ability)은 개인이나 집단이 특정과업이나 활동을 위하여 준비한 지식, 경험, 기능 등을 말한다.

자발성(willingness)은 개인이나 집단이 특정목적의 달성을 위하여 가지고 있는 자신감, 몰입감, 동기부여 등의 수준이다.

M1의 부하는 업무수행능력도 의지도 없다. 따라서 몰입감이나 동기부여가 결여되어 있다. 혹은 업무수행능력이 없고 불안정하다. 따라서 능력도 없고 업무수행의 자신감도 없다.

M2의 수준은 업무수행능력은 없으나 의지는 있다. 따라서 무능력하지만 동기는 부여되어 있고 노력도 한다. 또는 능력은 없으나 리더가 가이드를 하면 자신감을 가진다.

M3은 업무수행능력은 있으나 의지가 없다. 따라서 그 능력을 활용하여 직무를 수행하려는 자발성이 없다. 또는 유능하지만 불안정하다. 즉, 업무수행능력은 있지만 그것을 혼자 수행하기에는 불안감을 가지고 있다.

M4는 업무수행능력도 있고 자발성도 있는 성숙한 부하이다. 또는 유능하고 자신감이 있다.

리더의 행동을 과업지향적인 것과 관계지향적으로 구분하여 유효성을 확보할 수 있는 부하의 성숙수준에 적합한 리더십전략은 [그림 9-4]와 같다.

그림 9-4 허시와 블랜차드의 상황적 리더십

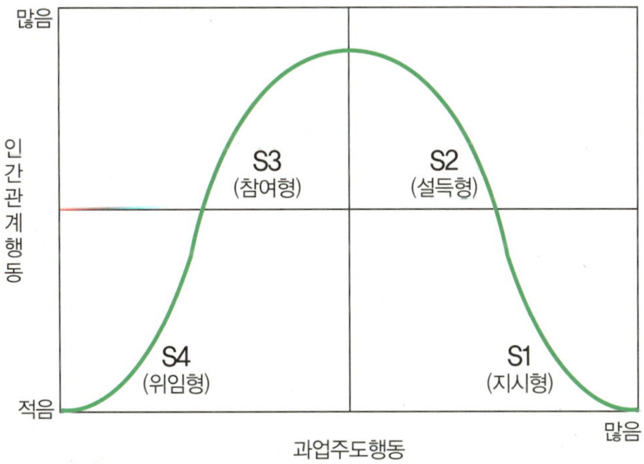

부하의 성숙도	M4(높음)	M3(약간 높음)	M2(약간 낮음)	M1(낮음)
부하의 욕구	자아실현욕구	사회적 욕구	안전욕구	생리적 욕구
주도권	부하주도		리더주도	
리더십행동	책임위임 결정위임	정보공유 공동결정	지도 · 설득	구체적 지시 밀착 · 감독

출처 : P. Hersey & K.H. Blanchard, *Management of Organizational Behavior : Utilizing Human Resources*, 4th ed., Englewood Cliffs, N.J. : Prentice-Hall, Inc., 1982, p.152에서 수정 · 인용.

[그림 9-4]에서 종모양의 곡선은 각 상황에서 리더십의 유효성을 확보해 주는 점들을 연결한 것이다. 부하의 성숙수준에 따른 리더십 유형을 설명하면 다음과 같다.

① 지시적(telling : S1) 리더 : 고(高)지시 · 저(低)협력적 리더십 유형으로 부하에게 기준을 제시해 주고 가까이서 지도하며 일방적인 커뮤니케이션과 리더중심의 의사결정을 하는 리더십 유형이다.

② 설득적(selling : S2) 리더 : 고지시 · 고협력적 리더십 유형으로 리더는 결정사항을 부하에게 설명하고 부하가 의견을 제시할 기회를 제공하는 등 쌍방적 커뮤니케이션과 공동 의사결정을 지향하는 리더십 유형이다.

③ 참여적(participating : S3) 리더 : 고협력 · 저지시적 리더십 유형으로 아이디어를 부하와 함께 공유하고 의사결정과정을 촉진하며 부하들과의 인간관계를 중시하고 부하들을 의사결정에 많이 참여시키는 리더십 유형이다.

④ 위임적(delegating : S4) 리더 : 저협력 · 저지시적 리더십 유형으로 의사결정과 과업수행에 대한 책임을 부하에게 위임하여 부하들이 스스로 자율적 행동과 자기통제하에 과업을 수행하도록 하는 리더십 유형이다.

리더십의 실천전략은 다음과 같다.

① 성숙도 M1에 적합한 지시적 리더십(S1) : 성숙수준이 M1인 부하에게는 누가, 무엇을, 언제, 어디서, 어떻게 실행할 것인지를 구체적으로 설명해야 한다. 부하의 역할을 명확히 정의하고 일방적 의사소통을 한다. 의사결정은 리더가 하며 철저한 감독을 한다. 점진적으로 가르치고 간단하고 구체적인 조치를 한다. 이런 상황에서는 지시하고, 안내하며, 지휘하고, 성취하도록 하는 리더십은 효율적이나 억압적으로 명령하고, 부끄럽게 만들며, 지배하고, 공격하는 리더십은 비효율적이다.

② 성숙도 M2에 적합한 설득적 리더십(S2) : 성숙수준이 M2인 부하에게도 역시 전 단계와 같이 누가, 언제, 무엇을, 어떻게, 실행해야 하는지 설명한다. M1과는 달리 의사결정을 설명하고, 명확하게 하는 기회를 제공한다. 쌍방적인 대화를 한다. 의사결정은 M1과 마찬가지로 리더가 한다. 부하의 역할을 설명하고 부하의 능력수준을 해명하는 질문을 한다. 업무시행에서 진전

이 있으면 강화한다. 이런 상황에서는 설득적, 설명적, 명백히 하는 것 등의 리더십은 효율성이 있으나 조작적, 설교적, 방어적, 합리화 등에 의한 리더십은 비효율적이다.

③ 성숙도 M3에 적합한 참여적 리더십(S3) : 성숙수준이 M3인 부하에게는 투입노력을 고취시키고, 능동적으로 들으며, 부하가 의사결정을 하도록 한다. 쌍방적 의사결정을 하고 몰입하도록 한다. 위험부담에 대해 지원하고, 잘한 일에 대해 경의를 표하고 자신감을 갖도록 해준다. 이런 상황에서는 참여적이고 용기를 주며 지원적이고, 부하를 권력화하는 것은 효율적인 리더십이나 후원하고, 회유하며, 시혜적이고, 달래는 리더십은 비효율적이다.

④ 성숙도 M4에 적합한 위임적 리더십(S4) : 성숙수준이 높은 부하에게는 과업을 위임하고 중요한 계획만을 리더가 관여하고, 부하가 의사결정을 하며, 감독을 거의 하지 않고, 활동을 모니터하며 결과를 강화하고, 접근가능성만 유지하는 리더십은 효율성이 있으나 포기하거나, 내버리고, 철회하는 리더십은 비효율적이다.

4) 변화주도적 리더십이론

변화주도적 리더십은 처음에 기대한 것보다 더 많이 달성하도록 부하를 동기부여시킨다. 성과에 대한 처음의 기대는 부하의 능력과 힘에 대한 리더의 자신감에 관련되어 있다. 따라서 변화주도적 리더십은 부하의 유능성과 자신감뿐만 아니라 잠재력을 개발한다. 변화주도적 리더십은 부하를 리더로 발전시킬 의도를 가지고 목표를 설정하며 이러한 발전지향성 때문에 부하 자신도 교환적 리더에서 변화주도적 리더로 변화된다.

이상과 같은 작용을 하는 변화주도적 리더십의 4가지 요소를 살펴보면 다음과 같다.

(1) 이상적 영향력 혹은 카리스마(idealized influence or charisma)

변화주도적 리더는 매력 있는 비전과 사명을 선포함으로써 부하들이 리더를 존경하고 신뢰성을 가지며 자신감을 가지고 리더와 자신들을 동일시하도록 한다. 이러한 리더는 비전에 의하여 부하를 각성시키고 영감을 갖도록 한다.

그러나 개인지향적인 카리스마를 가진 리더는 변화주도적 리더로 인식되지 못한다. 사회지향적인 카리스마를 가진 리더여야 부하의 자율성을 고취시키며 높은 성과를 달성하도록 하고, 부하의 발전을 고무하며 비전과 사명을 내면화하도록 한다. 이러한 리더들은 부하의 잠재력을 가장 높은 수준으로 개발하여 자신을 대체하는 리더로 성장시키는 위험부담을 떠안는다.

(2) 영감 주입(inspiration)

카리스마적 동일시가 없어도 영감은 발생한다. 변화주도적 리더는 공유목표와 무엇이 옳고 중요한지에 대한 상호 이해를 발표함으로써 부하들에게 영감을 제공한다. 또한 리더는 자극을 주는 이야기를 함으로써 부하들에게 낙관주의적 사고와 비전을 제시하고 미래에 대해 열정을 갖도록 한다. 뿐만 아니라 획득가능한 미래에 대한 비전을 유창하고 자신 있게 전달함으로써 보다 높은 수준의 성과달성과 발전을 위한 에너지를 제공한다. 영감적 리더십에 의하여 리더는 부하들이 비전의 성취를 위하여 무엇을 해야 할 필요성과 그 의미를 향상시킨다.

(3) 개별적 고려(individualized consideration)

이것은 리더가 부하의 발전욕구를 이해하고 공유함으로써 각각의 부하를 개별적으로 특별하게 다루는 것을 의미한다. 리더는 부하의 현재의 욕구충족 상태를 인식할 뿐만 아니라 잠재력 개발을 극대화하려는 시도를 한다. 변화주도적 리더는 개인적 성장에 지원적인 조직문화를 개발한다.

잘레즈닉(A. Zaleznik)은 상사가 부하에게 개별적인 영향을 미치는 것을 리더와 경영자로 구분하는 기준으로 삼았다(Zaleznik, 1977). 리더는 부하와 일대일의 관계를 통하여 멘토링(mentoring)과 코칭(coaching)을 하고 피드백과 팔로우업(follow-up)을 제공한다. 이러한 피드백은 조직사명의 달성과 개인의 현행 욕구를 연결하고, 시간과 조건이 적절한 경우 현행의 욕구를 상향 조정함으로써 개인의 욕구와 조직의 필요를 합치시킨다. 개인의 능력이 발전되면 위임을 하고 책임수준을 증가시킴으로써 부하의 자신감을 향상시킨다. 이때의 책임은 직무요건이나 성과 극대화에 국한되지 않고 직무도전이나 개인의 발전으로 확대된다.

(4) 지적 자극(intellectual stimulation)

변화주도적 리더는 부하의 아이디어와 가치관에 지적 자극을 가함으로써 문제를 새로운 각도에서 바라보도록 한다. 부하는 자신의 신념, 가정, 가치관 등에 의문을 갖도록 고무되며 경우에 따라서 리더의 그것들에도 의문을 갖도록 한다. 창의성을 부양시키고 문제해결을 위해 직관과 논리적 방식을 갖도록 함으로써 부하의 미래 문제에 대한 해결능력을 개발한다. 따라서 부하는 창의적이고 혁신적이 됨으로써 문제해결지향적인 학습을 하게 된다. 이 경우 리더십의 유효성 측정기준은 리더가 없거나 직접 개입하지 않았을 때 부하가 어떻게 움직이느냐이다. 지적으로 자극을 주는 리더는 부하가 독특하고 혁신적인 관점에서 문제해결을 하도록 함으로써, 문제의 진단과 해결을 위한 전략분석에서 더욱더 혁신적이 되도록 한다. 이러한 리더십의 행사에 의하여 리더가 부하의 잠재력을 개발하여 그를 권력화함으로써 부하를 리더로 변화시키는 것을 케스케이딩효과(cascading effect)라 한다(Bass, Waldman, Avolio, and Bebb, 1987).

5) 서번트 리더십

1970년 그린리프(R. Greenleaf)가 "위대한 리더는 먼저 종이 되어야 한다(The Servant as Leader)"라고 천명한 이래 섬기는 리더십은 여러 책에서 지속적으로 다루어지고 있다. "하인이 주인을 섬기듯 훌륭한 리더는 하인처럼 행동해야 한다"라는 주장은 인간을 최대한 배려하는 인간중심형 리더십의 진수라고 할 수 있다. 또한 이는 리더가 바라보고 지켜보지 않더라도, 즉 어떠한 상황에서도 리더의 뜻이 전달되고 실천될 수 있는, 그야말로 상황을 초월한 리더십이 아닌가 한다.

예수님의 섬기는 리더십은 마가복음 10장 42~45절의 말씀에 토대를 두고 있다. "이방인의 소위 집권자들이 저희를 임의로 주관하고 그 대인들이 저희에게 권세를 부리는 줄을 너희가 알거니와 너희 중에는 그렇지 아니하니 너희 중에 누구든지 크고자 하는 자는 너희를 섬기는 자가 되고 너희 중에 누구든지 으뜸이 되고자 하는 자는 모든 사람의 종이 되어야 하리라. 인자의 온 것은 섬김을 받으려 함이 아니라 도리어 섬기려 하고 자기 목숨을 많은 사람의 대속물로 주려 함이니라."

이 말씀은 예수님께서 십자가를 지기 위해 예루살렘으로 올라가는 길에 함께 걷던 제자들에게 하신 마지막 유언과 같은 메시지이다. 상황인즉, 예수님께서 자신의 죽음에 대해 예언하시는 가운데 야고보와 요한이 예수님께 다음과 같이 구하게 된다. "나중에 예수님이 영광의 자리에 오르게 되면 각각 그 우편과 좌편에 저희를 앉게 해주십시오." 이에 다른 열 명의 제자들이 그들에게 몹시 분한 감정을 표출하게 되는데, 이상해진 분위기를 가라앉히고 제자들의 관계를 회복시키는 한편 하늘나라의 진리를 알려 주시기 위해 이 역사적인 말씀을 남기신 것이다.

예수님께서 온 인류에게 남겨 주시고자 하였던 메시지는 "이 세상의 지도자들이여 부하들을 진실로 사랑하라. 그리하면 그들이 당신을 전적으로 신뢰하고 따르고 할 일을 완수해 낼 것이다"라는 사랑의 리더십이 아닌가 한다. 이는 구약성경 역대기하 10장 7절, "왕이 만일 이 백성을 후대하여 기쁘게 하고 선한 말을 하시면 저희가 영원히 왕의 종이 되리라"는 말씀과 연계된다. 솔로몬의 아들인 르호보암이 아버지의 뒤를 이어 이스라엘의 왕이 되었을 때, "어떻게 이 백성을 교도하는 것이 좋을까?"라고 부친 솔로몬을 모셨던 장로들에게 물었을 때 그들이 대답한 내용이다. 그럼에도 불구하고 르호보암은 이스라엘 백성들에게 이와 반대로 행하여 결국 신하와 백성들로부터 저버림을 받아 쫓겨나는 신세가 되고 말았다.

한편 최근 들어 팀제조직의 도입과 함께 슈퍼리더십(super-leadership)의 관점에서 예수님의 리더십이 조명되고 있다. 슈퍼리더는 부하로 하여금 자발적으로 리더십(self-leadership)을 발휘할 수 있도록 능력을 개발시켜 주는 동시에 형성된 능력을 발휘할 수 있는 여건을 조성해 준다. 그러므로 슈퍼리더는 부하들에게 최대한 자율권을 부여하고 자신은 지배자나 감독자가 아니라 상담자와 코치의 역할을 수행한다. 이를 위해 리더는 첫째, 모범적인 행동을 통해 부하들에게 역할모델을 제시하는 셀프리더(self-leader)가 됨으로써 자연스레 자신의 행동을 학습하도록 한다. 둘째, 부하들을 셀프리더로 만들어야 하는데, 이를 위해 부하들 스스로 목표를 설정케 하고 그것을 달성코자 하는 의욕과 책임감을 심어준다. 셋째, 부하들의 자발적 활동을 격려하고 자극할 수 있는 자율적인 조직시스템이 필요하다. 여기에는 자율성을 용인하는 분위기뿐만 아니라 그것을 고무하는 여건이 조성되어야 한다. 이상의 내용들은 예수님께서 어떻게 제자들을 훈련하고 가르치셨는지를 살펴보면 아주 쉽게 이해가 되는 부분들이다.

무엇보다도 예수님은 하나님의 과업을 본격적으로 시작하게 되었을 때 제자들을 불러 모아 팀을 결성하셨다. 이 팀제야말로 예수님의 생애를 통해 하나님으로부터 주어진 과업을 수행해 나가는 데 토대가 된 조직시스템이다. 요즘은 '조직'이라는 이야기가 나오면 자연스레 '팀'이란 말이 튀어나오는데, 팀제도하에서는 전통적인 피라미드조직에서 사용되던 명령, 복종, 감독, 권위보다 자율성, 개성, 위임, 능력개발, 창의성 등이 강조된다. 현장에서 직접 사용해 본 결과 많은 사람들이 이 팀제도야말로 구성원들의 능력과 헌신을 조직의 목표달성에 가장 많이 끌어들일 수 있는 제도임을 인정하고 있다. 바로 이 팀제도를 예수님께서는 이미 2천 년 전에 직접 창안하시고 활용하셨던 것이다.

예수님께서 제자들을 불러 모아 팀을 결성하신 후 가장 먼저 하신 일은 모범을 보이시는 것이었다. 요한복음 13장에 보면 유월절 전에 당신이 세상을 떠나 하늘 아버지께로 돌아가실 때가 이른 줄을 아신 예수님께서는 제자들과 함께 저녁을 먹는 자리를 마련하셨다. 그리고 저녁을 잡수시던 자리에서 홀연히 일어나 겉옷을 벗으시고 수건을 가져다 허리에 두르신 다음 몸소 대야에 물을 담아 제자들의 발을 씻기기 시작하셨다. 그리고 발을 다 씻기신 후에 옷을 입으시고 다시 자리에 앉으신 다음 제자들을 향해 다음과 같이 말씀하셨다. "내가 주와 또는 선생이 되어 너희 발을 씻겼으니 너희도 서로 발을 씻기는 것이 옳으니라. 내가 너희에게 행한 것같이 너희도 행하게 하려 본을 보였노라. 내가 진실로 너희에게 이르노니 종이 상전보다 크지 못하고 보냄을 받은 자가 보낸 자보다 크지 못하니 너희가 이것을 알고 행하면 복이 있으리라." 여기에서 우리는 "모름지기 상전은 종보다 큰 자임이 분명하지만 예수님의 제자가 된 상전들은 그 종들의 발을 씻기고 섬겨라. 그리하면 그 종들이 너희들에게 복된 행동으로 보답할 것이다"라는 본보임의 메시지를 읽을 수가 있다.

4 동기부여

사람은 왜 일하는가? 일하는 행동이 본능이나 습관이 아니라 의식적 혹은 의도적으로 일어날 때 사람들은 "동기부여가 되었다"라는 말을 한다. 이처럼 인간의 행동은 일반적으로 어떠한 목표를 달성하고자 하는 욕망에 의해 동기부여가 이루어진다. 그리고 동기부여의 강약은 동기(motive)의 강약에 달려 있다. 여기서 동기란 인간 내부에 존재하는 욕구(needs), 욕망(wants), 동인(drive) 등을 포괄하는 목표지향적인 개념이다. 동기부여(motivation)란 조직의 목표달성을 위해 개인이나 집단이 책임감을 갖고 자발적 내지 적극적으로 일해 나가도록 영향력을 행사하는 것이다.

동기부여에 관한 이론은 첫째, 인간을 동기부여시키는 것이 무엇인가에 관심을 두는 내용이론(content theory)과 둘째, 동기부여의 과정이 어떻게 이루어지며 변수 간 상호관계는 어떠한가에 초점을 두는 과정이론(process theory)으로 대별된다.

1) 동기부여와 성과

인간이 성과를 추구할 때 그가 가지고 있는 능력만으로는 성과를 달성할 수 없다. 여기에서 능력 이외의 어떤 요인이 성과를 결정할 때에 그 요인이 바로 동기부여이다. 즉, 성과(performance)=능력(ability)×동기부여(motivation)의 함수라는 공식이 성립된다. 이를 $P=f(A \times M)$라고 할 수 있다.

2) 동기부여 기본과정

리비트(H.J. Leavitt)는 인간행동의 기본모델을 다음과 같이 설명하고 있다. 즉, 원래 유기체인 인간은 여러 가지 욕구(동인)를 지니고 있다. 인간은 욕구가 충족되지 않으면 긴장 상태에 있거나 불쾌감을 느끼게 된다. 인간은 그와 같은 상태에서 벗어나기 위하여 외부로부터 적절한 자극(유인)이 주어지기만 하면 목표를 달성하려는 행동을 한다. 행동은 긴장이나 불쾌감을 해소하기 위해 일어난다. 이런 면에서 볼 때 인간의 행동에는 반드시 세 가지 요인, 즉 자극 · 욕구 그리고 목표가 있게 마련이다.

즉, 개인은 욕구충족의 정도를 증대하려 하거나, 욕구충족의 감소를 회피하려는 두 가지 이유 중의 하나를 위해 행동한다. 뿐만 아니라 인간은 욕구충족을 위해 행동을 반복하려 하면서도 처벌받는 행동은 회피하려는 경향이 있다.

동기부여가 어떤 과정을 거쳐서 이루어지게 되는가를 알기 위해서, 욕구(needs)와 목표(goals)라는 변수를 중심으로 보면 [그림 9-5]와 같은 순환과정으로 파악할 수 있다. 욕구란 어떤 시점에서 개인이 경험하는 결핍(deficiency)으로 행동의 활성제 내지 촉진제의 역할을 한다. 그리고 개인이 추구하는 목표나 성과는 동기부여가 목표지향적 차원에서 보면 개인의 행동을 이끌어내는 동인이다.

[그림 9-5]에서 보듯이 개인은 욕구가 결핍되면 긴장을 감소시킬 수 있는 방안을 모색하게 되고, 그 결과 하나의 행동 방안이 선택되어 그에 따른 목표지향적 행동을 한다. 그 다음 일정한 시간이 지나 성과를 평가하고 이것을 바탕으로 보상과 벌이 주어진다. 이들은 다시 개인들에 의해서 저울질되어 욕구결핍을 재

그림 9-5 동기부여의 기본과정

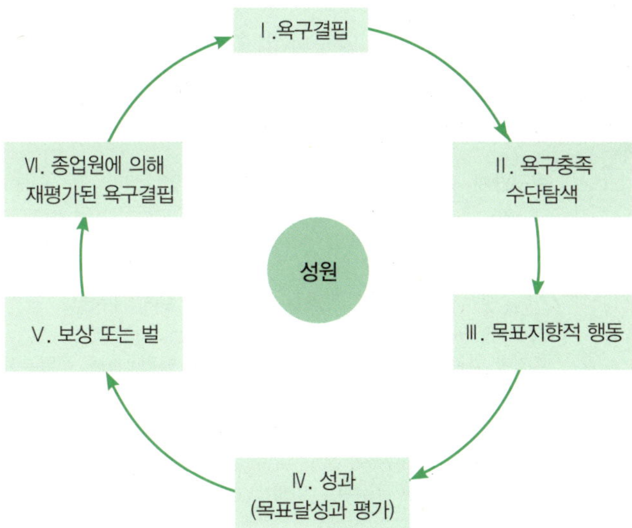

출처 : J.L. Gibson, J.M. Ivancevich and J.H. Donnely, Jr., *Organizations : Behavior, Structure, Processes*, Plano, Texas, Business Publications, 1982(2nd), p.80.

평가하는 일련의 순환과정을 되풀이한다.

3) 내용이론

내용이론은 "인간을 동기부여시키는 내용을 욕구로 보고 어떤 욕구가 있는가?" 즉, 욕구의 내용을 파악하는 데 중점을 둔 이론이다. 내용이론가들은 인간의 수많은 욕구들을 분류하고 체계화하여 제시하면서 이들 욕구들에 의해서 인간이 동기부여된다고 설명하고 있다.

(1) 매슬로우의 욕구단계론

우리는 일상생활에서도 다양하고 수많은 욕구들을 가지고 있다. 즉, 배가 고픈 사람은 무엇보다도 밥이나 빵을 먹고 싶은 욕구가 강하고, 고민이나 갈등을 해소하고 싶은 사람은 다른 사람과의 대화나 개인적인 취미, 문화적인 활동을 하고 싶은 강한 욕구가 생긴다. 또 어느 정도 성공한 사람은 종종 자신을 내세우거나 남에게 자랑하고 싶은 욕구도 있다. 이러한 인간의 다양한 욕구가 삶의 훌륭한 목표가 되기도 하고, 또 한편으로는 지나친 과욕으로 화를 자초하기도 한다.

매슬로우(A. Maslow)에 의하면 인간은 항상 부족한 존재로서 이 미충족된 욕구를 충족시키는 데 부단히 관심을 가진다. 그리고 충족된 욕구에는 더 이상 관심이 없으며, 다양한 욕구를 대체로 단순하고 쉽게 달성할 수 있는 낮은 단계에

그림 9-6 매슬로우의 욕구단계론

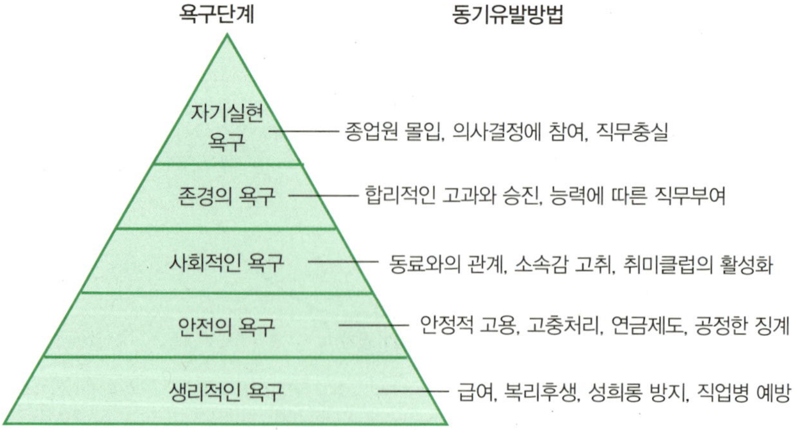

서부터 높은 단계로 계층화해서 차례차례 충족시켜 나가고자 한다. 이처럼 인간이 기본적인 욕구를 단계에 따라 충족하려는 심리가 조직에서 동기부여요인으로 작용할 수 있다는 이론이 욕구단계론(needs hierarchy theory)이다.

이 이론은 [그림 9-6]에서 보는 것처럼 5단계로 구분된다.

첫째, 생리적 욕구(physiological needs)는 사람이 살아가는 데 가장 기본적으로 필요한 욕구로서 음식, 옷, 주거지, 성, 배설, 공기, 자연환경 등 생물학적인 욕구를 말한다. 보통 동물이나 인간은 이러한 가장 기본적인 욕구에 대하여 가장 강하게 반응한다. 일본 지하철역에서 노숙하는 부랑자들이 철거하려는 공무원들에게 결사적으로 방어하는 모습은 이런 인간의 욕구를 잘 반영하는 것이라 할 수 있다.

둘째, 인간은 생리적인 욕구가 어느 정도 충족되고 나면 질병이나 고통 및 위협으로부터 안전하거나 조직에서의 해고나 실직에 대한 안정을 추구하고자 하는 안전의 욕구(safety and security needs)가 생긴다. 보험에 가입하는 것이나 많은 사람들이 안정된 직장에서 쉽게 떠나지 못하는 것은 바로 이러한 욕구에서 비롯되는 것이라 할 수 있다.

셋째, 인간은 빵만으로 살 수 없는 것처럼 앞에서 언급한 욕구들이 충족되면, 단체에 소속되어 다른 사람들과 우정을 나누고 사랑하고자 하는 욕구(social and affiliation needs)가 생긴다. 각종 단체에 가입하거나 사교모임에서 여러 계층의 사람들과 교제를 나누는 것은 이러한 욕구를 반영하는 것이라 할 수 있다. 외국의 학교에서 보면 이러한 단체생활을 어릴 때부터 경험하여 조직생활이나 대인관계를 원만하게 할 수 있는 다양한 훈련이 이런 욕구를 충족시킬 수 있다.

넷째, 어느 정도 생활이 안정되고 나름대로 인생에서 목표를 달성하고 나면, 자신의 능력이나 성취감으로 스스로 대견스럽고 자신감이 생기며 남들로부터 인정을 받고 싶어 하는 욕구(esteem needs)가 생긴다. 모임이나 단체에서 감투를 쓰고 싶어 하거나 남으로부터 인정이나 표창을 받음으로써 자신은 사회에서 중요하고, 존경받는 존재가 되고자 하는 마음이 생기게 된다.

다섯째, 인간에게는 자신에게 잠재된 모든 능력을 통하여 자신이 이룰 수 있는 최고의 목표를 달성하고자 하는 마음, 즉 꿈을 실현시키고 싶은 욕구(self-actualization needs)가 있다. 역사에 길이 기록될 불후의 명작을 꿈꾼다든지, 돈을 많이 벌어서 사회를 위해 훌륭하게 써 본다든지, 평소 다하지 못한 공부에 대한 열망을 장학금으로 기부하는 행위 등은 이러한 인간 내면의 꿈을 실현하고자 하는 욕구에서 비롯되는 것이다. 자칫 이러한 욕구가 비뚤어지면 사회에 큰 폐해를 가져올 수 있는데, 히틀러나 사이비종교의 교주들은 좋은 예이다. 이러한 욕구가 충족되지 못하면, 공상에 빠지거나 약물의 힘을 빌어서 이상을 좇게 되고, 지나친 경우에는 신경과민증이나 우울증 또는 공주병이나 왕자병 같은 과대망상증에 빠지기도 한다.

이러한 욕구는 개개인의 특성에 따라 욕구단계의 중요성이 달라지며, 어느 단계에서 만족하여 더 이상 욕구를 추구하지 않는 경우도 있다. 그러나 일반적으로 대부분의 사람들은 기본적인 욕구가 어느 정도 충족되면 다음 단계들에 대한 욕구를 충족하기 위하여 노력하게 된다. 이러한 노력이나 행동들을 조직의 특성에 잘 조화시킨다면 훌륭한 동기부여요인이 될 수 있다.

(2) 허즈버그의 2요인이론

일반적으로 근로자들은 더 많은 임금, 짧은 근무시간, 그리고 더 나은 작업환경을 요구하지만, 호손연구를 비롯하여 많은 연구들은 자율권이나 책임감이 오히려 근로자들에게는 더 큰 동기부여가 된다고 밝히고 있다. 조직에서의 동기부여는 결국 인간의 욕구와 충동에 의하여 이루어진다고 할 수 있다. 이러한 배경을 바탕으로 허즈버그(F. Herzberg)는 작업만족과 생산성의 관계에 관하여 피츠버그의 회계사와 기술자 200여 명을 대상으로 작업에 대하여 만족할 때와 불만족할 때를 묻고 여기에 영향을 미치는 요인들을 분석하였다.

그림 9-7 동기요인과 위생요인의 비교

동기부여요인	위생요인
• 도전성 • 성취감 • 인정 • 책임감 • 발전과 성장 등	• 작업조건 • 감독자 • 회사정책 • 동료관계 • 봉급, 지위, 안정적 고용 등

[그림 9-7]에서 보는 것처럼 일을 통하여 주로 내부적으로 느낄 수 있는 도전감, 성취감, 다른 사람으로부터의 인정, 결과에 대한 책임감, 작업을 통한 발전이나 성장 등은 근로자들에게 만족이나 동기유발을 불러일으키는 요인으로 동기요인(motivator factors)이라 한다. 반면에 일과 관련하여 외부적인 것들로 작업조건, 감독자, 회사정책, 작업동료, 봉급, 지위, 안정적 고용 등 근로자의 불만이나 사기저하를 가져오는 요인을 위생요인(hygiene factors)이라 한다. 허즈버그는 우리가 살아가는 데 최소한 주변환경이 위생적이고 청결함으로써 전염병이나 각종 질병에서 벗어날 수 있는 것처럼, 조직에서 최소한의 불만을 제거할 수 있는 요인들을 위생요인이라 하였다. 이처럼 조직에서 근로자들에게 만족을 통한 동기부여와 불만족으로 야기되는 사기저하와 관련된 요인들을 허즈버그의 2요인이론(two factors theory)이라 한다.

이 이론에 의하면 우선 조직구성원들이 작업여건에 대하여 불만을 느끼지 않도록 위생요인에 대한 배려가 있어야 한다. 그러나 [그림 9-8]에서 보는 것처럼 이러한 불만을 최소화한다고 해서 구성원들이 동기부여되는 것은 아니다. 조직의 사기를 진작시키고 구성원들이 신바람나게 일을 할 수 있는 동기부여요인들이 제공될 때 조직 전체의 성과는 최고에 도달할 수 있게 된다. 또 모든 구성원이 똑같은 요인에 의하여 행동하지는 않으므로 이러한 개인적인 차이를 경영자들은 잘 이해하여 개개인의 능력을 발휘하도록 동기부여시키고 조직에서의 생활이 보람과 성취동기를 가질 수 있도록 유도하는 것이 효과적이라 생각된다.

그림 9-8 직무만족과 불만족개념

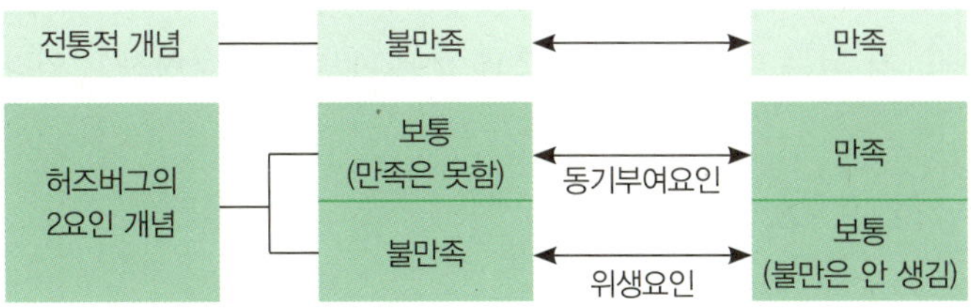

4) 과정이론

과정이론은 "동기부여는 어떤 과정(process)에 의해서 이루어지는가?" 하는 이론이다. 즉, 동기부여되는 행동들이 어떻게 나타나는가에 초점을 맞추어 설명하는 것이다.

(1) 기대이론

모티베이션이론 중 기대이론(expectancy theory)은 처음에 르윈(K. Lewin)과 톨만(E. Tolman)에 의해 그 개념이 제시되었다. 그 후 브룸(V. Vroom)은 톨만의 내용에 기초하여 기대이론을 발표하면서 이 이론의 핵심이 되는 몇 가지 개념들을 정리하였다. 브룸에 의하면 모티베이션이란 여러 자발적인 행위들 가운데서 사람들의 선택을 지배하는 과정으로 정의된다. 즉, 개인의 행위는 여러 행동대안이 있을 경우 이들을 평가하여 자기 자신이 가장 중요시하는 결과를 가져오리라고 믿는 행동 대안을 선택한다.

기대이론은 동기부여를 개인이 행동과 노력의 방향을 선택한다는 관점에서 보았다. 또한 이러한 선택은 개인이 각 행동에 대하여 갖는 성취가능성(기대감)과 대안적 행위(노력)의 결과로 얻어지는 결과물의 주관적 가치에 의해서 결정된다고 보았다. 기대이론은 동기부여를 인간의 인지적 작용의 결과로 봄으로써 종전의 조작적 조건화 같은 행동주의적 관점과는 다른 것이다.

기대이론에는 브룸이 주장하는 원리에 따라 모티베이션의 설명에 유용하게 쓰일 수 있는 다섯 가지 변수에 대한 개념이 제시되고 있는데 이들은 행동선택과정에 있어서 중요한 요인이다.

브룸은 이 다섯 가지 변수들을 중심으로 개인이 여러 가지 행동들 중에서 어느 하나를 선택하게 되는 메커니즘을 다음과 같은 개념으로 설명하고 있다.

$$F_i = f\{\Sigma(V_j \times E_{ij})\}$$

그리고

$$V_i = f\{\Sigma(V_k \times E_{ik})\}$$

여기에서 F는 동기수준의 힘이며, E는 기대감, I는 수단성을, 그리고 V는 유의성을 뜻하며, V_j는 1차적 결과, V_k는 2차적 결과의 유의성을 나타낸다. 이 두 개의 공식은 기대이론의 메커니즘을 축약적으로 표현하고 있다.

즉, 어떠한 목표행위의 동기수준 F_i는 1차적 결과의 유의성과 기대감의 곱의 함수로 나타나며 같은 행위의 유의성 V_i는 2차적 결과의 유의성 V_k와 수단성 I_{ik}의 곱의 함수로 나타낸다.

▮표 9-3▮ 기대이론의 용어정의

변수	개념
① 기대감 (expectancy) $0 \leq E \leq 1$	• 기대란 목직달성을 위해 자신이 가지고 있는 능력과 가능성에 대해 자신이 지니고 있는 정도를 말한다. • 기대는 특정의 행위 또는 노력이 특정의 결과를 가져올 것이라는 가능성 또는 확률에 대한 확신을 말한다. • 기대는 노력 대 성과의 관계인데 확신의 정도나 기대는 완전히 결핍된 0과 완벽한 확실성이 1로 나타난다.
② 유의성 (valence) $-n \leq V \leq +n$	• 유의성은 어느 개인이 특정결과에 대해 갖는 선호의 강도를 말한다. • 유의성은 산출에 대한 선호도의 강도를 말하는 것으로서 긍정적 또는 부정적으로 표시할 수 있다.
③ 수단성 (instrumentality) $-1 \leq I \leq 1$	• 수단성은 개인이 지각하는 1차 수준 결과가 2차 수준 결과를 가져오게 되리라는 주관적인 확률치이다. 이 수단성은 −1에서 +1까지의 값을 가진다. • 1차 수준 결과는 바람직한 2차 수준 결과인 보상을 획득하는 수단이 되기 때문에 의미를 갖는다.
④ 1차 수준 결과 (first outcome)와 2차 수준 결과 (second outcome)	• 1차 수준 결과는 개인행동에 대한 결과를 말하며 2차 수준 결과는 1차 수준 결과에 따른 보상으로서 돈, 승진, 감독자의 인정 등과 같은 것이다.
⑤ 행동선택 (choice behavior)	• 행동선택은 행동패턴의 선택으로서, 행동대안과 기대되는 결과 및 중요성을 모두 비교 · 평가하여 자신의 행동을 선택하는 것을 말한다.

종업원들은 모두 똑같은 동기유인에 의하여 행동하는 것은 아니며 또 동기유

그림 9-9 포터-롤러의 기대모형

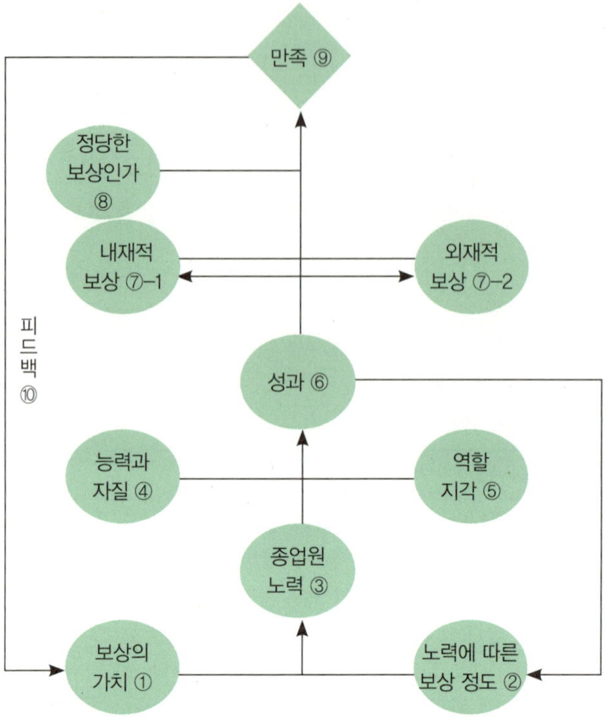

발의 정도에도 차이가 있다. 어떤 사람은 물질적인 욕구에 의하여 동기유발되지만, 또 다른 사람은 성취감을 더욱 중요하게 생각한다. 이러한 동기유발에 관한 이론적인 모형은 경영자에게 필수적으로 이해되어야 하는 의미에서 포터와 롤러의 모형(Porter-Lawler expectancy model)을 소개한다.

사람들이 어떤 일에 대하여 동기유발되는 정도는 먼저 어떤 보상이 따르는가(①)와 그 일을 수행할 때 따르는 보상 정도(②)에 의하여 좌우된다.

종업원의 가치관과 기대감에 따라 노력(③)을 기울이게 되는데, 주어진 과업성과를 달성하기 위해서는 개인의 능력(④)과 자신의 업무에 대한 역할을 정확하게 인지(⑤)하여야 한다. 이러한 여러 노력의 결과 소기의 성과(⑥)를 거두게 되고 조직은 전체적인 목표를 달성할 수 있게 된다.

한편 이러한 성과달성에는 임금상승이나 승진과 같이 경제적인 성격을 띠는 외재적 보상(⑦-1)과 과업의 달성에서 오는 성취감이나 자신에 대한 신뢰와 같이 업무 수행 자체에서 발생하는 내재적 보상(⑦-2)이 뒤따르게 된다. 종업원이 자신의 노력에 대하여 적절하다고 생각이 들 정도의 보상(⑧)이라면 종업원은 조직이나 업무에 대하여 만족(⑨)을 느끼게 되고, 이는 다음 업무에 긍정적인 동기부여로 영향을 끼치게 된다(⑩).

이러한 동기부여의 모형에서 경영자는 다음과 같은 시사점을 얻을 수 있다.

① 조직에서 제공되는 보상은 각 개인의 가치에 근거하는 것이 효과적이다.
② 요구되는 성과의 수준을 명확하게 밝히는 것이 좋다.
③ 개인에게 요구되는 성과의 수준은 달성가능할 때 동기부여가 된다.
④ 성과에는 반드시 보상이 따라야 한다.
⑤ 성과에 따른 보상이 적절하지 않으면 다음 업무에서 별로 동기부여를 느끼지 못한다.
⑥ 개인과 집단의 성과와 보상에 대한 적절한 기준이 필요하다.

(2) 공정성이론

공정성이론(equity theory)은 애덤스와 로젠브룸(J. Adams & W. Rosenbrum)이 임금의 공정성과 생산성의 관계를 연구한 결과에서 정리된 모델로서, 개인이 조직에 공헌하는 데 따른 보상이 동료와 비교하여 어느 정도 공정하게 이루어지고 있는가에 대한 믿음과 동기부여와의 관계를 설명한 이론이다.

예를 들어, ① 나는 5시간 일을 하고 10만 원을 받았는데, 다른 동료는 10시간 일을 하고 20만 원을 받았다면 시간당 2만 원으로 "나는 공정하게 대우를 받고 있구나"라고 생각한다. 그러나 ② 다른 사람이 5시간 일을 하고 20만 원을 받았다면 나는 시간당 2만 원인 데 비하여 다른 사람은 4만 원으로 "나는 대우를 잘못 받고 있구나"라고 불공평하다는 생각을 한다. 반대로 ③ 다른 사람이 시간당 1만 원을 받는다면 "나는 대우를 더 잘 받고 있구나"라는 생각을 한다.

①의 공정한 생각이 들 경우 개인은 조직에 대하여 별 불만이 없다. 그러나 ②, ③의 경우 이러한 불공정성(inequity)을 인지하게 되면 마음속에 긴장이나 분발하고자 하는 추진력이 발생하여 불공정성을 감소시키거나 제거하기 위하여 동기유발이 생길 수 있다. 이러한 과정을 인지부조화(cognitive dissonance)라 한다.

그림 9-10 공정성이론모형

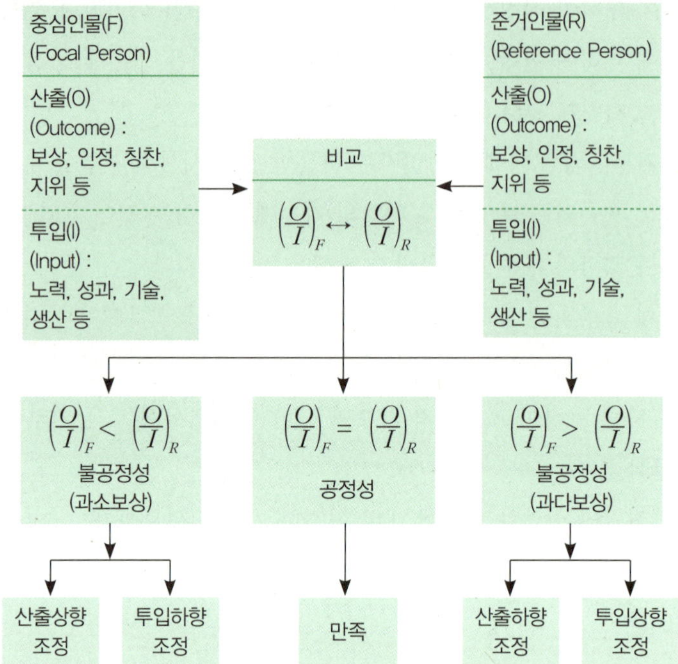

출처 : A.D. Szilagyi and M.J. Wallace, *Organizational Behavior and Performance*, 3rd ed., Glenview, Illinois : Scott Foresman Co., 1983, p.118.

가끔 이러한 과정은 어린이들에게 적용될 수 있다. 부모가 "우리 길동이는 공부도 잘하고 동생도 잘 돌보는 참 착한 사람이야"라고 자신을 착한 어린이로서 생각하고 또 그에 상응하는 대우를 해주면 혹시 이런 기대에 어긋나게 행동하고 싶어도 부모의 인지와 부조화가 생긴다고 생각하여 자신은 착한 어린이의 기준에서 어긋나는 행동을 포기하게 된다.

조직에서도 ②의 경우처럼 자신이 불공정하게 대우받는다고 생각하면 더욱 분발하여 정당한 대우를 받으려고 하거나 또는 자신이 대우받고 있는 만큼만 일을 하려고 하게 된다.

또 ③의 경우처럼 다른 사람보다 대우를 잘 받고 있다고 생각하면 이런 생각이 더 열심히 노력하여 회사에 보탬이 되어야겠다는 의욕을 갖게 한다. 몇 년 전에 우리나라의 모프로야구단에서 계속해서 연패를 하니까 오히려 구단주가 선수들의 사기를 높이기 위하여 몇 억의 격려금을 지급한 것은 선수들이 지고 있는 데도 구단이 격려금을 나눠줌으로써 선수들은 너무 과분한 대우를 받는다고 생각하여 더욱 분발하게 되는, 즉 인지부조화를 통하여 선수들을 동기부여하고자 하는 실례이다.

일반적으로 조직에서 개인이 느끼는 불공정성(inequity)을 줄이는 방법으로 다음과 같은 방법을 선택할 수 있다.

① 어떤 종업원이 다른 사람과 비교하여 과분한 대우를 받고 있다고 생각하면 조직에 더욱 공헌할 수 있도록 유도한다.

② 만약 종업원이 대우를 부당하게 잘못 받고 있다고 생각하면 조직에 공헌하는 정도를 낮추도록 한다. 예를 들어, 일찍 퇴근하도록 한다든지 근무시간을 줄이는 방법이다.

③ 만약 종업원이 다른 사람보다 부당하게 대우를 받는다고 생각하면 다른 사람의 대우를 조직 전체의 차원에서 공정성이 보장되도록 조정한다.

④ 현실적으로 공정성의 기준을 정한다든가 똑같은 보상도 개개인에 따라서는 다르게 느끼기 때문에 위와 같은 방법으로 불공정성이 제거되기가 어려울 경우에는 부당하게 차별대우를 받는다고 생각하는 종업원은 조직에서 떠나야 한다.

토 | 의 | 문 | 제 |

01 행동이론과 상황이론은 무엇인가?

02 피들러의 상황이론은 무엇인가?

03 변화주도적 리더십이론은 무엇인가?

04 허즈버그의 2요인이론은 무엇인가?

05 공정성이론은 무엇인가?

풍경이 마음에 선사한 것

평소 자신의 생활이나 업무 속에서 불현듯 주위를 돌아보거나 멀리 시선을 두었을 때 산과 숲이 펼쳐지고 아련한 수평선 혹은 지평선이라는 확고하고 안정된 선이 있다는 것은 매우 중요하다. 얼핏 그것들은 단순히 눈에 익은 풍경에 지나지 않을지 모른다. 그러나 그 풍경 속에 있는 견고하고 안정된 선은 인간의 내면에 차분함과 충족, 안도감과 깊은 신뢰라는 것을 안겨준다. 모든 이가 그것을 본능적으로 알기에 창 너머 보이는 풍경을 중시하고 자연과 좀 더 가까이 있는 보금자리를 선택하려고 한다.

사실을 보지 못한다.

대부분의 사람은 사물이나 상황 그 자체를 보지 않는다. 그것에 사로잡힌 자신의 생각이나 집착, 고집, 그 상황에 대한 자신의 감정 또는 머릿속에 멋대로 떠올린 상상을 본다. 결국 자신을 이용하여 사물이나 상황 자체를 감추고 있다.

출처 : 『니체의 말』 중에서

Chapter

10

평가와 통제

1. 통제의 정의와 유형
2. 통제의 기본과정
3. 통제를 위한 대표적 모델

경영이야기 1

면접 첫인상 평가 잘 받는 방법카드

기업 인사담당자 413명을 대상으로 '지원자의 첫인상 평가 시간'을 주제로 설문을 진행한 결과, 평균 2분으로 집계되었다는데 나도 그렇게 생각한다. 또한 소요시간을 자세히 살펴보면, '30초'(26.4%), '1분'(24.9%), '들어오자마자'(16%), '5분'(14.3%), '3분'(9.9%), '2분'(4.1%), '10분 이상'(3.9%) 등의 순이었다.

첫인상을 결정하는 요소로는 '미소 등 표정'(56.7%, 복수응답)을 첫 번째로 꼽았다. 계속해서 '말투'(55%), '자세'(50.6%), '복장'(37.8%), '인사 태도'(36.6%), '외모'(26.6%), '시선처리'(19.4%), '목소리'(11.4%) 등이 있었다.

이렇게 결정한 지원자의 첫인상은 '면접이 끝날 때까지 대체로 바뀌지 않는 것'(93%)으로 조사되었으며, 채용 당락을 결정하는 데는 평균 46% 정도 영향을 미치고 있었다는데 나도 그렇게 생각한다. 또한 이 자료를 살펴보니 응답자의 63.2%는 스펙 및 업무능력보다 첫인상이 좋아 지원자를 뽑은 경험이 있는 것으로 나타났다.

첫인상이 좋아서 뽑힌 지원자들의 성별은 '남성'(43.3%)이, 직무는 '영업/영업관리'(17.2%)와 '생산/기술'(14.9%), '판매/서비스'(12.6%) 등이 많았다.

한편, 성별에 따라서 선호하는 이미지를 살펴보면, 남성과 여성 모두 '활기차고 적극적인 이미지'(각각 55%, 28.3%)의 지원자에게 가장 많은 호감을 느끼고 있었다.

비호감 인상으로는 '소극적인 말투 및 태도'(24%)의 남성 지원자를, '사나운 눈빛과 말투'(16.7%)의 여성 지원자를 각각 선택해 차이를 보였다는데 나도 그렇게 생각한다. 또한 이 자료를 살펴보니 면접 첫인상은 외모에 대한 평가가 아니라 지원자의 전반적인 이미지를 평가하는 것이다. 면접 복장, 외모 등을 위해 비싼 비용을 투자하기보다는 자연스러운 표정과 말투, 자세 등을 통해 자신의 장점과 인성을 잘 드러내야 면접에서 좋은 점수를 받을 수 있다.

출처 : 사람인 HR

경영이야기 2

전 세계에 '챗GPT' 열풍 … 혁신은 불황을 탓하지 않는다

연초 '챗GPT' 열풍이 거세다. 챗GPT(Chat Generative Pre-trained Transformer)는 세계 최대 인공지능(AI) 연구소 '오픈AI'가 지난해 말 내놓은 대화형 AI챗봇이다. 사람과 자연스러운 대화가 가능할 뿐 아니라 '삶이란 무엇인가', '워털루 전투를 12세 학생 수준의 리포트로 정리해 달라' 등 다소 난해한 질문과 지시에도 막힘이 없다. '아이폰 이후 최고의 혁신'이라는 찬사를 받으며 서비스 가입자가 40일 만에 1,000만 명을 넘어서는 돌풍을 일으키고 있다. 미국 증시가 연초 탄력을 받는 데는 이런 혁신이 몰고 올 도미노효과에 대한 기대도 한몫하고 있다는 평가다.

주목되는 게 마이크로소프트(MS)다. MS는 개발사인 오픈AI에 2019년 10억 달러(약 1조 2,000억 원)를 투자해 3년여 만에 업계 판도를 바꿀 대작을 내놓았다. 앞으로 100억 달러를 추가 투자해 AI와 검색, 클라우드 등 관련 시장을 압도한다는 목표다. 그 중심에는 사티아 나델라 최고경영자(CEO)가 있다. 그는 2016년 사령탑에 오르자 무력감에 빠진 MS를 모바일과 클라우드, 인공지능 업체로 바꾸겠다는 비전과 함께 인력과 조직, 제품 라인에 일대 혁신을 단행했다. 그 덕분에 5년 만에 미국 시가총액 1위를 탈환했고, 지금도 애플과 선두 다툼을 계속하고 있다.

가뜩이나 미국 기업의 시장 지배력이 높아지는 시대다. 지난해 보스턴컨설팅그룹(BCG)이 발표한 세계 혁신기업 1~5위가 모두 애플과 MS, 아마존, 알파벳, 테슬라 같은 미국 기업이다. 여기에는 우수한 인력과 큰 시장, 글로벌 전파력이 뛰어난 혁신 인프라가 주효했을 것이다. 실패에 굴하지 않고 도전하는 나델라류의 기업가정신도 빼놓을 수 없다.

반면 지난 10년간(2010~2020년) 글로벌 100대 기업에 새로 진입한 한국 기업은 전무하다. 같은 기간 중국은 11개, 일본이 5개를 순위에 새로 진입시켰다. 어려운 경영 환경이나 한국에만 있는 갈라파고스 규제 등을 탓할 수 있을 것이다. 그러나 우리 기업들의 혁신 역량이 정체되고 있는 것 또한 사실이다. 구글 알파고가 세상을 놀라게 한 지 7년여 만에 MS가 한층 진화한 AI 신기술을 내놓은 것을 보면 세상이 얼마나 빨리 변하는지, 해외 경쟁기업들이 새로운 것을 내놓기 위해 얼마나 절치부심하는지 잘 알 수 있다. 혁신은 호황과 불황을 가리지 않는다.

출처 : 한국경제, 2023.1.26.

1 통제의 정의와 유형

경영과정의 사이클에서 통제는 계획, 조직화, 지휘 다음에 이어지는 경영의 완수단계로서 경영자가 계획한 일들이 제대로 진행되고 있는지를 확인하고 평가한 후 필요한 개선조치를 취하며 미래의 계획활동에 피드백시키는 활동이다. 따라서 [그림 10-1]에서 보는 통제활동의 목적은 경영자가 조직구성원들과 함께 계획과 성과를 비교 · 검토해 봄으로써 경영의 효과성을 향상시키고자 하는 것이다. 검토 결과 성과가 계획을 넘어서게 되면 구성원들을 격려하고 동기부여하는 한편 목표가 지나치게 하향 설정되지는 않았는지 제로베이스에서 살펴볼 필요가 있다. 반면에 성과가 계획에 미달하게 되면 그 원인을 찾아서 개선해 나가는 한편 목표설정에 과도한 욕심은 없었는지를 살펴보아야 한다.

이러한 통제기능이 필수적인 이유로는 첫째, 급변하는 환경에서 조직의 신속한 대응을 위해서는 목표수정에 따른 적절한 통제가 필요하기 때문이다. 둘째, 규모가 작을 때는 잘 굴러가던 기업이 덩치가 커지면서 조직은 복잡해지고 구성원들 간의 갈등이나 업무상 마찰이 발생하게 되어, 조직 전체의 차원에서 통제가 필요하게 된다. 셋째, 인간의 능력에는 한계가 있기 때문에 생산과정에서 생기는 실수나 불량에 따른 기업 전체의 손실을 줄일 수 있는 통제기능이 필수적이다. 끝으로 효과적인 통제장치는 조직 내에 권한의 위임을 가능하게 하여 종업원의 자율성과 창의성을 높여준다. 단, 이러한 통제의 기준은 바람직한 결과와 연계되고, 객관적이며, 모든 과정이나 결과를 포함하여야 하며, 시의적절한 정보를 바탕으로 이루어져야 하며, 종업원들이 누구나 수용할 수 있어야 효과적이 된다.

그림 10-1 통제활동의 목적

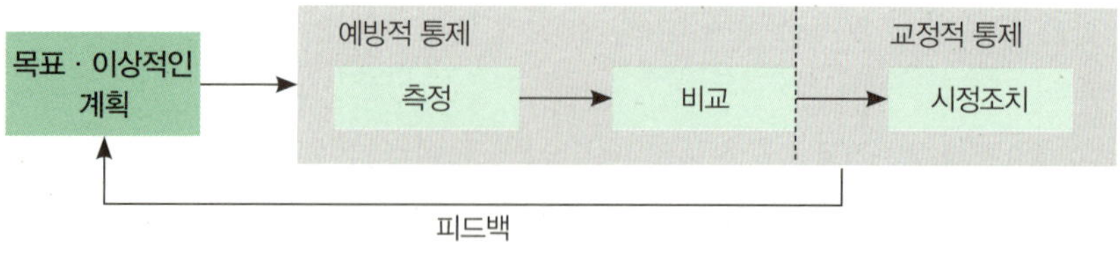

통제의 방법으로는 자동차의 여러 계기판에 나타나는 수치들이 안전운전을 위한 예방적인 기능을 하는 것과 같이 사전적인 통제(preventive control)와 처음에 설정한 목표를 달성하는 데 바람직하지 못한 행동이나 부진한 성과를 교정하는 교정적인 통제(corrective control)가 있다. 기업에서 연초에 예산(budgets)을 책정하는 것은 사전적인 통제의 대표적인 예이고, 투자에 따른 효과를 비교분석하는 비용-편익분석(cost-benefit analysis)은 대표적인 사후적인 통제라 할 수 있다.

끝으로 통제의 영역은 대략 적기공급이나 품질관리, 재고관리 등에 관한 생산활동, 효율적인 자금관리나 예산편성, 합리적인 인사고과의 활용, 판매활동이나 유통경로, 정보자원 등에 관한 활동들이다. 한편 통제의 부작용으로 백화점이나 금융기관에서 효과적인 고객관리를 위하여 작성한 여러 자료가 시중에 유출되거나, 회사 내 컴퓨터에 입력된 종업원들의 개인적인 정보가 누출되어 사생활이 침해받는 경우를 들 수 있다. 또 조직 내부의 직원에 의하여 훔쳐지는 물건(employee theft)의 손실이 미국에서는 매년 400억 달러를 넘고 있는데, 이는 매출액의 약 2%에 해당한다. 이러다보니 기업에서는 이런 손실을 줄이기 위하여 비밀장치를 설치하거나, 함정을 놓아 종업원과 경영자 간의 신뢰에 문제가 생기기도 한다.

2 통제의 기본과정

통제활동은 그 방법에 따라 그 과정이 달라질 수 있지만, 일반적으로 다음과 같은 5가지 단계를 통하여 이루어진다. 첫째, 상황의 파악, 둘째, 표준의 설정, 셋째, 정보수집 및 성과측정, 넷째, 성과와 표준의 비교, 다섯째, 원인분석과 수정조치 등이다.

1) 상황의 파악

표준은 본질적으로 측정가능성을 전제로 한다. 그러므로 조직의 목표달성을 위한 표준을 설정할 때에는 선택성의 원칙(principle of selectivity), 즉 소수의 몇 가지 특성으로 나머지 대다수의 효과를 가늠할 수 있는 변수를 선택할 필요가 있다. 이를 위해 세심하고 폭넓은 상황파악이 필요하다. 이를테면 커피의 맛은 원두의 종류, 배전과 분쇄, 물 등에 의해 결정된다고 한다. 그러므로 커피의 품질을 통제하기 위한 기준을 설정하려면 이러한 몇 가지 특성을 정확하게 파악해 둘 필요가 있다. 또한 고객의 기호변화, 경쟁자의 신기술개발, 포장이나 분위기 등과 주변요인 등도 고려해야 할 것이다.

2) 표준의 설정

표준이란 어떤 활동이나 성과를 비교하는 지침을 말한다. 그리고 경영활동에 있어서 표준은 조직의 목표로부터 도출된다. 따라서 통제의 표준은 조직의 목표와 밀접한 관계를 형성하고 있어야 하며, 그러한 조직일수록 조직의 구성원들이 통제과정을 보다 잘 이해하고 실천해 나갈 수 있을 것이다. 종업원들이 통제활동의 의미를 제대로 지각하지 못할 때 불쾌감을 표출하거나 저항을 나타내기 때문에 역효과를 낳고 비용이 과다하게 소요되는 문제가 유발되기 때문이다.

또한 경영자는 표준을 설정할 때 어느 부문에서의 표준달성이 기업의 성공에 결정적인 영향을 미치는지에 대해 심사숙고를 거쳐야 한다. 즉, 어느 분야가 조직목표 달성에 가장 중요하며 성공의 관건인지를 제대로 판단해야 하는 것이다. 이를테면 감귤의 경우 맛이 가장 중요한 생산표준이라고 판단되면 감귤의 모양이나 크기, 빛깔보다 '당도 몇 도 이상, 산도 몇 도 이하'로 품질표준을 설정할 필요가 있다. 현재 제주도의 감귤생산자들은 선과장에서 크기, 모양, 빛깔 등의 가시적 기준으로 감귤을 선별해서 소비지시장으로 출하하고 있는데, 정작 소비자가 원하는 품질표준이 '맛'이라면 맛의 변질과 부패를 촉진시키는 왁스코팅, 착색, 온풍기 건조 등의 과정을 없애야 한다. 더 엄격히 말하면 감귤의 신선한 맛을 저해하는 선과기부터 재검토해 보아야 할 것이다.

3) 정보수집 및 성과 측정

실제성과를 측정하기 위해서는 직접관찰, 통계보고, 구두보고, 서면보고 등의 방법을 사용할 필요가 있다. 직접관찰은 정보의 왜곡 없이 세밀한 부분까지 명료하게 검토할 수 있는 장점이 있지만, 많은 시간이 소요되고 관찰자 개인의 편견이 개입될 우려가 있다. 통계보고는 관련 내용들을 일목요연하게 비교해 볼 수 있는 장점이 있지만, 조직 자체의 활동이 구체적으로 어떻게 이루어지고 있는지에 대해서는 구체적인 파악이 곤란한 단점이 있다. 회의 면담, 전화 등을 통한 구두보고는 정보수집이 신속하고 피드백이 가능한 반면 객관적인 기록자료가 부족한 문제점이 있다. 서면보고는 구두보고보다 다소 느리기는 하지만 일목요연하고 저장이 가능한 장점이 있다.

따라서 실제로 성과를 측정할 때는 그 내용이 무엇인지에 따라 적합한 정보수집방법을 선택할 필요가 있다. 대체로 다양한 방법들을 복합적으로 사용하는 것이 보다 효과적인 것으로 평가되며, 여러 번 측정해 보면서 측정내용에 가장 적설하고 타당한 측정방법을 고안해야 할 것이다. 또한 경영자는 가급적 계량적인 방법으로 업무성과를 측정함으로써 객관성 및 예측과 비교가 가능하도록 해야 할 것이다. 실무적으로 계량화가 곤란한 부문에 대해서는 비계량적 측정방법을 병행하되, 성과의 측정이 조직의 본래 목표와 얼마나 연관되어 있는지를 늘 유념해야 할 것이다.

4) 성과와 표준의 비교

실제성과와 성과표준을 비교해서 차이가 있는지를 검토해 보아야 한다. 대체로 차이가 발생하는 것은 일반적인 사항인데, 이때 중요한 것은 실제성과와 표준 간의 차이를 어느 정도까지 허용할 것인가 하는 점이다. 즉, 실제성과가 성과표준에 어느 정도까지 미달 또는 초과될 때 통제에 임해야 할 것인지를 전하는 지침, 즉 성과와 표준 간의 차이 허용범위(acceptable range of variation)를 적절하게 결정해야 하는 것이다. 동시통제의 경우 성과와 표준의 비교를 자주 함으로써 문제가 발생했을 때 즉각적으로 해결해 나가도록 하는 게 효과적이다.

5) 원인분석과 수정조치

대체로 성과가 표준보다 높을 경우에는 현재의 시스템을 그대로 유지하되, 성과가 표준보다 낮을 경우에는 그 원인을 분석하고 수정조치를 강구할 필요가 있다. 물론 성과가 표준보다 지나치게 높게 달성되었을 경우에도 그 원인을 분석해야 할 것이다. 이는 표준이 잘못 설정되었을 가능성도 있기 때문에 표준 자체를 수정해야 하는 문제에 직면하게 된다. 성과가 지나치게 미달된 경우에도 업무수행과정에서 발생한 환경요인 등을 검토해 볼 필요가 있다.

그림 10-2 통제의 과정

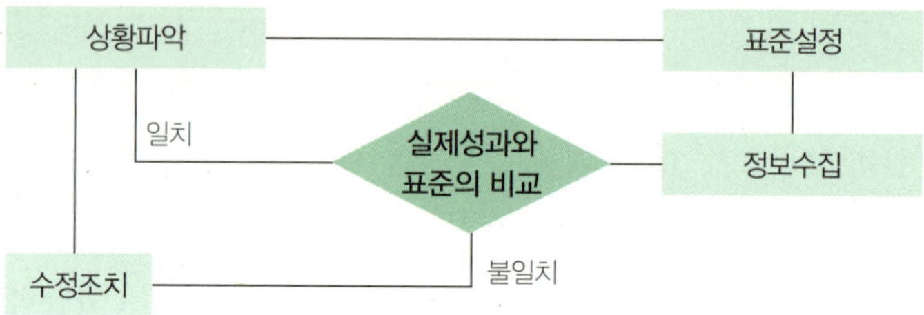

3 통제를 위한 대표적 모델

1) 원점예산관리

예산(budget)이란 조직의 각 부서가 필요로 하는 자금을 예측하고 할당하여 수치로 표시해 놓은 계획이다. 이는 목표를 달성하기 위해 필요한 자원을 합리적으로 배분함으로써 사전통제기능을 수행하고, 조직의 활동범위에 따른 사후적인 책임을 규명할 수 있게 한다. 일반적으로 예산편성은 경영층에서 일방적으로 작성한 예산범위를 하위부서에 내려 보내는 하향식 방법, 이와 반대로 하위부서들이 작성한 예산계획을 상위 경영층에 보고하여 전체적인 예산을 조정하는 상향식 방법, 그리고 모든 조직의 활동을 원점(zero-based)에서 예산편성하는 원점예산방법이 있다.

통상적으로 대부분의 조직들이 예산을 계획할 때 전년도의 실적을 기준으로 일정률을 가감하여 새로운 예산편성을 하게 된다. 예를 들면, 내년의 광고비 예산을 올해보다 10% 늘려서 계획하는 경우이다. 이런 예산편성은 과거의 경영활동이 효율적이었다는 가정에서 가능하다. 그러나 이러한 가정이 현실적으로 맞는가에 대한 측정이 어려울 뿐만 아니라 최근의 경영환경이 매우 빠른 속도로 변하고 있기 때문에 과거의 기준이 계속해서 적용될 경우, 상당한 위험이 초래될 수 있다. 즉, 경영자들이 대체로 부서 간 요구하는 예산의 추가적인 증가율에 많은 관심을 보이는 점을 이용하여 부서들이 보다 많은 예산을 확보하기 위하여 꼭 필요하지 않는 지출을 포함하게 된다. 그 결과 기업 전체예산은 비효율적이 되게 마련이다. 따라서 조직에서는 예산편성을 위한 지출항목을 올바로 평가하기 위해 과거의 예산기준을 배제하고 원점에서 중요한 근거에 따라 새롭게 편성하는 예산제도(ZBB : Zero-Based Budgeting)를 실시할 필요가 있다. 1976년 미국의 카터 대통령은 200년 전에 설치하였던 '차(茶)시음 위원회'에 배정된 예산이 계속 지출되고 있는 것을 발견하였다. 이는 기계적으로 예산을 편성한 결과로 생긴 폐해라 할 수 있다.

원점예산관리(ZBB)는 경영환경의 변화에 대응한 비용지출을 조직 전체의 관점에서 신중하게 검토할 수 있다는 점과 경영활동에 대한 여러 대안들을 비교·분석하여 가장 효율적인 대안을 선택할 수 있다는 장점을 가진다. 반면에 많은 경우 부서 책임자들은 예산의 지출항목에 대해 타당한 근거를 제시하는 데 어려움을 느끼고 매년 새롭게 이런 작업을 한다는 것이 큰 부담이 될 수 있다. 따라서 예산을 효율적으로 관리하는 데는 투입되는 자원과 측정하는 성과포인트에 따라 다음과 같은 네 가지 책임중심점(responsibility center)을 활용할 필요가 있다.

① 수익중심점(revenue center) : 예산이나 성과포인트를 제품의 매출에 책임중심점을 두는 개념이다. 예산은 제품의 판매량이나 판매액에 의하여 통제된다.

② 원가 또는 비용중심점(cost or expense center) : 예산이나 성과포인트를 영업활동에 소요되는 원가나 비용에 책임중심점을 두는 개념이다.

③ 이익중심점(profit center) : 예산이나 성과포인트를 조직 전체의 이익에 공헌한 정도에 책임중심점을 두는 개념이다.

④ 투자중심점(investment center) : 예산이나 성과포인트를 일정기간 발생한 이익뿐만 아니라 장기적인 이익을 실현하기 위하여 투입되는 투자액에 책임중심점을 두는 개념이다.

2) 비용–편익분석

경영활동에서 끊임없이 이루어지는 것이 의사결정이다. 이러한 결정은 조직 내 누구나 당면하는 문제로서, 여러 가지 대안 중에서 현재의 상황이나 능력을 고려하여 어떤 최선책을 강구하는 것이다. 이런 결정에 도움을 주는 여러 기법 중 하나가 비용–편익분석(cost–benefit analysis)인데, 여러 대안 중에서 투입되는 희생(cost)과 달성하는 효과(benefit)를 비교 · 분석하는 방법을 말한다.

예를 들어, 가정에서 자동차가 고장이 나서 이를 해결하는 방안에 대하여 생각해보면 다음과 같다.

① 수리를 하는 방법 : 소요되는 비용이 적다면 단순히 고장난 부분을 수리하여 계속 타고 다닐 수 있다.

② 다른 중고차로 대체하는 방법 : 수리비와 사용년수에 따른 중고가격을 비교하여 만약 수리비용이 거의 중고 판매가격과 비슷하다면 사정에 맞는 다른 중고차로 교체하는 것이 유리할 수 있다.

③ 똑같은 새 차로 교체하는 방법 : 지금 타고 다니는 자동차가 익숙하고 여러 면에서 편리하게 생각되어 똑같은 종류의 새 차로 교체한다.

④ 고급 차종으로 대체하는 방법 : 이번 기회에 오랫동안 튼튼하고 성능이 우수한 고급차를 선택할 수 있다.

이러한 네 가지 대안에 대하여 [표 10–1]처럼 일목요연하게 정리해 보면 각각의 비용과 편익을 쉽게 비교할 수 있다. 이렇게 의사결정을 내리면 보다 합리적인 결과를 도출할 수 있어 후회가 적을 수 있다. 여기서 주의할 점은 의사결정 상황에 따라 중요한 대안이나 평가항목을 빠뜨리지 않는 것이다.

이러한 개념은 사회의 여러 분야에도 적용될 수 있다. 예를 들어, 서울 강남에 백화점을 세운다고 가정하면, 이로 인하여 좋은 물건을 편리하게 구매할 수 있는 소비자들의 혜택과 반대로 교통체증이나 도시미관을 해치거나 또는 소비를 조장하게 되는 사회적 비용을 비교하여야 한다. 그러므로 사회가 점점 복잡해지고 이익집단이 많이 생겨남에 따라 사회적 편익과 비용을 분석하는 사회감사(social audit)의 기능이 더욱 중요해진다. 사실 기업의 사회적 책임은 이러한 개념에 바탕을 둔 것이다.

▮ 표 10-1 ▮ 대안들의 분석표

대안	소요시간(일)	비용(만 원)	유리한 점	불리한 점
수리	2~3	약 50	• 익숙하다. • 교체비용이 없다.	• 다른 고장의 위험이 있다. • 유지비가 많이 든다. • 성능이 떨어진다.
중고로 대체	2~3	약 4~5백	• 새 차보다는 부담이 적다. • 세금이 적다. • 당장 타고 다닐 수 있다.	• 고장위험이 있다. • 명의이전이 복잡하다.
동종의 새 차	7~10	약 1천	• 기분이 좋다. • 고장위험이 거의 없다. • 같은 기능으로 사용이 편리하다. • 유지비용이 적게 든다.	• 구입비용이 많이 든다. • 구입시간이 걸린다.
고급 차종	7~10	약 2천	• 신분상승효과를 누린다. • 보다 안전하다.	• 구입비용이 많다. • 유지비용이 많이 든다. • 사용방법을 배워야 한다.

토 | 의 | 문 | 제 |

01 통제기능이 필수적인 이유는 무엇인가?

02 통제의 기본과정은 무엇인가?

03 원점예산관리는 무엇인가?

04 비용-편익분석은 무엇인가?

인간이기에 짊어진 숙명

인생을 살아가는 동안 수많은 체험을 하고, 마침내 우리는 인생을 짧다 혹은 길다, 풍요롭다 혹은 가난하다, 충실하다 혹은 공허하다고 판단한다. 그러나 우리의 눈이 끝없이 먼곳까지 볼 수 없듯이 살아 있는 육신을 가진 우리가 체험할 수 있는 범위와 거리도 한정되어 있다. 귀로 모든 소리를 들을 수 없으며 손으로 모든 것을 어루만질 수 없다. 그럼에도 불구하고 크고 작다, 딱딱하다 부드럽다며 제멋대로 판단한다. 그것도 모자라 다른 생물에 관해서도 마음대로 판단한다. 결국 처음부터 한계가 존재함에도 불구하고 자신들의 판단이 잘못되었다는 것조차 깨닫지 못한다. 이것은 인간이기에 갖게 되는 어쩔 수 없는 숙명이다.

출처 : 『니체의 말』 중에서

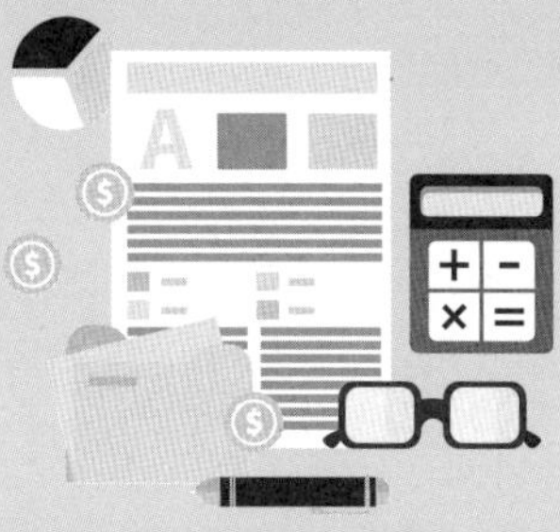

Part 03

경영활동의 실제

“측정할 수 없으면 관리할 수 없으며, 관리할 수 없으면 개선시킬 수도 없다.

-피터 드러커-”

Chapter

11

인적자원관리

경영이야기 1

대 · 중소기업 80%, '임금피크제 · 노사협의 등 인사노무 법령 맞추기 어려워'

정치권, 산업의 영향으로 바뀌는 임금제, 노사협의, 직장 내 괴롭힘 등의 인사노무 관련 법령은 근로자뿐만 아니라 기업들도 대응에 고민을 안고 있는 것으로 나타났다.

사람인 HR연구소가 기업 289개사를 대상으로 '현행 노동법규상 HR의 애로사항'을 조사한 결과 81%가 법규에 대한 '어려움을 겪고 있다'고 발표했다. 기업 규모별로는 100명 이상 기업(81.7%)과 100명 미만 기업(80.5%)이 어려움을 겪는 비율이 비슷했다. 규모가 큰 기업들은 법제에 비교적 잘 대비할 수 있음에도 불구하고 법규 적용 범위가 넓어지기 때문에 부담을 느끼는 경우가 많은 것으로 풀이된다.

구체적으로 어려움을 느끼는 분야는 '포괄임금제'가 41%(복수응답)로 1위였다. 연초 포괄임금제와 관련한 당국의 업무보고 발표와 노동시간 및 포괄임금제에 대한 사회적인 논의가 확산하며 기업들이 부담을 느끼는 것으로 분석된다. 이어 ▲최저임금제(23.9%) ▲안전보건확보의무(23.5%) ▲법정의무교육(21.8%) ▲노사협의회 관련(20.5%) ▲성희롱 및 직장 내 괴롭힘(16.2%) ▲육아휴직제(13.2%) 등의 순이었다.

기업 10곳 중 8곳,
노동법규 대응에 어려움 겪어!

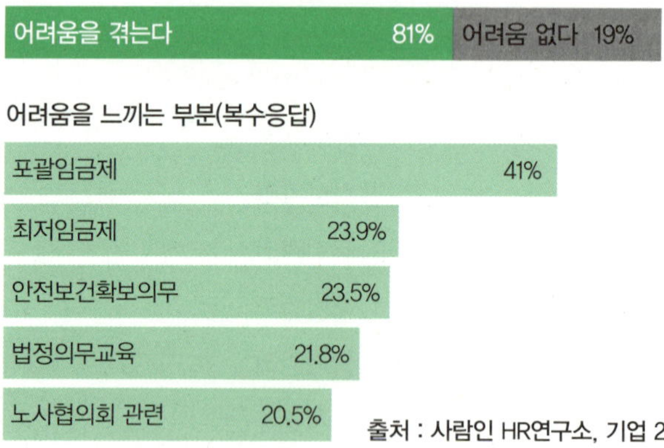

출처 : 사람인 HR연구소, 기업 289개 조사

어려움을 느끼는 분야는 기업 규모에 따라 차이가 있었다. 1위는 포괄임금제로 같았으나, 2, 3위의 경우 100명 이상 기업들은 안전보건확보의무(32.9%)와 최근 입법 예고된 '노사협의회 관련'

(25.9%)을 꼽은 반면, 100명 미만 기업들은 '최저임금제'(28.9%)와 '법정의무교육'(28.2%)을 들었다.

그렇다면 기업들은 노동법규 관련 어려움에는 어떻게 대응하고 있을까? HR제도(내규) 개정(38%, 복수응답)이 가장 많았다. 이어 ▲임직원 교육(22.6%) ▲조직문화 캠페인 실시(17.1%) ▲대응 부서 또는 TF 신설(6.4%) ▲전문가 영입(5.1%) 등을 들었다. 반면 10곳 중 3곳(30.3%)은 '특별한 대응 계획이 없다'고 답해 상당수 기업이 추후 관련 이슈에 취약할 수 있는 위험성을 가진 것으로 나타났다.

현행 인사노무 관련 법령 중 현실을 반영한 제도 개선이 가장 시급한 분야가 무엇인지를 묻는 질문에는 ▲구인난 해소 및 고용지원금 제도(39.8%)를 첫 번째로 꼽았다. 이밖에 ▲정년, 해고, 비정규직 고용 경직성 개선(19.4%) ▲근로시간 및 육아휴직 제도(18.7%) ▲산업안전보건 및 중대재해처벌법(9.7%) 등이 있었다.

최승철 사람인 HR연구소장은 "우리 기업들이 대 · 중소기업을 가리지 않고 저마다의 사정으로 현행 노동법규에 많은 어려움을 겪고 있음을 확인할 수 있었다"며, "필요하다면 전문가의 자문과 교육, HR 솔루션을 적극 활용하는 한편, 위기를 기회로 만든다는 생각으로 과감히 선제적으로 대응해 자사의 HR을 선신석인 수준까지 끌어올리고 우수 인재를 유치하는 기반으로 활용하는 전략도 고려해볼 만하다"고 조언했다.

출처 : 한경BUSINESS, 2023.4.26.

경영이야기 2

중소기업 '영업사원' 뽑기가 가장 힘들어 … 그 다음은?

중소기업 5곳 중 2곳이 직원 채용에 어려움을 겪는 것으로 나타났다. 특히 이들 기업들은 신입사원과 영업사원 뽑기가 힘들다고 밝혔다.

취업 플랫폼 잡코리아가 최근 직원수 300인 미만의 중소기업 283곳을 대상으로 '직원 채용 경쟁력 현황'에 대해 조사를 진행했다. 그 결과 설문에 참여한 기업 중 45.9%가 '매번 인력 채용 때마다 어려움을 겪고 있다'고 답했다. 47.4%는 '채용하려는 직무와 경력 요건에 따라 다르다'고 밝혔고, 6.7%의 기업만이 '인력 채용이 어렵지 않다'고 답했다.

이처럼 많은 중소기업들이 인력 채용에 어려움을 겪는 이유는 무엇일까? 복수응답으로 선택하게 한 결과 '채용하려는 직무에 필요한 전공 지식이나 경험 등을 갖춘 인재 찾기가 어렵다'는 의견이 응답률 43.6%로 가장 높게 선택됐다.

중소기업 인재 채용 경쟁력 조사

자료제공 : 잡코리아(중소기업 283개 사 조사)

Q. 인재채용시 어려움을 겪습니까?

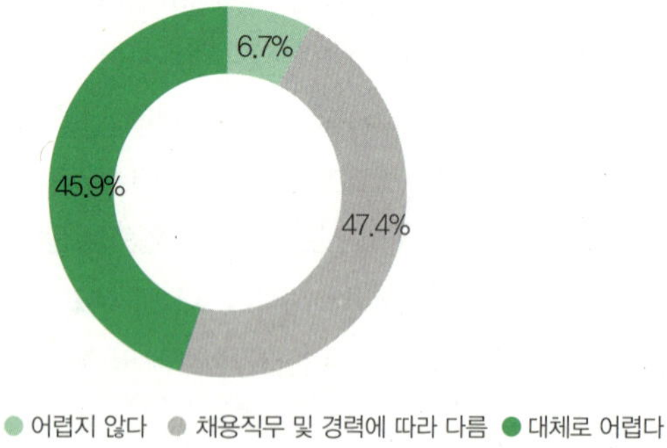

Q. 채용이 어려운 분야는 무엇입니까?(복수응답)

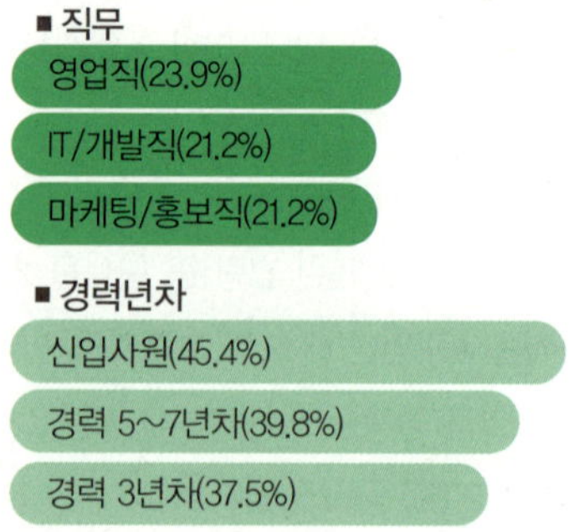

다음으로 ▲지원자가 많지 않아 적합자를 선발하기가 어렵다(36.0%) ▲연봉 수준 맞추기가 어렵다(32.2%) ▲면접 날 노쇼, 허수 지원자가 많아 실제 채용으로 이어지기 어렵다(25.4%) ▲채용한 지 얼마 안 돼 퇴직하는 직원이 많아 채용업무가 너무 빈번하다(25.0%) 등이 인재 채용에 있어 겪는 어려움이라고 답했다.

잡코리아는 기업들이 가장 채용하기 힘들어하는 직무와 경력년차에 대해서도 조사했다. 먼저, 중소기업 채용담당자가 밝힌 채용이 가장 어려운 직무(복수응답)는 ▲영업직이 응답률 23.9%로 가장 높게 선택됐다. 근소한 차이로 ▲IT · 개발직(21.2%)과 ▲마케팅 · 홍보직(21.2%)이 뒤를 이었다. 이외에도 ▲기획 · 전략(20.8%) ▲연구개발 · 설계(20.5%) 순으로 채용이 어려운 직무라고 답했다.

또 설문에 참여한 중소기업 인사 · 채용담당자들에게 채용이 가장 어려운 경력년차를 복수응답으로 꼽아보게 한 결과 '신입사원' 채용이 어렵다는 의견이 응답률 45.5%로 가장 높았다. 다음으로 ▲경력 5~7년차(39.8%) ▲경력 3년차(37.5%) ▲경력 10년 차(23.5%) ▲경력 15년차 이상(14.4%) 순으로 답했다.

한편 기업들은 필요한 인재를 확보하기 위해 다양한 노력(복수응답)을 기울이는 것으로 나타났다. 중소기업들은 지원자가 입사지원하기를 기다리는 것 외에도 ▲직접 이력서를 서칭해 인재에게 연락(37.1%)하거나 ▲수습평가 기간을 둔 후 정규직 전환 제도를 운영(32.6%) ▲사내 추천제도를 운영(31.8%) ▲헤드헌팅 채용 성사 후 성과금 지급 서비스 이용(27.3%) 등의 노력을 기울이고 있다고 답했다.

잡코리아 관계자는 "공고 게재시 채용하려는 직무 정보와 요구하는 자격 요건을 상세히 적는 것이 허수 지원을 예방하는데 도움이 된다"며 "또 어렵게 채용한 직원들이 회사에 잘 적응할 수 있도록 신규 사원을 위한 OJT 등을 실시할 필요가 있다"고 조언했다.

출처 : 한경BUSINESS, 2023.4.26.

1 인적자원관리

기업조직에는 물적 · 인적 · 자본적 자원이 존재하는데, 이런 자원들은 무한히 존재하는 것이 아니기에 자원들을 어디에 얼마나 적절히 투입하여 활용하는지가 효율적 경영의 관건이 될 수 있다. 이를 효율적으로 사용하지 않는다면 아무리 많은 자원을 투입해도 생산물은 조금밖에 나올 수 없다. 결국 경영은 이러한 자원의 활용을 효율적으로 하는 것이고, 인적자원관리는 여러 자원 중에서 기업의 인적자원을 효율적으로 관리하는 것이다. 즉, 공장과 기계, 원료와 자본이 기업에 필요한 자산인 것과 마찬가지로 인적자원도 기업의 자산이다. 인적자원은 특히 다른 자원들인 원료, 기계, 자본 등을 관리하고, 산출물인 재화와 서비스를 설계하고, 품질을 관리하며 제품을 팔기도 하고, 기업의 전략과 목표를 수립하고 이를 실천하는 역할을 한다. 그렇기에 인적자원을 잘 다루어야만 전략수립, 생산, 판매, 자금 운용 등의 경영활동이 잘 되는 것이며 인적자원관리란 마부가 말을 잘 다루듯이 종업원들을 잘 관리하는 인간경영을 뜻한다.

아무리 기업이 현대화, 정보화, 기계화되어도 결국 중요한 것은 사람이라 할 수 있다. 더구나 요즈음은 능력 없는 종업원을 그만두게 한다는 것은 쉬운 일이 아니다. 따라서 조직은 필요한 사람을 확보하고 이들이 능력을 계속해서 발휘할 수 있는 계발과 훈련프로그램을 제공하는 노력이 필요한데, 여기에는 [그림 11-1]에서 보는 것처럼 여러 과정이 수반된다.

인적자원계획은 정부의 법규나 현지시장에서의 인력수급 상황 및 기업의 직무분석을 고려하여 작성되며, 필요한 인력은 연단위나 분기별 또는 수시로 뽑을 수 있다. 모집은 경쟁사나 정부의 실업정책을 고려하여 교육기관, 공공직업학교, 사설학원, 대중매체를 통한 광고, 인터넷을 통한 공고, 종업원들의 개인적인 연고 등으로 이루어진다. 선발과정에서 보통 이력서, 추천서, 지원양식, 각종 시험, 면접, 적성검사, 실기검사 등이 이용된다. 여기에서 통과하면 기업에서 일정기간 소개(orientation)를 받게 되는데, 임금, 복리후생, 승진, 계발프로그램, 인사고과 등이 포함된다. 종종 다른 회사로 옮기거나 정년퇴임할 때, 또는 업무 중 부상이나 회사로부터 해고당하면 회사를 떠나게 된다. 이렇게 공석이 된 자리는 다음

인적자원계획에 반영되어 충원하게 된다.

그림 11-1 인적자원관리과정

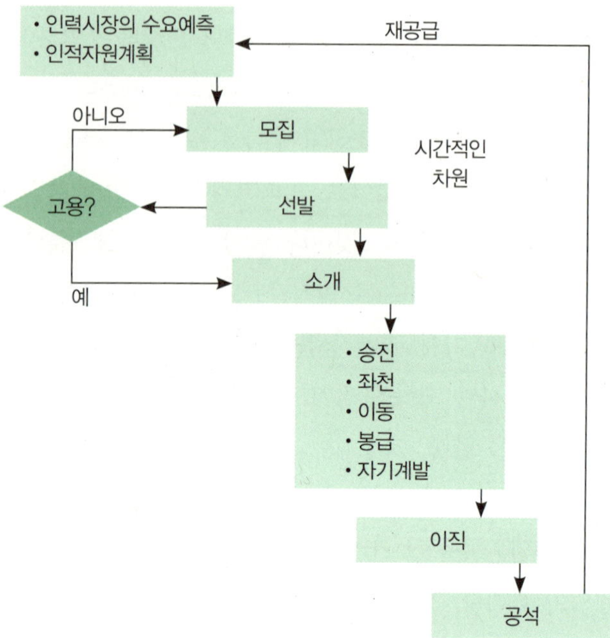

2 확보관리

인적자원을 합리적으로 확보하기 위해서는 가장 먼저 기본적인 직무분석을 하고, 이를 토대로 직무기술서와 직무명세서를 작성해야 한다. 그 다음에 인적자원 확보를 위한 계획, 실행(조직화, 충원, 지휘), 통제활동이 수행되어야 한다.

인적자원 확보를 위한 계획활동은 기업이 어느 시점에서 필요인력을 파악하는 활동이며, 이를 위해서는 그 시점에서의 인적자원의 수요와 공급에 대한 예측을 해야 한다. 인적자원 확보를 위한 실행활동은 필요한 인력을 외부 노동시장에서 모집 및 선발하는 활동을 말하며, 통제활동은 모집 및 선발활동을 평가해서 그 활동의 효율성을 높이는 활동을 말한다.

3 유지관리

인력유지란 기업이 확보하고, 개발하고, 보상한 인적자원을 계속적으로 조직 속에 머무르게 하고, 조직을 위해 공헌하도록 만드는 활동을 가리키며, 인력유지관리란 인력유지를 위해 계획, 조직, 충원, 지휘, 통제하는 활동을 말한다. 양질의 인적자원을 유지하기 위해서는 종업원들에게 경쟁력 있는 근로조건을 제공하는 것이 중요하므로 근로조건관리는 유지관리의 중요한 한 부분이 된다. 또한 인적자원을 유지하기 위해서는 근로조건을 공정하게 확보해 줄 수 있는 건전한 노사관계의 확립이 필요하므로 노사관계관리 역시 유지관리의 중요한 부분으로 볼 수 있다. 또한 인적자원을 유지하기 위해서는 개인목표와 조직목표를 통합시켜서 종업원들을 목표달성을 향해 동기유발할 수 있는 각종 동기부여 프로그램과 아울러, 종업원들의 사회적 욕구를 충족시켜 주는 적절한 인간관계관리가 필요하다.

4 개발관리

기업의 인력개발활동이란 확보된 인력에 대해 능력을 최대한 개발하는 과정을 말한다. 종업원의 능력은 주로 직무 수행을 통한 훈련(OJT : On-the-Job Training)과정에서 개발되지만, 그 외에 사내 혹은 사외의 다양한 교육훈련을 통해서 개발될 수도 있다. 인력개발활동은 종업원의 능력을 신장시켜서 생산성과 경쟁력을 제고하려는 기업의 목표와 자신의 재능을 개발해서 성장하려는 종업원의 욕구가 통합되는 방향으로 전개되어야 한다.

인력개발이 효과적으로 수행되기 위해서는 인력개발을 위한 계획활동, 실천활동(조직화, 충원, 지휘) 및 통제활동이 체계적으로 전개되어야 한다. 또한 인력개발은 조직개발(organizational development) 활동과 통합되어 상호 밀접한 관련성 속에서 전개되어야 한다.

특히 기업환경이 급변하여 기업 내 구성원들에게 요구되는 지식이나 능력이 다양하게 요구되는 상황에서는 기업이 구성원들의 잠재력 개발과 필요한 지식 혹은 경험의 축적에 지원자가 되어 주어야 한다. 왜냐하면 이렇게 개발된 능력을 조직에 최대한 발휘함으로써 구성원들은 직장에서의 보람을 가질 수 있으며, 개인적으로는 성취감과 삶의 만족도를 증진시킬 수 있기 때문이다.

그러므로 기업은 조직구성원들이 목표를 가지고 체계적인 경력을 쌓을 수 있도록 필요한 경력관리프로그램을 제공할 수 있어야 한다. 경력관리(career management)란 조직구성원 개개인이 직장생활에서 거치는 경력과정을 체계적으로 계획하여, 개인적인 성장과 보람을 느끼며 조직생활의 만족과 업무성과를 향상시키는 방법이라 할 수 있다.

슈퍼(D. Super)의 연구에 의하면 개인의 경력은 크게 다섯 단계로 이루어진다는 것이다.

① 성장단계 : 가족, 친구, 선생님 등과 자신을 구별하거나 상호관계를 통하여 자아개념(self-concept)이 형성되는 시기로, 대략 14세까지의 기간에 이루어진다.

② 탐색단계 : 다양한 지식의 수렴과 자신의 재능, 가치, 야망을 통하여 여러 가지 직업적인 대체안을 탐색하는 과정으로, 15세에서 24세 전후의 시기에 이루어진다.

③ 설정단계 : 대체로 25세에서 44세 전후에 해당하는 시기로, 영원히 안주할 수 있는 직업을 선택하는 과정이다. 이 중에서 30세까지는 자신에게 적절한 직업을 찾기 위하여 계속해서 시험하는 단계(trial substage)이다. 40세까지는 일단 안정적이라고 생각한 직장에서 나름대로의 경력계획을 세워 승진이나 교육훈련에 열성적인 안정단계(stabilization substage)를 거치게 된다. 그리고 30대 중반과 40대 중반 사이에는 자신의 꿈(예를 들면, 독립기업의 사장이 되는 것)과 현실적인 상황(가족의 생계, 사업의 위험 등) 속에서 방황하는 단계(mid-career crisis substage)에 이르지만, 대부분은 현재까지의 일을 중시하여 '경력닻(career anchor)'을 내리게 된다.

④ 유지단계 : 약 46세에서 정년기간까지로 자신의 직업에서 안주하고, 위치를 고수하려는 단계이다. '월간인턴'이 조사한 바에 의하면 우리나라 기업의 사원들 중 70% 이상이 장래성이 없거나 직무불만족 등의 이유로 전직을 고

려하고 있다고 한다.

⑤ 쇠퇴단계 : 이 단계는 그동안 일과 조직생활에서 보냈던 시간과 노력을 정리하고, 은퇴 후의 생활을 보다 창조적으로 활용할 수 있는 새로운 경력을 개발하는 데 노력하는 시기라 생각된다.

5 평가관리

인사고과란 기업에서 종업원을 대상으로 하여 종업원의 능력, 개인특성, 작업행동, 그리고 성과 등을 체계적으로 측정하고 평가하는 활동을 말한다. 인사고과의 목적은 인력확보, 인력개발, 인력보상, 인력유지 등 인적자원관리의 전 기능 분야에 있어서 보다 양질의 의사결정을 하기 위한 유용한 정보를 제공하는 데 있다.

전통적 인사고과는 과거지향적 입장에서 관리자와 종업원들의 과거 실적에 대한 차별적 상벌 시행을 위한 판단자료를 얻는 데 그 목적이 있었지만, 근내적 인사고과는 미래지향적 입장에서 개인의 육성과 적재적소 배치 등 능력개발을 위한 기초자료로서 사용하는 데 더 큰 비중을 두고 있다. 이러한 인사고과의 목적을 달성하기 위하여 최근까지 다양한 인사고과기법이 개발되어 사용되고 있다.

흔히 고과를 위한 평가에는 많은 오류가 발생하는데, 일반적으로 많이 범하게 되는 오류는 다음과 같은 것들이 있다.

① 후광효과(halo effect) : 현혹효과라고도 하는데, 대개 피평가자에 대하여 첫 인상이 좋으면 전체적으로 후한 평가를 내리게 되는 오류를 말한다. 요즈음 치열해지는 입사면접을 위하여 종종 남자들도 성형수술을 한다는 보도는 이런 효과를 기대하기 때문이라 생각된다.

② 중심화경향(tendency of centralization) : 한국적인 전통이나 정서에서 매일 얼굴을 마주하게 되는 경우에 피평가자들을 원칙에 따라 극단적으로 좋게 또는 나쁘게 평가하기보다는 대체적으로 중간적인 평가를 하게 되는 오류를 말한다.

③ 관대화경향(tendency of leniency) : 동양적인 미덕의 하나로 생각하여 피평가자를 가급적이면 좋게 평가하는 오류를 말한다. 특히 피평가자를 잘 모르는 경우에 이런 경향이 많이 나타난다.

④ 논리적 오류(logical error) : 평가요소 간에 논리적인 상관관계가 있을 경우에, 이 중 어느 하나가 우수하면 다른 요소도 높다고 속단하는 오류를 말한다. 예를 들면, 기억력이 좋으면 지식도 광범할 것이라든가 근면한 사람은 작업량도 많을 것이라는 생각이다.

⑤ 대비오류(contrast error) : 평가자가 자기의 기준으로 피평가자의 능력을 평가하는 오류를 말한다. 예를 들면, 평가자가 꼼꼼하고 착실하면 피평가자를 상대적으로 불성실하게 느낀다.

⑥ 주관의 객관화(projection) : 평가자 자신의 감정이나 경향을 피평가자의 능력을 평가하는 데 귀속시키거나 전가하는 오류를 말한다. 예를 들면, 정직하지 못한 사람이 남을 의심하거나 부정직한 의도가 있는 것으로 지각하는 경우이다. 가끔 이런 오류는 피평가자의 여러 가지 능력을 올바로 평가하지 못하게 한다.

⑦ 상동적 태도(stereotyping) : 학벌이나 출신 또는 외모 등에 대한 경직적인 편견으로 피평가자의 능력을 평가하는 오류를 말한다. 예를 들면, 좋은 대학을 졸업한 사람은 성적에 관계없이 우수한 사람으로 판단하거나 미인은 콧대가 높을 것이라는 생각이다.

6 노사관계관리

노사관계(labor and management relations)는 기본적으로 노동조합과 경영자와의 관계(union and management relations)와 피고용주와 고용주와의 관계(employee-employer relation)를 총합하는 개념이다. 그러므로 경영자는 사원으로서 노동자와의 관계는 물론 노동조합과의 관계도 고려해야 하는 입장에 놓여 있다.

기업에 있어서 사용자와 노동자 사이의 이러한 관계를 분석해 보면 다음과 같은 3가지 차원의 특성을 나타내고 있다.

첫째, 법률적 차원으로서 개인 대 개인 간의 자유로운 계약관계를 갖고 있다. 즉, 자유고용계약하에 임금의 결정 등은 대개 사용자에 의해 이루어지며, 노동자가 이에 만족하지 않을 때는 계약을 그만두면 되는 것이다.

둘째, 경제적 차원으로서 구매자와 판매자 간의 시장거래가 형성되는 측면이 있다. 사용자와 노동자는 자기의 이윤극대화를 위해 합리적인 행위를 한다는 기초하에 기업은 생산비개념으로 노동자를 고용하고, 노동자는 임금과 여가를 고려해서 거래관계에 참여한다.

셋째, 인간관계 차원으로서 기업이 대규모화되고 조직의 계층적 분화가 심화되면 조직 내에서의 통합은 기업목적 달성의 필수요인이 된다. 이때에 조직을 운영하는 원리는 강제보다 협력을 통한 통합이 강조된다.

이상의 세 가지 차원을 고려해 볼 때 노사관계는 노동력의 매매라는 점에서 상호 이해가 상충되는 대립적인 경제관계를 내포하고 있지만, 기업의 목적달성을 위해서 생산적 협동관계를 유지해 나가야 하는 이중성을 띠고 있다. 이러한 노사 간의 관계는 다음과 같이 전제적, 온정적, 완화적, 계급투쟁적, 민주적인 단계로 발전해 오고 있다.

본격적인 산업사회로 돌입한 19세기 말부터 빈곤 및 실업 문제가 사회 문제화되면서 노사 문제가 부각되기 시작하였다. 이때는 자본주의 초기단계로서 연고 혹은 구빈(救貧) 형태로 형성되는 취약한 노동자계층에 대해 고용주가 일방적으로 고용조건을 결정하는 전제적 노사관계의 시기라고 할 수 있다. 20세기 초반 들어서는 근로자들의 도시정착이 일반화되면서 고용주가 주택, 음료, 의료 등에 대해 가부장적 온정주의에 의한 복리후생을 강조하기 시작하였다. 이때를 온정적 노사관계의 시기라고 하는데, 오웬(R. Owen)에 의하면 공리주의의 원리에 따라 근로자의 생활과 근로조건이 개선되면 노동능력과 의욕이 향상되어 결과적으로 기업이윤의 증대를 가져오게 된다는 것이다.

주식회사가 보편적으로 보급되면서 사용자는 기업규모의 확대, 관리의 합리화, 경영과 자본의 분화를 통해, 노동자는 고용의 정착, 전문화, 숙련의 객관화 등을 통해 근대적 노동시장을 형성하기에 이르렀다. 그러나 아직 노동의 조직력이 자본과 대등한 지위에 이르지는 못하고, 온정적 가족주의가 남아 있는 가운데 약간의 합리주의가 가미되어 자본의 전제가 완화되는 정도로, 이때를 완화적 노사관계의 시기라고 부른다.

1917년 러시아의 볼세비키혁명을 시초로 노동자와 자본가계층 간 격화된 계급투쟁이 전개되기 시작하였다. 고용조건은 노동자의 투쟁적 실력 대결에 의해서만 결정되었으며, 임금결정을 둘러싼 대립적 투쟁이 격화되었고, 공장 및 사업장에서 경영자를 축출하고 노동자가 직접 경영관리를 담당하는 생산관리 형태가 지배하게 되었다. 이때를 계급투쟁적 노사관계의 시기라고 부르며, 사회주의적 노사관계의 대표적인 형태라고 할 수 있다.

1930년대 초반 세계공황 이후 자본의 집중 및 독점화가 진전되고 경영 규모가 확대되면서 자본과 경영의 분리가 이루어짐에 따라 전문경영자가 탄생하기 시작하였다. 노동은 기능의 획일적 성격을 띠면서 산업별 노동조직으로 발전하였고, 노동의 성격이 기업별 종업원에서 계급연대적 성격으로 전환되었다. 따라서 노동자와 사용자 간 고용관계의 결정이 어느 정도 대등하게 이루어지기 시작하였고, 그야말로 산업민주주의 시대를 형성하기에 이르렀다.

우리나라의 경우는 노사관계의 발전단계 중 어디에 해당할까? 2003년, 참여정부가 출범한 이래 계속되는 노동운동과 투쟁, 파업, 노사 간의 실력 대결 양상 등을 보면 아직도 민주적 노사관계에는 이르지 못한 것으로 볼 수 있다. 노사관계의 형태는 경영자와 노동자가 정면 대결하여 양보를 하지 않는 공개갈등형, 노사 양측이 상대방을 적대자로 인식하지만 어느 한쪽도 손해를 보지 않기 위해 적대행위를 제한하는 무장휴전형, 노사 쌍방이 현실적인 입장에서 'give and take'의 관계를 유지하지만 경영자는 노조를 기업경영의 채무로 인식하고 노조는 복지목적의 달성을 위해 기업의 번영을 어쩔 수 없이 받아들이는 노사조화형, 노사 양측이 상대방을 존중하고 서로가 공통의 문제를 해결해 나가는 데 도움을 주는 존재로 인식하고 전반적인 협력관계가 손상되지 않도록 갈등을 엄격히 제한하는 노사협력형 등이 존재한다.

이 중에서 가장 바람직한 노사관계는 노사협력형으로 밀즈(D.Q. Mills)는 노사 간의 협력을 위해서는 상당한 정도의 산업평화를 유지하고, 노사 양측이 상대방의 욕구를 받아들이고, 또한 노사 양측이 상호관계가 공정하다고 인식하며, 노사관계의 순효과(net effect)가 소비자나 일반대중에게 손해를 주지 않아야 한다고 주장했다.

토 | 의 | 문 | 제

01 인적자원관리는 무엇인가?

02 슈퍼의 개인의 경력 5단계는 무엇인가?

03 중심화경향과 관대화경향의 차이점은 무엇인가?

04 노사관계에 있어 3가지 차원의 특성은 무엇인가?

마음에 빛을 품어야 희망의 빛 또한 알아볼 수 있다.

여기에 희망이 있다고 해도 자신 안의 빛과 작열함을 경험하지 못했다면 그것이 희망이라는 것을 깨닫지 못한다. 희망의 그 어떤 것도, 볼 수도 들을 수도 없다.

시점을 바꾸거나 역발상을 하거나

끊임없이 바라고 추구했음에도 불구하고 원하는 것을 얻지 못해 끝내 지친다면, 이젠 그것을 이루려고 하기보다 부릅뜨고 주시하라. 무슨 일을 해도 바람이 불어와 순조로운 진행을 방해한다면 이제부터는 그 바람을 이용해 보라. 돛을 높이 올리고 어떤 바람이 불어오든 모두 순풍으로 만들어라.

출처 : 『니체의 말』 중에서

Chapter

12

생산운영 및 품질관리

경영이야기 1

제조업 혁신으로 대한민국 飛上 '가자! G5경제강국'

검은 토끼의 해, 계묘년에도 벽두부터 나라 안팎 경제가 침체하고 있다. 인플레이션과 공급망 위기는 여전하고 고금리 또한 기업을 옥죄고 있다. 이런 상황에서도 나라 경제를 일으키는 건 결국 기업이다. 한국무역협회에 따르면 최근 인플레이션 우려에 대응하기 위한 각국 중앙은행의 기준금리 인상으로 국내 수출 기업의 자금조달 애로가 가중되고 있다. 한국의 경우 기업 대출 금리가 지난 2년간 3% 가까이 상승하며 기업의 연간 이자 부담액이 32조 원이나 늘어난 것으로 나타났다. 수출 기업 42%는 영업이익으로 대출 이자를 가까스로 감당하는 것으로 조사됐다.

매일경제신문은 올해 '가자! G5경제강국'을 신년 주제로 내세웠다. 결국은 제조업 기본으로 돌아가 이 분야 스마트팩토리 증설과 인공지능(AI) 도입 등 첨단화가 관건이다. 독일은 늘 품질을 최우선에 두기에 '히든챔피언' 기업을 다수 보유하고 있다. 한국 역시 대기업이 앞장서서 고품질을 더욱 강조하며 세계시장에서의 지위를 공고히 할 필요가 있다. 그래야 수출도 늘고 영업이익도 증가해 고금리에 대비할 수 있다.

한국은행은 '경제성장률과 잠재성장률'에 대해 이렇게 설명한다. "양자 간 관계에 비춰볼 때 소비나 투자와 같은 수요를 짧은 기간에 늘려 경제성장률을 높이기보다는 기술 개발과 생산성 향상을 통해 잠재성장률을 높일 필요가 있다. 또 생산성 향상을 위해선 사회간접자본의 확충과 보수 유지가 중요하다."

기술 개발과 생산성 향상의 목표는 곧 품질 제고다. 국내 각종 제품 · 서비스에 대한 품질 표준을 보급 · 확산하는 한국표준협회의 강명수 회장은 "과거 한국은 제품 품질 기반 구축을 위해 정부 지원이 많았지만 지금 품질은 민간 기업이 책임지는 것이라는 인식이 늘면서 지원도 약해지고 있다"며 "대표적 품질 강국인 독일은 여전히 정부 차원에서 품질을 끌어올리기에 열중하고 있고 그게 바로 제조업 강국으로 가는 길"이라고 강조한다.

삼성전자는 한계 없는 도전과 혁신을 통해 새롭게 성장해 나갈 계획이다. 기술 혁신으로 고객가치를 창출하는 본질에 충실하고 불확실성이 높은 대외 경영 환경을 새로운 도전의 기회로 삼고 끊임없이 혁신해 나간다는 방침이다. 삼성전자는 반도체, AI와 차세대 통신 등 미래 신사업을 중심으로 연구개발(R&D)에 매진하면서 새로운 비즈니스 기회를 계속 찾아 나가고 있다.

삼성 스마트싱스는 단순한 사물인터넷(IoT) 플랫폼이 아니라 고객에게 초연결 경험을 제공하는 삼성전자의 새로운 가치와 비전이다. 삼성전자는 '캄테크' 철학을 바탕으로 새롭고 확장된 스마트싱스 경험을 제공할 방침이다. 진화된 스마트싱스를 통해 고객의 커넥티드 경험이 집 안에서 집밖으로 확장되는 등 시간적 · 공간적 차원에서 고객 경험의 획기적인 혁신이 기대된다. 또 삼성전자는 TV 사업에서 초대형 스크린 제품 등 새로운 생활 방식을 제시해 올해도 TV 시장 1위를 달성한다는 목표를 세웠다. 대형 스크린 선호 현상이 뚜렷하게 나타나고 있는 TV 시장에서 삼성전자는 올해 98형 8K 네오 QLED를 비롯한 초대형 제품을 출시하며 적극 대응할 계획이다.

SK그룹은 코로나19 팬데믹 충격, 지정학적 위기, 금리 인상 등 전략적 측면에서 불확실성이 커지고 있음을 고려해 다양한 시나리오별 전략을 수립 · 대응하고 나섰다. 최태원 SK 회장은 지난해 10월 그룹 최고경영자 세미나를 통해 『손자병법』에 나오는 '이우위직(以迂爲直) 이환위리(以患爲利)' 자세를 주문했다. '다른 길을 찾음으로써 유리한 위치를 선점하고 고난을 극복해 오히려 기회로 삼는다'는 의미로 평소 강조한 바 있는 전화위복 DNA를 재차 당부한 것이다.

변수가 많은 글로벌 환경에서도 SK는 4개 성장 영역인 그린에너지, 반도체 · 소재, 디지털, 바이오 분야에 집중해 ESG 경영을 더욱 가속화할 예정이다. 특히 SK그룹은 핵심 성장 산업인 바이오(Bio), 배터리(Battery), 반도체(Chip) 등 이른바 BBC 산업에서 올해 글로벌 성과를 만들어갈 계획이다.

SK는 차세대 원전으로 주목받는 소형모듈원자로(SMR)에도 투자하고 있다. SK(주)와 SK이노베이션은 지난해 5월 차세대 SMR 설계기업인 테라파워와 포괄적 사업협력을 맺고 공동 기술 개발과 상용화 협력에 나섰다. 이어 지난해 8월에는 빌 게이츠 마이크로소프트 창업자와 함께 공동 선도 투자자로 참여해 2억 5,000만 달러(약 3,000억 원) 규모 지분 투자도 완료했다.

현대자동차그룹은 지난해 세계에서 684만 5,000대를 판매해 사상 처음으로 판매량 기준 완성차 그룹 3위로 올라섰다. 올해는 소프트웨어를 화두로 새로운 도약의 전환점을 준비하고 있다. 2025년까지 모든 차종을 소프트웨어 중심 차량으로 전환해 고객들이 소프트웨어로 연결된 안전하고 편안한 이동의 자유와 혁신적인 사용자 경험을 누릴 수 있도록 한다는 구상이다. 또 2025년까지 글로벌 시장에서 판매되는 모든 차종에 무선(OTA) 소프트웨어 업데이트를 기본으로 적용하고 소프트웨어 업데이트 · 구독 등 개인화된 서비스를 제공한다는 계획이다. 이어 데이터 플랫폼을 구축해 차 생애주기 전반에서 생성되는 다양한 데이터를 서로 연결하고 가공해 지속적인 혁신 서비스를 공급할 예정이다.

지난해 8월 현대차그룹은 미래 차 시대의 신속한 소프트웨어 경쟁력을 강화하기 위해 '글로벌 소프트웨어센터'를 국내에 설립한다고 밝혔다. 이 센터는 현대차그룹 소프트웨어 역량 개발을 주도하는 역할을 맡는다.

최근 자동차산업의 패러다임은 기존 하드웨어에서 소프트웨어 중심으로 빠르게 재편되고 있다. 모빌리티, 전동화, 커넥티비티, 자율주행 실현을 위해 어느 때보다 소프트웨어 역량 확보의 중요성이 커지고 있다. 이에 따라 업체 간 소프트웨어 서비스 출시 경쟁도 본격화되는 양상을 보이고 있다.

LG그룹은 고객가치를 혁신하고 새로운 경험을 전하기 위한 미래 성장동력으로 'A–B–C(AI · 바이오 · 클린테크)' 분야를 적극 육성하고 경쟁력을 강화해 나갈 계획이다. AI 분야에서는 최고 수준의 빅데이터 기술을 확보하고 대규모 기술 개발 추진을 위해 5년간 3조 6,000억 원을 투자할 예정이다. LG AI연구원을 중심으로 초거대 AI '엑사원' 등 AI 연구개발에 집중하고 초거대 AI를 통해 계열사의 난제 해결을 돕는다. 초거대 AI는 대용량 연산이 가능한 컴퓨팅 인프라를 기반으로 대규모 데이터를 스스로 학습해 인간처럼 사고 · 학습 · 판단할 수 있는 AI를 의미한다.

롯데그룹은 2023년 헬스앤드웰니스, 모빌리티, 지속가능성, 뉴라이프 플랫폼 4가지 신사업을 추진하는 것은 물론 인수 · 합병(M&A)을 통한 시장 지배력 확대와 사업 포트폴리오 재구성을 모색한다. 올해 1월 신동빈 회장이 사장단 회의를 주재하며 "올해는 재도약을 위해 지난 몇 년간 준비했던 노력을 증명해야 하는 중요한 시기"라고 강조한 만큼 롯데는 2023년 미래 성장동력을 본격적으로 추진하며 세계를 향해 나아갈 것으로 예상된다.

롯데는 롯데정보통신 자회사 중앙제어의 전기차 충전 플랫폼 '이브이시스'를 활용해 국내 전기차 충전소를 확대한다. 헬스앤드웰니스 테마를 이끌고 있는 롯데바이오로직스는 2030년까지 글로벌 톱10 바이오 위탁개발생산 기업으로 키우겠다는 목표를 달성하기 위해 사업 역량 확보에 나선다. 롯데 유통군은 기존 유통채널별 포트폴리오 관리에서 벗어나 '라이프스타일'과 '그로서리'라는 큰 주제 아래 더 나은 고객 경험을 창출해 나간다는 계획을 이어간다. 지난해 11월 롯데쇼핑은 국내 온라인 그로서리 시장 공략과 동시에 통합 소싱에 기반한 신선식품 경쟁력 강화에 나서기 위해 영국의 세계적 리테일테크 기업 오카도와 파트너십을 체결했다.

출처 : 매일경제, 2023.3.23.

1 생산운영관리

1) 경영과학

우리는 일상생활에서 여러 가지 문제들에 직면하게 되는데, 예를 들면, 어느 시간대가 병원에서 가장 대기하는 시간이 적을까, 열차표를 사는 데 어떤 줄에 서는 것이 유리한가, 어떻게 하면 무한정 버스를 기다리지 않을 수 있을까, 게임을 할 때 어떻게 하면 돈을 딸 수 있는 확률이 높아질까 등등이다. 이러한 문제들에서 가장 적절한 해답을 구하는 데 사용되는 계량적인 연구방법을 경영과학(operations research)이라 한다.

원래 작전연구(operations research)는 제2차 세계대전 중 군사목적을 위하여 영국과 미국의 연합국에서 시작된 것으로, 항공기 비행이나 수송선단 호위 및 잠수함에 대한 수뢰폭격 등의 작전에서 커다란 효과를 거두었다. 이후 전쟁이 끝나고 이러한 작전연구에 사용되었던 많은 계량적인 기법들은 기업경영에서 발생하는 자원할당, 의사결정, 수리계획, 재고관리, 수송할당, 스케줄링, 설비교체, 작업순서 등의 문제를 보다 과학적으로 해결하는 데 응용되어 경영과학(OR)이라 불리게 되었다.

보다 실감나는 문제를 사례를 통하여 살펴보자. 요즘 우리 사회가 지방자치화하면서 지역이기주의가 많이 나타나 국가 전체의 비효율이 문제가 되고 있다. 이와 관련해서 전력공급에 관한 문제를 생각해 보자. H전력은 4개의 도시(성남, 분당, 일산, 평촌)에 각각 5만kw, 8만kw, 7만kw, 14만kw의 전력을 공급하고, 이를 위해 A, B, C 세 군데에 발전소를 두고 있다. 여기에서 송전단가(1kwh의 전기를 1km 보내는 데 소모되는 전력손실과 비용의 합)가 [표 12-1]과 같다면 송전에 드는 비용이 최소가 되는 방안을 강구해 볼 수 있다.

중간의 복잡한 계산은 생략하고 [표 12-2]에서 보는 것처럼 어떤 빈칸에 할당을 하더라도 총비용은 증가하여 현재의 할당이 최적상태이다.

그런데 A발전소는 최적해에 의해 성남(5만kw)과 평촌(2만kw)에 공급한 비용 115만 원(19원 × 5만kw + 10원 × 2만kw)보다는 평촌에 7만kw를 모두 공급한 비용 70만 원(10원 × 7만kw)보다 송전비용이 적게 든다. 다른 B, C발전소도 같은 입장이다. 이렇게 과학적인 분석을 해보니 지역이기주의가 국가 전체의 이익에 얼마나 큰 낭비를 초래하는가를 잘 이해할 수 있다. 따라서 우리 국민들이 보다 잘 살기 위해서는 '부분의 최적'보다는 '전체의 최적'이 더 중요하다는 사실을 충분히 인식할 필요가 있다.

표 12-1 송전비용

	성남	분당	일산	평촌	공급능력(만kw)
A발전소	19	30	50	10	7
B발전소	70	30	40	60	9
C발전소	40	8	70	20	18
수요량(만kw)	5	8	7	14	34

표 12-2 송전량의 최적할당

	성남	분당	일산	평촌	공급능력(만kw)
A발전소	19(5)	30	50	10(2)	7
B발전소	70	30(2)	40(7)	60	9
C발전소	40	8(6)	70	20(12)	18
수요량(만kw)	5	8	7	14	34

2) 가치공학

필자는 수년 전에 대학생들과 함께 몇 일간 일본 큐우슈우 지역을 탐방할 기회가 있었다. 여행 중 우리 일행들의 두 눈이 가장 빛났을 때는 쇼핑시간인 것으로 기억된다. 특히 일본의 종합상가인 '캐널시티(Canal City)'에서는 몇 명이 쇼핑하느라고 약속된 시간에 모이지 않아서 버스를 놓치는 일도 생겼다. 물론 쇼핑시간도 적었지만 대부분은 새로운 물건에 대한 호기심에서 시간 가는 줄 몰랐던 것이다. 사실 우리는 대개가 거의 반복적인 구매생활을 영위해 왔는데, 일본의 새로운 상가에 진열된 상품으로부터 새로운 가치를 느꼈다. 즉, 학생들은 지금까지의 구매활동에서 느끼지 못했던 새로운 가치를 경험하고, 그러한 상품을 구매함으로써 만족을 느낄 수 있었던 것이다.

일찍이 이러한 개념은 미국 GE사의 구매부장이었던 마일즈(L. Miles)가 생산 현장에서 사달라는 원자재를 무조건 조달해 주기보다는, 어떤 용도에 필요한가를 검토하여 값도 싸고 질 좋은 물건을 구매해 주기 위해 물건의 가치를 분석(value analysis)하면서 창안되었다. 즉, 가치분석이란 제품, 공정, 서비스에 기여하지 못하는 원가 내지 활동을 구분하여 이를 제거하는 시스템적인 노력이라 할 수 있다. 그 후 이 개념은 미 국방부에 도입되었고, 고객이 만족할 수 있는 제품을 만들기 위해서는 구매부서뿐만 아니라 연구개발단계에서부터 가치의 개념이 도입되어 최소의 비용으로 혁신적인 기능을 창조하기 위한 조직 전체의 활동인 가치공학(value engineering)으로 발전하였다. 기업에서 가치공학이 점점 중요하게 생각되는 이유는 고객이 구매하는 것은 상품의 본래적인 기능뿐만 아니라 이를 소유함으로써 얻게 되는 만족이 포함되기 때문이다.

그림 12-1 가치공학의 내용

제품완성과정	
1. 연구 · 개발단계 2. 실비단계 3. 생산준비단계	VE
4. 조달 · 구매단계 5. 제조단계 6. 판매단계 7. 사용단계	VA

[그림 12-1]에서 보는 것처럼 이 개념은 연구개발에서 제품설계에 이르는 단계인 1차적 가치공학(VE : Value Engineering)과 구매, 생산, 판매, 사용에 이르는 2차적 가치분석(VA : Value Analysis)이 포함된다.

한편 가치공학은 1964년 실제로 미 육군공병단에 도입되어 그 해 약 230만 달러를 절감하고, 이후 설계와 원가절감에 꾸준히 노력한 결과 1982년부터 1985년까지 매년 1.3억 달러를 절약하는 성공적인 사례가 되었다. 일본의 토요타자동차는 달러화에 대한 엔화의 상승을 예견하고 1993년 2월부터 부품업체와의 가치분석을 통하여 제조원가를 절감하는 운동을 펼치고 있다. 그 목표는 총 8백억 엔으로 잡고 있으며, 이럴 경우 자동차 1대당 4만 엔의 원가가 절감된다고 한다.

우리나라의 경우에도 1960년대 후반에 이런 개념이 도입되었으나, 실질적으로는 1980년대 초 삼성그룹이 일본 마쓰시다전기의 고노스케로부터 VE를 도입하여 연간 6% 이상의 원가절감효과를 거두게 되었다. 예를 들면, 1986년도 삼성전자의 원가절감 금액은 매출액 대비 6%인 890억 원에 이르고 있다. 가전제품의 경우에는 설계의 효율화와 대체소재의 활용, 그리고 구조개선 등으로 냉장고가 13.8%, 세탁기가 15.5%, VTR이 8.9%, 컴퓨터가 19%에 이르는 원가절감효과를 실현하고 있다. 현대자동차는 1987년부터 VE를 도입하여 1993년에는 550억 원, 이듬해에는 900여억 원의 원가를 절감한 바 있다. 대우조선은 1898년부터 VE운동의 일환으로 '희망 90S'를 전개하여 1994년에 450여억 원의 원가를 절감하는 등 가치혁신을 위한 우리 기업들의 노력이 날마다 확산되고 있는 추세이다.

3) 산업공학

뷔페식당에서 어떻게 하면 손님이 여러 번 음식을 쉽게 날라다 먹을 수 있도록 요리를 배치할 것인가, 또는 박물관이나 전시회에서 관람객이 어떻게 하면 모두 관람할 수 있도록 작품을 배치할 것인가 등은 모두 가장 경제적인 활동을 추구하는 개념이다. 생산공장에서도 근로자들이 가장 경제적으로 움직이며, 생산성이 제고되도록 공정이나 설비를 설계하고, 작업방법의 표준화를 연구하며 생산일정을 관리하는 분야를 산업공학(IE : Industrial Engineering)이라 한다. IE는 주로 생산의 경제성을 추구하는 학문으로서 18세기 산업혁명과 더불어 발생되었으나, 20세기 초 미국에서 공장혁명의 아버지라 불리는 테일러(F. Taylor)에 의하여 본격화되었다.

1878년 미드베일제철소에 입사한 테일러는 당시 불경기를 타개하기 위하여 늘 원가절감을 통한 생산성 향상에 관하여 고민을 하다가, 1886년 미국 기계학회에서 타운(H. Towne)의 "경제인으로서의 기술자(The Engineer as a Economist)"라는 논문을 접하면서 과학적인 관리에 대한 눈을 뜨게 되었다. 이후 테일러는 베들레헴제철소로 옮겨 1889년에는 용광로에서 작업하는 사람들이 한 삽의 무게를 어느 정도로 하면 하루에 생산량이 가장 높아질 수 있는가에 대한 실험을 하였다. 이 실험에서 테일러는 한 번에 약 9.8kg씩 뜰 수 있는 삽이 하루의 생산량을 가장 높게 한다는 사실을 발견하였다. 이를 기초로 하여 작업내용에 따라 달리 쓸 수 있는 8가지의 삽을 만들고, 매일의 작업계획을 통하여 주어진 작업을 수행한 근로자에게는 일정한 가산금을 지불하였다. 그 결과 한 사람의 근로자가 하루에 처리하는 작업이 16톤에서 3년 후에는 59톤으로 증가하였다. 따라서 근로인원도 500～600명에서 140명으로 줄일 수 있었고, 1인당 인건비도 1.1달러에서 1.88달러로 인상하고도 기업은 약 8만 달러를 절감할 수 있었다. 즉, 업무의 과학화로 '고임금 저노무비'를 실현할 수 있었다.

이러한 테일러시스템의 주요 내용은 과업관리와 직능식 직장(foreman)제도, 성과급제 등으로 1911년 『과학적 관리의 원칙(*The Principle of Scientific Management*)』이라는 책을 탄생시켰다. 이 원칙은 다음과 같이 요약된다.

① 각각의 근로자가 매일 하게 되는 표준작업량(과업)의 설정(a large daily task)

② 공장에서 필요한 표준적인 작업조건(standard conditions)의 제공

③ 주어진 일을 성공적으로 완수한 근로자에게는 가산금을 지급(high pay for success)

④ 하루의 과업을 완수하지 못한 근로자에게는 손실(loss in case of failure)이 발생하는 성과급제의 도입이다.

그러나 노동조합은 테일러시스템이 자신들에게 불이익을 가져오는 것이라 주장하여 조직적 태업도 감행하고 나아가 테일러가 미 의회에서 증언까지 해야 하는 비난의 목소리도 있었다. 하지만 당시 낭비와 주먹구구식 경영으로 일관하던 공장관리에 생산성의 획기적인 증대를 가져오는 혁신운동이었다는 점에서 큰 의의가 있다.

4) 생산운영관리의 실제

부일머티리얼공업은 미국 샘소나이트와 하트만, 일본의 에이스 등 외국 유명 메이커에서도 선호하는 가방액세서리를 생산하는 우리나라 중소기업이다. 이 회사에서 생산하는 가방과 핸드백의 액세서리는 50전에서 수천 원까지 3,000여 종

으로 저가품이지만 고급화하기 위한 컴퓨터 설계방식(CAD), 시대흐름을 잘 간파한 순발력과 결단력, 바이어들에게 납기를 철저히 지킨 것 등이 성공요인으로 분석된다. 이처럼 원자재나 자원을 이용하여 완성된 상품이나 서비스로 변환하는 과정에서 인력이나 기계의 활용을 효율화하는 활동이 생산관리인데, 기업에서 가장 기본적인 관리활동이라 할 수 있다.

생산공정은 소비자의 주문에 따라 '재고생산시스템'과 '주문생산시스템'으로 구분된다. 전자는 일반적인 상품처럼 기업이 자체적인 계획에 따라 완성품을 보유하고 있다가 고객이 원하면 재고품으로 소비자의 요구에 충족시키는 경우이다. 만약 팔리지 않고 남아있는 재고품이 많으면 자금의 회전을 위하여 싸게 파는 경우도 종종 보게 된다. 그러나 후자는 고객의 주문을 받아서 제품을 생산하는 방식으로, 우리나라 포항제철의 경우도 철강회사들의 주문을 받아 제품을 생산하기 때문에 재고품이 전혀 없다. 항공사의 서비스는 고객 개개인의 다양한 요구를 수용하기가 어려워 표준화된 서비스를 제공하는 전자의 경우이고, 미용실이나 양복점의 경우는 전형적인 고객의 주문에 의한 생산시스템이다.

한편 과거에는 생산공정을 결정할 때는 '규모의 경제성'만을 고려하였지만, 지금은 다양한 수요에 대응하기 위한 '범위의 경제성'도 함께 고려하게 되었다. 기업의 성격이나 특성에 따라 차이가 있지만 일반적으로 생산공정에서 중요하게 평가하는 요인으로는 [그림 12-2]에서 보는 것처럼 원가(cost), 품질(quality), 납기이행(delivery), 유연성(flexibility) 등을 들 수 있다.

먼저 생산원가의 절감은 판매수입의 증가와 함께 기업이윤을 증대시키는 가장 근원적인 활동이다. 생산원가를 절감하기 위하여 기업은 전문화, 표준화, 기계화를 통하여 대량생산(mass production)방식을 추구하여 왔다. 요즈음은 자동화를 통하여 노동비용을 절감하여 제품단위당 원가를 줄이기도 한다.

그림 12-2 생산공정의 주요 평가요인

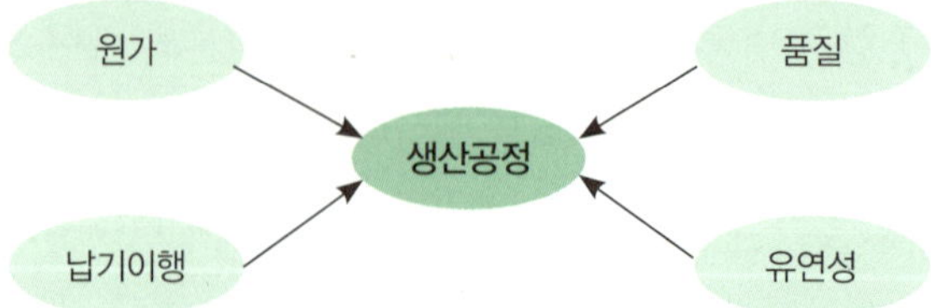

또한 치열해지는 시장 상황에서는 제품이나 서비스의 품질경쟁력이 중요한 요인으로 부상한다. 완벽한 품질의 상품이 제공되기 위해서는 생산공정에서부터 높은 품질기준을 설정하여야 하고, 제품설계의 고급화 및 생산공정에서의 엄격한 통제가 함께 어우러져야 한다. 우리나라의 중소기업인 카이저산업은 "고객이 원하는 다양한 제품의 개발과 철저한 품질관리"로 뻐꾸기시계를 'KAISER'란 상표로 세계시장에 수출해 일본 뻐꾸기시계를 앞지르고 있다.

생산공정에서 고려되어야 할 또 다른 중요한 요인은 철저한 납기이행이다. 극단적인 예로, 고객이 연말 크리스마스 특수(特需)경기를 겨냥하여 주문한 상품을 생산자가 다음해 초에 공급한다면 이는 아무리 좋은 상품을 좋은 가격에 제시하더라도 전혀 소용없는 일이다.

마지막으로 고객의 요구내용이 갑자기 변경되거나 시장수요의 증감에 따른 주문의 변화가 발생하더라도 신속하고도 효율적으로 대응할 수 있는 유연성이 요구된다. 생산현장에서 이러한 대응능력을 제고시키기 위하여 유연생산시스템(flexible manufacturing system)이나 Group Technology, NC 가공, CAD/CAM, 산업용 로봇 등이 활용된다.

2 생산운영관리의 주요 개념

1) 자재소요계획

우리의 일상생활에서 필요한 캔, 나사, 못, 가전제품, 식품용기, 건축외장재, 자동차, 선박 등 여러 곳에 사용되는 철을 생산하는 포항제철은 우리나라뿐만 아니라 세계가 인정하는 조강능력의 기술력을 자랑하는 회사이다. 이 회사는 국내에서 거의 생산되지 않는 철광석, 유연탄 등 제철원료의 안정적인 확보를 위해 호주나 캐나다 등지에 합작으로 탄광을 개발하여 장기적인 공급계약을 체결해 놓고 있다. 또 연간 5천만 톤이 넘는 제철원료의 수송 및 보관을 위해 포항과 광양의 제철소에 25만 톤급의 대형선박이 자유롭게 왕래할 수 있는 대규모 전용부두와 원료야드를 갖추고 있다.

만약 이러한 원자재가 원활하게 공급되지 못한다면 아무리 거대한 규모를 가진 포항제철도 생산을 중단하여야 하며, 이로 인해 파급되는 경제사회적 손실은 엄청날 것으로 생각된다. 이처럼 자재소요계획(MRP: Material Requirement Planning)은 제품생산에 필요한 원자재나 부품을 필요한 시기에 적정한 수량을 생산현장에 공급할 수 있는 정보시스템을 말한다.

이 자재소요계획은 1968년 IBM사에 의하여 개발된 개념으로 제품생산을 위한 특정부품이나 원자재(適材)를, 필요한 시기(適期)에, 정확한 수량(適量)을, 필요한 곳(適所)에 투입될 수 있도록 [그림 12-3]과 같이 필요한 정보를 관리할 수 있도록 고안된 시스템이다.

그림 12-3 자재소요계획의 효율적 관리

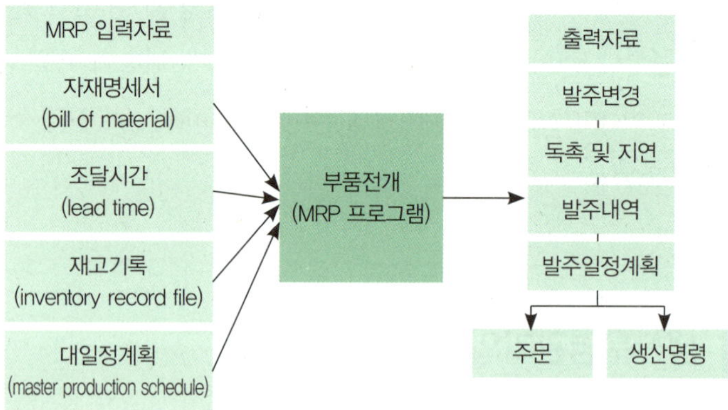

이 기법은 부품의 수요를 완성품의 종속개념으로 파악한다. 예를 들면, 자동차 회사에서 필요로 하는 자동차 바퀴의 수요는 먼저 완성된 자동차에 의하여 계획된다. 즉, 자동차 100대가 완성되기 위하여 바퀴의 소요량은 500개(스패어 타이어 포함)가 필요한 것처럼, 완성품을 먼저 고려하고 난 후 이에 따른 종속적인 수요로서 필요한 부품이나 원자재의 소요량을 계획하는 것이다. 이 기법은 단순히 소요되는 자재계획에만 국한되다 보니 주문이나 수요의 변화에 따라 대일정계획은 물론이고 제품의 생산출하에 이르는 생산자원(manufacturing resources)을 포함한 종합적인 생산정보시스템의 필요성을 낳게 되었다. 따라서 완성품을 위한 기존의 효율적인 자재소요계획을 'MRP I'이라 하고, 자재뿐만 아니라 사람이나 생산설비를 포함한 생산자원의 효율적인 개념의 MRP를 MRP II(Materials Resource Planning II)라 구분하고 있다.

2) 재고관리

만약 용광로에 필요한 원자재의 공급이 원활하지 못하여 용광로가 꺼진다면 어떻게 될까? 다시 불을 피우는 데 약 6개월이 소요된다. 서울에서 뉴욕까지 가는 비행기에서 도중에 식수가 바닥이 난다면 어떻게 되겠는가? 역으로 매년 풍년으로 남아도는 쌀을 보관하기 위해 전국에 많은 창고를 짓고, 그 품질을 유지하기 위하여 비용을 지출하면 어떻게 될까? 그 쌀값이 비싸져서 구매자를 찾기가 쉽지 않을 것이다.

이처럼 원료나 제품의 부족으로 시장에서의 판매기회를 상실해 고객에 대한 신뢰나 기업의 수익에 불이익을 초래하는 경우 기업은 재고부족비용을 치르게 된다. 반대로 과다한 재고보유는 자금회전이 불리할 뿐만 아니라 창고비나 자연손실 등으로 야기되는 각종 비용의 증대를 유발하는데, 이를 재고유지비용이라 한다. 따라서 이와 같은 문제를 미연에 방지하고, 기업이 시장의 수요에 신속히 대응할 수 있으며, 원자재나 상품을 보관하는 비용을 최소한이 되도록 유지하는 것을 재고관리(inventory control)라 한다.

기업의 재고관리기법 중 하나로 재고수준이 일정시점(order point)에 이르면 일정한 분량을 주문하는 '정량발주시스템(fixed order quantity order system)'이 있다. 이 방법은 수요가 불확실하고 큰 변동이 있는 품목의 재고관리에 많이 활용되며, 재고수준을 매일 확인해야 하는 단점이 있긴 하지만 비교적 값이 비싸고 품목 수가 적은 경우에 유리하다. 이는 일명 'Q시스템'이라고도 한다.

정기발주시스템(fixed order period system)은 수요가 꾸준한 경우에 매일, 매주, 매월 등으로 일정량을 정기적으로 주문하는 방법이다. 이는 일명 'P시스템'이라고도 한다. 학교에서의 단체급식을 위한 우유나 빵의 주문은 좋은 사례이다.

그러나 현실적으로는 수요의 변화가 일상적으로 발생하고 품목의 종류가 상당히 많아서 위와 같은 방법으로 재고관리를 하는 것이 어렵다. 이러한 문제를 해결하기 위해 개발된 것이 GE사의 자재부장이었던 디키(H. Dickie)가 고안해 낸

'ABC 재고분석'이다. 디키는 전체의 10% 미만 구매량이 금액으로는 70% 이상을 차지하고 있음을 발견하여 이를 A품목으로 분류하고, 그 다음 25%의 물품은 금액으로 25%에 해당하는데 이를 B품목으로 분류하였다. 그리고 나머지 65%의 품목은 금액으로 5%에도 미치지 못하는데 C품목으로 분류하였다. 이 분류에 따라 기업이 주로 A품목에 집중적인 노력을 기울인다면 전체의 재고관리가 효율적으로 이루어질 수 있다. 이 방법은 현재 미국기업에서 'EOQ방식'이나 'MRP방식'보다 자재관리기법으로 더 많이 사용되고 있다.

한편 재고관리에서 가장 관심이 집중되는 것은 "한 번에 얼마만큼 주문하는 것이 경제적으로 유리한가?" 하는 점이다. 한꺼번에 주문을 많이 하면 주문비용은 적게 들지만 재고유지비용이 많이 들고, 반대로 한 번에 주문량이 적으면 자주 주문하게 되어 재고유지비용은 적지만 주문비용이 많아진다. 따라서 주문비용과 재고유지비용이 가장 적게 드는 경제적 주문량(economic order quantity)은 일반적으로 [그림 12-4]와 같이 결정된다.

그림 12-4 경제적 주문량

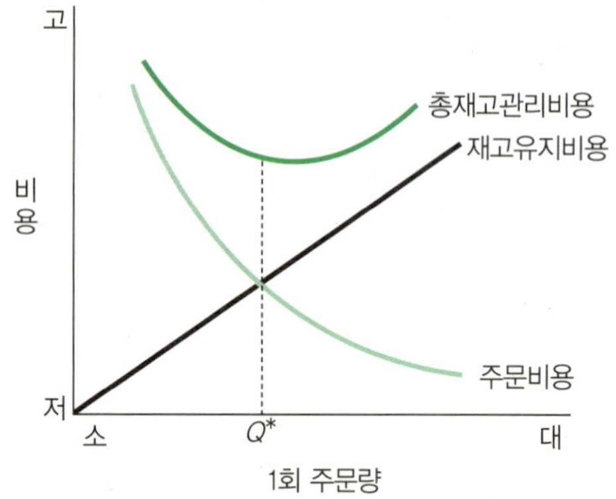

3) 프로젝트관리

우리 사회에서 볼 수 있는 특이한 현상 중 하나가 선거철이 다가오면 수많은 공사들이 시작되고, 고위층 인사가 행차할 때는 모든 일정이 앞당겨져 공사가 예정보다 일찍 마무리되는 것이다. 또 말끔하게 포장된 도로가 어느 날 파헤쳐지고, 도로 이곳저곳에서 공사가 벌어져 다시 포장하는 모습들을 목격하기도 한다.

이런 활동들은 우리 사회에서 일어나는 사업들이 과학적이고 체계적인 관리에 의하기보다는 각 부서별로 무계획하게 추진되어, 결과적으로 국가 전체의 예산을 낭비하는 우를 낳고 있다. 고속도로를 건설하거나 우주선을 쏘아 올리는 일 또는 배를 건조하는 것은 하나의 프로젝트사업이라 할 수 있는데, 이러한 프로젝트를 운영하고 바람직한 목표를 달성하는 데 필요한 개념, 과정, 기법들을 프로젝트관리(project management)라 한다.

여기에 사용되는 주요 기법으로는 프로젝트를 완성하는 데 필요한 일련의 활동과 일의 선후관계를 도식화하여 효율적인 관리를 추구하는 PERT(Program Evaluation & Review Technique)가 있다. 이는 원래 1958년 미 해군의 폴라리스 미사일계획(Polaris missile program)에 사용되어 원래 계획보다 2년을 앞당기는 성과를 거둔 바가 있다. 이 PERT기법은 처음에 비용 문제를 고려하지 않고 오직 시간 단축만을 고려하였다는 약점을 드러내고 있었다. 그러나 이후 1960년에 비용도 고려한 PERT기법이 완성되었다. 1962년 듀퐁사에서 이러한 PERT기법을 경영혁신으로 사용하기 시작하면서 기업 전체에 급속하게 확산되기 시작하였다. 우리나라의 경우에는 1980년대 중동 건설에 참여하면서 감리를 맡은 외국기업들에 의하여 PERT기법이 사용되기 시작하였다.

예를 들어, 주택을 신축하는 경우에 일반적인 일정계획에 의한 공정관리는 단순하게 며칠 만에 공사가 마무리된다는 사실은 알려주지만, 전체 일정을 단축하기 위하여 어떤 노력이 필요한가를 알 수 없다. 따라서 [그림 12-5]에서 보는 것처럼 PERT기법을 활용하면 일의 선후관계와 각 활동에서 필요한 시간을 고려하여 전체 일정에 차질을 가져올 수 있는 주공정로(critical path)를 파악할 수 있으며, 바로 이 경로(CP)에 포함된 활동들이 앞으로 집중적인 관리의 대상이 된다. 이를 위하여 여유 있는 활동들에 배정된 시간, 인원, 자금 등의 자원들을 재배분할 필요성이 대두된다. 실제로는 부문 간의 역학관계에 따라 복잡한 문제가 야기되기도 하지만, 합리적인 관점에서 보면 [그림 12-5]처럼 주택을 완성하는 데 소요되는 기간은 굵은 선으로 표시된 활동들을 연결한 주공정로의 합인 49일이 된다.

그림 12-5 주택신축을 위한 PERT 도해

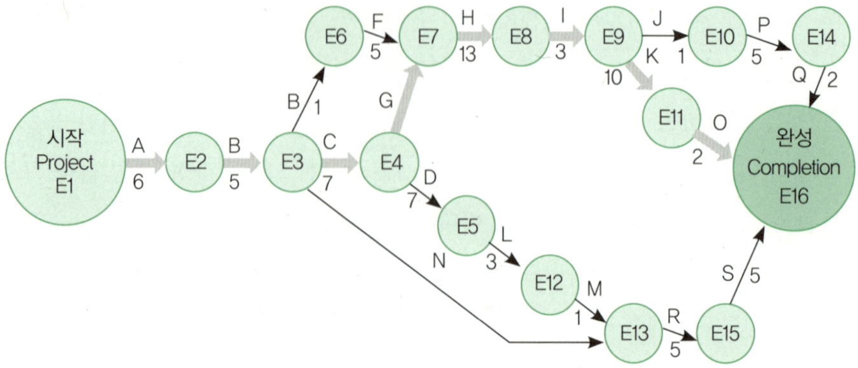

※ 완성기간 : A(6일)+B(5일)+C(7일)+G(3일)+H(13일)+I(3일)+K(10일)+O(2일)=49일

4) 적시생산방식

부존자원이 풍부하지 못하며 낭비를 하지 않는 것과 자기의 직분에 충실한 것을 미덕으로 삼고 있는 일본문화를 토대로 토요타자동차사의 오노 다이이치(大野耐一)는 "필요한 것은 필요한 때에 필요한 만큼만 생산한다"는 JIT시스템(Just-In-Time System)을 개발하였다. 일명 '칸반(Kanban)방식'이라고도 불리는 JIT시스템은 일본은 물론이고 전 세계의 기업들로부터 주목을 받았다. 미국의 MIT대학의 자동차프로그램연구팀은 최근 세계 자동차산업에서의 비교우위는 일본이 가지고 있으며 그 원천은 토요타자동차의 고유한 생산방식에 있다는 연구결과를 발표하였다. 연구팀은 이런 생산방식을 '린생산방식(Lean production)'으로 규정하고, 1920년대 이후 대량생산방식을 대체할 '생산방식의 혁명'으로 높이 평가하였다.

4~5명의 근로자가 한 팀을 이루는 '린생산방식'은 기술개발단계에서 생산, 판매에 이르는 자동차산업의 전 부문을 유기적으로 연결하여 제품이나 부품의 재고를 없앰으로써 생산성이나 품질의 획기적인 개선을 추구하는 것이다. 이 방식에서 가장 핵심적인 JIT시스템은 재고부담을 줄여 원가를 절감하는 것인데, 도요타자동차의 다카오카공장의 경우에 부품업체는 하루에 8번의 납품을 함으로써 부품재고는 4시간 분량을 넘지 않고 있다. 그러므로 재고가 외국 경쟁기업의 10분의 1에 불과하다. 뿐만 아니라 이러한 부품이나 재공품의 재고가 없다 보니 공

장의 크기를 반 이상으로 줄일 수 있게 된다. 또 부품업체를 8분의 1로 줄여 업무량을 축소하고, JIT시스템에 의한 구매로 토요타자동차의 구매 직원은 미국 GM사의 20분의 1에 불과한 실정이다. 이러한 일본기업들의 JIT시스템 도입효과를 요약하면 다음 [표 12-3]과 같다.

표 12-3 일본기업들의 JIT시스템 도입효과

기업	생산제품	생산성 향상	재고 감축	품질 향상
Canon	카메라, 사무장비	100에서 250으로 증가, 1천 5백만 달러, 9천 8백만 달러	1976년 100에서 1982년 50으로 감축	45%의 불량률 감소
Hitachi	가정용품, 컴퓨터 등	100에서 178로 증가	1977년 100에서 1981년 60으로 감축	매우 큼
Tokai Rika	자동차부품	100에서 145로 증가	1975년 100에서 1976년 35로 감축	매우 큼
Toyo Kago	자동차	100에서 215로 증가	1973년 100에서 1981년 31로 감축	기계비가동시간 60~50/월 감소
Yanmar	자동차부품	100에서 191로 증가	1975년 100에서 1980년 35로 감축	100에서 56으로 불량 감소

5) 유연생산체제

우리가 일반적으로 식사를 하러 식당을 찾는다면 특출하게 별미를 제공하는 전문식당에 갈 것인가 또는 다양한 메뉴 중에서 그때의 기분에 따라 한두 가지 음식을 먹을 것인가를 가끔씩 고민하게 된다. 아무리 특별한 음식이라도 매일 똑같은 음식을 먹는다면 곧 물리게 된다. 자동차의 경우에도 과거에는 대부분이 검은색이거나 형태 및 가격이 비슷하였지만 지금은 다양한 색상은 물론이고 형태, 기능, 가격이 천차만별로 다양하다.

또 한 경제연구소에 따르면 세탁기는 미국의 소비자들이 평균 13년을 사용하는 데 비하여 우리나라 소비자들은 6년마다 교체하고, 냉장고의 경우에 미국은 평균 15년씩 사용하는데 우리는 7.1년마다 교체하는 것으로 나타났다. 이처럼 자주 교체하는 이유로는 양국 가전제품 내구수명의 차이도 있지만 제품의 성능보다는 신모델을 선호하거나 대형제품에 집착하는 한국인들의 소비 행태에 따른 결과로 분석된다. 이처럼 소비자들의 다양한 욕구나 제품수명의 단축으로 경영환경은 매우 빠른 속도로 변화하는데, 이런 변화는 지금까지의 '소품종 대량생산' 방식에 의한 값싼 제품을 공급하기보다는 여러 가지 품목을 다양하게 생산하는 '다품종 소량생산' 방식으로의 전환을 가져오게 되었다.

이러한 시장환경의 변화에 따라 다양한 제품이나 서비스를 고객에게 신속하게 제공할 수 있는 기업의 효율적인 생산시스템을 유연생산체제(flexible manufacturing system)라 한다. 따라서 이러한 생산시스템은 NC 공작기계, 산업용 로봇, 자동패리트 교환장치, 자동운반시스템, 자동창고시스템 등을 제어하는 컴퓨터에 의한 자동화를 지향한다. 유연생산체제에 있어서 유연적(flexible)이라는 의미는 제품, 생산공정, 그리고 소비자의 욕구에 해당할 수 있다. 제품에 대한 유연성은 제품의 개량, 설계, 부품의 변경, 제품 종류의 증감 등 비교적 단시간에 가능한 부분들이다. 생산공정에 대한 유연성은 새로운 기계를 도입하거나 작업공정 단축 등을 통하여 이루어지는 부분들이다. 끝으로 소비자에 대한 유연성은 판매부서에서 고객으로부터 입수한 제품에 대한 불만이나 정보를 제품개발부서나 연구개발부서 등에서 활용할 수 있는 부분에 대한 것이다.

6) 컴퓨터 통합생산방식

1996년 7월 12일자 일간지를 보면, "배고파서 왔다"며 북한에서 귀순한 사람에 대한 기사가 실렸다. 우리도 1960년대까지는 이렇게 배고팠던 시절이 있었다. 이런 시절의 식당은 값싸고 양을 많이 주면 손님이 모였다. 그러나 1980년대 들면서부터 보다 맛있는 식당을 찾아 양보다는 질적인 면을 추구하는 소비자들이 증가하기 시작했다. 그리고 이런 욕구에 부응하는 ○○갈비집, ○○냉면집, ○○곰탕집들이 인기를 끌게 되었다. 이후 1990년대 들면서 바삐 돌아가는 현대생활에 한 끼 식사는 패스트푸드나 즉석식품들로 대체되었다. 서울 명동이나 여의도 주변 식당들은 점심시간대에 1분 내로 식사할 수 있는 시스템을 갖추고 있다. 17분 사진현상점이나 택배업 등은 이러한 사회변화에 따라 생겨난 새로운 사업들이다.

이러한 사회환경의 변화에 따라 기업에서도 가장 빠른 시간 내에 고객의 만족을 추구하는 경영전략으로, [그림 12-6]에서 보는 것처럼 컴퓨터와 통신 및 제어의 세 가지 기술을 바탕으로 업무의 단순화, 설비의 자동화, 정보의 통합화를 추구하는 컴퓨터 통합생산방식(CIM : Computer Integrated Manufacturing)을 도입하고 있다. CIM은 근본적으로 인건비를 절약하기보다는 가장 빠른 생산(operations)을 통하여 고객만족을 추구하는 생산설비전략이다. 즉, 다른 회사는 20일 만에 납품할 수 있는 상품을 3일 만에 납품함으로써 시간상 비교우위를 가질 수 있고, 재고부담도 줄일 수 있는 점을 경쟁우위로 한다.

그림 12-6 CIM의 구성요소

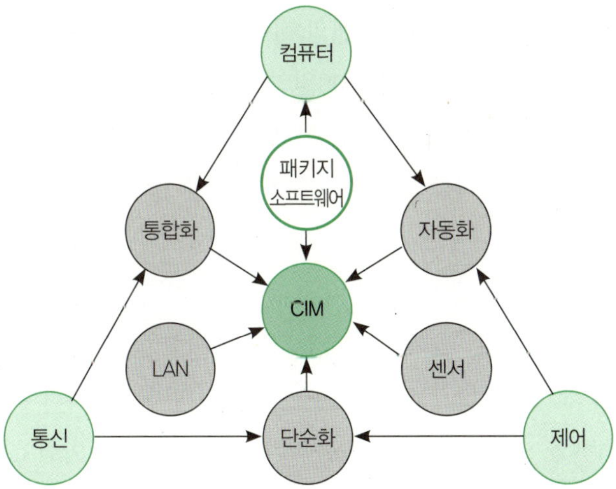

원래 CIM 개념은 기업들이 인건비 절감을 위하여 공장자동화(FA)를 추구하다 보니 인건비 절감의 효과보다는 생산라인의 자동화나 로봇화로 설비투자비용이 커져, 기업 전체의 활동을 통제할 수 있는 컴퓨터 정보시스템에 의한 통합화의 필요성에 부응하여 생겨난 것이다. 1973년 해링톤(J. Harrington Jr.)에 의해 처음으로 창안된 이래 미 공군 ICAM(Integrated Computer Aided Manufacturing) 프로젝트에서 실제로 활용되었다. 미국기업에서 CIM의 도입효과를 분석한 자료에 의하면 제품설계비용이 15~30%, 기술자의 능력 향상이 약 3배, 현장에서의 생산성 향상이 40~70%, 주문에서 배달까지의 리드타임 단축이 30~60%, 수율이 약 3배로 향상되었다.

따라서 기업이 인간의 욕구를 충족시키는 제품의 계획, 설계, 생산공정의 자동화를 통하여 바라는 최적의 제품을 만들어 내기 위해서는 CIM을 주축으로 하는 생산 소프트웨어시스템과 FMS를 주축으로 하는 생산 하드웨어시스템을 동시에 제어하고 관리해 나갈 필요가 있다.

7) 혁신적인 생산활동

수년 전 우리 기업들에서는 시간낭비를 줄이기 위한 '초관리운동'이 붐이었다. 한 중소기업에서 시작된 이 운동은 많은 대기업들에도 신선한 충격을 주었다. 한 달에 천만 원의 봉급을 받는 사장은 1분당 임금이 약 833원이다. 따라서 5분 동안 담배 한 대를 피운다면 약 4,200원의 비용이 낭비된다는 개념이다. 일반사원이 담배 한 대 피우는 비용은 대략 600원인데, 회사 전체로 계산하면 엄청난 낭비가 발생하게 된다는 것이다. 이러한 개념이 확대되어 사무실에서나 생산현장에서의 물자나 시간의 낭비를 줄이자는 운동이 한때 많은 기업에서 큰 호응을 받았었다.

아무튼 이런 개념은 일찍이 일본기업들에서 도입되고 실천되어 왔다. 1970년대 두 차례의 석유파동을 거치면서 기업의 생산시설들은 주로 아시아지역으로 옮겨 갔으며, 1980년대 엔고(¥高)에 의한 영향을 최대한 줄이기 위하여 기업 전체의 생산시스템을 원점에서 새롭게 분석하기 시작하였다. 이런 발상의 전환을 통하여 기존의 생산시스템에서 불필요하고 불합리한 요소를 배제하여 새로운 생산시스템을 재설계함으로써 기업의 생존을 도모할 수 있는 생산성 향상운동(RIAL : Redesign and Improvement through Analysis of Line-System)이 활발하게 전개되었다.

이러한 생산성 향상운동을 활발하게 실시한 마쓰시다사의 경우에 실시 초기에는 생산라인에 소요되는 부품 수가 343개이고, 기계 1대당 소요시간이 56분이며, 재료비가 약 25만 원이 들었다. 이후 매년 이러한 RIAL운동을 8년 동안 되풀이한 결과 평균 30% 이상의 절감효과를 얻게 되었다. 즉, 생산시스템의 RIAL 운동이 시작된 첫해를 100으로 본다면 8년 뒤의 소요 재료비는 약 33%, 부품 수는 약 18%, 공정시간은 약 17%, 중량은 약 42% 개선되었으며, 그 기능은 오히려 획기적으로 향상되는 결과를 가져왔다.

8) 외부발주

1980년 작은 보세의류가게로 출발한 'E-랜드'사는 100% 외부공장에서 조달한 의류에 자체의 상표를 붙인 중저가의 상품으로 치열한 경쟁의 의류시장에 뛰어들었다. 이 회사는 혁신적인 외부발주 경영관리에 힘입어 우리나라의 중견그룹으로 성장하였다. 이처럼 치열한 경쟁사회에서는 기업의 핵심역량을 마케팅이나 제품기획, 디자인 등 영업 관련 부분에 집중하기 위하여 생산활동을 외부로부터 조달하는 방법을 외부발주(outsourcing)라 하고, 이러한 기업을 모듈기업(module corporation)이라 한다. 세계적인 운동화회사인 나이키사나 리복사도 자체적인 생산공장 없이 한국이나 대만의 우수한 공급업체로부터 조달한 신발이나 스포츠의류에 자사의 상표를 부착하여 세계 최고의 메이커로 인식되고 있는 대표적인 모듈기업이다.

이러한 개념은 미 GE사의 잭 웰치 회장이 "세계 1, 2위를 자신할 수 있는 분야는 과감히 도전하고 경쟁력이 떨어지는 생산라인은 과감히 포기하라"는 말을 실천하고 성공한 이래, 많은 선진기업들이 외부의 전문기업에 발주함으로써 비용절감을 도모하려는 경향을 보이고 있다. 사실 미국에서의 외부발주는 1950년대 급여관리를 전문적으로 관리해 주던 오토매틱데이터프로세싱(Automatic Data Processing)사로부터 시작되었다. 이후 1990년대 들면서 외부발주는 급격하게 늘어나고 있는데, 미국 자동차산업의 '빅 3'인 포드(Ford)사는 72%, 크라이슬러(Chrysler)사는 77%, 제너럴모터스(GM)사는 58%의 비율을 나타내고 있다. 미국에서 외부조달의 내용은 제조 분야가 40%, 수송 · 배달 · 자재보관이 30%, 임시서비스, 출장, 서류관리들이 각각 15%의 비중을 보이고 있다.

일본의 자동차회사가 우리나라 포항제철의 강판을 수입해 쓰는 것은 제품의 생산비용을 낮추기 위해 '질 좋고 값싼' 부품을 외부에서 조달하는 국제적인 외부발주(global outsourcing)의 좋은 예라 할 수 있다. 또 3만 명의 종업원을 거느린 요코가와전기는 인사나 총무업무의 외부조달을 통하여 본사의 1천7백여 명 관리직원을 2백 명으로 줄일 수 있었다.

우리 기업들도 세계적인 기업으로 성장하기 위해서는 기업의 독자적인 핵심역량을 강화시키는 방법으로 전문적인 외부기업에 대한 외부발주가 점점 확대되는 추세에 있다. 사실 현대자동차의 뉴그랜저는 디자인을 미쯔비시사에 발주하였고, 스포츠카인 티뷰론은 미국 LA에 설립한 디자인연구소에서 만든 것이다. 또 삼성전자는 유무선 전화기를 유럽 고객들의 취향에 맞추어 사각형으로 디자인하였는데, 이 디자인은 '포르세'라는 독일의 유명한 디자인회사의 작품으로 유럽에 판매되는 상품은 그쪽 회사가 고객의 욕구를 더 잘 파악할 것이라는 생각에서 외부발주하였던 것이다. 이처럼 우리 기업들의 외부발주는 국내의 여러 관리업무에서 점차 연구개발과 부품 등 국제적인 외부발주에 이르는 범위로 확대되고 있다.

3 품질관리

1) 품질관리의 의의

수년 전 성수대교가 붕괴되고 삼풍백화점이 무너지면서 우리 사회에서는 한때 부실공사에 대한 책임 문제가 사회화된 적이 있었다. 수많은 인명피해는 물론이고 엄청난 사회적인 비용, 해외에서의 우리 기업들에 대한 불신 등은 쉽게 치유되기 어려운 부작용을 낳았다. 앞으로 산업이 발달되고 시장개방이 확대될수록 소비자들의 품질에 대한 요구는 점점 더 엄격해질 것이다. 여기에는 제품을 사용할 때의 안전은 물론이고 일반대중들에게 미칠 환경공해와 같은 사회적인 품질도 포함된다. 이런 관점에서 본다면 품질관리(quality control)란 소비자가 제품이나 서비스의 가치와 만족을 구매하도록 기업이 제품의 특성이나 서비스의 질을 통제하는 과정이라 정의할 수 있다.

1924년 미국의 벨전화연구소의 슈하르트(W. Shewhart)는 생산공정에서 발생하는 제품의 관리영역을 통계적 수치로 표시하여 통계적 품질관리(statistical quality control)를 창안하였다. 이 개념은 기존의 사후약방문적인 품질검사와는 달리 통계적 기법을 이용하여 얻어진 정확한 계량데이터에 의해 앞으로의 공정을 예측하고 적절한 조처를 취함으로써 예방적인 품질관리를 실시할 수 있어 최종완성품의 불량률이나 재작업률 및 작업자의 수를 감소시키게 되었다.

또 일본에서는 이러한 품질관리의 개념이 1962년 이시가와 가오루(石川馨)에 의하여 품질관리분임조(QC)활동으로 전개되었다. 여기에 데밍(W. Deming)과 쥬란(J. Juran)의 품질관리에 대한 개념들이 복합적으로 뒷받침되고, 아울러 일본 특유의 집단적인 문화가 융합되면서 일본제품을 세계 최고로 만든 동시에 일본의 국가경쟁력을 세계적인 수준으로 끌어올린 원동력이 되기도 하였다. 이러한 QC활동은 미국을 위시하여 세계 50여 개국에서도 실시되고 있으며, 우리나라에서도 1970년 품질관리학회에서 주최한 '제1회 QC서클대회'가 개최되면서 업계에 급속히 확산되기 시작하였다. 최근에는 'ISO 9000 인증제도'가 국내외적으로 도입되면서 품질경영에 대한 인식이 생산직 사원을 중심으로 이루어지던 QC활동이 기업 전체의 임원에까지도 확산되는 전사적 품질관리(Total Quality Control)운동으로 발전되었다. 1950년부터 일본기업의 QC활동에 관계하며 이듬해부터는 매년 품질에서 가장 영예롭게 생각하는 '데밍상'을 제정할 정도로 일본기업에 절대적인 영향을 끼친 데밍은 기업에서 품질이 떨어지는 이유로 경영상의 문제가 85%이고 작업자의 문제는 단지 15%에 불과하다고 주장하였다.

TQC를 주창한 미국 GE사의 품질관리부장이던 파이겐바움(A. Feigenbaum)은 1961년 그의 저서에서 "품질은 검사에서 만들어지지 않고, 공정에서 만들어 넣어야 한다. 그러므로 품질관리는 누구의 일이 아닌 모두의 일이다. 따라서 TQC는 고객에게 충분히 만족을 줄 수 있는 제품을 가장 경제적으로 생산하고 판매하기 위해 조직 내의 여러 부서들이 수행하는 품질개발, 품질유지, 품질개량의 노력을 하나로 묶어서 효과를 내려는 종합적인 시스템이다"라고 정의하였다.

한편, 우리 기업들도 세계시장에 진출하면서 다양한 고객들의 욕구에 부응하고 국제경쟁력을 가지기 위해서는 기존의 현장 중심, 기술우위 및 제품 중심의 품질관리체제로부터 제품(products), 공정(process), 사람 및 자원(human & resources)에 대한 총체적 품질(total quality)을 향상시키기 위한 품질경영(quality management)이 중요해지고 있음을 절실히 인식하고 있다. 미국, 캐나다, 영국 등 선진공업국들은 일본에 뒤지고 있는 품질경쟁력을 회복하기 위해서 품질관리활동을 정부에서 적극적으로 지원하고 있으며, 우리의 경쟁국인 일본, 대만, 싱가포르, 홍콩 등도 이를 위해 1987년에 제정된 국제표준화기구(ISO : International Organization for Standardization)를 국가규격으로 채택하고 있는 실정이다.

결론적으로 보면, 지금까지의 품질관리는 기업의 차원에서 이익극대화를 위한 품질의 제고에 초점이 모아졌다면, 앞으로의 품질경영은 기업의 장기적인 성공을 위해 고객지향적인 품질 향상을 통하여 사회 전체적인 이익을 향상시키려는 기업문화의 형성과 이에 따른 최고경영자에서 생산작업자에 이르는 모든 구성원들의 의식이 바뀌는 노력이라 하겠다. 이러한 품질경영 개념의 발전단계를 요약하면 다음 [표 12-4]와 같다.

표 12-4 품질경영의 발전단계

	1단계	2단계	3단계	4단계
목표	경쟁에서의 생존	시장확대	시장선도	사회적 기여
경영방법	Quality Control(QC)	Quality Assurance(QA)	Total Quality Control(TQC)	Quality Management(QM)
내용	제품규격심사	• 시스템관리(ISO 9000) • QC(품질관리)	• 고객관리 • 연구개발 • 서비스개선 • QI(품질개선) • QA(품질보증)	• 고객욕구 파악 • 기업문화 정착 • QP(신제품기획) • TQC(총체적 품질관리) • 생활의 질 향상
조직관리	통제 중심	관리 위주	행동변화 유발	새로운 기업문화 창조

2) 품질관리의 주요 활동

(1) 무결점운동

일찍이 우리 조상들은 과학적인 유물을 많이 남겼지만, 고려시대 고종 때 몽고의 침략에서 벗어나기 위하여 만들어진 팔만대장경은 무려 16년간에 걸쳐 약 5천2백여만 자를 목판에 새긴 대작업이었다. 이 경이 새겨진 목판은 700여 년이 지난 지금도 뒤틀림이나 쪼개짐이 없고, 그 원본이 그대로 보존되고 있다. 게다가 1천여 명이 목각한 5천2백만 자는 오자나 탈자는 물론이고 마치 한 사람이 쓴 것처럼 한결같이 구양순체로 되어 있다는 점은 과학이 발달한 오늘날 도저히 믿기지 않는 불가사의로 남는다.

현대 기업들의 무결점(ZD : Zero Defects)운동은 미국의 마틴사에서 비롯되었다. 1961년 마틴(Martin)사가 미국 항공우주국(NASA)의 미사일 발사를 성공적으로 수행하기 위하여 5만 8천 개의 기기검사와 2천6백 번의 궤도실험비행에 소요되는 비용을 줄이기 위하여 보다 비용이 적게 드는 품질관리기법을 강구하게 되었다. 이런 노력의 결과 마틴사는 같은 해 12월 퍼싱미사일을 아무런 결함 없이 케이프 케네디 우주기지에 납품할 수 있었으며, 미 국방성과 마틴사의 검사팀은 마침내 무결점에 대한 의미를 되새길 수 있었다. 이후 1963년 ZD 개념은 GE사의 품질관리부장이던 크로스비(P. Crosby)에 의하여 제조부문뿐 아니라 전 부문의 모든 업무를 결함이 없도록(zero defects) 확대하면서 커다란 성과를 거둘 수 있었다. 따라서 무결점운동은 제품의 질을 높이는 동시에 이에 소요되는 비용을 절감시키는 전사적 품질경영의 한 방법이다.

이후 이 개념은 당시 불황에 빠져 있던 일본으로 건너가 불황을 극복하고 기업체질의 개선을 위하여 1964년 일본전기㈜와 일본능률협회가 앞장서서 하나의 새로운 운동으로 급속하게 확산시키기에 이르렀다. 그 결과 이듬해에는 전 일본기업의 80%가 ZD 운동에 관심을 갖고 연구하거나 참여하였는데, 당시 일본에서의 ZD 운동은 주로 다음 내용을 중심으로 이루어졌다.

① 경영기법의 새로운 개선방안

② 업무에 대한 새로운 사고

③ 노사 간의 화합

④ 생산성 향상과 원가절감

⑤ 품질에 대한 신뢰성 향상

또한 1967년 일본 능률협회가 조사한 바에 의하면 당시 1,010개의 상장기업 중 약 300여 개사가 ZD 운동을 활발하게 실시하고 있었으며, 65만여 명의 근로자들이 이 운동에 참가하였다. 여기에 참가한 기업들은 거의 전 업종에 걸쳐 있었으며, 작은 중소기업에서부터 종업원이 수만 명에 이르는 대기업을 망라해 이루어졌다. 이러한 무결점운동은 이후 일본제품이 세계시장에서 호평을 받을 뿐만 아니라 품질에 대한 신뢰를 얻게 되어 일본경제의 급상승에 결정적인 계기가 되었다. 오늘날 일본제품을 품질의 대명사로 인식하는 것도 이러한 ZD 운동에서 비롯된 것이다. 1960년대 말 미군을 통하여 우리나라에 수입되었던 ZD 운동은 전체적인 경제여건의 미성숙으로 생산성 혁신에 도움이 되지 못하고 결국 실패로 끝났다는 평가를 남기고 있다.

(2) ISO 인증제도

ISO(International Standard Organization) 9000 시리즈는 품질보증의 표준에 관한 국제적인 협약으로서, 1987년 스위스의 제네바에 본부를 둔 국제표준화기구인 ISO(International Organization for Standardization)라는 조직체에 의해 제정되었다. 기존의 품질인증제도들이 완성제품에 대한 품질을 보증하는 것과는 달리 제품의 설계에서부터 생산과정을 거쳐 최종적인 검사와 서비스까지를 신뢰할 수 있는가에 대한 판단기준이라고 하겠다. 따라서 이러한 규격에 관한 인증을 얻으면 구입자나 제3자로부터 제품과 서비스에 적용되는 규격이 신뢰받을 수 있는 효과가 발생된다. ISO 9000의 기본적인 규격을 보면 [그림 12-7]과 같이 3가지로 구분할 수 있다.

그림 12-7 ISO 9000 시리즈의 기본규격의 구성내용

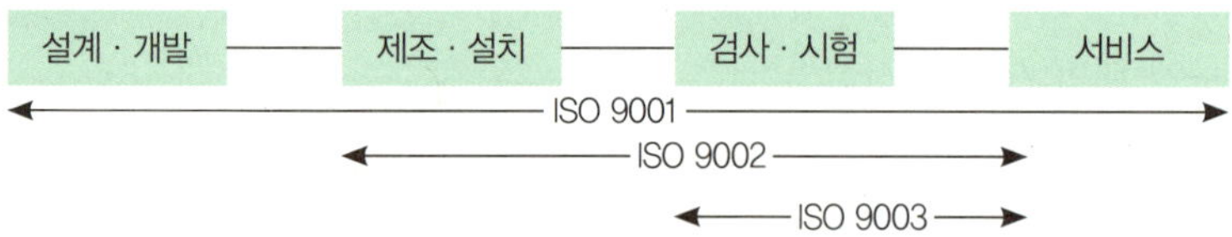

ISO 9001은 설계 · 개발, 제조 · 설치 및 서비스 분야의 품질보증에 관한 내용으로 주로 엔지니어링, 건설업의 사업장에 활용된다. ISO 9002는 제조와 설치 분야의 품질보증으로 화학, 장치산업, OEM 생산에 많이 활용된다. ISO 9003은 최종검사 및 시험 분야의 품질보증에 관한 것으로 주로 자동화된 사업장에서 활용된다. ISO 9004는 비계약적인 표준으로서 전반적으로 품질경영시스템에 대한

기본적인 개념과 지침을 나타낸다. 단지 기업 내에서 고객의 욕구를 만족시키기 위해 품질경영시스템을 개발하고 설치하는 데 필요한 기본적인 요소들을 기술한 표준이다. 이러한 인증절차는 크게 신청서와 품질매뉴얼 등의 서류심사, 기업이 자사의 품질시스템을 최종적으로 확인해 보기 위한 예비심사, 인증대상업체의 품질시스템이 ISO 9000 시리즈에서 규정한 요건에 제대로 부합하고 있는지의 여부와 자사에서 작성한 품질매뉴얼, 공정도, 지시서대로 작업이 수행되고 있는가에 대한 심사를 하는 공장심사(본심사) 등으로 구성되며, 통상 6~8개월이 소요된다. ISO 9000은 인증을 받은 후에도 매년 1~2회에 걸쳐 사후심사(surveillance)를 받아야 하며, 통상 3년에 한 번씩 재심사를 받아야 하기 때문에 항상 품질시스템을 유지하고 개선하는 노력을 게을리 할 수 없다.

한편 최근 들어서는 ISO 14000 인증제도가 기업 간에 활발하게 도입되고 있는데 ISO 9000 시리즈가 품질보증제도인 데 반해, ISO 14000은 환경경영 보증제도이다. 이것은 국가마다 달리 운영되어 오던 환경관리에 대한 방법 및 체제를 통합하기 위해 제정된 국제적인 환경규격이다. 즉, ISO 14000은 환경보호가 궁극적인 목적으로서 환경을 오염시키는 오염물질의 방출을 최소화하고자 한다. 그리고 이는 제조업체뿐만 아니라 서비스업체에도 모두 적용된다.

ISO 인증제도를 채택하면 다음과 같은 혜택을 얻을 있다.

① 부서와 부서 간 또는 구성원과 구성원 간의 업무가 명확히 구분된다.
② 기업의 대외 신뢰도를 향상시킨다.
③ 표준화를 통해 품질의 균일성이 향상된다.
④ 조직적이고 체계적인 품질매뉴얼을 작성할 수 있다.
⑤ 인증획득이라는 공동목표를 통해 종업원들에게 목표의식을 심어준다.
⑥ 각종 입찰에서 유리한 대우를 받을 수 있다.
⑦ 품질과 환경에 대한 종업원들의 의식이 개선된다.
⑧ 인증획득 후에도 사후관리를 시행한다.

1992년 ISO 인증제도가 우리나라에 소개된 이래 수많은 기업들이 이 제도를 도입해 시행하고 있다. ISO 인증을 획득하는 데 많은 비용과 시간이 소요되는데도 기업들이 적극적으로 이 제도를 받아들이는 이유는 무엇보다도 외국에 수출하거나 대기업에 납품하기 위해서는 ISO 인증이 절대적으로 필요하기 때문이다. 정부의 발주공사 입찰심사 때도 ISO 인증을 받은 기업에게 가산점이 부여되고 있다. 앞으로도 우리나라 기업들이 경영활동을 수행해 나가는 데 있어서 환경과 품질은 더욱더 중요해질 것으로 예견되며, 따라서 ISO 인증제도의 도입은 기업의 필수사항이 될 것이다.

(3) 제조물책임법

우리나라는 지난 2002년 7월 1일부터 제조물책임법(product liability law)이 시행되고 있는데, 이 법은 제조 · 가공 · 수입된 공산품의 결함과 상당한 인과관계가 있는 인적 · 물적 손해에 대해서는 제조업자의 고의나 과실이 없더라도 그 손해배상책임을 부담하도록 하는 이른바 제조물책임(product liability)을 규정하고 있다. 동법은 제조자에게 과실이 없더라도 제조물의 결함과 이로 인한 손해발생의 사실이 있으면 책임을 지도록 하는 컨슈머리즘(consumerism)의 결과라 할 수 있다. 제조물의 결함으로 인한 생명, 신체 또는 재산상의 손해에 대하여 제조업자 등으로 하여금 무과실책임을 지도록 함으로써 피해자의 권리를 구제하고 나아가 국민생활의 안전을 도모하는 한편, 제조업자 등으로 하여금 제품의 안전에 대한 의식을 높여 기업들의 경쟁력 향상을 도모하려는 것이다.

우리나라에서 최초로 제조물책임 법안이 국회에 제안된 것은 1982년이었으나 성장 위주의 사회경제적 환경으로 그 입법화를 수용하지 못하다가 제조물의 결함으로 인한 손해의 발생빈도가 점증하면서 제조물책임에 대한 인식이 제고되고 그 손해에 대한 배상이 사회적 이슈로 제기되고 있다. 대량생산과 대량소비로 특징되는 현대사회에 있어서 소비자에게 제공되는 제품이 고도화 · 복잡화되는 반면, 소비자와 제조업자 사이에 정보와 위험회피능력의 격차가 현저하게 확대되고 제품 안전성의 확보를 제조업자에게 의존하는 정도가 매우 높아진 만큼 제조물의 결함으로 인한 손해는 그 제조업자에게 부담시키는 것이 합리적이라는 공감대가 널리 형성된 것이다.

동법의 제조물은 부동산을 제외한 모든 유체물과 관리할 수 있는 자연력을 포함한다. 따라서 전기 등의 에너지와 가스 등은 제조물에 포함된다. 정보나 소프트웨어 등의 지적 산물이 제조물에 포함되는가에 대하여는 정보나 소프트웨어는 그 자체로 인해 인적 손해 또는 화재 등의 위험성이 없고 그 손해가 있다 하더라도 계약법상의 하자담보책임으로 구제받을 수 있으며, 정보 일반에 대하여 무과실책임을 지우면 정보의 자유로운 유통과 언론 및 학문의 발전을 저해하는 요인이 될 수 있다고 하여 제조물책임법의 적용대상이 아니라고 하는 견해가 있다.

제조물인가의 여부는 유통된 시점에서 책임 주체마다 판단하며, 사고 시에 부동산의 일부로 되어 있더라도 인도된 시점에 동산이고 그 결함과 발생한 손해와의 사이에 상당한 인과관계가 있는 경우에는 당해 동산의 제조업자 등은 제조물책임을 부담하게 된다. 제조물책임의 주체는 제조업자로서 구체적으로 '제조물의 제조, 가공 또는 수입을 업으로 하는 자'와 '제조물에 성명, 상호, 상표 기타 식별 가능한 기호 등을 사용하여 자신을 제조업자로 표시한 자 또는 제조업자로 오인시킬 수 있는 표시를 한 자'이다.

토 | 의 | 문 | 제

01 자재소요계획은 무엇인가?

02 정량발주시스템과 정기발주시스템의 차이점은 무엇인가?

03 린생산방식은 무엇인가?

04 제조물책임법은 무엇인가?

세상을 초월하여 살라

세상에 존재하면서 이 세상을 초월하여 살아라. 세상을 초월하여 산다는 것은 우선 자신의 마음과 감정이 시도 때도 없이 작용하여 이쪽저쪽 움직이지 않는 것이다. 정동에 휘둘리는 것이 아닌, 정동이라는 말에 올라타 능숙하게 그것을 다루는 것이다. 이것이 가능해지면 세계와 시대의 흐름, 변화에 휘둘리지 않는다. 그리고 확고한 자신을 가지고 강인하게 살아갈 수 있게 된다.

많은 사람들의 판단에 현혹되지 마라

사람들은 시스템이나 이치가 매우 분명한 것, 혹은 간단히 설명할 수 있는 것을 가볍게 다루는 경향이 있다. 그와 반대로 설명되지 않는 것, 애매함과 불명료함이 남는 것은 중요한 것으로 받아들이는 경향이 있다. 물론 무엇이 중요하고 무엇이 그렇지 않은지는 이 같은 심리가 좌우하는 판단과는 별개의 것이다. 그렇기 때문에 마음의 동요에 현혹되어 중요한 것이 무엇인지 잘못 판단하지 않도록 주의해야 한다.

출처 : 『니체의 말』 중에서

Chapter

13

마케팅관리

1. 마케팅
2. 마케팅의 주요 개념

경영이야기 1

요즘 소문난 '하늘 맛집'은 어디 … 항공사들의 남다른 기내식 경쟁

코로나 팬데믹 이후 여행 수요가 폭발적으로 늘어나고 있는 가운데 국내 항공사들이 탑승객들의 입맛을 사로잡기 위해 공을 들이고 있다. 항공사들은 여행객을 위한 다양한 기내식 메뉴를 잇달아 선보이면서 차별화된 서비스 제공에 앞장서고 있는 분위기다.

23일 항공업계에 따르면 진에어는 GFFG의 디저트 브랜드 '노티드'와 협업해 '청포도 크림 도넛 세트'를 사전 주문 기내식으로 한정 판매한다. 도넛은 우유 생크림 베이스의 청포도 크림을 도넛 속부분에 가득 채우고 도넛 상단에도 진에어 로고 초콜렛픽으로 꾸미는 등 진에어 브랜드 색상을 활용했다. 도넛 세트는 청포도 크림 도넛 2개와 콜드브루 1캔으로 구성됐다.

이번 사전 주문 기내식은 6월 17일부터 7월16까지 운항하는 인천공항 오후 출발 방콕, 코타키나발루, 세부, 클락, 나트랑, 다낭, 푸껫, 마카오 노선 항공편 예약 때 주문가능하다. 항공기 출발 72시간 전까지 홈페이지, 모바일 웹 · 앱 또는 고객서비스센터를 통해 신청할 수 있다.

이외에도 기존 서비스 메뉴인 매콤 고소한 베이컨 김치볶음밥, 육즙 가득 함박스테이크 덮밥, 든든한 한끼 비빔밥 등 총 12종의 기내식 메뉴도 선택할 수 있다.

진에어 관계자는 "이번 노티드와의 협업은 고객들에게 재미있고 특별한 경험을 제공하기 위해 마련됐다"며 "앞으로도 다양한 브랜드와의 협업을 통해 고객들에게 차별화된 가치를 제공할 것"이라고 말했다.

에어서울은 유명 셰프 정호영 대표와 협업해 이달부터 '우동 기내식'을 제공 중이다. 국내 항공사가 기내식 메뉴로 우동을 내놓은 것은 이번이 처음이다. 메뉴는 통통 새우살 샐러드 우동, 간장계란버터 우동, 고기 마제 우동 등 모두 3가지다.

앞서 대한항공은 한국식 채식(비건) 메뉴를 선보여 눈길을 끌었다. 탑승 클래스별로 다양하게 구성된 비건 메뉴는 기후 변화의 원인인 탄소 감소를 도모하고 채식 인구가 늘어나는 추세를 반영했다. 우엉보리밥, 버섯강정, 탕평채, 매실두부무침은 모든 클래스에서 즐길 수 있으며 일등석과 프레스티지 클래스에서는 된장마구이와 은행죽 등이 추가로 제공된다.

항공업계 한 관계자는 "최근 여객 수요가 폭발적으로 증가하고 있는데 승객들의 취향을 사로잡기 위해 코로나 이전보다 기내식 제공에 더욱 신경을 쓰고 있는 분위기"라며 "승객들의 다양한 취향을 반영해 이색 메뉴를 선보이는 등 고객 만족도를 높이기 위해 노력할 것"이라고 말했다.

출처 : 매일경제, 2023.5.23.

경영이야기 2

[강소기업이 경쟁력이다] 미니맥스 전략과 경쟁 대응

두 공범자 A와 B가 있다. 만일 둘 중 한 명만 자백하면 자백한 자는 석방되고, 자백하지 않은 자는 10년 형을 받게 된다. 그리고 둘 다 자백하면 각각 5년 형을 받게 되고, 두 죄수 모두 자백하지 않으면 각각 1년 형을 받는다. 과연 두 공범자는 어떤 선택을 할 것인가? 단, 상대가 어떤 선택을 할지는 서로 모른다.

두 공범자는 형량을 최소화하기 위해 자백을 할 것이다. 만일 서로 짜고서 자백하지 않기로 합의하면 1년형만 받을 수도 있다. 하지만 자신만 자백하게 되면 자신은 바로 석방될 수도 있기 때문에 합의를 어기고 자백을 하게 된다. 결국 사람은 자신의 손실을 최소화하고, 자신의 이익을 극대화하는 방향으로 의사결정을 하게 된다. 이것이 바로 미니맥스(minimax) 전략이다. 즉, 자신의 손실을 최소화하기를 원하지만, 한편으로는 자신의 이익을 극대화하고 싶어 하기 때문에 협력하지 않고 상대를 배신해서라도 자신에게 더 유리한 선택을 하게 된다. 비즈니스에 있어서도 상대를 잘 모르는 상태에서는 대부분 협력보다 경쟁을 선택하게 되고, 경쟁을 하면 그만큼 비용 부담이 커진다는 것을 알면서도 더 큰 이익을 위해 진흙탕 싸움을 하게 된다.

전쟁도 마찬가지지만 경쟁기업 간에도 치열한 출혈경쟁으로 인해 이겨도 자사 역시 큰 손실을 보게 된다. 그래서 2500년 전 손자도 전쟁의 목적이 반드시 적을 죽이고 적의 것을 빼앗는 것이 아니라고 했다. 적의 것을 빼앗기 위해 흘린 피를 생각한다면 싸우지 않고 이익을 얻는 길을 모색하는 것이 올바른 방법이라는 것이다. 즉, 자사의 손실을 최소화하는 '미니맥스 전략'을 위해서는 경쟁사의 의도를 사전에 봉쇄하는 전략이 필요하다. 이것은 손자가 말한 '적이 못이기는 나를 만드는 방법' 중의 하나이다. 그리고 경쟁사가 자사보다 강하다면 경쟁사가 자사를 이길 수 없는 조건을 만드는 전략이다.

예를 들어, 자금력이 우수하고 유통망과 조직력이 우월한 경쟁사가 나타나 자사의 기존시장을 침투해 들어온다면 어떻게 대응할 것인가? 새롭게 나타난 경쟁사는 기존시장을 침투하기 위해서 잘 개발된 신제품과 많은 물량의 광고, 판촉비용으로 일거에 자사의 시장을 잠식해 들어올 것이다. 이때 자사가 강한 경쟁사의 전략에 정면승부하는 것은 매우 위험하다.

신규경쟁사의 목표는 신규고객 확보다. 광고, 홍보와 강력한 판촉을 통해서 신규고객을 빠른 시간 안에 확보하는 것이 주요 목표가 되는데, 이때 경쟁사가 목표로 하는 신규고객은 자사의 기존고객이거나 비고객이 된다. 경쟁사는 새로운 고객을 확보하기 위해서 표적시장 내의 고객들에게 마케팅 자원을 쏟아붓게 마련이다.

이때 경쟁사에게 고객을 빼앗기지 않기 위해서 지켜야 하는 고객은 바로 같은 표적시장 내에 위치한 자사의 기존고객이다. 물론 자사의 잠재고객인 비고객들을 경쟁사에게 빼앗기는 것도 손실이다. 그러나 자원이 풍부하지 않은 자사는 기존고객의 손실을 최소화하는 것이 우선시되어야 한다.

자사에게 이익을 만들어주는 기존고객을 경쟁사로부터 얼마나 방어하느냐가 경쟁사와 자사의 초기 경쟁구도를 결정하게 된다. 강력한 경쟁사의 공격에 대응해서 기존고객들을 밀착관리하면서 적은 자원이지만 전체 고객이 아닌 자사 기존고객에게만 집중하여 시장을 방어한다면 경쟁사는 초기에 투여한 막대한 비용을 회수할 수 있는 충분한 신규고객을 확보하지 못해 고전하게 될 것이고, 이때 자사는 경쟁사가 주춤하는 사이에 비고객이었던 잠재고객들을 다시 확보해나가면 된다.

실제 상황에서 고객의 구매금액, 구매횟수, 매출, 수익 기여도, 고객의 성향과 니즈 등에 따라서 고객을 분류하고 관리하면서 기존고객 위주로 마케팅 자원을 집중하거나 경쟁사 제품의 구매시도를 막기 위해 한정적인 판촉 프로모션 프로그램을 전개하기도 한다.

한편, 기존의 경쟁영역에서 벗어나 새로운 영역으로 진출하면서 경쟁 자체의 기준을 바꾸는 것도 가능하다. 경쟁자와 싸워 이기는 것이 아니라 경쟁이 무의미한 새로운 시장을 만들어내는 것이다. 그러면 어떻게 경쟁이 필요없는 새로운 시장을 만들 수 있을까?

바로 차별화와 가치혁신이다. 경쟁자와 차별화된 기술이나 제품, 서비스로 대응을 하면 무리한 가격할인이나 출혈경쟁을 하지 않아도 된다. 그래서 강소기업이 되는 첫 번째 조건도 차별화다. 최초 개념의 차별화 제품이나 서비스, 특허기술이 있으면 전면적인 경쟁을 하지 않고도 강한 기업이 될 수 있다.

또한 경쟁자를 이기는 싸움에 집중하는 대신에 경쟁자와 다른 고객가치 제공을 통해 비경쟁 시장공간을 창출함으로써 경쟁 자체에서 벗어나는 가치혁신을 이루는 것이다. 즉, 싸움의 영역이나 방법을 바꾸는 것이다. 월마트나 스타벅스는 최첨단 기술이 있었던 것도 아니고 시장의 선발자도 아니었다. 기존기술을 응용하고 창의적 아이디어를 결합하여 가격, 품질, 매장분위기, 서비스 등에서 새로운 고객가치를 제공하고, 새로운 시장을 창출하여 세계적인 기업이 된 것이다. 손자가 말하기를 "적이 나보다 강하다면 지지않는 조건을 만들라"했다. 기회는 위기와 함께 온다. 특히, 예고된 문제는 문제가 아니라 기회다. 출산율 감소, 고령화, 그리고 지금의 중소기업 어려움 등은 이미 예고된 문제다. 따라서 조금만 발상을 바꾸고 협력하면 극복할 수 있고, 오히려 지지않는 조건을 만들 수 있는 기회가 될 수 있다.

출처 : 한국경제, 2023.5.24.

1 마케팅

오늘날 기업경영의 기본철학으로 간주되는 마케팅은 고객들이 현재 기업에 대해 가지고 있는 욕구(wants)와 필요(needs)를 이해할 뿐만 아니라 잠재된 미래의 욕구와 필요를 예측하고 적절히 대응해 나가는 것이 기업의 존속과 발전에 기초가 된다는 사실과 믿음에서 출발한다. 미국마케팅학회(AMA)는 이러한 기업의 마케팅관리(marketing management) 활동에 대해 "개인의 목적과 조직의 목적을 충족시키는 교환을 조장하기 위해서 아이디어, 제품 및 서비스들의 개념, 가격결정, 촉진, 유통경로를 계획하고 실행하는 과정"으로 정의하고 있다.

그런데 사람들은 보통 마케팅을 판매와 동일시하는 경향이 있다. 경영자 중에서도 마케팅은 판매부서가 알아서 제품이나 서비스를 판촉하는 활동 정도로 보는 사람이 있다. 하지만 하버드대학의 레비트(Theodore Levitt) 교수는 마케팅 개념을 판매개념과 대비시켜 그 차이점을 다음과 같이 밝히고 있다.

"판매는 판매자의 욕구에 초점을 두고, 마케팅은 구매자(고객)의 욕구에 초점을 둔다. 즉, 판매는 제품을 현금으로 바꾸려는 판매자의 욕구에 초점을 둔 것인데 반해, 마케팅은 제품과 제품의 생산, 전달, 최종소비와 관련된 전반적인 과업을 통해서 고객의 욕구를 만족시키는 데 초점을 둔 것이다."

그림 13-1 판매와 마케팅개념의 차이

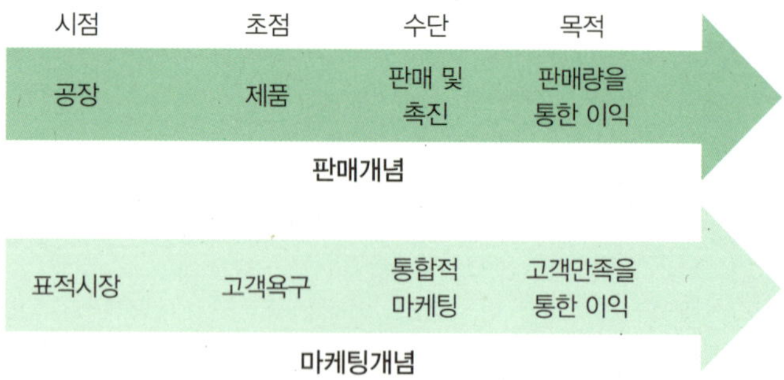

[그림 13-1]을 보면 마케팅개념은 표적시장, 고객욕구, 통합적 마케팅, 고객만족을 통한 수익성의 4가지 축을 근거로 하고 있다. 이 내용들은 판매개념과 대

조되는 것으로, 판매가 제조공장에서 시작하여 기업의 현재 제품에 초점을 맞추고 또한 제품의 판매량을 늘리기 위한 푸시(push)전략을 통해 이익적인 판매가 이루어지도록 하는 데 반해, 마케팅은 표적시장에서 출발하여 고객의 욕구에 초점을 맞추고 고객욕구에 영향을 미치는 모든 활동들을 통합하여 고객을 만족시킴으로써 이익을 창출하도록 한다.

여기에서 등장하는 표적시장, 고객만족, 통합적 마케팅, 수익성 등이 마케팅의 개념을 형성하는 키워드라고 할 수 있다. 첫째, 표적시장(target market)은 기업이 전체시장에서 자신에게 가장 유리할 것으로 판단하여 선택한 고객층이다. 이들에 대해서는 경쟁사보다 더 가치 있는 상품이나 서비스를 제공할 수 있음으로써 경쟁력을 확보해 나가고자 한다. 기업이 제공하는 서비스로 고객과의 접점이 발생하는 짧은 순간인 '진실의 순간(moments of truth)'은 구매의 결정이 이루어지는 시간을 말하는데, 보통 서비스를 접하는 처음 15초간에 결정된다고 한다. 컨설턴트인 노만(Richard Norman)에 의하면 "'진실의 순간'은 투우사와 피를 흘리는 소가 서로 마주보고 달려들 때 투우사가 격투용 검(劍)으로 소에게 최후의 찌르기를 하는 그 순간"이라고 한다. 즉, 서비스기업이 고객에게 서비스를 제공하고 고객을 감동시켜 충성고객으로 만드는 순간이라 할 수 있다. 이는 1980년 스칸디나비아항공사(SAS) 사장인 얀 칼슨(Yan Kalson)이 기업경영에 처음으로 도입하여 성공한 개념이다. 즉, 고객과의 접점에 있는 종업원의 서비스가 얼마나 중요한가를 의미하는 것으로, 특히 매장에서 고객을 접하는 순간, 판매원의 행동이나 안내원, 경비원, 교환원 등 최일선 서비스 요원들의 태도가 기업의 이미지와 운명을 좌우한다.

둘째, 고객만족(customer satisfaction)은 고객의 욕구와 기대에 부응함으로써 결과적으로 상품과 서비스의 재구매가 이루어지고 고객과 기업 간 신뢰감이 연속되는 상태이다. 기업은 고객만족경영을 통해 경영의 전 과정에서 고객만족을 실현하고 고객만족 극대화를 최우선시함으로써 경영의 목표를 달성해 나가게 된다. 하버드대학에서 오랫동안 마케팅을 가르치고 이 분야에서 유명한 레비트 교수는 "사람은 제품이나 서비스에 돈을 지불하는 것이 아니라, 사려는 것이 자신에게 가져다 줄 것으로 믿는 가치의 기대에 돈을 지불하는 것이다"라고 말하고 있다. 이는 소비자가 요구하는 정확한 내용을 오인(誤認)하지 않기 위한 명쾌한 경고로 받아들여진다.

셋째, 통합적 마케팅(integrated marketing)은 기업의 모든 부서들이 고객만족을 공통의 목적으로 인식하고 고객지향적인 활동을 위해 협동하고 조정해 나가는 움직임이다. 즉, 마케팅은 마케팅부서뿐만 아니라 기업 전체가 지향해야 할 정신으로 인식하고 실천해 나가는 것을 말한다.

넷째, 수익성은 기업이 표적시장 고객에 대해 경쟁사보다 월등한 고객가치를 제공함으로써 이익을 달성하는 것이다. 사실상 마케팅개념의 최종목적은 조직의 목표를 성취하도록 도와주는 것인데, 기업의 중요목표는 생존하고 발전해 나가는 데 필요한 이익의 창출이다.

2 마케팅의 주요 개념

1) 소비자의 구매행동

외제 상표가 붙은 청바지가 수입가격의 2~3배 가격으로 불티나게 팔리고, 2~3백만 원 하는 팬티가 잘 팔린다는 보도는 보통의 서민으로서는 도저히 이해되지 않는다. 이제는 우리 전자제품도 품질이나 가격 면에서 상당한 경쟁력이 있는데, 어떤 소비자는 왜 굳이 외제를 선호할까? 이러한 의문의 구매행동은 시장의 여러 곳에서 종종 관찰되는 일이다. 이를 이해하기 위해서는 소비자가 상품이나 서비스를 구매하는 행동의 전 과정과 그 행동에 영향을 미치는 주요 요인들을 살펴볼 필요가 있다.

먼저 구매행동과정을 살펴보면, 크게 즉흥적인 구매와 합리적인 구매로 나눌 수 있다. 즉흥적인 구매는 외부의 이물질이 눈에 들어갈 때 우리 인체는 즉흥적으로 눈을 감게 되는 것처럼, 기업이나 유통업자들의 반복적인 광고에 의하여 반사적이고 거의 무의식적으로 구매반응을 보이는 태도를 말한다. "광고를 많이 하는 상품은 믿을 수 있겠지", "비싼 제품은 무엇인가 나아도 낫겠지", "천연원료를 사용하는 상품은 당연히 비싸겠지", "남들도 다 사는데 나라고 못 사냐" 하는 생각으로 소비자들은 감정적인 구매를 하게 된다.

그러나 많은 경우에는 광고를 분석하고, 늘 이웃사람들과의 만남(준거집단, reference group)에서 제품에 대한 정보도 얻고, 자신이 실제로 제품을 사용하여 본 경험에 의하여 자신의 개인적인 특성이나 가정 또는 사회에서의 위치에 맞는 소비를 추구하려는 합리적인 구매태도를 보인다. 자동차나 주택을 구입할 때 자신의 사회적인 신분, 구매예산, 광고의 인지, 기능, 가족의 수, 개인의 취향, 과거의 경험, 주변의 충고 등을 고려하여 신중하고 합목적적인 선택을 한다.

그림 13-2 소비자의 구매행동

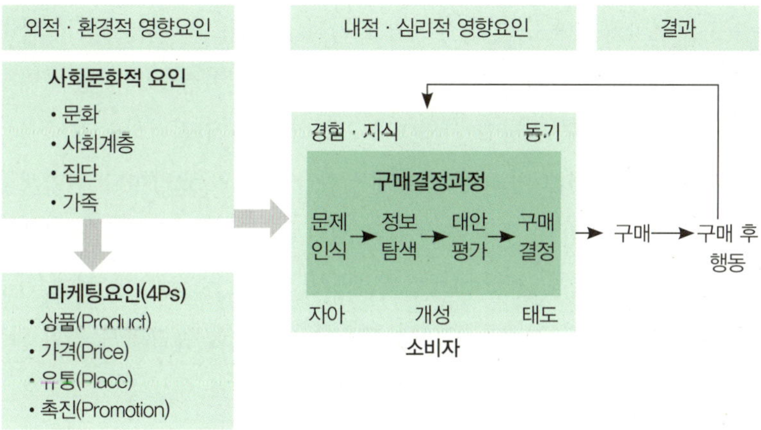

한편 소비자들은 [그림 13-2]에서 보는 것처럼 외적인 환경요인과 내적인 심리요인에 의하여 특정상품이나 상표를 주로 구매하는 행동을 나타내게 된다. 소비자의 문화적 배경, 소속된 사회계층, 보다 사교적인 준거집단, 가족의 구매패턴 등 사회문화적인 변수와 자사상표의 구매빈도를 높이기 위하여 상품, 가격, 유통, 촉진의 마케팅믹스를 중심으로 한 기업의 마케팅활동은 소비자의 구매욕구를 불러일으키는 커다란 동기가 된다.

그리고 소비자는 이러한 환경 속에서 일반적으로 먼저 구매의 필요성을 인식하고, 구매결정을 위한 여러 정보를 탐색하며, 이를 바탕으로 몇 가지 대안을 평가하여 가장 합리적인 구매과정을 거친다. 이러한 구매의사결정과정에 영향을 미치는 소비자 개인의 내적 요인으로는 외부의 자극을 이해하고 받아들이는 심리적인 지각행위, 제품의 사용에서 얻게 되는 경험이나 다른 정보를 통하여 구매행동에 변화를 가져오는 학습태도, 개인의 욕구에 따른 구매동기나 구매태도, 그리고 개인의 이미지나 자신의 특성을 나타내고 싶어 하는 개성이나 자아개념을 들 수 있다. 이런 개념을 이용하여 기업들은 'X세대 문화'라든가 '미시족'처럼 가공의 이미지를 통하여 소비자들이 자아의 이미지를 이와 동일하게 하려는 심리적 욕구를 자극하여 종종 소비확산을 조장하기도 한다.

2) 시장세분화

산업이 발전하고 소득수준이 향상됨에 따라 개인의 욕구나 사회적 가치는 변화하게 되는데, 최근 우리 사회에서는 개인의 독특한 성격을 거리낌 없이 표출하는 소위 'X세대' 문화를 겨냥한 산업이나 그동안 가사에 전념하였던 주부들이 편리한 전자제품들로 인해 가지게 된 여유시간을 자신의 교양이나 취미생활에 투자함에 따라 '미즈산업'이 호황을 누리고 있다. 또 선진국들에서는 여유가 있는 노년층 소비자들(우피족, Woopies : Well-off older people)이 전체 인구의 절반에 육박함에 따라 각 기업들은 이런 부유한 노년층을 공략하기 위한 마케팅전략에 심혈을 쏟고 있다.

이처럼 시장에 이질적인 수요가 존재할 때 전체시장을 일정한 기준에 따라 소비자를 동질적인 수요가 예상되는 몇 개의 집단으로 분류하는 것을 시장세분화(market segmentation)라 한다. 이렇게 시장을 세분화함에 따라 소비자들은 다양한 욕구를 충족할 수 있고, 기업은 목표시장(target market)을 보다 구체화하여 쉽게 시장기회를 찾거나 수요의 변화에 신속하게 대응할 수 있게 된다. 그런데 시장을 세분화하기 위해서는 첫째, 세분시장의 인구나 구매력을 측정(measurability)할 수 있어야 한다. 둘째, 세분시장은 마케팅노력이나 기업활동에 따르는 이익이 제공될 정도로 규모(substantiality)가 커야 한다. 신체가 불편하거나 특이한 사람들을 위하여 설계된 자동차가 아직까지 출시되지 않는 것은 규모가 작아 마케팅비용을 감당하기 어렵기 때문이다. 셋째, 세분시장의 고객들에게 접근(accessibility)할 수 있는 적절한 매개수단이 존재하여야 한다.

실제로 효과적인 마케팅활동을 수행하기 위해서는 주로 다음과 같은 인구통계적 변수, 지리적 변수, 사회심리적 변수, 행동분석적 변수들에 따라 시장이 세분화된다.

① 인구통계적 변수 : 나이, 성별, 가족규모, 소득, 직업, 결혼여부, 교육수준, 종교, 가족의 수명주기 등에 따라 시장을 세분화한다. 예를 들어, 장난감은 유아용, 5~7세용, 8~13세용 등으로 나이에 따라 어린이들이 흥미를 다르게 느끼도록 시장세분화하여 판매된다.

② 지리적 변수 : 지역, 인구밀도, 도시의 규모, 기후 등에 따라 시장을 세분화하는 것으로 비교적 간단하고 적은 비용으로 가능한 방법이다. 청주지역의 소비자들은 서울이나 부산 같은 대도시에 비하여 비교적 보수적이고 가격에 민감한 반응을 보여 제품수명주기(product life cycle)로 보면 몇 년간 차이를 보인다. 또한 미국의 포드자동차사는 서부지역의 소비자들이 다른 지역과 비교하여 모든 기능이 부가적으로 부착된 일본자동차에 익숙해져 있음에 착안해 '머큐리'차에 기본적인 옵션을 부착하여 가격을 14% 더 비싸게 판매하였다.

③ 사회심리적 변수 : 사회적 계층, 생활스타일, 개성 등이 사용된다. 우리나라 사람들의 구매패턴을 보면, 특히 해외에서 '싹쓸이'나 보신에 관한 생활태도가 극명하게 나타나 망신을 당하는 경우도 있었다. 또 우리나라에서는 자동차가 개인의 신분이나 재력을 나타내는 사회적인 척도로 인식되어 이를 구매할 때 소비자는 대체로 안전이나 경제성보다는 큰 자동차를 선호하는 경향이 있다.

④ 행동분석적 변수 : 소비자와 상품과의 관계에 따라 나타나는 소비자의 편익이나 편리성 또는 구매에 따른 만족도 등에 따른 시장의 세분화방법이다. 예를 들면, 남대문시장에서 값싸게 구입하는 사람과 반드시 유명 백화점에 가서 깨끗하고 편리하게 구매하는 사람들로 세분화된다. 다음 [표 13-1]에서 보는 것처럼 핼리(R. Haley)는 소비자들이 구매편익에 따라 세분화되는 치약시장의 예를 들고 있다.

▮ 표 13-1 ▮ 치약시장의 세분화

추구하는 편익	향기, 상품의 포장	하얀 치아	충치예방	경제성
인구통계적 특징	아이들	청소년	대가족	성년남자들
행동적 특징	스피아민트 향기의 치약을 사용	흡연	다량 사용	다량 사용
선호하는 상표	Colgate, Stripe	Macleans, Plus White, Ultra Brite	Crest	할인판매 중인 상표
개성	자기 중심	사교적	우울	자율적
생활스타일	쾌락적	활동적	보수적	가치지향적

3) 마케팅 믹스전략

수요보다 공급이 과잉되는 시대에서는 소비자의 욕구나 기호를 정확하게 찾아내어 이를 제품에 반영하는 마케팅활동이 중요하다. 이러한 활동을 효과적으로 전개하기 위해서는 시장에 대해 보다 세부적인 분석과 판매계획이 요구되는데, 이를 마케팅전략(marketing strategy)이라 한다. 이 전략에는 보통 경영목표가 설정되어야 하며, 표적시장이 형성되어야 한다. 예를 들면, 스포츠카의 판매대상을 20대 젊은 대학생들이나 20~30대 전문직에 종사하는 회사원을 겨냥하는 경우이다.

기업은 시장환경에 따라 표적시장별로 다른 전략을 사용해야 하는데, 대체로 제품의 특성을 달리하는 차별화전략(differentiation strategy), 제품의 가격을 저렴하게 하는 저원가전략(cost leadership strategy), 그리고 특정고객만을 대상으로 판매하는 집중화전략(focus strategy) 등이 있다. 마지막으로 이런 전략을 실천하는 데 구체적으로 활용되는 마케팅 수단으로 4P, 즉 제품(Product), 가격(Price), 유통(Place), 촉진(Promotion) 등이 있으며, 이를 일컬어 마케팅 믹스(marketing mix)라고 한다.

사실상 마케팅전략을 수립할 때 가장 중요한 것은 어떻게 하면 성공적인 상품(product)을 개발하는가이다. 최근 소위 히트상품을 만드는 기업들은 다음과 같은 점에 노력을 집중하고 있다.

① 사원들이 신상품에 대하여 '집착'하도록 유도한다.

② 사원들에게 신상품개발에 대한 열의를 고취시키기 위하여 장기적인 비전을 제시한다.
③ 부서의 기능 및 사원들의 국적에 상관없이 프로젝트별로 팀을 구성한다.
④ 강력하면서도 융통성이 있는 리더십이 필요하다.
⑤ 고객의 의견에 귀 기울인다.
⑥ 경쟁업체에 대한 '벤치마킹'을 꾸준히 실천한다.

그림 13-3 마케팅전략의 실천과정

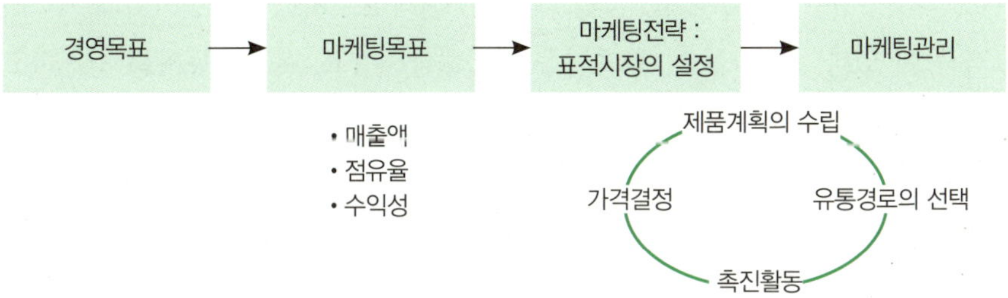

다음으로 상품에 대한 가격(price)은 경쟁, 원가, 수익, 수요, 소비자의 반응, 품질, 정부의 방침 등을 고려하여 책정한다. 그리고 유통경로(place, marketing channel)는 제품의 특성, 시장의 상황, 기업의 재무요인을 고려하여 결정한다. 마지막으로 고객에게 상품에 대한 정보를 제공하고 그들을 설득하고 수요를 자극하기 위하여 촉진활동(promotion)을 전개하는데, 대체로 대중매체에 의한 광고(advertising), 판매원을 통한 인적판매(personal selling), 상품의 전시나 진열을 통한 판촉(sales promotion), 공익적인 기사나 뉴스를 통한 홍보(publicity) 등으로 구성된다.

4) 제품포지셔닝전략

모 다국적기업이 10여 개국의 우수한 대리점 사장을 미국에 초청하여 관광을 시키는 프로그램에 잠깐 참가한 적이 있었다. 이때 우리나라에서 온 대리점 사장단은 투숙하고 있는 호텔이 너무 초라하다고 불평하였다. 자초지종을 알아보니 초청한 다국적기업은 나름대로 이들을 대접한다고 약 100여 년 전 에디슨이 전기공사를 담당하였던 유서 깊은 호텔에 비싼 경비를 들여 숙박하도록 하였다는 것이다. 결국 우리는 서울에서 보던 화려한 호텔에 비하여 초라해 보이기는 하지만 그토록 전통과 유서가 깊은 호텔임을 알고, 상당히 만족해하였던 기억이 있다.

이처럼 소비자들의 마음속에 어떤 제품이나 상표의 특성을 독특하게 심어주는 것을 포지셔닝(positioning)이라 한다. 그리고 기업들이 자사의 제품이나 서비스를 고객들에게 경쟁사보다는 유리한 위치에 자리하도록 광고하는 활동을 제품포지셔닝전략(product positioning strategy)이라고 한다. 가장 보편적인 상품의 특성으로는 가격, 편익, 품질, 기능, 스타일, 디자인, 성능, 포장, 서비스, 주사용 고객 등이 있다. 예를 들면, 벤츠자동차는 고급스럽고, 볼보자동차는 안전하고, 캐딜락자동차는 편안하다는 이미지를 가지고 있다.

그림 13-4 미국시장에서 자동차인지도

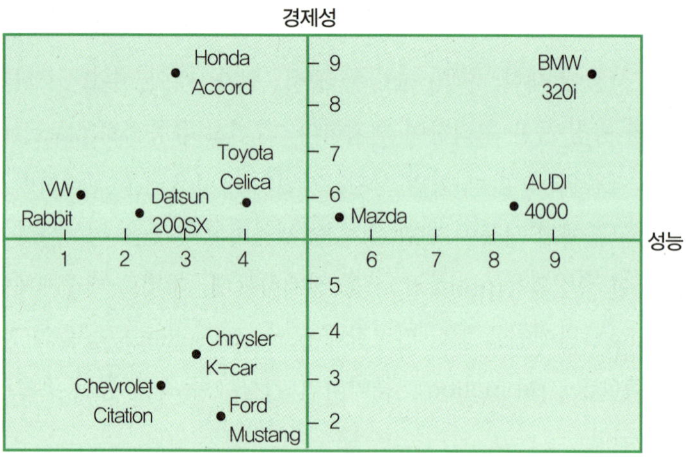

이런 개념은 [그림 13-4]처럼 고객들이 제품의 특성을 평가한 가치를 도표로 표시한 지각도(perceptual map)에서 보면 위치가 근접하면 비슷한 특성을 가진 경쟁관계에 있고, 반대로 거리가 멀리 떨어지면 직접적인 경쟁관계가 아닌 것으로 분석할 수 있다.

한편 해외에서의 제품포지셔닝은 국가에 따라 고객들이 특정국가의 제품에 대한 편견(country stereotype)을 가지게 되는데, 우리나라의 경우 외제에 대한 원산지효과(country of origin effect)는 전반적으로 유리하게 작용한다. 특히 여성 화장품은 일본이나 미국 상표가 인기가 있고, 자동차는 독일, 미국의 상표를 선호하는 경향이 있다. 이러한 원산지효과는 1960년대 싸구려 인식의 일본제품이 1980년대에는 가장 우수한 품질의 대명사로 바뀐 것처럼 시간이 지남에 따라 달라지기도 한다. 그리고 일제의 식민지나 정신대 문제 등으로 우리나라에서는 일본제품에 대한 감정적인 편견이 작용하기도 한다.

세계시장에서 기업은 제품포지셔닝전략을 위하여 첫째, 제품의 크기, 색상, 상표, 품질, 가격, 기능, 수명 등에 대한 특성과 시장에 대한 특성을 우선적으로 분석하여야 한다. 예를 들어, 자동차의 경우에 안전성, 내구성, 성능, 스타일, 크기, 승차감, 경제성, 색상 등이 중요한 특성인데, '볼보'자동차사는 미국시장에서는 경제성, 내구성, 안전성에, 프랑스에서는 품위와 여유를, 독일에서는 성능을, 그리고 스위스의 소비자들에게는 안정성을 강조하여 국가에 따라 제품포지셔닝 전략을 달리하였다.

둘째, 각 나라의 시장에서 소비자들이 중요하게 여기는 제품의 특성을 파악하여야 한다. 일반적으로 일본의 자동차 고객들은 실용성과 경제성을 중요하게 여기는 반면에 우리는 자동차의 크기가 개인의 지위나 부를 상징하는 중요한 특성으로 인식한다.

셋째, 각 나라별 시장에서 중요하게 인식되고 있는 제품의 특성에 따라 경쟁회사제품의 위치를 파악하여 전략계획을 수립한다. 앞의 [그림 13-4]는 미국시장에서 자동차의 구매자들이 주요하게 인식하는 경제성과 성능의 두 가지 특성에 따라 각 자동차를 도식화한 경우이다.

넷째, 구체적으로 각 나라별 시장에서 목표시장과 경쟁대상을 설정하여 제품의 특성을 결정한다. 1980년대 중반 현대자동차의 '소나타'는 미국시장에서 적당한 가격대와 잔고장이 거의 없어 가장 많이 팔린 일본의 혼다 '어코드'와 경쟁하기 위하여 수출된 자동차였다.

5) 마케팅 근시안

청주에 공장을 두고 고급도자기를 생산하던 '한국도자기'가 지난 1991년 '로제화장품'을 설립하면서 청주대학교 앞에 도자기와 화장품을 판매하는 전시장이 생겼다. 얼핏 생각하면 "고급식기와 화장품에는 어떤 관계가 있을까" 하는 의문이 생길 수가 있다. 그러나 대부분의 여자들, 특히 주부들은 이 두 제품에서 '여성의 품격과 아름다움'을 나타내는 공통적인 요소를 별로 어색하지 않게 받아들여, 화장품의 매출액이 한 해 2백억 원대를 넘어서기에 이르렀다. 이러한 성공은 '한국도자기'사가 처음부터 "여성의 아름다움과 품격을 창조하여 이를 판매하는 회사"라는 생각에서 출발하여 화장품업에도 진출하였던 것이고, 이와 관련된 또 다른 사업에의 다각화도 추진하고 있다. 이 사례는 일반적으로 기업들이 처음에 출발한 사업영역에 매달려 품질 향상만을 추구하고 이 범위에서만 안주하다 보면 급변하는 시장환경이나 고객들의 기호 또는 유행에 부응하지 못해 서서히 쇠락해 가는 현상, 즉 마케팅 근시안(marketing myopia)에 걸리게 되는데, 이 점을 잘 극복한 경우이다.

원래 이 개념은 1961년 레비트(T. Levitt) 교수가 "마케팅 근시(marketing myopia)"라는 논문에서 기술이 진보함에 따라 기업이 자신의 사업범위를 너무 좁게 규정하여 필연적인 사양화를 초래하게 된다는 의미로 사용하였고, 미국 철도회사의 예를 들어 설명하였다.

19세기 말까지도 미국의 철도는 많은 투자자들의 선망의 대상이었고, 철도주식에 투자하면 누구나 돈을 벌 수 있는 것으로 생각하였다. 그리고 철도산업의 경제성, 스피드, 성장 잠재력에 있어서 어떤 다른 운송수단도 이와 비교할 수 없었다. 이처럼 거의 독점적인 이익을 누리던 철도회사들은 이후 승객과 화물수송의 수요가 증가함에도 불구하고 자신들을 운송업으로 보지 않고 철도업으로만 국한시킴으로써 고객들을 다른 승용차, 트럭, 항공기, 선박 등에 빼앗겼다.

결국 철도회사들이 이후 사양산업으로 전락한 가장 큰 이유는 자신의 사업영역을 장기적으로 내다보지 못하고 철도만이 대중운송수단이라는 근시안에 빠졌기 때문이다. 또한 철도회사들이 소비자지향적(customer-oriented)이 아니라 제품지향적(product-oriented)이었다는 데도 문제가 있었기 때문이다.

'에너지원'이라는 생각 없이 석유만을 고집하다 천연가스의 등장으로 위축돼버린 미국의 석유회사들에서 보는 것처럼, 일반적으로 가만히 있어도 성장한다고 생각하는 기업은 꼭 쇠퇴기로 빠져들게 된다. 망해가거나 망해버린 기업들은 지난날의 급성장한 역사에서 앞날의 쇠퇴를 예상하지 못하는 근시안에서 비롯되었다. 이러한 근시안을 초래하는 요인으로는 다음의 4가지를 들 수 있다.

첫째, 인구가 증가하고 생활이 보다 풍요해짐에 따라 상품의 수요가 늘어남으로써 성장이 보장된다는 생각이다.

둘째, 자신이 속해 있는 산업이나 제품시장에서는 경쟁적인 대체품이 생기기 어렵다는 자만심이다.

셋째, 철저하게 통제되고 과학적인 시장조사와 계량적인 품질개선에 의하여 생산된 제품을 지나치게 낙관하는 것이다.

넷째, 대량생산에 의한 생산단가의 절감은 제품의 경쟁력을 제고시킨다는 지나친 믿음이다.

그러므로 환경의 변화에 좌우되지 않고 지속적인 성장을 유지하기 원하는 기업은 제품수명만을 믿지 말고 소비자의 필요나 욕구를 정확하게 파악하여 그에 적합한 전략을 수립할 필요가 있다.

6) 제품수명주기

1970년대만 하더라도 자동차는 상당한 사회적인 지위와 부의 상징으로서 지나가는 사람들의 부러움을 사기도 하였다. 그러나 지금은 어떤가? 우리나라의 자동차산업은 세계 5, 6위의 생산국으로 거의 두 집에 한 대꼴로 자가용을 소유하다 보니 오히려 고속도로에서나 주차 시 전쟁을 치르고 있는 형편이다. 게다가 자동차회사들은 매년 새로운 모델을 내놓아 운전자들의 구미를 잡아당기고 있고, 수입 외제차들도 매년 증가하면서 자동차의 평균 사용년수가 4년 정도에 그치고 있다. 불과 20여 년 만에 달라진 자동차문화에 너무나 큰 격세지감을 느끼게 된다. 이처럼 우리의 생활이 변화함에 따라 제품의 사용기간도 많이 달라지고 있는데, 옷이나 신발, 가전제품, 학용품, 집, 책 등등의 상품이 시장에 소개되어 사라질 때까지의 과정을 제품수명주기(product life cycle)라 한다. 이 개념은 마치 우리 인간이 태어나서 죽을 때까지의 생애(life cycle)처럼 모든 상품도 이러한 과정을 거친다는 의미이다.

상품에도 수명주기가 발생하는 이유는 첫째, 우리가 세월이 흐름에 따라 입맛이 변하듯이 제품을 선호하는 경향도 수시로 변한다. 특히 어린이와 여자들은 유행에 따라 구매태도의 영향을 많이 받는다. 둘째, 기업의 마케팅노력, 특히 광고에 소비자들의 상품 선호도가 많이 좌우된다. 끼워팔기나 가격할인은 충동구매를 일으키기 쉽다. 셋째, 경쟁사의 판매활동에 많은 영향을 받는다. 컴퓨터사 간의 치열한 경쟁은 컴퓨터의 수명을 단축시키는 대표적인 경우이다. 넷째, 기술개발에 따라 제품수명이 달라진다. 세계적인 코카콜라나 M&M 초콜릿은 지금도 많이 팔리는 장수상품이다. 반면에 HDTV가 개발되면서 기존의 컬러TV는 수명이 단축되었다. 끝으로 사회적 · 법적인 환경의 변화에 따라 수요가 달라진다. 최근 공공장소에서의 흡연을 금하는 사회적인 운동으로 담배 수요가 많이 줄어들고 있다.

이런 제품의 수명주기는 앞으로 보다 효과적인 제품계획과 각 단계에 필요한 마케팅정책을 수립하는 데 중요한 정보가 되는데, 대략 다음 [그림 13-5]와 같은 4단계의 과정을 거친다.

그림 13-5 제품수명주기

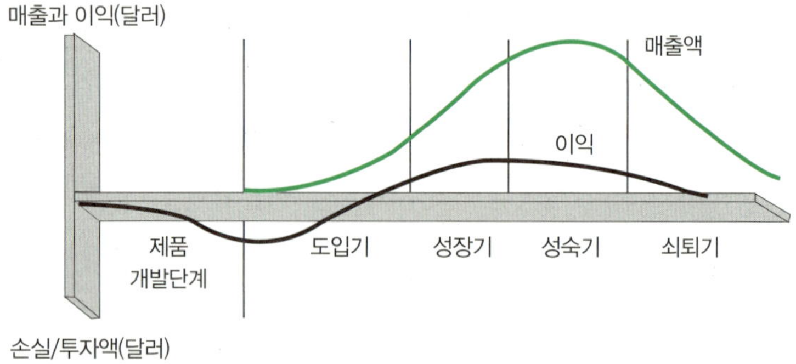

첫째, 도입기(introduction stage)는 제품이 처음으로 시장에 소개되는 과정으로, 소비자들에게 제품의 특성을 알려 그 반응을 살피고 유통망을 확보하는 것이 시급하다. 이때 가장 중요한 경영능력은 제품의 특성을 좌우하는 연구개발

(R&D)이다. 태양열 에너지개발이나 로봇화에 관한 연구의 경우 상품화를 통해 시장에 보다 일찍 진입하려면 연구개발을 강화해서 경쟁사보다 시장도입기를 앞당길 수 있어야 한다.

둘째, 성장기(growth stage)는 어느 정도 제품이 시장에 알려지면서 판매가 늘어나는 과정으로, 소비자들의 입에서 입으로 그 효과가 전달되는 구전효과(word-of mouth effect)와 상표의 인지도를 심어주기 위한 대중적인 광고가 판매에 많은 영향을 끼친다. 이때 가장 필요한 경영능력은 마케팅으로 PC나 CD녹음기 등을 예로 들 수 있다.

셋째, 성숙기(maturity stage)에 이르면 수요가 포화 상태에 이르러 경쟁이 더욱 치열해진다. 특히 가격경쟁이 심해 할인판매나 경품판매를 실시하거나 제품의 다른 기능을 첨가하여 차별화를 시도한다. 이때에는 가격경쟁에서 이기기 위한 원가절감이 중요하며, 따라서 경영능력은 생산활동에 집중된다. 자동차나 비디오 대여점의 경우를 보면 이해하기가 쉽다.

넷째, 쇠퇴기(decline stage)에 도달하면 소비자의 기호가 변하고 새로운 대체품이 개발되어 소비는 계속적으로 감소된다. 이 시기에는 철저한 원가관리가 필요하며, 궁극적으로는 제품생산을 줄여 철수준비를 하는 것이 바람직하다. 흑백 TV나 양복점 등이 대표적인 경우들이다.

7) 풀전략(pull strategy)과 푸시전략(push strategy)

그동안 우리 경제는 불과 30여 년 만에 엄청난 속도로 발전하여 오랜만에 고국에 돌아오는 교포들은 그 발전상에 깜짝 놀라게 된다. 이러한 성장의 배경은 우리 국민들의 근검절약하는 정신과 성실한 근로의욕, 그리고 정부의 과감한 성장 추진력 및 기업의 열성적인 경영노력 등이 한데 어우러진 결과이다. 사실 정부의 수출 위주 정책에 따라 우리 사회는 비약적인 발전을 보게 되었고, 특히 1988년 올림픽 개최를 계기로 우리 사회와 기업은 국제화에 동참하게 되었다. 국내시장이 개방되고 기업이 국제시장을 쫓아서 해외투자도 활발하게 이루어지면서 국내외 경제환경은 급속도로 변화하였다.

특히 국내시장에서 유통업은 비약적인 발전을 거듭하고 있다. 사실상 그동안은 늘 제조업에 밀리거나 제대로 된 평가를 받아오지 못한 유통업이 이제는 매출액 100대 기업 안에서 최다를 기록할 정도가 되었다. 더욱이 1996년도에 유통시장이 완전 개방됨에 따라 선진외국의 세계적인 유통업체들이 진입해 들어오고, 우리나라 대기업들이 유통업에 가세해 국내 유통업계는 그야말로 팽창일로를 구가하고 있다.

또한 국내 소비자들은 외국제품의 수입과 빈번해진 해외여행 혹은 친지방문 등을 통하여 소비행태의 현저한 변화양상을 보이고 있다. 뿐만 아니라 높아진 국민소득으로 그동안 일부계층에서만 누려왔던 외제 자동차, 화장품, 가전제품, 식품 등에 대한 욕구가 사회의 다양한 계층으로 확대되기에 이르고 있다.

한편, 국내기업들은 그동안 정부의 국내시장보호정책에 힘입어 국내시장에서의 독과점적인 지위를 누려 왔다. 그러나 시장개방과 함께 외국기업의 국내진출이 대폭 확대됨에 따라 시장경쟁이 치열한 상황으로 바뀌었고, 따라서 가격, 기술, 정보, 소비자만족, 경영능력 등에서 열세임이 드러나게 되었다. 이러한 기업의 내외적인 환경변화로 국내시장은 유례없는 유통혁명과 가격파괴의 열풍에 휩쓸리고 소비자들도 새로운 기호와 가치관으로 유행이 급속하게 바뀌고 있다. 이에 기업들은 선진 경영기법을 도입하여 조직을 재편하고 신기술을 개발하는 데 심혈을 쏟으며, 소비자들의 욕구나 만족을 위한 마케팅노력을 그 어느 때보다도 중요하게 인식하며 세계경영에 심혈을 기울이고 있다.

이러한 시대적인 변화와 기업의 대응전략은 토인비가 역사 속의 문명권 형성과정을 '도전과 응전'으로 본 것과 흐름을 같이 한다고 볼 수 있다. 이처럼 지금 우리 기업들이 주변의 환경변화를 느끼고 이에 대응하는 조직의 변화노력은 앞으로 계속해서 살아남기 위한 계속기업(going concern)으로서의 필연적인 노력이라 생각된다.

이처럼 저성장시대의 마케팅정책은 과거의 고성장시대와는 다르게 조직체질에서 고객에의 대응에 이르는 조직의 전체적인 사고와 시스템이 함께 변해야 한다. 과거 고성장배경의 기업경영은 원가를 줄이기 위하여 대량생산시설을 갖추고, 품질을 높이기 위하여 QC활동을 장려하고, 생산성을 제고하기 위하여 사무자동화(office automation)와 공장자동화(factory automation)를 적극적으로 도입하였다. 이렇게 만들어진 제품은 경쟁사보다 값싸고 질 좋은 제품으로 가격

쟁쟁(price competition)에서 승리할 수 있었다. 그러나 지금은 앞에서 언급한 것처럼 소비자들이 보다 멋과 개성을 중시한 제품의 가치(value)를 구매하는 데 더 많은 비중을 두기 때문에, 기업들이 고객의 가치를 창조하기 위해서는 먼저 산업구조의 변화나 수요의 욕구가 변하면서 생기는 틈새시장(niche market)을 탐색하거나 개발하는 노력이 필요하다. 기존 제품의 불만을 해결하기 위하여 노력한 결과로 탄생한 '공기방울 세탁기', '김치냉장고', '식혜' 같은 히트상품들은 좋은 본보기이다.

이와 아울러 제품의 디자인, 포장, 광고, 사전적 · 사후적 만족, 유행의 흐름 등에 많은 관심을 가지고 빨라지는 혁신제품의 수요확산에 대응하기 위하여 독자적인 기술개발이나 전략적인 제휴(strategic alliances), 생산에서 물류까지의 흐름이 컴퓨터에 의하여 관리되는 통합적인 지원체제(CALS : Computer-Aided Acquisition and Logistic Support) 같은 정보유통망이 구축되어야 한다. 또한 최근에는 성(gender) 구별이 없는(uni-mode) 소비행태들이 등장하고 있는데, 예를 들면 그동안 여성전용상품으로 인식되어 온 스프레이, 무스, 목걸이, 팔찌, 귀걸이, 손톱손질기 등이 젊은 남성들에게도 새롭게 인기를 끄는가 하면, 반대로 남성들 전유물로 여겨져 왔던 면도기가 여성들의 팔, 다리, 겨드랑이의 털을 제거하는 여성용 면도기로도 사용되고 있으며, 여성용 넥타이도 빠른 속도로 보급되는 경향을 보인다. 이러한 소비자들의 기호는 더 이상 기존의 사회적 가치나 전통에 얽매이지 않고 자신이 보다 만족할 수 있는 가치를 추구하는 변화의 흐름을 나타내 주는 현상으로 보인다.

따라서 기업의 경영방침이나 전략실천을 위한 지금까지의 사고나 의식(old ideas) 속에서 새로운 시스템(new systems)의 도입만으로는 자칫 한계에 직면할 수 있다. 즉, 정보화사회의 도래와 소비자들의 가치관과 생활양식의 급격한 변화로 인해 지금까지의 가격을 중심으로 한 생산자 중심의 밀어내기식 판매정책(producer-oriented push strategy)에서 탈피하여, 고객들이 진정으로 원하는 가치창조를 통하여 고객을 흡수할 수 있는 시장지향적 마케팅정책(market-oriented pull strategy)으로의 전환이 있어야 한다. 전 조직구성원이나 소비자들에게 공감된 상품이나 서비스는 국내는 물론 세계시장을 누비고, 그 기업은 세계일류기업(world-class corporation)으로 성장할 수 있을 것이다.

8) 데이터베이스 마케팅

몇 년 전 우리나라의 대우자동차사는 백 명의 고객을 선정하여 1년간 에스페로자동차를 무상으로 타고 다닐 수 있는 '시험운전(test driver)제'를 도입하여 자동차시장에 큰 반향을 일으켰다. 이 제도에 응모한 사람은 전국에서 무려 43만여 명이나 되었다. 대우자동차는 여기에 참가했던 다른 42만 9천9백 명을 잠재고객으로 인식하여 이들에게 자사 자동차를 구입할 때 십만 원을 할인해 주며, 이들이 작성한 고객카드를 토대로 연령, 주소, 직업, 성별, 연수입 같은 기초자료는 물론이고, 차량보유 여부, 연령별 구매성향, 색상의 선호도, 차량교체시기 등도 입력(database)하였다.

이처럼 가격할인이나 가격파괴의 바람이 불고 있는 경영환경에서 제조업들의 생존전략으로서 고객정보, 경쟁회사정보, 업계의 동향 같은 시장의 자료를 분석하여 마케팅계획을 세우는 경영전략기법을 '데이터베이스 마케팅(DB : Database Marketing)'이라 한다. 즉, 어느 고객이 무엇을 얼마나 자주 구매하고, 어느 매장에서 어떤 유형의 상품을 구매하는가에 관한 데이터를 가지고 고객의 성향을 분석하여, 앞으로의 마케팅전략을 수립할 수 있을 뿐만 아니라 자사의 우량고객을 파악하여 신상품에 대한 정보를 제공할 수 있다.

원래 기업의 매출액 중 80%는 전체 제품의 20%에 의하여 이루어진다는 '80/20의 파레토 법칙'이 판매에도 적용된다. 상위 20%의 고객이 매출의 80%를 차지한다면 소비자의 20%에 집중적인 마케팅노력을 기울이는 것이 효율적이다. 따라서 이러한 상위 20%의 고객을 찾기 위한(know-where) 축적된 데이터가 필요하다. [그림 13-6]과 같은 과정을 통하여 DB 마케팅이 이루어지며, 이 분석은 기업이 시장세분화나 제품차별화전략을 수립하는 데 도움이 된다.

수년 전에는 삼성자동차사가 카드 이용실적에 따라 최고 백만 원까지 자동차 구매 시 할인해 준다는 조건을 내걸자 다른 자동차회사들도 카드사와 손잡고 카드 회원 확보에 주력하기 시작했는데, 이러한 DB 마케팅 맥락에서 이해할 수 있다. 뿐만 아니라 아남전자에서는 '품질평가단'에 응모한 5만 2천여 명의 구매성향에 대한 기초자료를 데이터베이스화하였다. 이러한 정보를 통하여 기업은 잠재고객들의 선호색상, 오디오 보유기간, 교체시기 등에 관한 구매성향을 분석할 수 있고, 자사제품에 대한 불만이나 신제품을 기획하는 데 유용한 정보로 활용할 수도 있다. 그러나 개인의 정보를 데이터베이스화하면서 개인의 사생활침해 문제가 뒤따르게 된다. 얼마 전 우리나라 백화점의 고객명단이 유출되어 범죄집단의 표적이 된 것은 DB 마케팅에 따른 정보관리의 중요성을 일깨워준 사례이다.

그림 13-6 데이터베이스 마케팅 분석과정

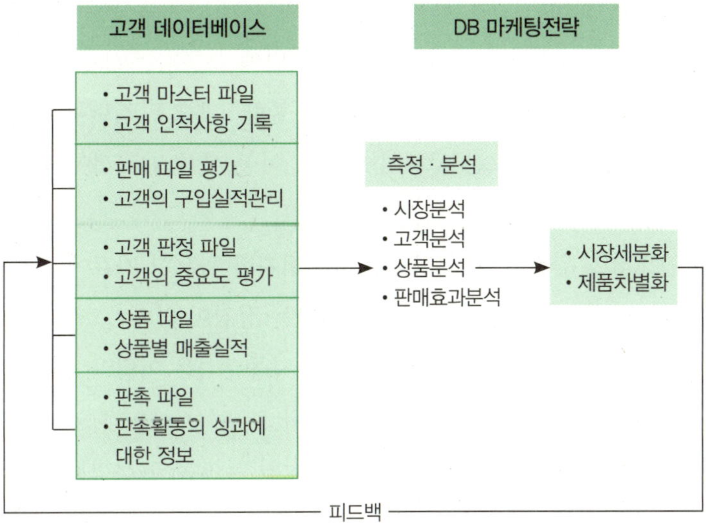

9) 데이터 마이닝

데이터 마이닝(data mining)이란 방대한 양의 데이터 속에서 쉽게 드러나지 않는 유용한 정보를 찾아내는 과정, 데이터 간의 숨겨진 관계, 혹은 겉으로 드러나지 않거나 또는 기존의 통계학적 방법을 통해 뽑아내기에는 너무나 복잡한 관계를 찾아내고, 이 관계를 바탕으로 미래를 예측하는 기술이다. 데이터 마이닝은 다양한 방법을 이용하여 근원적 데이터를 탐색하고 분석하여, 이로부터 기대하고 있는 정보뿐만 아니라 예상하지 못했던 정보를 찾아내고자 하는 개념적인 방법론이다.

자료분석에 있어서 데이터 마이닝의 역할은 다음과 같다.

첫째, 데이터베이스에 있는 고객이나 제품을 비슷한 것끼리 묶는 군집화(clustering)이다. 즉, 시장세분화나 제품세분화라 할 수 있는데, 이는 데이터 마이닝에서 가장 대표적인 역할이라 할 수 있다.

둘째, 데이터에서 유사한 성향을 가진 것들을 찾아 어떤 연관성을 가진 규칙(association rule)을 찾는 것이다. 예를 들면, 고객의 구매자료에서 가죽 옷을 구매한 고객은 한 달 이내에 얇은 면 티셔츠를 산다는 연관성을 발견할 수 있다. 이런 결과는 앞으로 가죽옷의 구매자에 대한 향후 구매행동을 분석하는 데 유익한 자료가 될 수 있다.

셋째, 이미 집단화되어 있는 고객이나 제품의 차별적인 특성을 파악하고 새로운 고객이 데이터베이스에 추가되면 기존의 집단에 분류하는(classification and prediction) 역할이다. 예를 들어, 우수고객과 불량고객으로 집단이 분류되어 있으면 이런 기준에 따라 새로운 고객이 앞으로 어떤 부류의 고객이 될 것인가를 예측할 수 있게 된다.

여기에는 CRM을 위한 방대한 자료가 요구되지만 필요한 자료에 관련되는 변수가 모두 충실하지 않더라도 분석이 가능하다는 장점이 있다. 그리고 이에 소요되는 시간은 마케팅모델링보다는 짧지만 완전 자동분석은 어렵다. 또 그 분석 결과도 마케팅모델보다는 정교성이 떨어지고 있다.

현재 데이터 마이닝이 적용되는 가장 일반적인 분야는 고객행동의 분석인데, 소매, 뱅킹, 금융, 보험, 통신 분야가 주요 시장이다. 이들 산업들은 대량의 고객 데이터를 활용하여 데이터 마이닝의 기술적 가치를 제고시킬 수 있는 응용 분야들이다. 예를 들어, 수익의 안정적인 확보와 고객 기반을 유지하기 위하여 유통업체의 고객에 대한 이탈가능성을 예측하기 위해서 데이터 마이닝을 실시한 자료를 보면, 대략 다음과 같은 특성을 가진 고객은 이탈가능성이 높은 것으로 생각된다.

① 대금지불의 청구지가 직장인 고객

② 가족카드를 소지하지 않은 고객

③ 1회 평균 구매건수가 약 2건 이하인 고객

④ 구매부문 수(coverage)가 적은 고객

⑤ 최종구매일로부터 기간이 오래된 고객

⑥ 연체가 두 달, 세 달씩 발생하는 고객

⑦ 주로 정장이나 셔츠를 구매하는 고객

⑧ 구매의 평균 구매기간이 긴 고객
⑨ 대금의 자동이체를 거부하는 고객
⑩ 정상적인 구매비율이 25% 이하인 고객

이처럼 기업은 최적의 전략이나 의사결정을 뒷받침해 줄 수 있는 중요한 고급 정보가 필요한 상황에서, 새로운 관심은 데이터를 잘 쌓아 놓는 단계를 넘어서 데이터라고 하는 거대한 창고에서 보다 가치 있는 정보를 효과적으로 찾아내고자 하는 부분으로 모아지고 있다. 이미 알려져 있고 기대했던 정보뿐만 아니라 전혀 예상하지 못하고 쉽게 드러나지 않는 정보까지를 데이터베이스나 데이터 웨어하우스로부터 찾아내고자 하는 목적으로, 개념적인 정보 추출방법론인 데이터 마이닝이 시장에 등장하였고, 이는 데이터 웨어하우스와 함께 향후 정보산업을 이끌 큰 주제가 되고 있다.

데이터 마이닝에는 특정 문제에 적용하는 기법이 정해져 있는 것은 아니고, 기법이 적용된다고 해서 모든 문제가 해결되는 것도 아니다. 즉, 얻고자 하는 결과나 데이터의 상태 등에 따라 적용할 수 있는 기법들은 다를 수가 있다. 그러므로 기법들에 대해 어느 정도 이해가 수반되면 문제를 해결하는 데 최적의 접근으로 보다 효과적이고 적극적인 데이터 마이닝을 수행할 수 있을 것이다.

토 | 의 | 문 | 제 |

01 판매개념과 마케팅개념의 차이점은 무엇인가?

02 시장세분화는 무엇인가?

03 제품수명주기는 무엇인가?

04 데이터 마이닝의 역할은 무엇인가?

진정 독창적인 사람이란

어떤 기발한 일을 벌려 대중의 이목을 한데 모을 수 있는 사람이 독창적인 인물은 아니다. 그는 단순히 주목받길 원하는 사람이다. 독창적인 사람의 특징 중 하나는 이미 모든 사람들의 눈앞에 있으나 아직 알아차리지 못해 이름조차 가지지 못한 것을 알아볼 수 있는 눈을 가지고, 나아가 그것에 새로운 이름을 부여할 수 있는 능력을 가졌다는 점이다. 이름이 주어지고 비로소 그것이 실제로 존재함으로써 인간은 깨닫게 된다. 그렇게 새로운 세계의 일부가 탄생한다.

출처 : 『니체의 말』 중에서

Chapter

14

재무관리 및 회계원리

1. 재무관리
2. 회계원리

경영이야기 1

주주의 투자금 잘 썼는지 'EPS'가 알려주죠

내가 투자한 돈을 잘 사용하고 있을까? 돈을 투자한 주주가 제일 궁금해하는 것이다. 또 새롭게 투자를 고려할 때도 회사가 기존 주주 돈을 잘 활용하고 있는지를 보면 의사결정을 내리는 데 도움이 될 것이다. 이런 궁금증을 해결하는 지표가 있다.

Q. 주식시장에서 많이 사용하는 지표는?

A. 주식시장은 주식을 사고파는 시장이다. 주식을 사는 것은 해당 회사에 투자한다는 것이며, 주식을 파는 회사는 투자금을 유치하는 것이다. 반면 개인이 가지고 있던 주식을 파는 것은 더 이상 그 회사에 투자하지 않겠다는 의미다. 이렇게 주식시장은 투자에 대한 의사결정이 이루어지는 곳이다.

이때 사람들은 의사결정의 기준을 찾고자 하고, 기존에 투자한 주주는 내 돈을 잘 사용하고 있는지 궁금하기 때문에 여러 지표를 통해 기업가치를 판단한다. 그중 대표적 지표인 주당순이익(EPS : Earnings Per Share)에 대해 알아보자.

Q. 주당순이익이란 무엇인가?

A. 기업의 이익은 손익계산서에 당기순이익으로 보고된다. 동일 업종을 영위하는 (주)A와 (주)B를 비교해보자. (주)A는 당기순이익이 10억 원, (주)B는 당기순이익이 1억 원이다. 이 당기순이익을 비교하면 (주)A가 (주)B보다 경영을 더 잘한 것으로 볼 수 있다. 그러나 (주)A의 투자금이 100억 원, (주)B의 투자금이 2억 원이라면 어떨까? 투자금액 대비 성과를 비교하면 다른 결과가 나온다.

(주)A는 100억 원을 가지고 10억 원의 이익을 창출했으므로 투자금액 대비 수익률이 10%(10억 원/100억 원)다. 반면 (주)B는 2억원으로 1억원의 이익을 냈으므로 투자금액 대비 수익률은 50%(1억 원/2억 원)다. 투자금액을 기초로 수익률을 비교하면 (주)B의 경영성과가 더 나은 것으로 판단할 수 있다.

이처럼 투자금액 대비 이익을 계산하는 것이 주당순이익이다. 여기서 투자금액은 주주들이 주식을 사면서 기업에 납입하는 금액이므로 기업의 주식 수와 비례한다. 따라서 주식 1주당 이익을 계산하는 주당순이익을 구하면 투자금액 대비 이익을 계산하는 것(EPS=당기순이익/주식 수)과 동일하다.

여기서 주당순이익을 조금 더 자세히 살펴보면 다음과 같다. EPS=보통주 당기순이익/보통 주식 수.

기업의 이익과 주식 중 보통주에 관련된 부분만 계산한다는 의미다.

Q. 보통주와 우선주는 무엇인가?

A. 기업 주식을 크게 나누면 보통주와 우선주로 나눌 수 있다. 보통주는 말 그대로 보통 주식이다. 주식을 소유한 주주는 주주총회에 참석해 기업의 주요 의사결정 사항에 의견을 표현할 수 있고(의결권 행사), 이익이 생기면 배당을 받는 등 주주로서 권리를 행사한다. 반면 우선주는 보통주에 비해 특정 부분을 우선하고 다른 내용을 빼기도 한다. 가장 대표적인 것이 '의결권 없는 배당우선주'다. 기업 이익이 발생해 이를 배당으로 나누기로 결정했을 때 이익을 우선적으로 가져가는 것이 배당우선주다. 그 대신 우선주는 발행할 때부터 '의결권이 없다'는 점을 명시한다. 이 우선주를 가지고 있어도 주총에서 의결권을 행사할 수 없으므로 기업 경영의 주요 의사결정에서 의견을 낼 수 없다. 이렇게 주식에도 종류가 있다.

주당순이익을 구할 때는 주식의 본질에 부합하면서 가장 일반적인 보통 주식에 관련된 수치만으로 계산하는 것이 일반적이다.

따라서 분자의 이익은 보통주에 관련된 당기순이익으로만 표현한다. 전체 당기순이익 중에서 우선주에 배당금을 제외하고 보통 주식에 귀속되는 이익만 표시한다. 분모의 주식 수에도 시장에서 유통되는 보통 주식 수만 고려해 같은 조건에서 이익과 주식 수를 비교하도록 한다.

(주)A와 (주)B가 보통주만 발행했고, 주식 수는 각각 1,000만주, 20만주라고 하자. 각각 주당순이익을 구하면 다음과 같다.

(주)A=10억원/1,000만주=100원/1주, (주)B=1억원/20만주=500원/1주.

주당순이익으로 비교해봐도 (주)B의 경영 성과가 좋다는 사실을 알 수 있다.

출처 : 매일경제, 2023.5.11.

경영이야기 2

'부자들은 기업의 힘을 안다'

내가 부자 아버지에게서 가르침을 받았던 그 모든 세월 동안, 부자 아버지는 늘 "아는 것이 힘"이라는 점을 상기시켰다. 그리고 돈에는 큰 힘이 따르며, 그 힘을 위해서는 올바른 지식으로 돈을 유지하고 늘려야만 한다. 그런 지식이 없으면 세상이 우리를 내두른다.

돈을 위해 일하는 것이 아닌, 돈이 우리를 위해 일하게 하는 것의 첫 번째 교훈은 사실 모두가

'힘'에 관한 것이다. 돈을 위해 일할 때 그 힘은 우리가 아닌 고용주에게 있다. 하지만 돈이 우리를 위해 일하게 만들 때에는 우리가 그 힘을 관리하고 통제한다. 돈이 우리를 위해 일하게 하는 것의 힘을 안 후에 부자 아버지는 우리가 돈에 관해 더 똑똑해지고, 무서운 사람들에게 내둘리지 않게 되기를 원했다.

어렸을 때 나는 회사를 직접 만들라는 부자 아버지의 말을 제대로 이해하지 못했다. 그런 일은 불가능해 보였고 무섭게도 보였다. 나는 그런 개념에 흥미를 느꼈지만, 어린 나로서는 언젠가 내 회사에서 어른들이 일한다는 가능성을 생각할 수가 없었다.

내가 20대 중반이 되면서부터 부자 아버지의 가르침은 좀더 의미심장하게 다가오기 시작했다. 그때 나는 막 해병대에서 제대해 제록스사에서 일하고 있었다. 나는 많은 돈을 벌고는 있었지만, 월급봉투를 받을 때마다 늘 실망했다. 세금공제가 너무 많았고, 내가 열심히 일할수록 공제금액도 더 많았다. 내가 점점 더 성공하자 상사들이 승진과 봉급인상에 대해 얘기했다. 그것은 듣기 좋은 소리였지만, 나는 부자 아버지가 나에게 이렇게 묻는 것을 들었다. "너는 지금 누굴 위해 일하고 있는 거니? 지금 누굴 부자로 만들고 있는 거니?"

내가 아직 제록스사에서 일하던 1974년에 나는 처음으로 회사를 차려 '내 사업을 하기' 시작했다. 불과 3년 만에 내가 세운 작은 회사에서 버는 돈이 제록스사에서 버는 돈보다 많아졌다. 그리고 내가 자산 분야에서, 그러니까 내 회사에서 버는 돈은 나를 위해 일하는 돈이었다. 그것은 내가 집집마다 다니며 복사기를 팔아서 버는 돈이 아니었다. 이제 부자 아버지의 가르침이 점점 더 의미를 주었다. 이윽고 내 자산에서 나오는 현금흐름이 아주 많아져, 나는 처음으로 포르셰를 샀다. 제록스사의 동료 판매원들은 내가 판매수수료로 그렇게 비싼 차를 산 것이라고 생각했다. 하지만 나는 판매수수료를 쓰지 않았다. 나는 그 수수료를 내 자산에 투자하고 있었다. 내 돈이 나를 위해 열심히 일해서 더 많은 돈을 벌고 있었다. 내 자산 분야에 있는 모든 현금은 나의 훌륭한 직원이었다. 그것들이 열심히 일해서 더 많은 직원을 구해주었고, 주인에게 세전 수입으로 포르셰를 사주었다.

부자 아버지는 회사를 운영하는 데 가장 힘든 부분이 사람들을 관리하는 것이라고 설명했다. "네가 다음에 배워야 할 것은 리더십이다"라고. "좋은 리더가 되지 못하면 등에 총을 맞게 된다. 그건 사업도 마찬가지다." 그래서 나는 미국에서 가장 훌륭한 세일즈 교육프로그램을 갖고 있는 제록스사에 취직을 했던 것이다.

다음과 같은 내용의 끔찍한 경영이론도 있다. "근로자는 해고되지 않을 만큼만 일을 하고, 고용주는 근로자가 그만 두지 않을 만큼만 지급한다." 사실 대부분의 회사가 주는 급여를 보면, 이 말에 나름대로의 진실이 있음을 알 수 있다. 그래서 나는 젊은 사람들에게 돈을 벌 목적보다 배움을 얻을 목적으로 직장을 찾으라고 권유한다. 돈은 일종의 힘이다. 하지만 더 힘이 센 것은 돈에 관한 지식이다. 돈은 있다가도 없지만, 돈에 대한 지식이 있으면 그것을 통제할 수 있고 재산을 모을 수 있다.

출처 : 로버트 기요사키 · 샤론 레흐트 지음, 『부자 아빠 가난한 아빠』 중에서

1 재무관리

재무관리(financial management)란 조직의 목표를 달성하는 데 필요한 자본을 조달하고 운용해 나가는 과정에서 자금흐름과 관련된 모든 의사결정을 보다 효율적으로 유도하기 위한 기법과 이론이다. 기업의 경우를 예로 들면, 기업의 부(wealth) 또는 가치(value)를 극대화하는 과정에서 모든 재무의사결정을 합리적으로 내리기 위한 방법에 관한 연구라고 할 수 있다.

기업이 결정하는 재무적 의사결정의 범위는 크게 세 가지 범주로 분류된다. 첫째, 기업가치를 극대화하기 위하여 어떻게 자원을 효율적으로 배분할 것인가에 대한 투자결정(investment decision), 둘째, 이렇게 결정된 투자를 실행에 옮기기 위해 자금을 어떻게 조달할 것인가에 관한 자금조달결정(financing decision), 셋째, 생산활동의 결과로 나타나는 이득을 어떻게 분배해야 하는가에 관한 소득분배결정(income distribution decision) 등이다.

이러한 의사결정에서 가장 중요한 역할을 하는 것은 무엇보다도 금융시장이라고 할 수 있다. 금융시장은 기업의 자금조달에 관하여 자금원, 투자자들에 대한 부의 증식 및 소득분배의 채널, 그리고 기업의 가치를 평가하는 가치산정기구 등의 다양한 기능을 수행하기 때문이다. 기업은 자금을 조달하는 과정에서 주식, 채권 등의 유가증권을 발행하는데, 금융시장은 소비자들에게 이러한 유가증권의 공급과 발행을 통해 저축을 유도하고, 기업들에게 필요한 자금을 제공한다. 이 과정에서 투자자들은 시장에서 결정되는 수익률에 따라 보상을 받게 되며, 유가증권의 수익률은 기업의 수익성이나 장래성에 의해 결정됨으로써 기업의 가치를 평가하는 척도가 된다. 이때 미래수익성이 높고 사회에서 필요로 하는 기업은 발

그림 14-1 기업의 재무관리과정

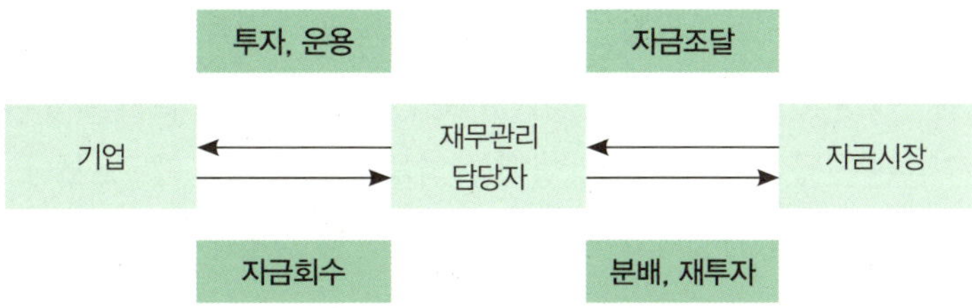

행증권에 대한 수요가 커서 증권가격이 높게 형성되어 자본조달비용이 낮은 반면 그렇지 않은 기업은 자본비용이 높게 형성된다.

결국 이러한 시장메커니즘을 통해 형성된 경쟁적 압력 속에서 효율적인 기업만이 존속하고 발전하며, 이러한 기업들이 모여서 관련 산업이 고도화되고 자생적인 경제성장이 이루어지는 것이다. 따라서 재무의사결정은 기업의 사활을 좌우하는 중요한 문제이며, 합리적 재무관리의 중요성은 아무리 강조해도 지나치지 않다. 여기에서 기업의 재무관리 담당자는 주로 기업경영에 필요한 자금을 조달하고, 조달된 자금을 투자, 배분, 운용, 통제함으로써 기업의 가치를 극대화해 나가는 역할을 담당한다. 말하자면 재무관리 담당자는 기업이 필요로 하는 자본을 자금시장에서 조달하고, 기업이 필요로 하는 곳에 투자운용한 후 자금을 회수해서 다시 자금시장에 분배, 재투자하는 활동들을 수행한다. 이때 기업의 재무관리목표는 기업가치의 극대화, 즉 기업의 미래현금을 시간과 위험을 고려하여 현재가치로 환산한 가치를 가장 최대화해 나가고자 하는 것이다.

1) 경영자와 재무활동

경영자는 기업의 목표를 달성하기 위해 필요한 자본을 조달하고, 조달된 자본을 합리적으로 운용하는 재무활동(financing)을 적절히 수행할 수 있어야 한다.

(1) 자본조달활동

경영자가 필요한 자금을 조달할 수 있는 길은 주식이나 회사채를 발행해서 투자자로부터 자금을 직접 조달하는 방법과 은행이나 투자금융회사 등 금융기관을 통해 투자자의 자본을 간접적으로 조달하는 방법이 있다. 이때 전자를 직접금융이라 하고, 후자를 간접금융이라고 하는데, 자본시장이 발달할수록 기업이 직접금융을 통해 자본을 조달하기가 용이해진다.

직접금융을 통한 자본조달활동 중에서는 불특정 다수의 일반투자자에게 주식을 발행해서 필요한 자금을 조달하는 방법이 기업 간 점점 많이 활용되고 있다. 이렇게 조달된 자금은 자기자본의 형태를 띠게 되므로 상환의무로부터 자유로워 적극적인 투자활동이 가능하고 기업의 재무건전성 측면에서도 다른 방법들보다 유리한 장점이 있다. 그리고 주식의 유형에는 매입과 동시에 발행기업의 주주로서 규정된 투표권을 가지며 주식가치의 상승으로 자본이득을 얻을 수 있는 보통주(common stock)와 보통주보다 배당금 지급을 우선적으로 받게 되는 우선주(preferred stock)가 있다. 보통주는 기업이 경영활동에 실패해 파산할 경우 투자원금을 잃을 수 있는 데 반해, 우선주는 보통주에 우선해서 기업의 잔여재산에 대한 청구권을 갖는 대신 투표권은 없다. 이 밖에 양자를 혼합한 성격의 주식으로 투자자의 선택에 따라 우선주에서 보통주로 전환할 수 있는 전환우선주(convertible preferred stock)가 있다.

또한 기업은 거액의 자본을 비교적 장기간 사용할 목적으로 일반투자자로부터 공개적 · 집단적인 자본을 빌리기 위해 회사채(corporate bond)를 발행하기도 한다. 회사채에는 채권자들에게 지급될 확정이자 및 만기일이 표시되어 있어, 기업의 파산 시 보통주나 우선주의 주주보다 앞서서 기업자산에 대한 청구권을 갖게 된다. 대신에 채권자들은 기업의 주요 경영의사결정에 참여할 수 없고, 다만 만기일에 규정된 원금과 이자를 지급받을 수 있다. 사채의 종류에는 만기일에 원금과 확정된 이자를 지급하는 일반사채(straigh bond), 일정조건하에서 주식으로 전환이 가능한 전환사채(CB : Convertible Bond), 신주발행 시에 주식을 받을 수 있는 신주인수권부사채(BW : Bond with Warrant), 확정이자 외에 이익배당에 참여할 수 있는 이익참가사채(PB : Participation Bond), 이자지급이 안 되었을 경우 차후에라도 이자를 지급받을 수 있는 이익사채(IB : Income Bond) 등이 있다.

간접금융을 통한 자본조달방법에는 은행차입과 기업어음 발행 등이 있다. 은행차입은 가장 보편적으로 사용되고 있는 기업의 단기자금조달 원천으로서 한국은행, 산업은행 등의 특수은행을 제외한 일반시중은행에서 차입이 가능하다. 은행차입의 종류에는 일반자금대출, 당좌대월, 어음할인, 적금담보대출 등이 있으며, 차입기업의 신용을 기준으로 신용공여한도(line of credit) 범위 내에서 각종 대출이 가능한데, 필요한 경우 부동산 등을 담보로 해서 추가대출이 이루어진다. 기업어음(CP : Commercial Paper)은 기업이 투자금융회사나 종합금융회사, 일반시중은행 등의 중개기관을 통해 발행한 약속어음이다. 은행대출에 비해 담보제공 등의 번거로운 절차가 없이 필요 시마다 수시로 자본조달이 가능하므로 많

그림 14-2 기업의 자본조달경로

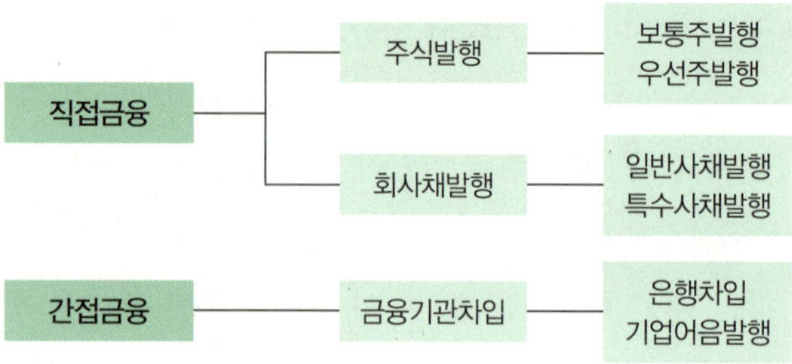

은 기업들에서 활발하게 이용되고 있다.

(2) 자본운용활동

일반적으로 기업의 경영자가 자본을 운용하는 방법에는 사업기회에 대한 투자와 주식, 채권, 부동산 등 자산에 대한 투자가 있다. 미래의 사업에 대한 투자결정은 보통 자본예산(capital budgeting)을 수립해서 투자대상을 물색하고, 투자대상으로부터 예측되는 현금흐름을 추정하며, 투자대상안의 타당성(feasibility)을 평가하고, 최적의 투자대상안에 투자한 후 그 투자안을 재평가하는 절차를 거치게 된다. 이 자본예산단계 중에서 가장 중요한 것은 현금흐름(cash flow)의 추정과 투자안의 타당성 평가인데, 이를 위해 순현재가치법, 내부수익률법 등이 사용되고 있다.

순현재가치법(NPV : Net Present Value)이란 투자로 인해 들어오는 현금유입의 현재가치에서 현금유출의 현재가치를 차감한 순현금흐름을 적절한 할인율로 할인해서 현재가치로 측정하는 방법이다. 내부수익률법(IRR : Internal Rate of Return)은 투자로부터 기대되는 현금유입의 현재가치와 현금유출의 현재가치를 같게 하는 할인율, 즉 투자안의 순현재가치를 0으로 만드는 할인율을 산정해서 이것이 미리 설정된 요구수익률보다 높으면 투자안을 채택하는 방법이다.

한편, 기업이 주식이나 채권에 투자할 때는 기대수익(expected return)과 위험(risk)을 고려해서 적절하게 포트폴리오(Portfolio)를 구성해 분산투자하는 것이 일반적이다. 이와 관련해서 마코비츠(Harry Markowitz)는 투자자가 최적포트폴리오, 즉 효용곡선과 포트폴리오 기회집합이 만나는 점을 선정해서 투자를 결정한다는 주장을 하였다. 여기에서 효용곡선은 개인별 효용의 무차별곡선을 말하고, 포트폴리오 기회집합은 투자자가 투자할 수 있는 포트폴리오를 의미한다.

2) 재무관리의 주요 개념

(1) 재무레버리지효과

IMF 경제위기 이전에 우리나라 30대 재벌기업들의 자기자본비율은 적게는 6.0%에서 많게는 36.2%로 평균이 20.5%로 나타났다. 이러다 보니 이들 기업은 자연히 금융기관에 의존하고, 실제로 은행의 총여신 중 약 30%는 이들 기업이 차지하게 되었다. 과연 이처럼 기업이 자기자본에 대한 타인자본의 비율인 부채비율이 높은 것이 바람직한가에 대하여 많은 논란이 있다. 이런 논란의 핵심은 기업에서 부채가 무조건 불리하다는 생각보다는 기업활동에서 우리가 무거운 돌멩이를 움직일 때 지렛대(lever)를 이용하면 보나 쉽게 움직일 수 있는 지렛대효과처럼, 매출이 늘어날 때는 외부에서 사금을 많이 빌리는 것이 보다 많은 이익을 가져오고, 반대로 매출이 감소할 때는 타인자본을 많이 쓸수록 순이익이 줄어들어 불리하다는 것이다. 즉, 기업의 순이익은 매출액에 따른 영업이익에서 타인자본의 사용에 지급되는 재무비용으로 순이익의 폭이 확대되는 '재무레버리지효과(financial leverage effect)'에 의하여 설명될 수 있다.

이 개념을 보다 쉽게 이해할 수 있는 예를 다음 [표 14-1]을 통하여 알아보자. ㈜제주기업의 영업이익이 2억 원이며, 현재 매달 지불하는 이자가 2천만 원이고 법인세율이 50%라 가정해 보자.

이때 (세후)순이익은 9천만 원이 된다. 그러나 매출이 늘어나 영업이익이 3억 원으로 50% 늘어나면 순이익은 1억 4천만 원이 된다. 반대로 매출이 줄어들어 영업이익이 1억 원으로 50% 줄어들면 순이익은 4천만 원이 된다. 이와 같이 영업이익의 변화율보다 (세후)순이익의 변화폭이 큰 것은 타인자본을 이용하는 데 따른 재무비용이 발생하기 때문이다.

이러한 재무레버리지효과 측면에서 우리나라 기업들의 재무관리활동을 분석해 보면 1980년대 중반까지는 우리나라 기업들이 고도 경제성장에 힘입어 외부에서 부채를 많이 사용할수록 기업이익이 증가하는 유리한 환경에 있었지만, 경제성장의 속도가 둔화되면서부터는 재무레버리지효과가 줄어들어 부채를 줄여 나가는 재무전략으로의 변화가 요구된다. 요컨대 경제가 성장단계에 있거나 기업이 앞으로 새로운 기술이나 상품을 통하여 시장에서의 경쟁력이 커질 가능성이 있는 경우에는 타인자본을 많이 사용하는 것이 유리하고 그렇지 못할 경우에는 이를 축소하는 것이 유리하다. 또 기업의 M&A에서 자기자본을 10~20%만 가지고 매수할 기업을 담보로 하여 외부에서 자금을 조달하여 기업을 매수하는 LBO(Leveraged Buy-Outs)는 이러한 재무레버리지효과에 의해 매입한다는 의미에서 붙여진 이름이다. 우리나라에서도 지난 1994년 거평이 자신보다 자본금이 2배나 많은 대한중석을 인수한 경우가 있었는데, 이는 LBO를 이용하여 '고래를 삼킨 새우'가 탄생한 셈이었다.

표 14-1 재무레버리지와 (세후)순이익 비교

(단위 : 만 원)

항목	50% 감소	현재	50% 증가
영업이익이자	10,000 (−)2,000	20,000 (−)2,000	30,000 (−)2,000
세전이익	8,000	18,000	28,000
법인세(50%)	4,000	9,000	14,000
(세후)순이익	4,000	9,000	14,000
	44.4% 감소		64.3% 증가

(2) 재무분석

국내 최대의 지하토목 기초처리(보링그라우팅)회사인 삼보지질이 일시적인 자금난으로 부도를 내고 신호그룹에 인수되고 말았다. 이 회사는 강병산 사장이 1976년에 창업하여 매년 20% 이상 매출신장을 통하여 국내 보링그라우팅업체 6백여 개 중 수주랭킹 1위를 기록한 국내 최대업체로서 인수되기 직전 해의 매출액이 1천44억 원, 종업원이 7백여 명으로 기술적으로 상당히 탄탄한 회사였다. 그러나 사장이 엔지니어 출신으로 기업의 원활한 자금관리의 중요성을 간과함으로 인해 일시적인 자금난에 대처하지 못하고 20여 년간 애써 가꾼 기업을 결국 남의 손에 넘기고 마는 불운을 맞게 되었다.

이처럼 기업에 조달된 자금이 경영활동을 통하여 어떻게 운용되고 또 어떠한 상태에 있는가를 분석하는 재무분석(financial analysis)은 경영정책의 합리적인 의사결정에 중요한 재무정보가 된다. 재무분석은 원래 미국의 금융기관에서 기업에 자금을 대출할 때 기업의 재무제표를 분석하여 기업의 신용을 분석하는 데 사용되었기 때문에 재무제표분석이라 하기도 한다. 이후 기업에서는 재무상태의 유동성이나 재무구조의 안전성뿐만 아니라 기업의 수익성을 파악하기 위한 경영분석(business analysis)이 중요해졌다. 따라서 경영분석에는 기업의 수익성, 안정성, 성장성이 주요한 내용이 되며, 대차대조표나 손익계산서 같은 재무제표를 이용한 분석은 기업의 건전한 재무관리와 활발한 경영활동에 도움이 되는 중요한 경영정보원이 된다.

먼저 기업의 수익성분석(profitability analysis)이란 기업에 투자된 총자본이 얼마나 효율적으로 운영되어 이익이 어느 정도인가를 측정하는 방법이다. 기업활동에서 가장 중요한 수익성분식은 보통 자본이익률(ROI : Return On Investment)로 많이 표현된다. 이 비율은 순이익을 총투자자본으로 나눈 것을 말하는데, 비율이 높을수록 이익이 많다는 것을 의미한다. 또 자본회전율은 매출액을 총투자자본으로 나누어 1년 동안의 자본활동성을 나타내는데, 기업의 수익성분석에 매우 중요한 척도로 사용된다.

다음으로 기업의 안정성분석(stability analysis)이란 지불능력이나 자금의 균형 상태를 알아보는 것으로 몇 가지 비율을 이용한다. 당좌비율(quick ratio)은 현재 보유하고 있는 현금, 예금, 유가증권 등 곧 현금화할 수 있는 당좌자산이 1년 이내에 갚아야 할 부채와 같은 정도라면 당죄비율은 100%로 자금은 안전하다고 판단하는 개념이다. 또 1년 이내에 갚아야 할 유동채무를 변제할 수 있는 유동자산의 비율인 유동비율(current ratio), 설비투자에 사용되는 자기자본의 비율인 고정비율, 총자본 중에서 외부에서 조달한 차입금의 비중인 차입금의존도 등이 기업의 안전성을 판가름하는 주요한 지표가 된다.

그리고 기업의 경영분석에 도움이 되는 성장성은 기업에서 경영활동의 결과인 생산량, 매출액, 부가가치에 의하여 크게 노동생산성과 자본생산성의 두 가지 차원에서 분석할 수 있다. 따라서 기업의 성장성분석에는 매년 매출액이 몇 퍼센트인가에 대한 양적인 성장과 노동 및 자본의 생산성에 관한 질적인 성장이 동시에 고려되어야 한다.

그런데 이러한 비율분석만으로는 기업의 재무상태나 경영성과를 판단하기 어렵기 때문에 비교·대조할 수 있는 기준이 필요하다. 이때에 주로 활용되는 비교기준이 되는 비율을 '표준비율'이라 하며, 일반적으로 동종업계의 평균치가 많이 사용된다.

(3) 손익분기점분석

많은 샐러리맨들은 조직생활에서 벗어나 자기사업을 꿈꾸게 되는데, 요즈음처럼 기업이 인원감축을 계속하면 더욱 자기사업에 대한 관심이 높아진다. 그러나 어떤 업종을 선택하여 얼마 만에 흑자가 될 것인가에 대한 타당성분석에 있어서는 심각한 회의를 갖게 된다. 즉, 사업성공의 여부는 시장의 수요를 잘 예측하여 투자한 지 얼마 만에 이익을 낼 수 있는가 하는 것이 가장 궁금한 요인이다.

이러한 사업성분석에 가장 쉽게 이용되는 분석방법으로 손익분기점분석(break-even point analysis)이 있다. 이 분석은 총수입과 총비용이 일치하는 매출량을 산출하여 목표이익에 대한 매출액을 산정하는 방법이다. 즉, [그림 14-3]에서 보는 것처럼 매출에 따른 총수입선과 고정비와 변동비를 합친 총비용

그림 14-3 손익분기점분석

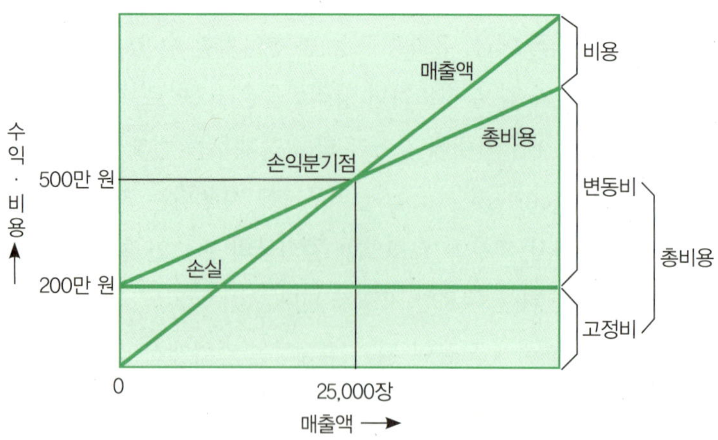

선이 일치하는 점이 손익분기점이고, 이 점을 넘으면 이익이 발생된다. 따라서 이 분석방법은 비용(cost), 판매량(volume), 이익(profit)의 상관관계에 의하여 결정되기 때문에 CVP분석이라고도 한다.

여기에 사용되는 총비용에는 판매량에 비례하여 증감하는 변동비와 판매량과 상관없이 일정한 고정비로 구분된다. 변동비의 주요 내용은 재료비, 외주가공비, 소모품비, 연료비, 원(재)료 매입비용, 운임, 포장비, 판매원보험료, 판매수수료 등이다. 고정비의 주요 내용으로는 감가상각비, 설비보험료, 임차료, 수선비, 임직원보수 등이 있다.

예를 들어, 사진현상소를 운영한다고 하자. 사진 한 장의 현상비는 대략 200원을 받고 있다. 그리고 한 달에 드는 고정비가 200만 원이며 사진 한 장당 비용은 120원이 든다. 그러면 손익분기점은 200만 원/(200원−120원)으로 한 달에 25,000장을 현상하면 수지가 딱 맞게 된다. 이때의 매출액은 500만 원(200원×25,000장)이 된다. 따라서 25,000장 이상의 사진을 현상하면 이때부터 이익이 생길 것으로 예측이 가능하다.

또 손익분기점을 실제 매출액으로 나눈 '손익분기점비율'을 통하여 기업의 경영체질을 파악할 수도 있다. 즉, 이 비율이 70%이면 기업구조에 변화가 없는 경우 매출액이 30% 떨어지면 적자가 된다는 것으로 경영활동의 30% 정도가 여유 있음을 의미한다.

한편 이 손익분기점분석에는 다음과 같은 한계점들이 고려되어야 한다.

① 대량구매나 판매에는 할인이 가능한데, 생산량이나 판매량에 관계없이 단위당 판매가격이나 변동비가 일정하다고 가정하였다.

② 비용을 고정비와 변동비로 엄격하게 구분하기가 쉽지 않다.

③ 여러 제품의 생산비에 공통으로 사용되는 제비용을 각 제품별로 배분하기가 쉽지 않다.

④ 이 분석에 사용되는 비용, 판매가격, 생산량의 관계는 기업의 과거자료를 토대로 이루어지기 때문에 변화하는 환경에서는 이들의 관계가 달라지기 쉽다.

(4) 팩터링금융

팩터링금융(financing factoring)이란 기업이 물건을 외상으로 판매할 때 발생하는 채권을 금융기관이 인수하고 자금을 제조업자에게 융통해 주는 금융기법을 말한다. 우리가 일상생활에서 흔히 이용하는 신용카드나 자동차, TV나 냉장고 같은 가전제품 등은 팩터링금융이 많이 이루어지는 상품들이다.

예를 들어, 자동차를 30개월 할부로 구매한다면, [그림 14-4]에서 보는 방법으로 팩터링금융이 이루어진다. 먼저 제조업자의 의뢰에 의하여 금융기관은 구매자의 신용도를 조사하여 이를 제조업자에게 통보한다. 그러면 제조업자는 구매자의 양호한 신용을 바탕으로 30개월 할부로 판매한다. 여기에서 발생하는 채권을 금융기관에 양도하고 제조업자는 팩터인 금융기관으로부터 금융을 제공받는다. 구매자는 매월 일정한 할부금을 30개월 금융기관에 납부하면 모든 금융거래는 끝나게 된다. 기업이 이 제도를 이용하면 매출채권을 빨리 회수할 수 있고, 대손위험도 팩터에게 전가할 수 있는 장점이 있다. 팩터는 할인에 따른 비용이나 수수료 이익이 생기고, 구매자는 한꺼번에 목돈을 지불하여야 하는 부담도 덜 수 있다.

그림 14-4 팩터링금융의 흐름

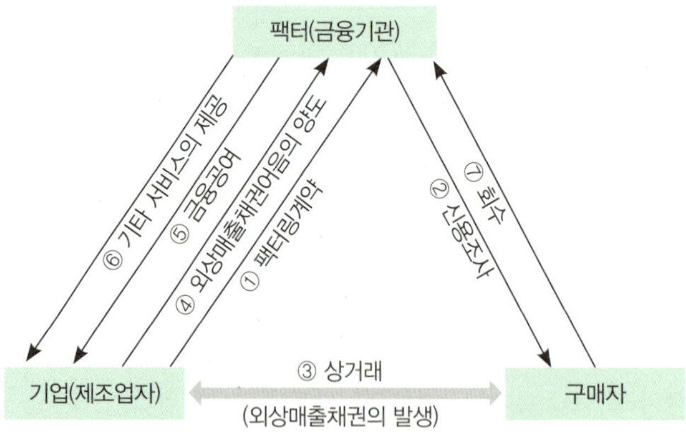

우리나라에서는 팩터링금융이 1979년 아세아종합금융회사가 생기면서 점차로 생겨나는 투자금융사(단자회사)들에 의하여 발전되었다. 이러한 팩터링금융은

점차 주택사업에도 활용되고 있다.

한편, 우리 사회에서 신용카드 사용에 따른 문제가 심각해지고 있다. 최근 들어 신용카드사들이 점점 늘어나면서 20세 미만 무소득자나 학생들에게도 무리하게 카드를 발급하면서 발생한 신용불량자들이 국가 금융위기는 물론이고 사회적인 문제로까지 확대될 정도에 이르렀다. 우리나라의 악성연체비율은 미국이나 일본의 몇 배를 넘는 수준으로, 심각한 경제 문제가 되고 있을 뿐만 아니라 신용사회를 정착시키는 데 커다란 장애요인으로 작용하고 있다.

앞으로 이러한 팩터링금융이 건전하게 정착되기 위해서는 신용조사제도와 신용정보기관이 체계적으로 발전되어야 하고, 이에 관한 법규가 보완될 필요가 있으며, 기업공시제도가 보다 강화되어야 할 것이다.

(5) 인수 및 합병

기업경영의 목표는 기업가치를 높이는 것이다. 그리고 이를 위해서는 경영환경의 변화에 능동적으로 대응해 나감으로써 지속적인 성장을 도모해야 할 것이다. 기업이 성장하기 위해서는 무엇보다도 내부자원을 적극적으로 활용해서 이익을 창출하고, 그 이익을 사내에 재투자해서 자본력을 강화해 나가는 내적 성장(internal strategy)전략을 추진할 필요가 있다.

그러나 기업의 지속적인 성장을 위해 신규사업의 진출, 신상품의 개발, 신기술의 확충 등을 수행해 나가려면 대단히 많은 시간과 자본, 위험이 요구된다. 그리고 이를 독자적으로 진행해 나가는 데는 투자의 효율성과 기술인력의 확보, 신시장의 개척 등에 어려움이 따르게 된다. 따라서 타기업이나 그 기업의 사업을 인수 및 합병(M&A)함으로써 자사의 성장력을 제고해 나가는 외적 성장(external growth)전략이 필요해지기도 한다. 인수조건에 따라서는 투자이익이 매우 크고 신규투자에 따른 위험이 제거될 수 있는 장점이 있다. 또한 기업 간의 결합을 통해 시너지효과를 창출할 수 있는 기회가 될 수도 있다.

이러한 M&A는 둘 이상의 기업이 서로 통합하여 하나의 기업으로 되는 기업합병(merger)과 인수기업이 피인수기업의 주식이나 자산을 전부 또는 일부 매입해 경영권을 획득하는 기업인수(acquisition)가 결합된 개념이다. 여기에서 기업합병(merger)이란 둘 이상의 기업이 결합해서 법률적으로나 실질적으로 하나의 기업이 되는 것을 의미한다. 한 기업이 타기업을 결합해서 단기간 내에 외적인 성장을 추구할 수 있는 강력한 수단이다. 기업인수란 피인수기업의 경영지배권(corporate control)을 획득하기 위해 그 기업의 주식이나 자산을 취득하는 것이다.

그림 14-5 M&A의 형태

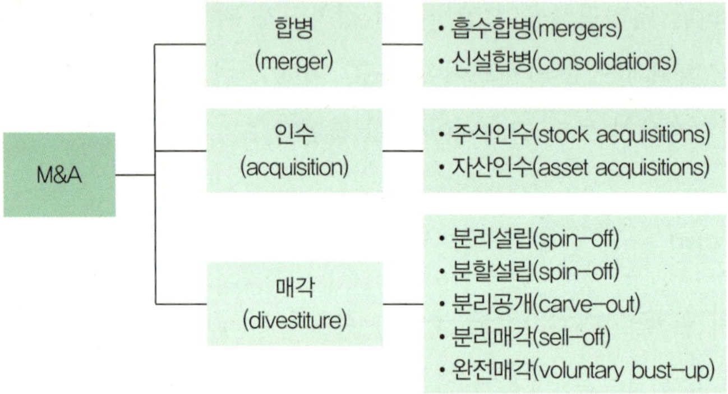

그러나 넓은 의미에서 보면 [그림 14-5]와 같이 M&A는 주식이나 자산의 인수뿐만 아니라 사업부문이나 생산시설의 일부나 전부를 처분하는 기업매각까지도 포함된다. 여기에서 기업매각은 방만하게 운영되어 오던 사업부문이나 종업원, 부채 등을 청산하기 위하여 기업을 분할한 다음 매각해서 기업구조를 재편성(restructuring)하는 작업을 말한다. 즉, 단순히 업적이 부진한 부분을 제거하는 측면만이 아니라 경쟁력이 약화되는 사업을 매각하고 본래의 핵심사업에 주력하는 경향까지를 포함하는 개념이다. 이러한 매각을 M&A에 포함시켜서 M, A&D라는 용어를 사용하기도 한다.

이러한 관점에서 경영전략적인 측면을 고려하면, 기업 상호 간의 전략적 제휴도 넓은 의미의 M&A에 포함시킬 수 있을 것이다. 전략적 제휴(strategic alliance)란 동일하거나 유사한 업종에 속한 기업들이 연구개발, 마케팅, 생산 등의 노하우와 자원을 상호 공동으로 사용해 공통의 이익을 추구하는 기업 간의 결합을 말한다.

한편, 기업인수와 합병에는 몇 가지 차이점이 있다. 첫째, 기업합병은 합병회사와 피합병회사가 하나의 기업으로 변환됨으로써 피합병회사의 독립성이 유지되지 않으며 피합병회사의 채권 및 채무가 합병회사에 귀속된다. 반면에 기업인수는 피인수회사가 경영상의 독립성을 유지할 뿐만 아니라 법적으로도 독립된 주체이므로 피인수회사의 채권과 채무가 인수회사에 귀속되지 않는다.

둘째, 절차상의 측면에서 볼 때 기업합병은 양기업 공히 이사회나 주주총회의 결의를 거쳐야 하는 데 반해, 기업인수는 피인수회사의 이사회나 주주총회의 결의를 필요로 하지 않으며 인수회사가 피인수회사를 지배할 필요가 없어지면 관련 지분을 처분함으로써 지배관계를 청산할 수 있다.

그러므로 기업인수는 기업합병보다 상대적으로 체결하기도 수월하지만 처분하기도 용이해서 현실적으로 보다 많은 기업들이 활용하고 있다.

(6) 선물과 옵션

선물거래(futures trading)란 미래의 일정시점에 일정량의 특정상품을 미리 정한 가격에 매매하기로 계약하고, 만기 이전에 반대매매를 행하거나 만기일에 현물을 실제로 인수 · 인도함으로써 계약을 이행하는 거래 형태를 말한다. 이러한 선물거래는 원래 선도계약에서 출발하였는데, 선도계약이란 미래의 일정시점에 어떤 상품을 인도할 조건으로 그 상품의 인도 수량, 등급, 장소, 가격 등에 관하여 매매쌍방이 구체적으로 협약을 맺는 것을 말한다.

통상적으로 선물계약은 매매쌍방이 존재해야 하며, 가격을 미리 약정하며, 계약조건이 표준화되어 있어야 한다. 따라서 선물계약을 매입한 사람은 다른 사람에게 만기 전에 매도할 수 있으며, 매도한 사람도 만기 전에 다른 사람으로부터 동일한 계약을 매입할 수 있다. 그 과정에서 선물계약은 가격변화위험을 서로 다른 사람에게 전가할 수 있는 신축성을 갖게 된다.

선물거래는 그 이용목적에 따라 헤지거래, 투기거래, 차익거래, 스프레드거래로 분류된다. 해지거래는 현물시장의 가격변동위험을 회피하기 위해 선물시장에서 반대의 포지션을 취하는 것이다. 예를 들면, 우리나라 현물 주식시장에서 주식을 보유하고 있는(현물시장에서 long position) 투자자가 미래의 주가하락을 예상할 경우 선물시장에서 KOSPI 200 선물을 매도(short position)하는 방법으로 위험을 해지하는 것이다. 이때 주가가 예상대로 하락하면 선물시장에서 매도 포지션으로 이익을 얻고 현물시장에서는 손실이 발생하는데, 선물시장의 이익으로 현물시장의 손실을 보전할 수 있게 된다. 반대로 주가가 예상과 달리 상승하면 선물시장에서의 손실을 현물시장에서의 이익으로 보전가능하게 되는 것이다.

투기거래는 현물시장과 관계없이 선물시장에 참여함으로써 시세차익을 얻고자 하는 거래이다. 주가지수선물의 경우 현물시장에서 어떠한 포지션도 갖고 있지 않은 투기자가 미래 주가지수의 상승을 예상하고 KOSPI 200 선물을 매입해서 예상이 맞아떨어지면 이익을 얻게 된다. 차익거래는 현물과 선물을 이용하여 추가적인 위험부담이나 투자자금의 부담 없이 확실한 이익을 얻으려는 거래이다. 그리고 스프레드거래는 거래대상상품이나 결제월이 다른 선물계약의 가격차이가 확대되거나 축소될 것을 예상해서 하나의 선물을 매입하고 또 하나의 선물을 매도하는 거래전략을 말한다.

한편 옵션(option)은 특정자산(기초자산)을 미리 약속된 날짜(만기일)에 미리 약속된 가격(행사가격)으로 사거나 팔 수 있는 권리를 말한다. 그러므로 옵션을 소유한 사람은 특정자산을 사거나 팔 수 있는 권리를 가지며, 선물계약과 같은 계약이행을 위한 의무가 따르는 것은 아니다. 때문에 옵션소유자는 자기에게 경제적으로 유리할 경우에는 옵션권리를 행사하여 자산을 사거나 팔 수 있으며, 불리한 경우에는 권리를 포기할 수 있는 것이다.

옵션은 기존의 금융상품과 다른 여러 가지 기능을 가지고 있다. 첫째, 주식의 보유나 공매에서 발생하는 투자위험을 헤지하는 수단으로 사용가능하다. 둘째, 주식에 비해 적은 투자자금으로 주식투자와 동일한 포지션을 취할 수 있는 레버리지효과를 얻을 수 있다. 셋째, 낮은 비용으로 투자자가 보유하고 있는 포트폴리오를 간편하게 조정할 수 있다. 넷째, 옵션 그 자체가 하나의 새로운 투자대상이며, 여러 다른 금융상품과 결합하여 투자자에게 원하는 현금흐름을 실현할 수 있게 한다.

옵션에는 콜옵션(call option)과 풋옵션(put option)이 있는데, 전자는 미리 약속된 날짜에 미리 약속된 가격으로 특정한 기초자산을 일정수량 살 수 있는 권리이고, 후자는 특정한 기초자산을 일정수량 팔 수 있는 권리를 말한다. 이때 미리 약속된 날짜를 만기일(expiration date), 미리 약속된 가격을 행사가격(striking price), 옵션대상자산을 기초자산(underlying asset)이라 한다. 그리고 이러한 권리들은 소유자의 의사에 따라 행사할 수도, 안 할 수도 있다.

2 회계원리

회계는 종종 기업경영의 공통언어라고 한다. 실제로 기업의 이익, 매출액, 매출원가, 감가상각, 대손충당금 등과 같은 회계용어가 매일 신문과 방송 등에서 언급되고 있다. 이익이란 무엇인가? 매출액은 어떻게 측정하며 매출원가는 어떻게 산정되는가? 외상매출금과 대손충당금은 기업의 건전성과 어떠한 관계를 형성하고 있는가? 기업의 대차대조표와 손익계산서는 회계기준에 따라 제대로 작성되어 있는가?

이러한 회계용어들과 회계상의 문제를 접하면서 회계학이라 하면 대부분이 매우 복잡하고 전문적인 분야로 생각하는 경향이 있다. 그래서 회계란 회계사들이 관심을 갖고 해결해 나가야 할 특수 분야로 보는 것이다. 하지만 가계부를 작성하는 가정주부, 고객의 예수금과 대출금을 관리하는 은행원, 부가가치신고서를 앞에 놓고 고민하는 상인, 일시적인 자금난을 호소하는 경영자 등 회계와 일상적으로 얽혀 있는 사람들이 대부분이다. 따라서 회계를 제대로 알면 현명한 경제생활을 영위할 수 있다는 데 대해 모두가 공감하고 있다.

기업조직의 경우를 보면 회계란 기업의 경영활동을 측정, 기록, 해석하고 기업 내부 및 외부의 관계자들에게 필요한 정보를 제공하여 의사소통을 원활하게 수행함으로써 경영자의 의사결정을 지원하는 총체적인 시스템으로 정의된다. 여기에는 회계가 재무적 성격을 갖는 거래나 사건에 대해 일정한 원리에 따라 기록 분류하여 재무보고서를 작성하며, 이를 회계정보이용자들의 경제적 의사결정에 유용한 정보로 제공하는 의미가 내포되어 있다. 따라서 재무제표의 작성을 통해 회계정보를 측정(measuring)하고 그 이용자들에게 회계정보를 제공(communicating)하는 것이 회계의 기본기능이라 할 수 있다.

이때 회계정보는 재무제표의 형태로서 주기적으로 이해관계자들에게 전달되는데, 여기에서 이해관계자라면 주주 또는 투자자, 경영자, 종업원 또는 노동조합, 금융기관, 채권자, 정부기관, 소비자, 협력회사, 공중 등을 들 수 있다. 이들은 회계정보를 통해 기업의 안정성, 수익성, 성장성 등을 나름대로 평가하고 필요한 의사결정을 내리게 된다.

1) 회계정보의 필요성

전통적으로 회계는 기업활동에서 발생하는 거래나 사건을 기록, 분류, 요약하여 그 결과를 해석하는 부기적 특성을 강조하였지만, 오늘날 기업의 규모가 커지면서 공익적인 성격이 강해짐에 따라 회계는 정보이용자의 경제적 의사결정에 유용한 정보를 제공하는 사회적 성격도 포함되었다. 즉, [그림 14-6]에서 보는 것처럼 기업회계는 주로 기업 내부의 경영계획이나 통제에 초점을 맞춘 '관리회계'와 주주나 투자자, 채권자, 세무당국 등 기업의 이해관계자들에게 기업의 재무상태나 경영성과에 관한 유용한 정보를 제공하는 '재무회계'로 구분된다.

그림 14-6 회계정보의 전달과정

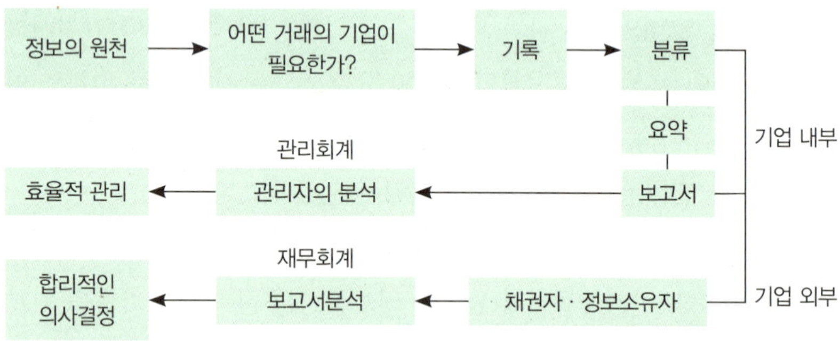

관리회계는 기업 내부의 경영자가 경영정책을 수립하거나 경영계획을 위한 의사결정에 도움이 되거나 또는 업적평가에 필요한 자료로 사용되는 내부보고지향적인 시스템으로 손익분기점분석, 경영분석, 원가계산, 예산관리 등을 이용하여 작성된다.

반면 재무회계는 기업의 이해관계자들에게 이해하기 쉽고 올바른 정보를 제공하기 위하여 상법이나 세법 및 기업회계기준 등의 규칙에 따라 작성된다. 우리나라의 경우에 1월 1일부터 12월 31일까지를 한 회계연도(또는 사업연도)로 하지만, 미국은 10월 1일부터, 영국이나 일본은 4월 1일부터 회계연도를 시작한다. 그리고 법적으로는 별개 회사의 형태를 취하고 있으나 실질적으로는 하나의 경제주체인 경우에, 이들 관련기업 전체의 재무 상태와 경영성과를 연결한 '연결재무제표'를 이용하면 이해관계자들은 보다 정확한 회계정보를 얻을 수 있다.

2) 회계의 기본적 가정

기업회계는 몇 가지의 기초개념, 즉 기본적 가정(accounting basic assumption)을 전제로 해서 회계실무가 이루어지고 있다. 기업의 회계시스템과 재무제표를 올바로 인식하기 위해서는 기업회계의 밑바탕이 되고 있는 몇 가지 개념을 이해해 둘 필요가 있다.

첫째, 기업실체의 가정(business entity assumption)으로서, 기업은 기업주와 달리 독립적인 실체로 존재한다고 보는 개념이다. 기업은 그 소유자인 기업주와 별도로 분리 · 독립된 주체로서 자체적으로 권리와 의무를 가진 하나의 실체(entity)인 것이다. 그러므로 기업의 경영과정에서 발생하는 경영성과나 재무상태를 재무제표로 보고하는 회계업무는 기업주가 아니라 기업이 수행하는 것이다.

둘째, 계속기업의 가정(going concern assumption)의 가정으로서, 기업은 반론의 증거가 없는 한 영속적으로 경영활동을 수행하는 존재, 즉 영원한 수명을 가진 실체로 보는 개념이다. 이 때문에 회계기간(accounting period)의 개념이 등장하며, 기업의 전 존속기간을 인위적으로 구분해서 기간별로 손익을 측정하고 회계연도를 기준해서 연결재무제표를 작성하게 된다.

셋째, 측정단위의 가정(monetary valuation assumption)으로서, 회계상의 측정이 되는 모든 거래는 화폐라는 공통의 측정척도에 의해 표시해야 한다는 개념이다. 즉, 화폐단위로 측정할 수 없는 기업의 경영활동은 비록 그것이 기업에 상당히 중요한 사실이라 하더라도 회계의 대상이 될 수 없다.

넷째, 회계기간의 가정(accounting period assumption)으로서, 회계실체가

인위적으로 정한 일정한 기간을 기초로 해서 그 기간에 발생한 경영활동의 내용을 해당기간 말에 재무제표 형태로 주기적인 보고를 실행한다는 개념이다.

3) 회계원리의 주요 개념

(1) 재무상태표

재무상태표(balance sheet)는 일정시점에서 기업이 소유하고 있는 자산과 부채 및 자본의 재무상태를 나타내는 표인데, 차변에 나타나는 자산은 자금의 운용상태를, 대변에 나타나는 부채와 자본은 자금의 조달 상태를 보여준다.

자산은 기업의 경영활동에 필요한 재화나 권리 등의 재산을 말하는데, 1년 이내에 현금으로 바꿀 수 있는가에 따라 유동자산과 고정자산으로 구분된다. 고정자산에는 토지, 건물, 기계 등과 같은 유형물과 특허권이나 영업권(권리금)과 같은 무형물이 있다.

부채는 기업이 앞으로 다른 사람 또는 기관에게 지불해야 할 채무를 말하는데 '타인자본'이라고도 한다. 부채는 1년 이내에 갚아야 할 유동부채와 1년이 넘는 고정부채로 구분한다.

그림 14-7 대차대조표의 구성

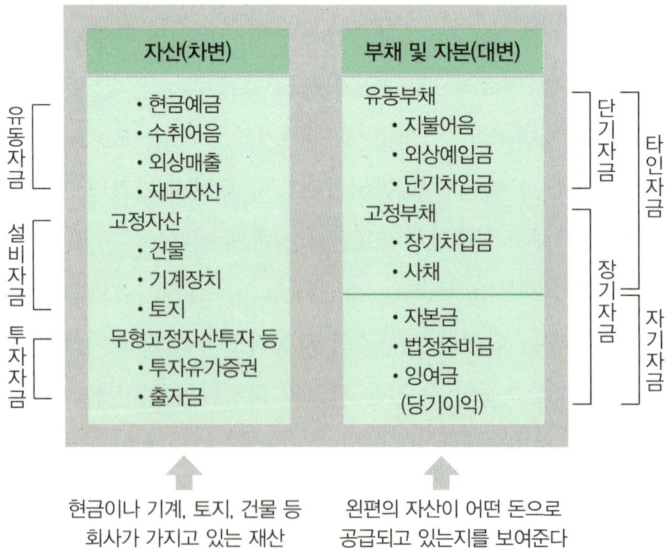

자본이란 자산에서 부채를 뺀 차액을 말하며, 주주가 불입한 납입자본과 기업이 지금까지 벌어들인 이익잉여금으로 이루어져 '자기자본'이라 불린다. 따라서 [그림 14-7]에서 보는 것처럼 재무상태표를 잘 살펴보면 기업의 재산상태를 알 수 있을 뿐만 아니라 자금의 조달이나 운용상황을 한눈에 볼 수 있다.

(2) 손익계산서

손익계산서(income statement)는 어떤 일정기간(우리의 경우 1월 1일부터 12월 31일까지) 동안 기업이 수행한 경영성적을 나타내는 수지표를 말한다. 이 표에 나타난 수익은 매출액, 영업외수익, 특별이익의 3종류이며, 비용은 매출원가, 판매비 및 일반관리비, 영업외비용, 특별손실의 4가지로 구성된다. 앞에서 살펴본 대차대조표는 기업의 결산기 말일의 자금 상태를 나타낸 것이라면, 손익계산서는 일정기간 자금의 흐름 상태를 나타낸다.

[그림 14-8]에서 보는 것처럼 손익계산서에는 크게 5가지의 이익을 계산할 수 있다.

그림 14-8 손익계산서의 구조

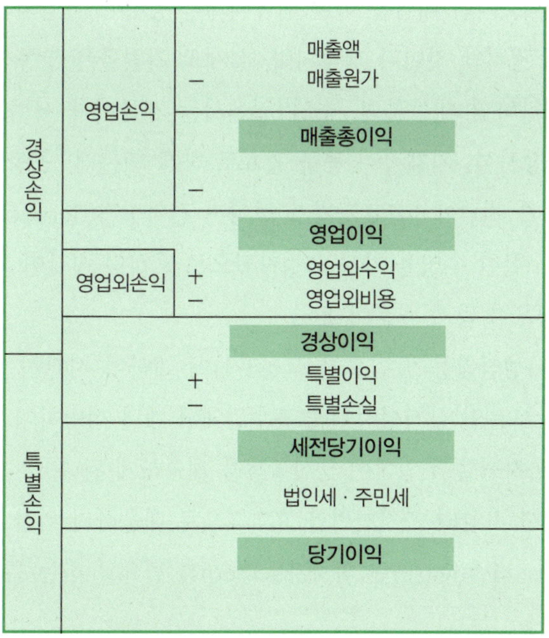

① 매출총이익 : 상품을 판매한 금액에서 제조원가를 차감한 금액으로 기업의 주수입원이다.

② 영업이익 : 매출총이익에서 판매활동에 필요한 여러 경비와 자산의 감가상각비를 차감한 금액이다.

③ 경상이익 : 영업이익에 수입이자나 지급이자 등 영업외손익을 가감한 금액을 말한다.

④ 법인세차감전 당기순이익 : 경상이익에 생산활동 이외에서 발생한 토지매각이나 재해 등의 특별손익을 가감한 금액이다.

⑤ 당기순이익 : 법인세차감전 이익에서 각종 법인세, 주민세 등을 납부한 후 기업이 자유롭게 사용할 수 있는 순이익을 말한다. 여기에서 배당금이나 각종 상여금을 제외하고 남은 금액은 '이익잉여금'으로 기업의 자기자본에 편입된다.

(3) 감가상각과 리스

필자가 경영학과에 처음 입학한 학생들에게 기업이 무엇이냐고 물으면 많은 학생들은 부동산투기를 하거나 정경유착 또는 문어발식 경영을 통하여 치부하는 집단으로 대답한다. 이런 대답은 아마 대중매체를 통하여 기업의 비자금 문제가 자주 언급되면서 생겨난 것이라 생각되며, 실제로 기업들은 부동산 차액을 얻는 경우도 있다. 왜냐하면 대부분의 제조기업에서는 제품이나 서비스를 생산하기 위하여 토지, 공장시설, 기계장비 등을 필요로 하게 되는데, 공장시설이나 기계장비는 사용연수가 지남에 따라 가치가 떨어져 감가상각(depreciation)을 하는 반면에, 토지는 무한한 수명을 가진 고정자산으로 오히려 시간이 지남에 따라 가치가 상승되는 경우가 많기 때문이다.

이처럼 기업은 생산활동에 필요한 고정자산에 대하여 시간이 경과함에 따라 가치가 떨어지는 부분인 감가상각액을 총수입에서 매년 적립하여 일정기간이 지난 후에는 새로운 자산을 구입하여 생산활동을 계속하게 된다.

기업에서 이러한 자산의 가치하락을 효과적으로 대응하기 위한 방법으로 리스를 이용하게 된다. 리스(lease)란 임차자(lessee)가 필요로 하는 특정자산을 직접 구입하지 않고, 이를 소유하고 있는 임대자(lessor)로부터 그 대가를 지불하고 일정기간 사용하는 계약을 말한다. 주로 이 계약은 기술혁신의 속도가 빨라 경제적 진부화의 위험이 큰 컴퓨터, 복사기, 승용차, 항공기 등에 많이 이용된다.

기업에서 필요한 자산을 직접 구입하지 않고 리스를 이용하면 다음과 같은 장 · 단점이 있다.

① 한꺼번에 구입비용을 모두 조달할 필요가 없다.

② 임차인이 지불하는 리스료는 세법상 손비로 인정되어 기업에게는 법인세의 절감효과가 있다.

③ 기업이 소유하고 있는 기계나 설비 등은 끊임없는 기술혁신이 이루어져 이에 따른 진부화의 위험을 회피할 수 있다.

④ 리스거래는 원칙적으로 신용거래이므로 담보물이 필요 없고 다른 장기차입계약이나 차관계약의 경우보다 제약조건이 적다.

⑤ 리스료가 은행차입에 따른 비용보다 높다.

⑥ 리스계약이 끝나면 리스대상자산의 소유권은 임대자에게 귀속한다.

⑦ 리스계약 중에는 임대자의 승낙 없이는 리스대상자산을 마음대로 변경이나 이전할 수 없다.

토 | 의 | 문 | 제 |

01 손익분기점분석은 무엇인가?

02 팩터링금융은 무엇인가?

03 기업인수와 합병의 차이점은 무엇인가?

04 재무상태표와 손익계산서는 무엇인가?

꿈에 책임을 지는 용기를

잘못에는 책임을 지려고 하면서 어째서 꿈에는 책임을 지려고 하지 않는가? 다른 누구의 것도 아닌 자신의 꿈이지 않는가? 내 꿈은 이것이라며 드높여야 하지 않는가? 그만큼 유약하기 때문인가, 아니면 용기가 없어서인가? 애초 자신의 꿈에 책임을 질 생각이 없다면 꿈은 영원히 이루어지지 않을 것이다.

출처 : 『니체의 말』 중에서

Chapter

15

전략 및 글로벌경영

1. 전략경영의 의의
2. 전략적 사업단위
3. 전략적 도구와 전략의 유형
4. 전략적 시너지효과
5. 다국적기업과 글로벌경영
6. 세계시장에서의 비교문화
7. 글로벌기업의 경영자 선발
8. 글로벌경영의 주요 개념

경영이야기 1

혁신 선도국이 되려면

초변화 대전환 시대를 맞으며 세계경제가 한 치 앞을 보기 어려울 만큼 불확실하다. 4차 산업혁명과 디지털 대전환, 기후 위기 및 탄소중립과 그린 대전환, 코로나 팬데믹, 미 · 중 패권경쟁 및 신냉전 시대와 문명 대전환 등 미증유의 초변화 대전환이 세계 판도를 바꾸고 있다.

이 과정에서 국가와 기업의 혁신(Innovation) 역량이 주목받고 있다. 국가혁신시스템 개념을 정립한 영국의 경제학자 크리스토퍼 프리먼은 경제 불황의 해법으로 혁신의 중요성을 강조했다. 현대 경영의 두 거장인 조지프 슘페터와 피터 드러커도 혁신과 기업가정신을 핵심 성공 요소로 제시하였다.

새 시대에 혁신의 중요성이 더욱 부각되면서 우리 국가와 기업의 혁신역량 제고가 시급한 당면과제가 되었다. 혁신역량에 대한 정확한 평가가 우선인데 평가기준에 따라 결과가 다양하다. 2021년 블룸버그 혁신지수에서 세계 1위, 2022년 세계지식재산기구(WIPO) 혁신지수에서 세계 6위를 차지한 반면, 올해 미국 CES에서 발표된 글로벌 혁신지수에서는 4년 전과 유사한 26위를 기록했다. 우수한 평가를 받은 분야에는 자만하지 말고 강점을 더욱 살리고, 부진한 평가 분야에는 실망하지 말고 시급히 약점을 보완해야 한다. 블룸버그와 WIPO 혁신지수는 연구개발(R&D) 투자, 특허, 제조업 부가가치 부문에서 높은 평가를 받았다. CES 혁신지수에서는 다양성, 사이버보안, 세제 친화도에서 낙제점을 받은 것이 실망스러운 순위의 이유다.

우리나라가 혁신 선도국이 되려면 글로벌 혁신지수의 평가에 일희일비하지 말고 냉철한 분석과 지속적 개선이 필요하다. 우리가 잘하고 있는 분야로 우선 R&D 혁신은 GDP 대비 R&D 투자 비율을 늘리되 선택과 집중을 통한 기술 분야별 R&D 투자 절대금액의 우위 확보가 중요하다. 둘째로, 특허 혁신은 건수 등 양적 지표보다 등급, 기술료 등 질적 지표에 집중해야 한다. 셋째로, 제조업 부가가치 혁신은 R&D를 통한 기술혁신이 관건이다.

우리가 못하고 있는 분야의 혁신이 시급하다. 먼저 다양성 혁신이 중요하다. 다양성은 혁신의 가장 중요한 원천이다. 남녀노소, 인종, 출신학교 · 지역 등 다방면의 다양성이 혁신을 만든다. 수출로 먹고사는 나라의 기업과 정부에 한국인 일색이면 세계시장 · 소비자를 사로잡는 혁신이 나오기 어려울 수밖에 없다. 혁신 기술과 아이디어를 가진 외국인이 모여드는 글로벌 혁신 허브가 되어야 한다. 둘째로, 사이버보안은 기술이나 시스템 혁신만이 아니라 사회적 의식 개혁이 중요하다. 정보 유출이나 해킹, 지식재산권 침해 등에 정부와 국회, 사법부는 물론 기업과 국민의 인식이 너무 관대하다. 일벌백계의 단호함이 필요하다. 셋째로, 세제 친화도는 우리의 주요 경쟁국 대비 높은 법인세의 현실화 등 글로벌 관점이 중요하다.

혁신 선도국이 되기 위한 국가적 혁신 경쟁이 우리 미래를 결정한다.

출처 : 매일경제, 2023.5.24.

경영이야기 2

글로벌 경기침체에도 … 사이버보안 매출 늘어난다

"글로벌 경기침체 여파로 고객사 대부분이 긴축을 외치고 있지만 단 한 가지만큼은 오히려 늘리고 있습니다. 바로 사이버보안 투자입니다."

서울 광화문역 포시즌스호텔서 만난 엠마 카펜터(Emma Carpenter) 시스코 글로벌 보안 영업 총괄 부사장은 이 같이 말했다. 우크라이나 전쟁, 글로벌 경기침체 등으로 돈과 정보를 노린 사이버해킹이 증가하고 있는 상황이어서, 고객과 기업정보를 지켜야하는 기업들이 다른 예산은 줄이면서도 사이버보안 투자는 늘리고 있다는 것이다. 엠마 부사장은 "이메일 해킹, 보안 관리소홀 문제 등이 전 세계적으로 공통적으로 나타나는 사이버보안 위협"이라며 "전 세계적으로 15%, 한국에 한정하면 7%의 기업만이 사이버보안에 제대로 방비하고 있는 상황"이라며 앞으로 사이버보안 분야는 성장여력이 더 크다고 밝혔다.

글로벌 대기업인 시스코는 한 해 매출액이 515억 달러(약 68조 원)에 달한다. 이 중 약 7%(37억 달러 · 5조 원)가 보안부문서 나온다. 시스코 한 해 보안매출액이 국내 사이어보안 산업 전체와 비견될 정도로 크다. 엠마 부사장은 글로벌 경기침체가 진행되고 있음에도 불구하고 보안부문 매출액은 향후에도 '성장'할 것이라고 내다봤다. 그는 "전 세계 인터넷 트래픽의 약 80%가 시스코 스위치와 연동돼 있어서 시스코는 500여 명의 사이버보안 리서처들이 이 같은 인프라를 기반으로 4,000억 건에 달하는 보안침해 사건을 분석해왔다"며 "거대한 규모 · 글로벌 차원의 보안위협 정보 수집 · 멀티클라우드 지원 등이 시스코 보안솔루션의 강점"이라고 설명했다.

실제로 시스코는 2012년 머라키(12억 달러 · 클라우드 기반 네트워크 통합관리), 2018년 듀오(23억 달러 · 수차례 인증을 통한 제로트러스트 보안), 2020년 사우전드아이즈(10억 달러 · 네트워크 장애요인 한눈에 파악) 등 조 단위 투자를 통해 보안부문에서 몸집을 불려왔다. 최근엔 멀티클라우드가 대세가 되면서 멀티클라우드 환경 속에서 네트워크보안 서비스를 제공하는 발틱스를 인수하기도 했다. 다양한 솔루션들이 시스코란 브랜드 아래 한 데 묶이고, 보안 담당자들이 한눈에 장애요인을 파악할 수 있도록 가시성 높은 인터페이스를 제공하는게 시스코 보안솔루션의 장점이다.

엠마 부사장은 “시스코 보안부문 매출액의 약 80%가 소프트웨어 판매로부터 오고 있다”며 “앞으로도 시스코는 기존 기술을 더 업그레이드하거나 혹은 시스코가 가지고 있지 않은 기술을 보유한 기업을 인수하면서 고객맞춤형 서비스를 제공할 것”이라고 덧붙였다.

시스코의 또 다른 강점은 바로 직원친화적인 조직문화다. 각종 외부평가에서 시스코는 직원들이 다니기 좋은 직장 상위 랭킹에 들어가곤 한다. 피인수된 직원들 대다수도 시스코 직원으로서 일하고 있다. 그 핵심 철학엔 직원을 배려하는 문화가 있다. 아마존 메타 등 타 글로벌 빅테크들이 경영상황에 맞춰 지난해부터 직원을 ‘만 명 단위’로 해고하는 데 반해, 시스코는 대량해고는 없다고 직원들에게 못박았다. 엠마 부사장은 “한 달에 3차례 최신 IT트렌드를 교육하는 내부 프로그램을 운영하고, 가급적 해고가 아닌 부서이동(직무전환)을 통해 재직자가 최신 기술에 적응할 수 있도록 돕는다”며 “직원들뿐만 아니라 외부 교육기관 등과 협업해 파트너사 직원들까지 교육시키면서 시스코 생태계를 확장하려는데 노력을 기울이고 있다”고 강조했다. 시스코 문법을 이해하는 사람이 외부에 많을수록 시스코 제품과 솔루션이 더 팔릴 수 있다는 점에 착안한 경영전략을 펼치고 있는 것이다.

출처 : 매일경제, 2023.5.23.

1 전략경영의 의의

1983년 마쓰시다전기의 가전사업본부장이 사장실로 와서 "지난 상반기 동안 우리 회사의 매출이 20% 성장했습니다. 그러나 우리의 경쟁사인 A사나 B사는 오히려 10%씩 감소하였습니다"라고 의기양양하게 보고를 하였다. 그런데 야마시다 사장은 이를 듣고 나서 벌컥 화를 냈다. 본부장은 너무 놀랐다. 그 이유는 경쟁사들은 이미 가전사업 분야가 포화 상태에 이르러 더 이상 성장이 어렵다고 판단하여 가전사업에서 반도체사업, OA, FA 등으로 주력사업을 바꾸었기 때문에 매출액이 줄었던 것이다.

이처럼 1980년대 중반까지는 우리 기업들의 경영환경이 비교적 안정적이었다고 할 수 있다. 즉, 국내시장에서 기존 경쟁자들에 의하여 배분되는 시장점유율의 변화에만 관심을 가지고 안정적인 경쟁을 추구할 수 있었다. 그러다가 우리의 경제 규모가 커지면서 기존 사회의 가치나 문화가 변하고, 소비자들의 욕구가 다양해질 뿐만 아니라 외국기업들이 국내시장에 적극적인 진출을 시도하면서 국내시장은 치열한 경쟁의 각축장이 되었다. 따라서 기업들은 이러한 시장의 급격한 환경변화에 대응하기 위한 경영합리화의 방법으로 소위 '벤치마킹'이나 '비스니스 리엔지니어링' 등을 통하여 경영혁신을 시도하고 있다. 이는 마치 전쟁에서 승리하기 위해서는 훌륭한 전략이 필요하듯이 기업도 기존의 틀에 박힌 경영만으로는 생존조차 할 수 없기 때문에 전략의 개념을 경영에 접목시켜 '전략경영(strategic management)'을 추진하자는 것이다.

고대 그리스어의 strategos(군대를 지휘하는 장군이란 뜻)에서 유래한 전략의 개념은 자원의 효율적인 활용을 통하여 적을 패배시키기 위한 계획을 수립한다는 의미이다. 따라서 전략경영에서는 먼저 기업이 유리하게 경쟁할 수 있는 전쟁터가 어디인가를 잘 파악하여야 한다. 임진왜란 때 이순신 장군은 자신이 유리한 곳으로 적군을 유인하여 큰 승리를 거두었는데, 이렇게 승리한 해전들은 오늘날 우리 기업들에게도 매우 의미 있는 교훈들을 주고 있다.

다음으로 환경의 변화를 남보다 먼저 정확하게 읽어야 한다. SONY사의 베타형 VTR은 제품의 기술적 우위만을 믿고 환경의 변화를 등한시하여 실패하였던 경우이다. 끝으로 다른 기업과 경쟁하여 승리할 수 있는 핵심역량을 갖추어야 한다. 임진왜란 당시 거북선은 이순신 장군이 승리하는 데 핵심적인 무기의 역할을 하였다. 이처럼 기업이 경쟁에서 승리하기 위해서는 기술개발능력이나 디자인 또는 마케팅능력 등의 핵심기술이 있어야 한다.

그림 15-1 전통적 경영과 전략경영의 비교

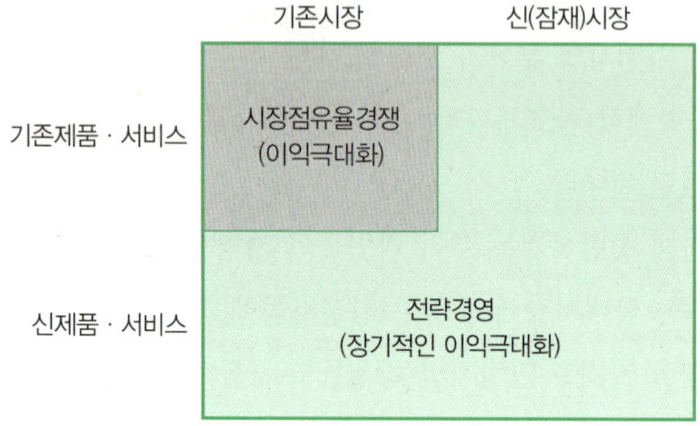

[그림 15-1]에서 보는 것처럼 안정적인 환경(기존시장 · 기존제품)에서 기업경영의 목표는 경쟁시장에서 승리하는(시장점유율을 높이는 것) 것이었다. 지금까지 국내시장은 정부의 보호벽하에 화장품시장은 태평양화학과 한국화장품이, 맥주시장은 동양맥주와 크라운맥주가, 자동차의 경우 현대, 대우, 기아가, 전자제품의 경우 LG, 삼성, 대우가 시장점유율 경쟁을 해왔다. 즉, 제한된 시장 속에서 시장점유율경쟁(competitive management)에 의한 이익극대화(profit maximization)가 '전통적 경영'의 목표였다.

그러나 시장개방에 따라 선진 외국기업들의 국내시장 진출이 증가하고, 수입자유화율이 높아짐에 따라 외국제품의 국내유입이 자유로워지면서 국내기업들은 새로운 환경의 변화(신시장 · 신제품)를 맞게 되고, 국내외에서 새로운 경쟁자들을 만나게 되었다. 맥주시장에서는 기존의 경쟁자에게 새로운 맥주가 등장하고, 화장품시장에도 외국기업과의 합작사와 수입외제품이 등장하게 되었다. 자동차시장에서는 삼성자동차의 출현과 아울러 외제차의 수입이 늘어나고 있으며, 전자제품시장에서도 외제전자제품의 수입이 활발하게 이루어지고 있다. 따라서 이제 기업들은 새로운 제품과 보다 충실한 서비스를 통해 새로운 시장의 개척과 다양한 고객욕구의 충족을 다할 수 있는 경영의 변화가 요구된다. 즉, 기업은 새로운 시장에서 새로운 제품을 제공하여 장기적인 이익극대화(long-term profit maximization)를 도모하는 것이 '전략경영(strategic management)'의 목표가 된 셈이다.

약 15년 전에 토요타자동차의 회장은 젊은 엔지니어 10명을 뽑아 특명을 내렸다.

"앞으로 1년간 미국에 가서 놀아라."

회사에서 준비한 호텔은 보통의 일본인들은 꿈도 꾸지 못할 최고급이었고 음식이나 자동차도 최고급이었다. 그들이 1년을 호화판 생활을 하며 놀고 돌아오자 회장이 말했다.

"이제 백만장자가 어떻게 사는지 알았는가? 그 백만장자들이 타고 싶어 할 차를 만들어라."

이렇게 해서 등장한 '렉서스'는 미국의 고급차시장에서 대 히트를 치며, 우리나라 시장에서도 급성장하는 자동차로 자리 잡고 있다.

하버드대학의 앤드류즈(K. Andrews) 교수에 의하면, 기업이 이러한 전략을 결정할 때는 4가지 요소를 고려해야 한다. 즉, 기업 내부의 기술, 자금, 인력, 경영능력 등을 종합적으로 고려하여 외부환경으로부터 기업이 이익을 추구할 수 있는 사업기회와 전략대안을 찾아내야 한다.

2 전략적 사업단위

과거 '금성전선'에는 크게 전선과 중공업부문이 있었다. 그런데 전선사업은 관공서나 특정고객을 상대로 하다 보니 보수적인 관리체제와 생산활동 위주의 조직문화를 띠게 되었고, 중공업사업은 일반 고객을 대상으로 하는 시장에서 경쟁을 하다 보니 신속한 의사결정과 마케팅활동에 역점을 두는 조직문화를 가지게 되었다. 이로 인하여 두 부문 간에는 의사소통이나 인력교류의 어려움을 겪게 되었다. 중공업 부문은 항상 적자에 허덕였으며, 그나마 괜찮던 전선사업도 흔들거리기 시작했다. 이를 해결하기 위하여 두 부문에 각각의 사장을 두어 관리한 결과, 마침내 두 부문은 사업에 활력을 찾게 되고 경영수지도 흑자로 돌아서게 되었다.

또 이와는 대조적으로 '금성산전', '금성계전', '금성기전', '금성하니웰' 등은 하나의 '산전CU'로 분류하여 기업의 문화적 특성과 상승효과를 기대하고 있다. 각 기업의 사장들은 산전CU장을 중심으로 그룹 전체에 관련된 사항 이외에 비전의 설정, 사업투자의 결정, 자금조달, 사내인사, 사업전략 수립, 대외활동 등에 관한 권한과 책임을 가지는 자율경영체제로 바뀌었다. LG그룹에는 이러한 자율경영으로 고객만족과 가치추구를 지향하고 있는 사업단위(CU : Culture Unit)가 20여 개 이상 있다.

이처럼 거대기업이 다각화하는 과정에서 시장의 경쟁우위와 자원의 효율적인 관리 및 조직구성원들의 창의성과 자율성이 존중되는 기업문화를 구축하기 위하여 기업이 사회에 제공하는 제품이나 서비스를 공통적인 특성에 따라 분류하는 사업영역을 전략사업단위(SBU : Strategic Business Units)라 한다. 원래 이 개념은 GE사가 1960년대 매출액은 1.8배 증가하였으나 자산수익률(return on

그림 15-2 SBU 구성요소

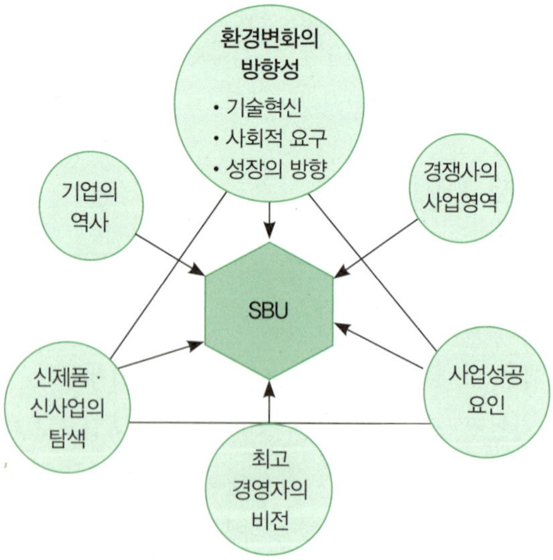

assets)은 오히려 0.6배로 저하하여 기존의 사업체제에 문제가 있음을 발견하고, 기존의 업무효율화를 위해 170개의 제품부문을 시장경쟁에 대응하기 위한 43개의 SBU로 조직개편한 데서 비롯되었다.

이러한 SBU는 [그림 15-2]에서 보는 것처럼 몇 가지 요인들에 의하여 구성된다.

① 경영환경의 변화방향 : 크게는 인구구성의 변화, 맞벌이 세대의 증가, 구매성향, 환경보호, 국제관계의 변화 같은 거시적 환경(general environment)의 변화와 시장, 경쟁, 기술 등의 과업환경(task environment)의 변화를 고려한다. 즉, 환경변화에 대한 주요 요인을 추출하여 이를 분석하고 앞으로의 변화를 예측하여 기술혁신, 사회적 요구의 추세, 기업의 성장방향 등을 설정하여 새로운 사업기회를 탐색한다.

② 신제품 · 신사업의 전개방향 : 지금까지 자사의 제품이나 시장에서의 경쟁력을 분석하고, 환경변화에 따라 제품의 시장위치(positioning)나 새로운 제품을 위한 계획을 수립한다. 즉, 현재 자사 제품의 가격이나 품질에 있어서 보완할 점은 무엇인가, 제품수명주기상 어느 단계에 있는가, 기업의 마케팅활동에서 부족한 점은 무엇인가, 매출액이나 수익성은 만족할 만한 수준인가, 앞으로 새로운 제품을 개발하는 데 필요한 기술이나 재무능력은 탄탄한가 등에 대한 전략적 계획이 필요하다.

③ 사업성공요인(key success factors)의 파악 : 지금까지 자사가 시장에서 경쟁우위를 지킬 수 있었던 요인은 가격, 품질, 유통관리, 광고, 서비스, 디자인, 이미지 중에서 무엇이었으며, 앞으로 관여하려는 시장에서는 어떤 요인이 성공적인 사업을 위하여 필요한가를 파악하여야 한다. 결국 이 요인은 기업의 사명, 경영자의 철학, 제품의 시장위치(positioning)에 따라 달라진다.

위에서 살펴본 핵심요소 외에 SBU의 구성에는 지금까지의 기업역사와 비슷한 규모나 특성의 경쟁사 및 최고경영자(CEO)의 비전들이 고려되어야 한다.

3 전략적 도구와 전략의 유형

1) General Electric 다요인 포트폴리오모델

어떤 하나의 SBU에 부과하는 적절한 목표는 보스턴컨설팅그룹(BCG)이 제안한 성장－점유율 매트릭스에서의 위치만을 기초로 결정할 수가 없다. 만약 추가적인 요인이 도입된다면 성장－점유율 매트릭스는 GE사가 개발한 다요인 포트폴리오 매트릭스로 보완될 수 있다. 이 모델은 [그림 15－3]과 같이 묘사될 수 있는데, 어떤 가상적 기업의 7개 사업이 표시되어 있다. 여기에서 원의 크기는 사업의 크기가 아니라 관련시장의 크기를 표시하며, 원 속의 연한 회색부분은 그 사업의 시장점유율을 나타낸다. 예를 들면, 클러치사업은 중간크기의 시장에서 활동하고 있으며, 30%의 시장점유율을 차지하고 있다.

각 사업은 2개 차원, 즉 시장매력성(market attractiveness)과 사업강점(business strength)의 관점에서 평가된다. 이 두 차원은 어떤 사업을 평가하는데 있어 마케팅의 의미를 잘 반영하고 있는데, 말하자면 기업이 매력적인 시장에 진출해 있고 그 시장에서 경쟁적인 우위를 강점으로 보유하고 있어야 성공할 수 있다.

이 두 차원을 측정하기 위해서 전략적 계획입안자들은 차원의 중심요인을 확인해야 하며, 각 요인을 측정하는 방법을 찾고, 하나의 지표로 그 요인들을 결합해야 한다. 예를 들면, 유압펌프사업의 경우 시장매력성은 총시장의 규모, 연간 시장성장률, 과거 수익률, 경쟁강도, 기술적 필요조건, 인플레 대응력, 에너지 필요조건, 환경의 영향, 사회적 · 법적 · 정치적 영향 등에 따라 달라지며, 사업의 강점은 시장점유율, 점유율의 증가, 제품의 품질, 상표의 명성, 유통망, 촉진의 효율성, 생산능력, 생산능률, 단위원가, 원자재 공급, 연구개발 성과, 관리인력 등에 따라 좌우된다.

그림 15-3 **GE의 다요인 포트폴리오모델**

(a) 분류

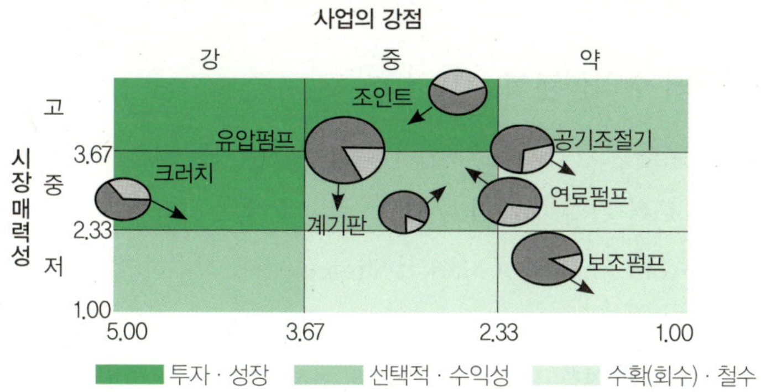

(b) 전략

사업의 강점

시장매력성			
고	**위치의 확보유지전략** • 최대 가능한 정도로 성장하도록 투자 • 강점유지를 위한 집중적 노력	**기반조성투자전략** • 선도력에의 도전 • 약점영역의 강화 • 선택적으로 강점에 대해 추구	**선택적 조성전략** • 한정적인 강점을 특화 • 성장지속가능성이 없으면 철수 • 약점을 극복할 수 있는 방법 추구
중	**선택적 조성전략** • 가장 매력적인 부문에 집중투자 • 경쟁에 대응하기 위한 능력조성 • 생산성 향상을 통한 수익성 강조	**선택성 · 수익성을 위한 관리** • 기존 실행계획의 지속 • 수익성이 높고 위험이 상대적으로 낮은 부문에의 집중투자	**제한적 확대 또는 수확전략** • 높은 위험이 없는 확대 방향의 모색, 아니면 투자를 극소화하고 활동의 합리화 도모
저	**지속과 재집중화전략** • 현재 수입관리 • 매력적 부문에의 집중 • 강점의 지속강화	**수입관리전략** • 가장 수익성이 높은 부문에서 지위의 확보 · 유지 • 제품계열의 격상 • 투자의 극소화	**철수전략** • 현금가치가 극대화될 때 매각 • 고정비 감축과 투자의 회피

출처 : Reprinted by Permission from pages 202 and 204 of *Analysis for Strategic Marketing Decisions* by George S. Day : Copyright ⓒ 1986 by West Publishing Company. All rights reserved.

이상의 포트폴리오모델을 사용하면 경영자가 더욱 전략적으로 사고하고, 각 사업의 경제성을 보다 잘 이해하며, 각 사업별 사업성을 평가해 보다 희망적인 사업에 투자를 강화할 수 있다. 그러나 이 모델에 지나치게 의존하면 경영자가 시장점유율 증가에 치중하며, 현재의 사업을 무시하고 고성장사업에 과다하게 진출하는 문제가 있다.

2) 시장전략의 수익성분석

1960년대 GE사는 기업의 수익에 가장 영향을 미치는 요인이 무엇인가를 찾아 이를 통제함으로써 기업 전체의 수익을 높일 수 있으리라는 시장전략의 수익성 분석(PIMS : Profit Impact of Market Strategies)에 착수하였다. 이후 이 연구는 200여 개의 기업에서 2,000개 이상의 제품계열 정보를 분석한 사업전략 변수들 중 기업의 수익성에 영향을 미치는 요인과 영향 정도 및 전략변화가 수익성에 미치는 영향에 초점을 맞추었다. 그 결과 시장지위, 상대가격, 제품의 질, 임금수준 등 37개의 변수가 기업의 수익성을 80% 정도 설명하는 것으로 나타났다. 나머지 20%는 관리능력이나 행운, 불운 같은 요인에 의하여 설명된다.

이러한 분석의 결과 발견한 주요 내용을 소개하면 다음과 같다.

① 상대적으로 높은 시장점유율은 투자수익률(ROI)의 향상을 가져온다.

② 제품수명주기상의 성숙기에 있는 산업에서는 결합도가 높은 기업일수록 투자수익률이 높아진다. 그러나 성장기에는 수직적 결합도가 낮은 기업이 환경변화에 신축적인 대응을 보임으로써 높은 투자수익률을 보인다.

③ 시장점유율이 높을 때는 제품의 고가정책이 기업의 수익성에 유리하지만, 낮을 때는 불리하다.

④ 제품수명주기에서 초반에는 총매출액을 종업원 수로 나눈 종업원 1인당 매출액이 높을수록 높은 투자수익률을 보인다.

⑤ 품질의 우수성은 기업의 수익성 향상에 크게 효과적이다.

⑥ 높은 제조원가는 기업의 시장점유율에 불리하게 작용한다. 따라서 제조원가비율이 높은 제품은 규모의 이익을 누리기 위하여 시장점유율의 확대가 필수적이다.

⑦ 강한 시장지위에서는 연구개발에 대한 투자가 수익성에 긍정적이지만, 약한 시장지위에서는 기술혁신의 부담보다는 기민한 추종자가 유리하다.

⑧ 시장점유율이 작은 경우에 생산의 가동률은 기업의 투자수익률과 높은 상

관관계를 가진다. 그러나 시장점유율이 높은 기업에서는 상관관계가 별로 없다.

⑨ 앞에서 언급한 외부발주생산(outsourcing)의 모듈기업처럼 고정자산에 대한 부담이 낮을수록 투자수익률은 높아진다.

⑩ 품질이 낮은 경우에 마케팅에 많은 투자는 기업의 이익을 감소시킨다.

⑪ 제품수명주기 초기에 제품의 품질이 낮으면 수익성도 낮다.

⑫ 단기적으로 볼 때 시장성장률이 낮은 경우에는 매출액 대비 신제품의 비중이 낮으면 투자수익률도 낮아진다. 그러나 시장성장률이 높을 때는 큰 차이가 없다.

⑬ 제품수명주기의 도입기나 성장기에는 제품라인의 폭이 좁으면 수익성도 낮다.

한편 이 분석방법은 기업의 중대한 의사결정이나 외부환경이 매우 빠르게 변하는 사업영역에서 도움이 될 수 있지만, 일반적으로 다음 사항들을 고려하여 경영전략을 수립하는 것이 효과적이다.

첫째, 이 분석방법은 과거의 실적에 근거하여 이루어진 것으로 미래의 환경변화를 포함하지 못하였고, 경쟁시상이 다른 영역에서는 활용하기 어렵다.

둘째, 이 분석에서 사용한 성과의 핵심기준인 투자수익률(ROI) 외에도 다른 척도가 필요하다.

셋째, 여러 기업에서 수집한 횡단적인 자료를 이 분석방법에서는 동일한 모집단에서 얻은 것으로 전제하여, 결론에 상당한 오류의 가능성이 존재한다.

넷째, 이 분석방법에서는 이론적이나 통계적인 근거 없이 인과적인 가정만으로 그릇된 결론을 유도할 수 있다.

3) 기업의 대표적인 성장전략

수년 전 삼성그룹이 기아자동차의 주식을 약 10% 매수하면서 인수할 것이라는 소문으로 한바탕 홍역을 치룬 경우나 세계적인 오디오 전문회사인 인켈이 해태전자에 인수된 경우에서 보면, 기업세계에서 한 분야에서의 전문기업화는 참으로 어렵다는 것을 잘 보여준다. 특히 한 분야에서의 전문화된 기업에는 대체로 보수적인 성향으로 경영환경의 변화에 수용하기보다는 저항적인 기업문화의 성향이 강하다는 분석이다. 이처럼 기업이 한 우물을 파는 위험에서 벗어나 성장하는 방법에는 [그림 15-4]에서 보는 것처럼 제품과 시장의 관계에 따라 4가지 전략을 구사할 수 있다는 것이 앤소프(H. Ansoff) 교수의 이론이다.

그림 15-4 시장 · 제품의 성장전략

시장	기존제품	신제품
기존시장	1. 시장침투 • 시장점유율의 증대 • 제품사용의 증대 –사용빈도의 증대 –사용량의 증대 –새로운 사용용도 발견	2. 제품개발 • 새로운 기능의 추가 • 제품라인의 확대 • 차세대제품의 개발 • 혁신제품의 개발
신시장	3. 시장개발 • 시장의 지역적 확대 • 새로운 세분시장 목표	4. 다각화 • 관련 다각화 • 비관련 다각화

수익성이 높은 사업영역에서 경쟁우위를 확보하는 경영활동을 다각화전략(diversification growth strategy)이라 할 수 있는데, 주로 사업에 따르는 위험을 분산하거나, 시장에서 선도적인 위치를 차지하기 위해서, 또는 계속적인 매출증대로 성장을 추구하려는 동기에서 이루어진다.

(1) 시장침투(market penetration)

기업이 기존시장에서 기존의 고객이 제품을 구매하는 빈도나 양을 증대시키거나, 경쟁자의 고객을 확보하거나, 잠재고객이 제품을 구매하도록 하여 성장하려는 전략을 말한다. 한때 우리 신문사들이 고객확보를 위하여 경품이나 장기간 무료구독을 제공하고 급기야 살인까지 불러일으킨 과당경쟁으로 사회적인 물의를 일으킨 사례가 있었다.

(2) 제품개발(product development)

이는 주로 기존의 제품수명을 연장시키기 위하여 새로운 특징을 첨가시키거나, 지금까지와 다른 품질의 제품을 개발하거나, 크기와 색깔 등이 다른 제품을 개발하여 성장을 추구하는 전략이다. 예를 들면, 신사복을 판매하는 회사가 스포츠의류나 내의시장에 진출하는 것이다.

(3) 시장개척(market development)

기존제품을 새로운 시장에서 판매하거나, 기존제품에서 미흡한 부분을 개선하여 새로운 표적시장에 진출을 통하여 성장하는 전략이다. 몇 년 전 국내 유통시장의 개방으로 외국의 유통업체들이 국내시장에 진출하는 것은 하나의 예가 될 수 있다.

(4) 다각화(diversification)

기업이 보유하고 있는 경영자원을 새로운 제품을 개발하거나 새로운 시장을 개척하는 데 집중하여 성장하는 전략으로, 주로 재벌이라 불리는 기업그룹들에 의하여 많이 사용된다. 다각화의 기본적인 유형으로는 유아용 분유를 팔던 회사가 요구르트나 아이스크림을 생산하는 경우, TV를 판매하던 전자회사가 컴퓨터나 통신 관련 제품을 생산하는 경우처럼 각 사업단위(SBU)의 연구개발, 제품의 용도, 유통경로, 생산기술, 관리능력 등을 공유할 수 있는 관련 다각화(related diversification)가 있다. 그리고 현대건설이 국내외 건설시장에서 벌어들인 이익으로 자동차나 조선, 반도체사업에 투자하는 것처럼 기업의 각 사업단위가 보편적인 경영관리기술과 재무적 자원 이외에는 그 관련성이 없는 비관련 다각화(unrelated diversification)가 있다. 동원산업은 지난 1969년 참치통조림사업을 시작한 이후 1982년 한신증권, 1995년 성미전자를 인수하여 금융과 통신사업에 다각화를 추진, 현재는 참치통조림의 매출비중이 전체의 40% 이하로 떨어졌다.

4) 철수전략

제일제당은 1994년부터 팔리지 않는 제품을 정리하고 있는데, '즉석 계란국', '해물탕' 등 전체 3,000여 개의 제품규격 중 1,300여 개를 정리하였다. 미원도 300여 개의 제품규격을 없애면서 영업 효율성이 크게 높아져 적자를 보인 영업이익이 호조를 보이고 있다. 이처럼 대형식품업체들이 대대적으로 제품철수전략을 구사하는 것은 소비자들의 기호가 자주 바뀌면서 인기를 얻지 못하는 제품들은 유통업체의 매장만 차지하고 점포의 수익성도 떨어지게 할 뿐만 아니라, 식품회사에서도 포장비, 재고관리비, 반품비, 물류비 등 각종 비용으로 생산을 중단하지 않을 수 없게 되었다. 또 현대전자는 미국의 첨단 광학기기업체인 Maxoptix사의 지분(67%)을 일본의 구보타사에 전량 매각하여 사업을 철수한 바 있다.

이처럼 과거에는 적합하였지만 규모가 달라지거나 기술적 진보 및 국내외의 경영환경의 변화로 수익성이 떨어질 때 사업 분야를 처분하거나 타사에 매각하여 기업 전체의 경쟁력을 회복하려는 전략이 철수전략(divestiture strategy)이다. 즉, 철수전략은 앞으로 회사의 목표를 달성하는 데 필요 없는 비생산적인 자산, 시장에서 경쟁력이 떨어지고 있는 제품과 생산시설, 비업무용 부동산 등 회사의 일부 사업영역을 폐기하거나 매각하여 정리하는 것이다.

만약 철수장벽을 고려하여 경쟁력을 상실한 제품을 계속 생산한다든지, 경제적으로 기술적으로 노후화(obsolete)된 시설을 새로운 것으로 대체하지 않고 계속 사용한다면 기업은 원가상승, 품질저하, 생산성저하, 판매비용 증대 등으로 영업수지가 더욱 악화되어 기업 전체의 생존에도 영향을 미칠 수 있다. 철수장벽으로는 어떤 투자가 있은 후에 이를 회수하거나 재판매할 때 투자부분에 대하여 적정한 대가를 회수하기가 어려운 매몰비용(sunk cost)이 있다. 이 외에도 최고경영자가 그 산업에 대하여 강한 애착을 가지고 있거나 생산설비나 경영자원이 내구적이고 특정한 용도로만 한정되어 있을 경우 그 산업에 종사하는 종업원을 쉽게 해고나 전직을 시키기가 어려울 경우에는 새로운 투자장벽이 된다.

미국에서는 1970년대와 1980년대에 들어 기업들의 일부 철수나 매각이 수천건으로 급증하는 경향을 보였다. 이는 1960년대 미국 경제의 호황에 힘입어 기업들은 이업종 간 합병(conglomerate)을 활발하게 추진하였고, 1970년대는 두 차례의 석유파동에 따라 성장속도가 둔화되면서 채산성이 맞지 않거나 기업의 체질에 맞지 않는 사업영역을 정리하려는 의도에서 비롯된 것이라 분석된다. 그래서 '1960년대는 매수시대, 1970년대는 철수시대'라는 말이 나돌 정도였다.

5) 전략적 제휴

1991년 세계 PC시장에서 오랫동안 경쟁관계였던 IBM사와 애플사가 칩기술과 소프트웨어기술을 공유하기로 전략적인 동맹관계를 맺었다. 또 1995년 삼성전자는 일본의 NEC사와 16비트 마이컴을 공동으로 개발하고 마케팅활동을 한다는 국제협력내용을 발표하였다. 이 밖에 LG전자와 필립스사의 공동생산 및 판매체제라든가, 세계 자동차시장의 선두기업인 미국의 GM사와 일본의 토요타사가 'NUMMY' 신차개발에 공동으로 노력하는 등의 협력체제가 있다. 이처럼 기업들이 경영의 독자성을 유지하며 세계시장에서 지속적인 경쟁우위를 확보하기 위하여 서로의 자원이나 기술을 결합하여 상승효과(synergy effect)를 얻으려고 하는 '전략적 제휴(strategic alliances)'가 1990년대 들어 매우 활발하게 이루어지고 있다.

이처럼 기업들이 국내외적으로 활발하게 협력하는 것은 무엇보다도 경쟁관계보다는 협력관계를 통하여 기업의 이익을 제고하려는 의도에서 이루어지고 있다. 보다 구체적인 배경으로는, 먼저 전 세계의 소비자들이 국경에 상관없이 값싸고 마음에 드는 상품을 구매하는 욕구가 거의 동시적으로 이루어지고 있나는 점이며, 이런 변화에 대응하기 위한 전략으로 기업 간의 협력적인 활동이 필요하게 된 것이다. 뿐만 아니라 기술의 급속한 발전에 따라 제품의 수명주기가 점점 짧아지기 때문에 신제품이나 생산과정의 개발에 많은 투자가 어려워, 이런 비용의 분담을 위하여 기업 간 협력이 필요하게 되었다. 그리고 최근에는 선진국들의 신보호무역주의에 의한 경제블록화로 시장개척이 어려워 현지국의 주요 기업과 협력관계를 맺는 추세가 증가하고 있다.

한편 1980년대 이후 활발하게 이루어지고 있는 전략적인 제휴의 특징을 요약하면 다음과 같이 정리된다.

① 지역적인 측면에서 미국 내에서의 협력(24.4%), 미국과 유럽기업 간의 협력(22.4%), 미국과 일본기업 간(13.9%)의 순으로 북미, 유럽, 극동아시아의 '범세계적 삼극체제'를 이루고 있다.

② 협력 분야로는 연구개발(39%)이 가장 많고, 다음으로 공동생산(22%)과 국제마케팅(8%)의 순이다.

③ 산업적인 측면에서는 정보통신산업(39.7%)이 가장 활발하고, 생명공학(20.2%), 신소재산업(10.3%) 등으로 소위 첨단산업 분야가 전체의 2/3를 차지하고 있다.

④ 협력 동기에 관해서는 시장접근의 용이성(33.5%), 상호기술의 보완(26.7%), 기술개발기간의 단축(21.8%), 고정비용이나 시장실패에 대한 위험의 공유(11.5%) 등이다.

한편, 우리나라의 경우 제일제당과 한진그룹은 내륙과 해상운송을 연계하기 위해 상호 협력체제를 구축하기로 한 이후, 1996년 7월에는 LG생활건강과 풀무원은 생활용품부문에서 신제품을 공동으로 생산 · 판매하며, 종합의류업체인 신원그룹과 대한통운은 물류 및 유통 분야에서 서로 협력하기로 하였다. 이러한 국내기업들 간의 협력관계는 지금까지 경쟁관계의 인식이 남아있어 전략적 제휴의 이점을 크게 살리지 못하고 있는 실정이다. 그러나 외국기업과의 협력이나 대기업의 자금력 및 해외 판매망과 중소기업의 신기술에 의한 제3국의 동반진출로 국제경쟁력을 추구하는 노력은 점차 활발하게 이루어질 것으로 전망된다.

6) 기업의 CI전략

모든 유기체는 개체의 기질, 성질, 형질에 따라 특성이 다르다. 우리 인간도 마찬가지로 부모로부터 물려받은 모습이나 타고난 기질, 성장과정에서 형성되는 성품에 따라 개인적인 이미지가 다르게 된다. 이러한 개인적인 특성(personal identity)의 개념이 기업조직에서 통일적인 이미지로 통합되는 것이 바로 기업특성(CI : Corporate Identity, 이미지 통합)이다. 즉, CI는 어떤 기업이 조직 내에 흐르는 통일적이고 지속적인 특성을 통하여 그 기업의 새로운 이미지나 커뮤니케이션시스템을 만들어내는 경영전략을 의미한다. 이러한 CI전략은 일찍이 1920년대 런던의 지하철이 차표나 포스터, 대합실의 의자, 승강장, 역사 등에 걸쳐 통일된 인상을 가질 수 있는 디자인을 실시한 이후, 1956년 IBM사가 회사 마크에서부터 판매장의 실내장식, 심지어 회사의 편지봉투에까지 하나의 통일된 이미지를 사용하여 커다란 성과를 거두었다. 현재 IBM사가 추구하고 있는 기업 CI는

그림 15-5 IBM사의 기업문화

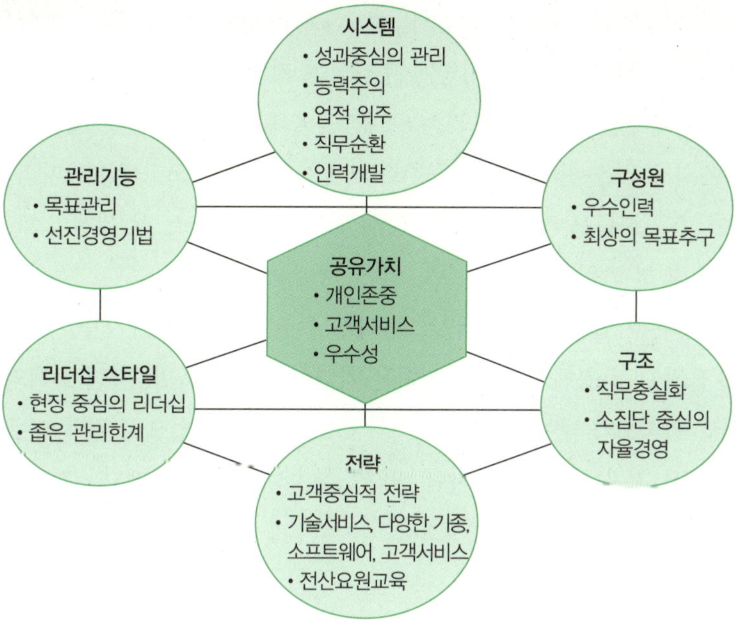

소위 맥킨지그룹의 '7S'모형에 의하면 [그림 15-5]와 같다. IBM사의 기업특성은 '개인존중', '고객에 대한 서비스', '품질의 우수성'을 추구하는 공유가치를 지향하는 것이다.

기업들의 CI전략은 두 가지 측면에서 고려되어야 한다. 먼저 최근 들어 LG그룹이나 ENEX('오리표싱크'의 전신)처럼 기업의 국제화에 따른 영문식 표기와 색상의 고급화를 추구한 경우나, 외국에서 테러집단으로 인식하기 쉬운 한국화약그룹이 회사명을 '한화'로 바꾼 경우, 또는 그룹사의 전체적인 이미지를 통일시키기 위하여 두산그룹의 동산토건이 '두산건설'로 바꾼 경우처럼 상호명이나 로고, 사가, 유니폼, 상징적 건물 등의 시청각을 통한 가시적인 부분이 있다. 그리고 조직구성원들의 사고와 행동양식, 관리자의 리더십 유형, 직장의 사기와 분위기, 조직행동 유형(의사소통이나 의사결정), 전통, 관행, 경영이념, 경영전략, 회사강령, 사훈, 규칙 등에 깊이 내재된 소위 '7S' 같은 공유적인 이해의 비가시적인 부분이 있다.

따라서 기업의 CI전략이 성과를 거두기 위해서는 시각적인 이미지의 통일

(visual identity)뿐만 아니라 구성원들의 의식개혁과 주체성을 확립(mind identity)하여 조직과 구성원이 일치(behavior identity)할 수 있는 방향으로 일관성 있게 추진되어야 한다. 이렇게 추진되는 기업이미지는 소비자들의 관심과 구성원들의 애사심을 불러일으키는 촉매작용을 함으로써 오늘날 불확실한 경영환경 속에서 조직을 활성화하고 꾸준한 매출증대를 가져오고 있다. 따라서 우리 기업들이 로고 하나를 작성하는 데 몇 십 억원을 투자하고, 전 세계의 로고를 바꾸기 위해 몇 천 억원을 투자할 수도 있다.

이처럼 좋은 기업이미지는 돈으로 평가할 수 없는 커다란 가치를 가지는데, 폐업 일보 전에 CI를 통하여 기사회생하는 기업이 있는가 하면, 반면에 해외시장에서의 기업 인지도가 낮아 낭패를 보거나 OEM의 하청기업으로 전락하는 경우가 있다. 따라서 최근 들어 CI는 사람, 물자, 돈, 정보에 이어 제5의 경영자원으로 인식되고 있다.

4 전략적 시너지효과

사람들은 보통 혼자서 살아가는 것보다는 두 사람이 서로의 힘을 합쳐 보다 행복한 삶을 추구하기 위하여 결혼을 하고 아이도 낳아 결혼은 곧 행복의 보금자리가 된다. 그러나 경우에 따라서는 본래의 의도와는 달리 차라리 결혼하지 않고 혼자 살아가는 것보다 못한 경우에 부부는 이혼을 하고, 이들의 결혼으로 얻게 된 자녀들은 이들로 인하여 불행한 현실을 맞이하게 된다. 이처럼 두 가지 이상의 요소들이 결합하여 보다 큰 힘을 발휘하는 상승작용을 시너지효과(synergy effect, 상승효과)라 한다. 부부가 만나 자녀를 얻는 것은 대표적인 시너지효과로, 원래 이 용어는 우리 인체의 근육, 뼈, 신경 등이 결합되어 새로운 힘을 발휘한다는 의미로 사용되었다. 앞의 경우에서 보는 것처럼 부부의 만남이 행복한 삶으로 이어지는 긍정적인 시너지효과(positive synergy effect)가 있는가 하면, 만남이 오히려 역효과를 가져오는 부정적인 시너지효과(negative synergy effect)도 있다.

이러한 개념은 기업경영에서 기존의 유통경로, 판매조직, 상표, 기술, 경영관리, 광고, 인지도, 생산시설 등의 경영자원을 공유하여 유사한 사업으로 다각화할 때 처음부터 모든 투자를 새롭게 시작하는 것보다는 시너지효과가 증대되어 빨리 경쟁력을 확보할 수 있다. '카스맥주'가 단시간에 기존 맥주회사의 경쟁상대로 부상할 수 있는 경우나, '귀족'이라는 중소 구두업자들의 연합상표가 전국적으로 등장하는 것도 이러한 (긍정적인) 시너지효과에 기인한다.

기업에서 시너지효과로는 대략 다음 몇 가지를 생각해 볼 수 있다.

첫째, 신제품과 기존제품이 마케팅활동을 하는 데 공통으로 사용할 수 있는 유통경로, 마케팅관리, 창고사용, 광고 노하우, 상표 등으로 생길 수 있는 마케팅시너지이다.

둘째, 제조간접부문의 인력과 생산시설의 공동이용에 따른 간접비의 분산이나 원재료의 일괄구매에 따른 가격할인 및 효과적인 품질관리 등의 생산시너지이다.

셋째, 기존의 제품 분야에서 보유하고 있는 제품의 연구개발이나 디자인 또는 서비스기술 등이 신제품에 활용되는 기술시너지가 있다.

넷째, 기업 전체적인 분야에서 이미 시장에서 경쟁자나 고객에 대한 여러 경영관리 노하우가 새로운 제품이 시장에 출시될 때 효과적으로 활용되는 경영관리시너지가 있다.

요즘처럼 기업이 다각화를 적극적으로 추진할 때 이러한 시너지효과를 잘 이용하면 기업 전체의 이익을 극대화하는 것은 물론이고, 기업체질도 개선할 수 있으며, 경쟁에서 유리한 지위를 차지하여 성장전략을 수립하는 데도 큰 도움이 된다. 결국 조직구성원들의 공통적인 목표를 달성하기 위하여 이들의 노력이 시너지효과를 창조할 수 있도록 업무를 조정하고 조직을 관리하는 경영자는 마치 오케스트라 단원들의 개인적인 능력을 조화시켜 관람객의 감흥을 자아내는 교향악단 지휘자(conductor)와 같다고 할 수 있다.

5 다국적기업과 글로벌경영

1) 다국적기업의 출현

1990년대 중반에 들면서 대우전자는 독일, 프랑스 등 전 세계 20개 지역에 첨단연구소와 가전제품연구소를 운영하기로 계획한 바 있다. 이를 통해 현지에 적합한 제품을 현지에서 연구개발하고 현지공장에서 최종생산까지 완결 짓는 '글로벌 R&D(연구개발)체제'를 구축하기 위해서이다. 삼성전자, LG전자도 중국에 대규모 공장과 연구소, 소매점 등의 관련 투자를 실시해 최근에 불고 있는 한류열풍의 주체가 되고 있다. 이처럼 기업들이 여러 가지 목적으로 기업의 자원을 세계시장에서 효율적으로 이용하는 전략을 추구할 때 이를 다국적기업(multinational enterprise, multinational company)이라 한다.

보통 기업들은 자국시장에서의 매출이 포화 상태에 이르면 매출증대를 목적으로 시장개척을 하기 위해 해외로 진출한다. 스위스의 네슬레(Nestle)사는 해외에서의 매출액이 전체의 약 98%를 차지하는 대표적인 다국적기업이다. 또 기업은 해외로부터 원자재를 공급받거나 선진기업의 기술이나 경영능력을 배우기 위하여 해외로 진출하기도 한다. 그리고 제품이나 시장의 특성상 소비자들의 수요가 변화하거나 경기변동에 따른 매출의 위험을 줄이기 위하여 시장을 다변화할 목적으로 해외로 진출하기도 한다. 마지막으로 기업이 많은 해외시장에서 경영활동을 전개하다 보면 세계시장에서의 경영관리 노하우를 축적할 수 있는데, 이는 기업이 보유한 국제경영의 시너지효과를 실현하기 위하여 새로운 해외시장에 진출하는 계기가 된다.

오늘날의 다국적기업은 1880년대 미국의 싱거(Singer)사가 해외에 진출한 것을 시작으로, 제2차 세계대전이 끝난 이후 미국기업들은 활발하게 해외시장에 진출해 나갔다. 이 당시 전 세계의 해외직접투자액 중에서 미국이 약 55%를 차지하였는데, 상대국들에 비하여 풍부한 자본과 전쟁 중 축적한 새로운 기술이 해외진출에 유리하게 작용하였던 것이다. 그리고 세계대전을 승리로 이끈 대국이라는 국가이미지가 유리한 영향력을 미치기도 한 것으로 분석된다. 이후 1960년대는 유럽과 일본의 다국적기업들이 등장하였고, 1970년대부터는 개발도상국들에서도 다국적기업들이 나타나기 시작하였다.

우리나라 기업의 경우를 보면, 1960년대까지는 국내시장의 수요를 충족시키는 데 주력하였고, 1970년대부터는 수출을 통하여 해외시장에 진출하였다. 1980년대 들어서면서는 국내의 임금수준이 상승하여 더 이상 가격경쟁력을 유지하기 어렵게 되었고, 따라서 노동집약적인 산업들이 생산시설을 인건비가 싼 해외로 옮기기 시작하였다. 또한 세계시장은 신보호무역주의의 강화추세와 EU나 NAFTA와 같은 지역공동체시장이 형성됨으로 인해 수출이 점점 더 어려워지는 상황이 되었다. 이는 기업으로 하여금 해외 현지시장으로의 공장이전 및 다양한 해외시장 진출방법을 모색하게 만들었다. 여기에다가 정부의 외환관리에 대한 자유화조치가 기업의 해외진출을 한층 가속화시켰다. 1990년대 들어서면서 우리나라 기업들은 [그림 15-6]에서 보는 것처럼 현시시장을 중심으로 다국적화에 더욱 적극적이 되었으며, 21세기 들어서는 많은 대기업들이 세계시장에서 초일류를 지향하고 있다.

한편, 다국적기업은 자신이 진출한 현지국에 대해 부족한 자본이나 기술을 제공하고, 고용을 증대하며, 수입대체산업에 따른 국제수지의 개선효과를 제공한다. 그리고 경영기술의 전수나 다양한 제품의 공급으로 국내시장의 경쟁에 의한 소비자만족을 추구할 수 있는 긍정적인 효과도 기대된다. 그러나 투자이익의

그림 15-6 우리나라 기업의 국제화과정

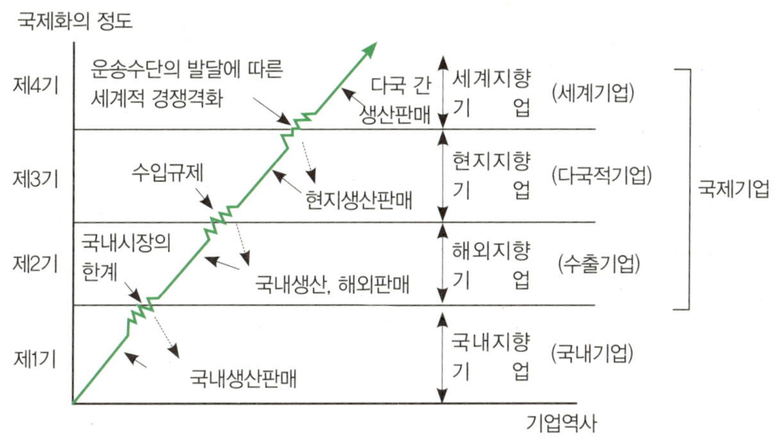

출처 : 조동성, 국제경영학, 1993, 경문사, p.50.

과도한 본국송금이나 이전가격의 조작을 통한 관세나 조세를 회피하는 경우, 그리고 국내유치산업의 발전을 억제하는 경우에는 구조적인 경제예속을 초래할 위험이 있다. 그 외에 다국적기업이 현지국에 정치적인 간섭을 하거나 주권침해에 대한 문제가 야기될 우려도 있다.

2) 글로벌경영

세계시장이 완전경쟁으로 자유화되고 하나의 거대시장으로 통합화되면서, 기업들은 생존과 성장을 위해 글로벌경영의 기치를 내세우고 있다. 글로벌경영(global management)은 사실상 지구촌이라는 국경 없는 무대에서 글로벌시장이라는 거대한 하나의 시장을 대상으로 경영활동을 전개해 나가는 것이다. 과거 국경이 존재했던 국제경영의 무대에서는 기업들이 개별 국가를 대상으로 수출전략을 수립했다면, 오늘날의 글로벌시장 환경에서는 전 세계를 하나의 시장으로 보고 통합된 전략을 수립해 나가는 것이다. 여기에서 국제화(internationalization)란 종전의 국가단위 시장상황에서 한 국가의 기업이 다른 국가로 진출하는 것을 의미하는 데 반해, 글로벌화(globalization)란 국경의 개념이 없이 모든 나라를 하나의 시장으로 보고 움직이는 것을 의미한다.

이처럼 기업들로 하여금 글로벌경영을 추진하게 만드는 요인들을 살펴보면 대략 다음과 같이 정리된다. 첫째, 세계적으로 자유화 · 개방화의 물결이 파급되면서 국가 간 무역장벽이 낮아지고 있다. 특히 세계경제의 기본흐름에 WTO체제가 도입됨에 따라 국가단위에서 설정된 무역장벽을 제거하지 않을 수 없는 상황이 되었다. 동시에 자본이전, 인적자원 이동, 기술이전 등이 과거보다 훨씬 자유로워지면서 국가들이 시장을 개방함으로써 상호 이익을 도모하는 경향으로 바뀌고 있다.

둘째, 전 세계적으로 그리고 거의 모든 산업 분야에서 노동집약적인 생산방식이 자본집약적인 생산방식으로 전환되면서 규모의 경제(economies of scale) 원칙이 부상하고 있다. 즉, 인간의 노동력이 기계와 컴퓨터로 대체되면서 노동비용은 감소하고 자본비용은 증가해 규모의 경제효과가 기업의 경쟁력을 주도하게 된 것이다.

셋째, 기술의 급속한 발전을 촉진하기 위해 막대한 연구개발비가 투자됨으로써, 소위 첨단산업과 같은 분야에서는 엄청난 개발비용의 회수를 위해 국내시장을 넘어 전 세계시장을 대상으로 신제품을 판매해야 하는 상황이 되었다.

넷째, 교통과 통신의 발달이 가져온 지구촌시대의 도래와 함께 과거에는 상당히 이질적이었던 국가 간 소비자기호가 점차 유사해지는 추세를 일반적으로 보이고 있다. 코카콜라가 세계인의 공통음료가 되고, Levi's 청바지, 맥도날드 햄버거, 캔터키 후라이드 치킨, 피자헛 등이 세계시장의 고객들에게 표준화된 상품으로 히트하고 있다.

다섯째, 글로벌 스탠다드(global standard), 즉 단일화된 시장에서 공통의 기준으로 통용되는 규범이 세계시민들에게 호응을 얻으면서 기업세계에서도 글로벌 스탠다드가 일반적인 추세가 되고 있다. 예를 들면, ISO의 품질표준, 회계기준, 경영방식, 경영제도, 경제법규 등이 하나의 기준으로서 세계 각국의 기업들에게 표준적인 척도가 되고 있다.

6 세계시장에서의 비교문화

1) 비교문화(cross-culture management)의 배경 및 과정

현재 세계시장에서 주목할 만한 기업경영으로는 미국경영과 일본경영이다. 이들의 경영 형태는 그 역사적 배경이나 성장환경에서 차이가 많다. 대체로 두 나라의 경영 형태를 비교해 보면, 먼저 경영목표의 우선순위에서 차이가 있음을 알 수 있다.

일본기업의 경영목표는 시장점유율을 최우선적으로 중요하게 생각하고 다음으로 투자수익률(ROI), 제품구성전략(PPM), 물류시스템의 개선, 자기자본율, 신제품 구성비 등이다. 반면에 미국기업은 투자수익률을 높이는 것이 제일 중요한 경영목표이다. 다음으로 주가의 상승, 시장점유율, 제품구성전략, 물류시스템의 개선, 자기자본율, 신제품 구성비 등이다. 이처럼 양국의 최우선 경영목표가 다른 것은 미국기업은 일본에 비하여 소유와 경영이 철저하게 분리되어 경영자들의 능력이 무엇보다도 주주의 이익에 따라 평가되기 때문이라 분석된다.

조직적인 측면에서 보면, 일본기업은 미국기업의 조직구조에 비하여 덜 공식적이고 표준화되었다. 따라서 미국기업은 일본기업에 비하여 사업부제적 조직이 강하고 재무나 회계부문이 큰 힘을 발휘한다. 그리고 업적평가와 이에 상응하는 보수도 체계적이다. 이런 기업문화의 차이에서 미국은 아이아코카 같이 혁신을 주도하는 전문가형 경영자(specialist)를 선호하고, 일본은 고노스케 같이 대인관계가 좋은 관리자형 경영자(generalist)가 많다. 따라서 미국기업에서는 최고경영자가 누구인가를 잘 알아야 하는 반면, 일본기업에서는 조직문화가 어떤 것인가를 잘 살펴야 한다. 이런 기업풍토를 감안해 본다면 미국기업에서의 스카우트 문화는 일본기업에서는 별로 효과가 없다. 조직이 같이 움직이기 때문이다. 우리 기업에도 많은 교훈을 던져주는 부분이다. 이렇게 본다면 결국 세계시장에서 가장 중요한 요인 중 하나는 이국문화를 이해하는 것이다.

일반적으로 다른 문화에 적응하는 과정에서 흔히 당면하는 문제가 새로운 문화에 적응하지 못하는 '문화충격(culture shock)'이다. 이러한 충격은 불안감, 신경질, 반항감, 자기문화에의 향수, 우울증 등으로 나타날 수 있다. 이러한 충격을 빨리 벗어날 수 있는 방법으로 다른 문화를 접할 때 '자기문화 중심적인 기준(self-reference criterion)'을 버리는 것이다. 즉, 자기문화가 최고라는 생각에서 벗어나 다른 문화도 이해하고 존중하는 생각을 갖는 것이다.

새로운 문화에 적응하는 과정은 대략 1~2년 사이에 다음과 같은 과정을 거친다.

(1) 최초도취기(신혼여행기)

예를 들어, 자기가 오랫동안 살던 나라를 떠나서 처음 미국에 도착하면 한국에서 경험해 보지 못했던 풍요로운 물질과 친절한 미국인들로부터 받는 환대의 느낌이 마치 신혼여행기에 해당한다. 필자의 경험에 의하면 유학 초기에 슈퍼마켓을 들렀을 때 엄청나게 풍부한 상품과 값싼 바나나, 진열된 술이 모두 양주였던 것이 너무나 별천지에 온 느낌이었다.

(2) 초조불안기(매력상실기)

몇 달이 지나면서 차츰 현실적인 문화적 차이나 생활방식의 차이로 당황하거나 소외감을 느끼게 된다. 따라서 지금까지 느꼈던 매력이 차츰 상실되기 시작한다. 이 시기에 필자도 학교 수업시간에 강의내용을 제대로 알아듣지 못하여 불안하고 초조했던 기억이 난다.

(3) 점진적 적응기(태도 확립기)

새로운 문화가 어떤 것인가를 차츰 이해하고 적응하면서 의욕을 가지고 본래의 목적을 달성할 수 있다. 그러나 새로운 문화에 잘 적응하지 못하면 고립된 생활로 섬점 자국문화에 대하여 비판적이고 냉소적인 태도를 갖게 된다. 차츰 파티와 다른 동료들과의 만남과 대화를 통하여 필자도 청운의 꿈을 키워나간 시기라 생각된다.

(4) 이중문화기

수년간 외국문화에 익숙해지고 바라던 복석을 이루는 삶을 통하여 새로운 문화를 본국의 문화처럼 당연시 받아들이는 시기이다. 본국으로 돌아와서도 가끔 외국문화나 생활이 그립기도 한다. 필자도 몇 년간의 미국생활을 마치고 한국으로 돌아와서는 미국생활에 대한 동경으로 가끔 햄버거를 사먹기도 하였다. 그러나 이전에 느끼지 못했던 경험도 하였다. 즉, 식당에서 우리 테이블에 있는 휴지나 주전자를 다른 손님이 아무 말도 없이 가져간다든지, 은행에서 현금카드로 돈을 찾는데 뒤에 있는 사람이 목을 쭉 빼서 화면을 본다든지, 길거리를 지나가다가 어깨를 부닥치고도 아무렇지도 않은 듯이 그냥 지나가는 사람 등으로 매우 당황하고 불쾌하였다. 이런 것은 이전에 본인이 한국에서만 살 때는 전혀 이상하게 생각하지 않았지만, 다른 문화를 접한 후 다시 우리 문화에 적응할 때 느끼는 '역문화충격(reverse culture shock)'이라 할 수 있다.

일본에서는 이국생활의 어려움을 도와주는 '컬처쇼크 비즈니스(문화충격사업)'가 성업 중이다. 외국인이 일본에서의 생활에 적응하기가 쉽지 않아 정신적인 스트레스로 병에 걸리거나 회사에서 실패하는 일이 종종 생긴다. 이런 불편함을 이와쓰키는 사업으로 연결하여 '컬처쇼크'사를 세웠다. 이 사업은 주로 일본에 처음 오는 외국인 가족들에게 집을 알선해 주고, 학교안내, 전화 설치, 운전면허 취득에 필요한 서비스를 제공하는데, 서비스 요금이 3개월에 약 160만 원이다. 회사의 법인이나 지사 개설, 주재원의 주택과 사무실 알선, 전화 받기, 서류정리, 팩스 제공 등 기업에게도 서비스를 제공한다. 또 이 회사는 일본상사의 해외파견인들에게도 자녀교육, 언어, 치안 등의 출국 전 오리엔테이션을 가족들에게 제공하고 반나절에 약 25만 원을 받는다.

2) 홉스테드의 문화비교모형

홉스테드(G. Hofstede)는 1980년 IBM사의 50개국 116,000명의 종업원을 대상으로 일과 관련한 가치들이 국가 간에 차이가 있고, 이러한 차이는 기업에서 종업원들의 태도와 행위에 중요하게 작용한다는 사실을 연구하였다. 그 후 이 연구는 각국의 문화적 차이를 비교 · 분석하는 데 매우 유용한 기준으로 사용되고 있는데, 이를 요약하면 다음 [그림 15-7]과 같다.

(1) 권력간격(power distance)

어떤 사회에서 개인이나 조직들이 영향력이나 통제력이 불평등하게 분산되어 있다고 믿는 정도를 '권력간격'이라 정의한다. 그리고 이 간격이 큰(high on the power distance) 사회에서는 특별한 계층에 속한 사람들에게 소위 출세할 수 있는 개인적인 기회가 많이 제공된다. 이 연구에서는 멕시코, 프랑스, 인도, 필리핀 같은 국가들은 권력간격이 큰 권위주의적 사회에 속하는 것으로 나타났고, 미국, 캐나다, 스웨덴, 오스트리아 같은 국가는 권력간격이 낮은(low on the power distance) 평등주의적 사회로 나타났다. 전자의 경우에는 전제적인 경영 형태(autocratic management)가 일반적이고, 후자의 경우에는 참여적 경영 형태(participative management)가 바람직한 것으로 평가되고 있다.

그림 15-7 홉스테드의 문화비교 기준

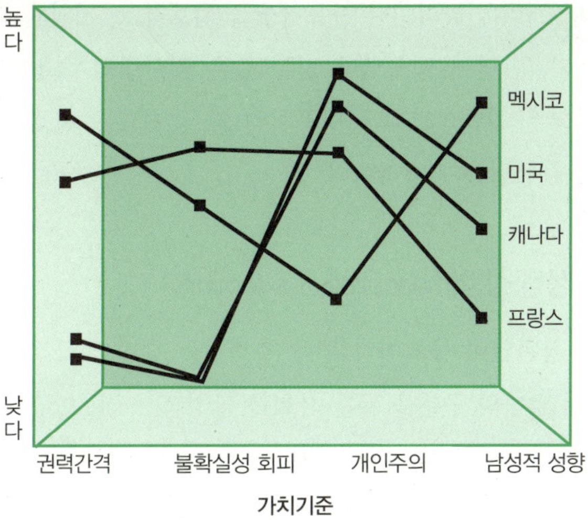

(2) 미래의 불확실성에 대한 회피(uncertainty avoidance)

이는 어떤 사회의 구성원들이 미래의 위험이나 불확실에 대하여 회피하려고 하는 정도를 말하는데, 강한 회피(strong uncertainty avoidance)를 나타내는 사회에서는 초조나 불안으로 법적인 규제나 제도적인 장치를 강화한다. 그러나 약한 회피(weak uncertainty avoidance)를 나타내는 사회는 미래에 대하여 별로 불안해하지 않으며, 이런 불안을 줄이려는 노력도 별로 하지 않는다. 회피성이 강한 프랑스나 멕시코의 기업에서는 안정적인 직장, 행동을 규제하는 각종 제도, 규범에서 벗어난 생각이나 행동의 불인정, 절대적 진실에 대한 믿음, 전문가에 대한 과도한 신뢰 등의 현상이 나타나는 반면에, 미래에 대한 불확실성을 낮게 생각하는 미국이나 캐나다에서는 경영자들이 종업원으로부터 보다 창의적이고 경쟁적이며, 변혁적인 생각이나 제도를 수용하는 데 주저하지 않는다.

(3) 개인주의 대 집단주의 성향(individualism vs collectivism)

자신이나 가까운 가족들의 이익이 우선이라고 생각하는 사회적인 문화가 개인주의(individualism)이고, 반대로 조직이나 공동사회의 복리와 이익을 보다 중요하게 여기는 경향을 집단주의(collectivism)라 정의한다. 미국이나 캐나다는 매우 강한 개인주의(very high in individualism) 사회로, '우리(we)'보다는 '나(i)'의 표현이 많으며, 개인의 능력이나 자유경쟁을 선호하고, 개인의 사생활을 매우 중요하게 생각한다. 반면에 멕시코나 일본 같은 집단주의 성향이 강한(strong collectivism) 사회는 집단성과제나 연공서열 같은 제도를 선호하며, 집단에서 소외되는 것을 매우 불안하게 생각한다.

(4) 남성적 대 여성적 성향(masculinity vs feminity)

다른 사람과는 상관없이 물질이나 돈을 축적하는 데만 적극적인 태도를 보이며, 직업에 있어서 남녀의 구분을 두는 사회를 남성적(masculinity)이라 하고, 이와는 달리 인간적이고 정서적인 안정에 사회적 가치를 두는 사회를 여성적(feminity)이라 정의한다. 멕시코, 일본, 이탈리아, 오스트리아 같이 강한 남성적 문화(high-masculinity cultures)에서는 아직도 여성들이 높은 경영층에 오르기가 어렵다. 반면에 미국, 캐나다, 스웨덴, 덴마크 같은 나라는 남녀의 차이를 두지 않고, 양육에서도 동등한 역할을 강조하는 여성적(feminity) 사회이다.

한편 홉스테드의 계속된 연구에 의하면, 우리나라 기업의 종업원들 태도와 행위적 특성은 미국, 일본의 종업원들에 비하여 '큰 권력간격'과 '집단주의' 경향을 띠며, '불확실성에 대하여 강한 회피성'과 '여성적'인 경향이 나타나는 것으로 분류된다. 이러한 문화비교의 기준은 어디까지나 상대적이며, 이 외에 다른 비교기준도 있을 수 있다. 그리고 이러한 문화의 특성은 시간이 흐름에 따라 바뀔 수 있고, 같은 국가 내에서도 기업의 특성이나 조직문화에 따라 조금씩 다른 형태를 보일 수도 있다.

이러한 홉스테드의 연구는 실증자료와 계량적 분석방법을 통하여 각국의 경영자와 종업원들의 리더십이나 동기분석 등 행위적 특성을 추론할 수 있다는 점에서 국제경영자들에게 시사하는 바가 크다고 할 수 있다.

7 글로벌기업의 경영자 선발

기업이 세계화하면서 가장 기본적이면서 중요한 요인은 바로 인력관리이다. 즉, 해외에 근무하는 주재원은 본사와 현지국을 포함한 현지에서의 이해관계자들과의 원활한 조정은 물론이고 조직 내의 일관성을 유지하여 기업 전체의 효율적인 목표달성에 중요한 역할을 수행하게 된다. 현지의 주재원을 선발할 때는 [그림 15-8]에서 보는 것처럼 먼저 현지국에서 고용(현지 채용인)할 것인가, 아니면 본국에서 파견할 것인가, 또는 제3국인을 채용할 것인가에 대한 심사숙고가 전제되어야 한다. 현지인의 채용은 현지문화에 익숙하다는 장점이 있고, 본사의 파견인은 본사의 정책을 잘 파악할 수 있다는 장점이 있고, 제3국인은 국제적인 전문능력을 가진 인력을 국적을 초월하여 활용할 수 있는 장점이 있다. 이러한 과정은 다음 그림처럼 요약될 수 있다.

그림 15-8 국제경영자의 선발과정

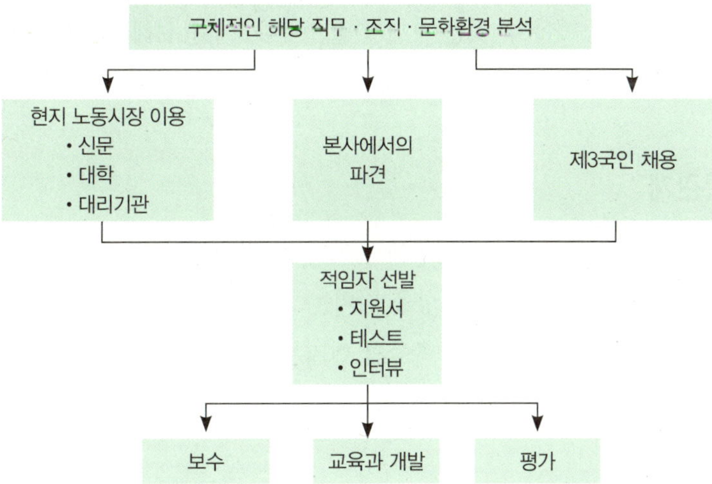

한편 국제경영자가 갖춰야 할 주요한 능력으로는 다음의 몇 가지를 들 수 있다.

1) 업무수행능력

외국의 다른 환경에서 성공적인 경영자가 되기 위해서는 경영관리능력과 해당 기술 분야에 대한 전문적인 식견이 필요하다. 이는 미국의 다국적기업 최고경영자들에게 요구되는 가장 중요한 능력이다.

2) 개인적인 특성

해외활동에 대한 모험심과 이질적인 환경에 능동적으로 도전하는 자세와 소속 집단의 이익에 기여하기 위하여 현지에서 접촉하는 많은 사람들과 원만한 관계를 유지하는 정서적인 안정과 사교적인 태도 및 국제적인 안목이 필요하다. 정서적인 안정이나 성숙도는 다국적기업의 일반관리자들에게 가장 중요하게 요구되었다.

3) 문화적인 대응능력

외국문화에 대한 수용적인 태도와 편견으로부터의 탈피가 필요하며, 아울러 현지사회에 쉽게 동화할 수 있는 자세가 필요하다. 이를 위해서는 현지국 언어의 숙달이 무엇보다 필요한 요소이다.

4) 가족관계

파견경영자의 가족들이 현지문화에 얼마나 잘 적응하는가도 본인이 업무를 성공적으로 수행하는 데 상당한 영향을 미치는 요인이다. 실제로 다국적기업의 파견경영자들은 약 20% 정도가 가족들의 현지문화에 대한 부적응으로 임기 전에 돌아간다는 결과가 있다.

5) 기타

건강이나 종교, 유머감각, 안정적인 결혼생활, 과거의 성공적인 경험들이 성공적인 경영자에게 요구되는 필수능력이라 생각된다.

8 글로벌경영의 주요 개념

1) 빅맥지수

우리의 국민소득이 2만 달러를 넘어서면서 해외여행을 많이 다녀오는데, 여행을 다닐 때 가장 애로사항 중 하나가 식사 문제이다. 외국에 가서도 한국음식을 고집하여 한국음식점을 찾다보면 많은 시간을 허비하고, 처음에 목적했던 외국의 문화나 유적지를 돌아보는 시간이 적어지게 된다. 반대로 외국음식은 대체로 이름부터 생소하고 어디에 가서 적절한 가격으로 그나마 먹을 만한 음식을 접할 수 있는가가 참 어렵다. 그래서 필자의 경험에 의하면 전 세계 어디에서나 비교적 후회 없이 적절한 가격으로 식사를 쉽게 해결할 수 있는 방법이 맥도날드점을 이용하는 것이다. 맥도날드 햄버거는 영양가나 맛이 전 세계 100여 개국에서 표준화되어 있기 때문에, 여행을 할 때는 비교적 손쉽게 사 먹을 수 있는 음식이다. 그런데 문제는 국가마다 햄버거의 값이 다르므로, 다음에서 보는 '빅맥지수'를 이용하면 비교적 쉽게 각국의 물가를 비교할 수 있고, 여행에 도움이 될 수도 있다. 또한 이처럼 각국의 물가가 다르기 때문에 근로자들의 임금을 단순히 명목금액에 의해서만 비교한다면 곤란함을 알 수 있다.

각국의 물가를 단순하게 비교하는 방법으로 맥도날드의 '빅맥 햄버거' 값을 사용한 '빅맥지수'라는 개념을 들 수 있다. 영국의 경제전문주간지인 '이코노미스트'가 매년 발표하는 '빅맥지수'란 각국 화폐의 구매력을 맥도날드의 '빅맥 햄버거' 한 개의 값으로 측정하여, 미국 달러화에 대한 각국 통화의 실질환율을 비교하여 그 가치를 평가하는 방법이다. 다음 [표 15-1]에서 보면, 스위스에서의 '빅맥버거' 한 개 값은 6.98달러이고, 대한민국에서는 3.82달러이다.

이러한 개념을 근로자의 임금과 관련시켜 생각해 보면, 얼마만큼 일을 해야 햄버거를 한 개 사먹을 수 있을까? 스위스의 유니언은행(1991년기준)에 따르면, 멕시코시티의 근로자는 4시간 일을 해야 햄버거를 하나 사먹을 수 있고, 미국의 시카고 근로자들은 18분만 일하면 햄버거를 하나 사먹을 수 있다는 것이다. 즉, 시카고의 임금수준은 멕시코시티의 근로자보다 상대적으로 높다는 뜻이다. 동경의 근로자들은 20분 정도 일하면 햄버거를 하나 사먹을 수 있고, 서울의 근로자

표 15-1 빅맥지수의 비교

(2022년 2월 기준)

순위	국가명	빅맥지수(달러)
1	스위스	6.98
2	노르웨이	6.39
3	미국	5.81
4	스웨덴	5.79
18	스리랑카	4.15
25	태국	3.84
27	한국	3.82
33	일본	3.38
56	터키	1.86
57	러시아	1.74

들은 햄버거 하나를 사먹는 데 필요한 근로시간은 25분으로 비교적 임금수준이 높은 편이라 할 수 있다. 모스크바의 근로자들은 햄버거를 하나 사먹는 데 필요한 근로시간이 약 2일이 소요되는 것으로 측정되었다.

2) 파견경영자의 보수

일반적으로 해외에 있는 파견경영자(expatriate manager)는 지금까지의 환경과는 달리 이질적인 문화 속에서 생활하고 가족이나 친지로부터 떨어져야 하며, 여가활동이나 문화시설의 차이에 따른 불이익 등이 있으므로 이에 대한 보상이 뒤따라야 한다. 이러한 보상은 대체로 다음 사례에서 보는 것처럼 다양한 방법으로 가능하다.

① 본국과 현지국의 생활비 차이와 환율변동에서 오는 구매력의 보전을 위한 수당지급

② 본국과 현지국 간에 야기되는 세금조정수당

③ 현지국에서의 주거환경을 위한 주택수당

④ 자녀교육을 위한 교육수당, 오지근무를 위로하기 위한 벽지수당, 전쟁이나 내란의 위험이 높은 지역에 근무하는 데 따른 위험수당, 본국에 방문할 수 있는 귀국휴가수당 등이 있다.

[표 15-2]에 따르면 본국에서 근무할 때는 총 3만 달러를 받지만, 브라질에서 근무하게 되면 추가로 17,800달러를 더 받게 된다. 그리고 만약 인도네시아에서 근무하게 되면 추가로 54,176달러를 더 받게 되어 총 84,176달러의 보수를 받게 된다는 것이다. 그런데 인도네시아의 경우 오히려 미국보다 생활비가 적게 들어 생활비수당(cost-of-living allowance)은 지급되지 않는다. 이러한 생활비 비교지수는 매년 UN이나 미 국무성 등에서 발표하는 자료에 기초하여 차등지급하는데, 2012년의 경우 미국 뉴욕은 32위라면 동경은 1위였고, 서울은 22위로 조사되어 동경에서의 생활비가 가장 많이 드는 것으로 나타났다.

표 15-2 본국경영자와 파견경영자의 보수 비교

미국에서의 근무	
기본급	$25,000
연금	2,500
보너스	2,500
합계	$30,000

브라질에 파견되는 경우 추가적인 보수		인도네시아에 파견되는 경우 추가적인 보수	
해외근무수당(20%)	$5,000	해외근무수당(20%)	$5,000
본국의 주민세	2,400	주택비용지원	12,000
비품수당	2,600	경비원과 3명의 보조자	1,000
생계비지원	2,500	운전기사	1,140
사교비(일부)	500	생계비지원	-
자동차유지비	1,000	자동차유지비	5,000
본국방문여비	1,400[1]	현지국의 소득세	13,036
자녀교육비지원	2,400	본국방문여비	3,000[2]
추가총액	$17,800	자녀교육비지원	14,000
		추가총액	$54,176
1) 뉴욕과 상파울로의 왕복 비행기요금의 절반(4인 가족, 매 2년마다)		2) 뉴욕과 자카르타의 왕복 비행기요금의 절반(4인 가족, 매 2년마다)	

3) 국제수지

한국은행은 우리나라의 '국제수지동향'을 통하여 매년 경상수지를 발표하는데, 경상수지의 적자는 외국자본의 유입을 확대시키고, 따라서 통화량은 늘어 물가가 상승될 뿐만 아니라 원화가치도 절상되어 수출경쟁력도 약화시킨다. 이는 다시 경상수지의 악화와 경제성장의 둔화로 이어져 경기도 부진하고 주가도 폭락하게 된다.

이처럼 일정기간(보통 1년) 동안 자기 나라의 거주자와 다른 나라의 거주자 간에 일어나는 재화나 용역 및 외화의 모든 유출입을 복식부기의 원리에 따라 체계적으로 기록한 표를 국제수지표(balance of payments)라 한다.

먼저 경상수지는 한 국가의 대외거래 상태를 나타내는 지표 중 하나로 상품수지, 서비스수지, 본원소득수지, 이전소득수지를 합한 것이다. 이 중 상품수지는 상품의 수출액과 수입액을 비교하여 차액이 플러스면 무역수지 흑자, 마이너스면 상품수지 적자라 한다. 서비스수지는 운송, 여행, 건설서비스, 지식재산권 등 사용료, 사업서비스 등 서비스 수출입에 따른 대외거래의 결과를 말한다. 이전소득수지는 내국의 거주자와 외국인 간에 무상으로 주고받는 거래로, 예를 들면 6·25전쟁 후 미국의 대한(對韓) 무상원조나 미국에 거주하는 자녀가 한국에 계신 부모님께 매달 보내주는 용돈 같은 것이다.

본원소득수지는 보통 소득수지라고도 하는데 외국근로자의 국내에서의 급료 및 임금과 국내근로자가 해외에서 벌어들이는 급료 및 임금, 그리고 투자수지(배당수지+이자수지)를 합하여 소득수지라 한다.

4) 기술이전

뻐꾸기시계로 유명한 '카이저산업'의 장현권 사장은 세계 최초로 전자식 뻐꾸기시계를 개발하여 해외시장에서 '일본시계'의 명성을 바꿔놓은 장본인이다. 지난 1970년 서울에서 조그마한 시계수리점인 '보성사'로 출발한 장 사장은 여러 차례의 시행착오와 어려움 끝에 1988년 9월에 전자식 뻐꾸기시계를 시장에 내놓아 그동안 시계의 대명사였던 일본의 세이코사, 시티즌사와 대등한 수준에까지 발전할 수 있었다. 이후 이 회사는 수차례의 기술개발단계를 거쳐 IC카운터프로그램방식에 의해 자연원음에 가까운 뻐꾸기 소리를 창출하였고, 빛의 밝기에 따라 소리 및 작동이 멈추는 광센서 스위치를 부착한 제품까지 내놓게 되었다. 또 독일이 삼백년 걸리고 일본이 백년에 걸쳐 쌓아온 바이올린시장에서의 성가를 우리나라의 '심로악기'가 지난 6여 년간 피땀 어린 기술개발로 전 세계 바이올린 시장의 30% 정도를 차지하며, 세계적인 일본의 스즈키사를 뛰어넘었다.

이처럼 세계시장에서 살아남기 위해서는 기술개발이 무엇보다 중요한 경쟁력의 원천이 되고 있는 현실이다. 따라서 이러한 기술개발에는 국가의 정책적인 지원이 점점 강화되고, 이를 보호하기 위한 지식소유권이 더욱 강화되는 추세이며, 기술변화가 급격한 화학이나 전자산업에서는 서로의 기술을 공유하는 기술교차(cross-licensing)나 전략적인 제휴도 많이 나타나고 있다. 제품이나 서비스를 생산하는 데 활용되는 축적된 경험이나 지식으로 정의되는 기술은 보통 해외시장에 대한 기업 자체의 능력이 크지 않거나 경쟁사가 곧 기술개발을 할 가능성이 클 때 기술이전(licensing)의 방법이 유리하다. 이는 기술의 제공기업(licensor)이 로열티나 수수료를 받고 수혜기업(licensee)에게 특허권, 영업기밀, 상표, 상호 등 무형자산을 사용할 수 있도록 도와주는 것을 말한다. 그러나 많은 경우에는 [그림 15-9]에서 보는 과정처럼 기술의 수혜기업이 제공기업의 수출시장에 뛰어들어 경쟁자가 되는 부메랑효과(boomerang effect)로 기술이전을 꺼리는 경우가 많다.

그림 15-9 기술이전의 과정

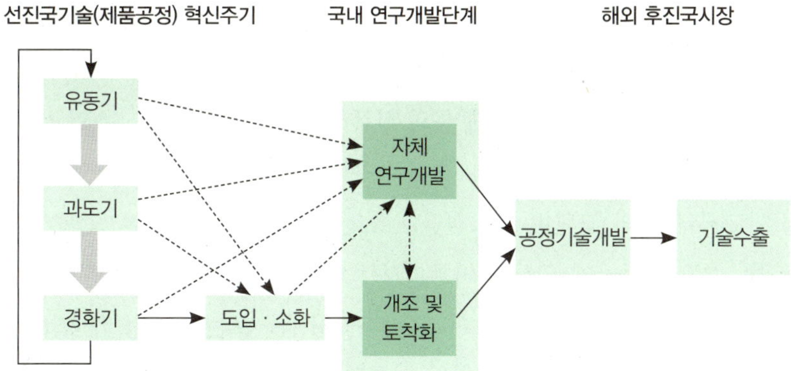

출처 : 정구현 저, 국제 경영학, 법문사, 1994.

5) 국제거래와 환위험관리

1994년도에 필자는 24일간 15개국에 걸친 유럽여행을 할 기회가 있었다. 이때 각국에서 사용할 화폐를 얼마만큼씩 바꿔야 할지가 힘든 일 중 하나였다. 지금도 그때 사용하고 남은 각국의 동전이 한 뭉치 남아있다. 이처럼 우리는 국제화와 개방화의 영향으로 해외여행을 많이 하며, 기업들도 대외거래가 활발해지고 있다. 이러한 거래는 국내에서와는 달리 국가 간의 화폐단위와 가치의 차이에서 환위험이 발생하게 된다. 실제로 지난 1993년 우리나라 제조업들이 외국기업과 거래하면서 환율변화에 따른 손실액이 5,825억 원이나 되었다. 이는 우리나라 기업들이 1년 동안 벌어들인 매출이익의 약 15%에 해당되는 금액이다.

이처럼 국제 간의 재화나 용역의 매매에 수반되는 외환거래는 보통 계약체결에서 실행기간까지의 기간에 따라 현물거래(spot trading)와 선물거래(futures trading)로 구분된다. 현물거래는 외환을 수반하는 국제거래 시 계약체결 후 2영업일(business days) 이내에 현물이 인도되는 것으로, 가장 보편적인 거래 형태이다. 한편 선물거래는 장래의 가격변동에 따른 위험을 줄이기 위하여 현재 시점에서 결정된 가격(선물가격)으로 미래의 일정시점에 물건을 주고받기로 하는 계약이다. 이 거래방법은 선물거래소에서 상품을 표준화하여 다수가 참여하여 매매가 이루어지는데, 소액의 증거금을 걸고 거래를 하기 때문에 이익이나 손해가 크다. 현재 우리나라에서는 주가지수선물이라는 상품만 증권거래소에서 거래되고 있는데, 1998년부터는 서울에서도 선물거래소가 생겨 이외에 금리, 통화, 환율 등의 금융선물과 곡물, 원자재 등의 상품선물을 모두 거래할 수 있으리라 전망된다.

서로 다른 통화의 교환비율인 환율(foreign exchange rate)은 외환거래에서 요구되는 수요와 공급에 의하여 이루어지는 가격에 따라 매일 달라진다. 이러한 변동에 영향을 미치는 요인으로는 [그림 15-10]에서 보는 것처럼 각국의 물가수준, 경제성장, 금리수준, 통화량 등의 기초적 조건, 국제정치의 역학관계나 에너지 문제 등에 따른 심리적 요인, 통화당국의 외환시장에의 개입, 딜러들에 의한 외환투기 등을 들 수 있다.

그림 15-10 환율변동의 영향요인

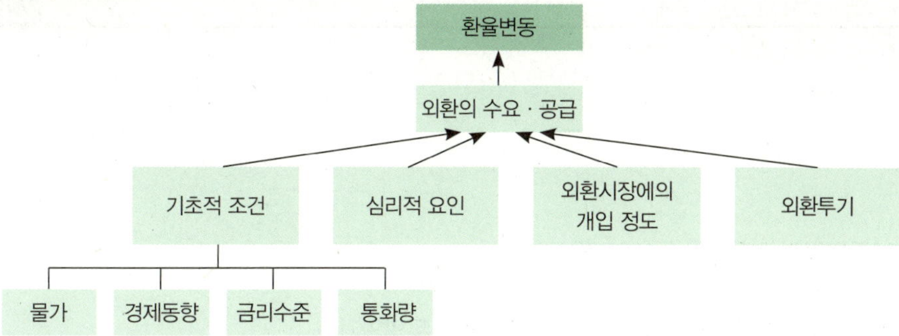

실제로 기업에서 이러한 환율이 얼마나 중요한가에 대한 예를 들어보자. 중소기업인 ㈜청주기업은 5월 11일 일본으로부터 5천만 엔짜리 기계를 도입하기루 계약하고 대금은 6개월 후인 11월 10일에 엔화로 지급하기로 하였다. 이 회사는 즉시 국내은행에 6개월 후 100엔당 808원으로 5천만 엔을 매입하는 선물계약을 맺었다. 그런데 6개월 후 실제로 원화에 대한 엔화의 환율(100원당)은 880원으로 엔화가치가 상승되었다. 만약 이런 선불계약을 맺시 않았다면 ㈜청주기업은 4억4천만 엔(5천만 엔×8.8)을 지불하여야 했지만, 실제로 이 기업은 4억4백만 엔(5천만 엔×8.08)만 지불하여 3천6백만 엔(선물거래의 수수료는 제외)을 절약할 수 있었다.

토 | 의 | 문 | 제 |

01 기업의 CI전략은 무엇인가?

02 글로벌경영을 추진하게 만드는 요인들은 무엇인가?

03 빅맥지수는 무엇인가?

04 기술이전은 무엇인가?

자신의 사람됨을 이야기하지 마라

인품은 중요하다. 사람은 때때로 그 사람의 의견이나 아이디어에 찬동하는 것이 아니라, 그의 사람됨에 찬동하기 때문이다. 인품은 무슨 까닭에서인지 연출이 불가능한 것이기도 하다. 자신이 얼마나 좋은 인품인지를 아무리 떠벌려도 사람들은 신용하지 않는다. 오히려 대중은 자신이 이룬 선행에 대해서 침묵하는 사람을 신용하고 함께하려 한다.

출처 :『니체의 말』중에서

| 찾 아 보 기 |

ㅎ

| 저자소개 |

이동철(李東喆)

부산대학교를 졸업하고, 서울대학교 대학원에서 국제경영학을 전공하였으며, 미국 US International University에서 경영학 박사학위(국제경영학 전공)를 받았다. 1991년 청주대학교 경영학과 조교수를 거쳐 1997년부터 동의대학교 경영학과 교수로 재직하고 있다. 신경영정보원 전문위원, ㈜서동컨설팅의 자문위원, 부산광역시 도시혁신위원회 위원, 부산지방노동위원회 (조정) 공익위원, 한국마케팅학회 이사, 한국소비문화학회 이사, 한국전문경영인(CEO)학회 상임이사, 대한경영학회 부회장으로 활동하고 있다. 또 2002~2003년에는 일본 와세다대학의 객원교수를 역임하였다.

저서로는 마케팅 세계의 이해, 의료 마케팅, 기업문화와 국제매너, 대중경제 이야기, 초일류기업을 위한 파워 브랜드 전략, 사이버 경제, 키즈 마케팅, 21세기 패션과 소비행동, 글로벌시대의 문화마케팅 등이 있다.

권혁기(權赫奇)

동의대학교 상경대학을 졸업하고, 동의대학교에서 경영학 박사(인사 · 조직전공)를 취득하였다. 2012년부터 동의대학교 교수로 재직하고 있다. 한국인적자원관리학회 편집위원장을 역임했으며, 한국산업정보학회 이사, 대한경영학회 이사 등으로 활동하였다.

저서로는 인적자원관리, 행동과학론, 현대경영의 이해, 조직행동의 이해, 경영과 리더십 등이 있다.

한니영(韓娜瑛)

동아대학교 경영학과를 졸업하고, 부경대학교에서 경영학 박사(인사 · 조직전공)를 취득하였다. 동의대학교, 부경대학교 강사를 거쳐 현재 고신대학교 의료경영학부 조교수로 재직하고 있다. 한국산업정보학회 이사, 한국인터넷전자상거래학회 이사 등으로 활동하였다.

저서로는 인적자원관리, 현대경영의 이해, 조직행동의 이해, 창업과 경영, 보건의료조직관리 등이 있다.

경영학의 이해

2023년 8월 25일 1판 1쇄 인쇄
2023년 8월 30일 1판 1쇄 발행

저　자 | 이동철 · 권혁기 · 한나영
발행인 | 이수영
발행처 | 도서출판 청람
　　　　서울시 마포구 독막로 288(대흥동, 세양상가 109호)
전　화 | 02)3272-2601(대)
팩　스 | 02)3272~2603
이메일 | crbooks@daum.net
홈페이지 | http://www.crbooks.co.kr
등　록 | 2000년 8월 26일 제6-0509호

ISBN 978-89-5972-974-6 93320　　[정가 28,000원]